U0805423

医药高等院校案例版教材

供高等职业教育护理、助产等医学相关专业使用

健康评估

（第3版）

主　编　陈云华

副主编　史志春　刘亚莉

编　委（按姓氏汉语拼音排序）

陈云华（长沙卫生职业学院）
黄　楠（菏泽家政职业学院）
刘　平（长沙卫生职业学院）
刘亚莉（辽宁医药职业学院）
罗玉梅（四川护理职业学院）
庞珊珊（广西医科大学附设玉林卫生学校）
史志春（廊坊卫生职业学院）
王　贞（漳州卫生职业学院）
薛刚霞（运城护理职业学院）

科学出版社

北　京

内 容 简 介

本教材是医药高等院校案例版教材之一。本教材共分为10章，内容包括绪论、问诊、临床常见症状评估、体格检查、心理评估和社会评估、实验室检查、心电图检查、医学影像学检查、护理诊断的思维方法、护理病历书写等。本教材配有医者仁心、案例、链接等模块。思政元素贯穿课程始终，注重培养学生爱伤意识和职业荣誉感；案例对接临床实践；链接既可开阔学生视野，又可提高学生学习兴趣。

本教材可供高等职业教育护理、助产等医学相关专业学生使用。

图书在版编目（CIP）数据

健康评估 / 陈云华主编 . —3 版 . —北京：科学出版社，2022.8
医药高等院校案例版教材
ISBN 978-7-03-072189-1

Ⅰ. ①健… Ⅱ. ①陈… Ⅲ. ①健康 – 评估 – 医学院校 – 教材 Ⅳ. ① R471

中国版本图书馆 CIP 数据核字 (2022) 第 074329 号

责任编辑：池 静 / 责任校对：杨 赛
责任印制：赵 博 / 封面设计：涿州锦晖

版权所有，违者必究。未经本社许可，数字图书馆不得使用

科 学 出 版 社 出版
北京东黄城根北街16号
邮政编码:100717
http://www.sciencep.com
河北鑫玉鸿程印刷有限公司 印刷
科学出版社发行 各地新华书店经销
*
2013年5月第 一 版 开本：850×1168 1/16
2022年8月第 三 版 印张：15
2023年8月第十八次印刷 字数：460 000
定价：89.80元
（如有印装质量问题，我社负责调换）

前　言

Preface

党的二十大报告指出："人民健康是民族昌盛和国家强盛的重要标志。把保障人民健康放在优先发展的战略位置，完善人民健康促进政策。"贯彻落实党的二十大决策部署，积极推动健康事业发展，离不开人才队伍建设。党的二十大报告指出："培养造就大批德才兼备的高素质人才，是国家和民族长远发展大计。" 教材是教学内容的重要载体，是教学的重要依据、培养人才的重要保障。本次教材修订旨在贯彻党的二十大报告精神和党的教育方针，落实立德树人根本任务，坚持为党育人、为国育才。

为了更好地贯彻落实教育部印发的《职业院校教材管理办法》的文件精神，培养更多高素质技术技能型人才，全面推进高校课程思政建设，发挥好育人作用，我们根据高等职业教育护理、助产专业培养目标和职业能力要求，结合医药高等院校案例版教材第五轮修订的指导思想和基本原则，精心修订了本教材。

健康评估是护理、助产专业的一门主干课程。全书分为 10 章，主要介绍了问诊、临床常见症状评估、体格检查、心理评估和社会评估、实验室检查、心电图检查、医学影像学检查、护理诊断的思维方法、护理病历书写等。让学生系统掌握健康评估的基本知识、基本理论及基本技能，并运用相关知识和技能对护理对象的生理、心理、社会等方面的健康状况做出初步判断，培养学生的决策能力和职业行为能力。

本教材突显职业教材特色；紧扣国家护士执业资格考试大纲；全书采用了大量精美的彩色图片，贴近临床实践，直观性强。同时，本教材中设置了案例、链接、医者仁心、目标检测等模块，既拓展学生知识，又提高学生学习兴趣，思政元素贯穿课程始终，提升学生职业荣誉感。

本教材在修订过程中，得到了各编写单位的大力支持和帮助，在此一并表示衷心感谢。

由于编者的能力和水平有限，本教材中若有不妥之处，敬请同仁提出宝贵意见。

编　者

2023 年 8 月

配 套 资 源

欢迎登录“中科云教育”平台，**免费**数字化课程等你来！

“中科云教育”平台数字化课程登录路径

电脑端

- 第一步：打开网址 http://www.coursegate.cn/short/MPA24.action
- 第二步：注册、登录
- 第三步：点击上方导航栏“课程”，在右侧搜索栏搜索对应课程，开始学习

手机端

- 第一步：打开微信“扫一扫”，扫描下方二维码

中科云教育

- 第二步：注册、登录
- 第三步：用微信扫描上方二维码，进入课程，开始学习

PPT 课件，请在数字化课程中各章节里下载！

目　录

Contents

第1章 绪论

健康评估是系统地收集和分析护理对象的健康资料，以明确其健康状况、所存在的健康问题及其可能的原因，确定其护理需求，进而做出护理诊断的过程。健康评估是护理专业的一门核心课程，是连接护理学基础与临床护理学的重要纽带。

一、健康评估的内容

1. 问诊　是医护人员对患者或知情者进行有目的、有计划的系统询问，从而获得其健康史等相关资料的交谈过程。将问诊所得到的资料进行分析与整理，可作为最重要、最基本的诊断依据，因此，护士必须掌握问诊的方法与技巧。

2. 常见症状评估　症状是指个体患病后对机体生理功能异常的自身体验和感觉，如头痛、咳嗽、呕吐等。症状是病史的重要组成部分，可为进一步的体格检查和形成护理诊断等提供重要线索。

3. 体格检查　是指医护人员运用自己的感觉器官或借助简单的辅助工具（如听诊器、血压计、体温计、叩诊锤等）对被检查者进行细致的观察和系统的检查，以了解其身体状况的一种最基本的检查方法，体格检查发现的机体异常表现称为体征，如皮疹、压痛、肺部湿啰音等。体格检查是获得客观资料的重要方法，初学者应反复训练与实践以掌握操作技能。

4. 心理评估和社会评估　是指对个体的心理活动、心理特征及社会状况进行评估。心理评估与社会评估多通过会谈法获得资料，但其真实性受主观因素影响较大，应结合护士的观察来综合判断，切忌主观臆断。

5. 实验室检查　是通过物理、化学和生物学等实验技术，对患者的血液、体液、分泌液、排泄物及组织细胞等标本进行检验，获得反映机体功能状态、病理生理变化等资料，用以判断机体的健康状况，协助疾病诊断、治疗原则和护理计划的确定，并进行效果评价和预后推测等。实验室检查是健康评估的重要内容之一，是客观资料的重要组成部分，可协助和指导临床护士观察病情和判断疗效。

6. 心电图检查　心电图是指用心电图机将心脏活动过程中的生物电变化记录下来的曲线图形。心电图检查是客观资料的重要组成部分，对某些心脏疾病和其他疾病的诊断、病情监测及重症监护等具有重要作用。

7. 医学影像学检查　包括X线检查、计算机体层成像、磁共振成像、超声检查和核医学检查。影像学检查是健康评估的重要组成部分，其检查结果可以为护理诊断的确立提供重要线索和依据。

8. 护理诊断的步骤和思维方法　对所收集的资料进行审核、整理和分析，进而形成护理诊断，这也是护理诊断的临床思维过程。

9. 护理病历书写　护理病历是对护理对象的健康状况及其变化、所接受的护理措施及其效果的全面记录。护理病历是护理活动的重要文献，是护理教学、科研工作不可或缺的重要资源。因此，护士必须按要求完成护理病历的书写。

二、健康评估的学习方法与学习要求

（一）学习方法

健康评估是一门实践性很强的学科，不仅要注重基本理论、基本知识的学习，更要在实训教学、临床见习与实习等教学环节中注重基本技能的训练。在学习过程中，要勤思考、勤动口、勤动手，反复训练，精益求精。

（二）学习要求

1. 树立以人为中心，全心全意为患者服务的思想，具有严谨的学习态度、科学的思维能力、良好的职业道德和爱岗敬业精神。

2. 合理运用问诊技巧独立完成系统问诊，准确收集患者的健康史资料，熟悉常见症状及其临床意义。

3. 能独立进行全面、系统、规范的体格检查，力求操作娴熟；熟悉常见体征及其临床意义。

4. 能独立完成心理评估和社会评估，提出相关护理诊断 / 问题。

5. 掌握常用实验室检查的标本采集方法；熟悉各项检查结果的参考值及其临床意义。

6. 能独立描记心电图；熟悉正常心电图和常见异常心电图的图形及其临床意义。

7. 掌握医学影像学检查前准备、检查中配合和检查后护理要点；了解检查结果的临床意义。

8. 能将问诊、体格检查、心理评估和社会评估收集到的资料和各项辅助检查结果进行综合分析，提出护理诊断，并按照护理病历的书写格式及要求，正确书写护理病历。

目标检测

A_1/A_2 型题

1. 医护人员对患者或有关人员进行系统询问，收集其健康资料的过程，称为（　　）

A. 体格检查　　B. 问诊
C. 症状　　D. 心理评估
E. 社会评估

2. 个体患病后对机体生理功能异常的自身体验和感觉称为（　　）

A. 症状　　B. 健康评估
C. 健康史　　D. 体征
E. 护理诊断

3. 实验室检查不包括（　　）

A. 血液检查　　B. 尿液检查
C. 粪便检查　　D. 痰液检查
E. 肺部 X 线检查

（陈云华）

第2章 问　诊

第1节 概　述

案例 2-1

患者女，48 岁。近 10 年来反复出现上腹部疼痛，伴反酸、嗳气，曾到当地医院就诊，经胃镜检查诊断为胃溃疡，给予阿莫西林、兰索拉唑、甲硝唑等治疗，因未坚持服药治疗，病情反复。5 天前，因不规律饮食后复发加重，自服奥美拉唑后症状有所好转。今晨起后，排黑色大便 2 次，急诊入院。患者无烟酒等不良嗜好，父母体健，家族成员中无类似疾病患者。

问题：1. 护士如何对该患者开展问诊？着重问诊的内容是哪些？

2. 护士在问诊中，需采用哪些技巧？

问诊是护士通过对患者或知情者进行有目的、有计划的系统询问，从而获得患者健康相关资料的交谈过程。问诊所获得的有关患者健康状况的资料属于主观资料，可统称为健康史。通过问诊，了解疾病的发生、发展、诊治及护理经过、既往健康状况，以及由此产生的生理、心理、社会等方面的反应，是明确患者的护理需求、确定护理诊断的主要依据之一。问诊是启动护理的第一步，可为体格检查及辅助检查的选择提供线索和依据。

一、问诊的基本原则与方法

问诊是收集资料的重要手段。问诊方法与获取病史资料的数量和质量有密切的关系，并能影响到护患关系的建立。因此，在问诊过程中护士必须掌握问诊原则和方法。

（一）基本原则

1. 环境须安静、舒适和具有私密性。注意保护患者的隐私，最好不要在有陌生人时开始问诊。

2. 尊重、关爱患者。应营造宽松、和谐的氛围，消除患者紧张不安的情绪。问诊时礼貌称呼对方，态度和蔼、举止端庄。

3. 恰当地运用沟通技巧，以确保资料的全面性、真实性和准确性。

4. 若是急危重症患者，则需在重点评估的同时立即开展抢救。

（二）常用方法与技巧

1. 做好自我介绍和解释说明　护士一般从礼节性的交谈开始，主动地介绍自己，说明自己的职责和问诊的目的。使用恰当的言语表明自己愿意尽力帮助患者解除或缓解痛苦，从而拉近护患之间的距离，便于顺利采集病史。

2. 循序渐进、逐渐展开　护士通常从主诉开始，首先提问一般性易于回答的问题，如询问“您哪里不舒服？”“您这次来医院就诊的主要目的是什么？”再逐步深入了解患者本次患病的可能原因、症状特点、诊治经过，以及过去健康状况及心理与社会情况等。

3. 采用适当的提问方式　护士在问诊过程中，根据具体情况分别采取开放式提问和封闭式提问。①开放式提问：指问题较笼统、范围较广，患者的回答需详细描述的提问方式。例如，“您哪里不舒服？”“您为什么来医院？”“您现在感觉怎么样？”等。这种提问不具有暗示性，有利于患者主动、自由地诉说，护士能获得更多客观、完整的资料。其缺点是患者可能抓不住重点，甚至离题而占用大量时间。②封闭式提问：指将患者的回答限制在特定范围内的提问方式，其回答选择性较小。患者可直接回答或仅回答“是”或“否”。例如，“您睡眠好不好？”“您胸痛多久了？”“您是大学教师吗？”等。这种方式简洁，节省时间。其缺点是不利于患者表达自己的感受和提供额外信息，使获得的资料不够准确和全面。

4. 避免使用医学术语　护士应使用患者能够理解的、熟悉的词汇进行询问与交流，避免使用医学术语，否则容易造成误解或交谈的中断。例如，问心脏病患者“您有端坐呼吸吗？”患者因不能理解而难以回答，应该问：“您有没有觉得躺着憋气，坐起来会好一点？”

5. 避免诱导式提问　护士不可以借助提问，强迫患者同意自己的观点。当患者回答问题不确切时，护理人员应耐心启发，不应暗示诱导，如不应问“您是不是午后发热？”，应问“您发热多在什么时间？”；不应问“您哮喘是不是多在夜间发作？”，应问“您哮喘多在什么时间发作？”，以免患者随声附和，使获得的资料缺乏真实性。

6. 非语言性沟通技巧　护士在问诊过程中，除要掌握语言性沟通技巧外，还应善于运用非语言性沟通技巧，如与问诊对象保持合适的距离、目光的接触、微笑与点头、必要的手势、触摸、沉默及倾听等。恰当地运用非语言性沟通技巧有助于消除与患者之间的隔阂，使患者感到轻松，更愿意交流。

7. 及时核实资料　护士提问时应注意系统性、目的性和必要性。针对患者陈述中不确切或有疑问的地方，注意及时使用澄清、复述、反问、质疑、解析等方法进行核实。其中澄清是要求患者对模棱两可或模糊不清的内容作进一步的解释说明，如“您说您感到压抑，请具体说一下是怎样的情况，好吗？”

8. 结束问诊的方式　在问诊即将结束时，护理人员应有所暗示或提示，如看看手表或对问诊内容做出结束语等，切忌突然结束话题。同时可告知患者下一步的护理计划及患者需要做的准备等。

二、特殊情况问诊

1. 老年人　老年人因体力、视力、听力都有所减退，部分患者反应迟钝，因此问诊时语言应简单、易懂，语速要慢，必要时须适当重复。

2. 小儿　小儿多不能自述病史，需要家长或监护人代述。他们所提供的病史资料是否可靠，与其观察小儿的能力、接触小儿的密切程度有关，对此应予以注意并在病历记录中说明。

3. 焦虑者　应鼓励焦虑的患者讲出其真实感受，注意其语言和非语言方面的各种异常线索，以便确定问题性质。因此，问诊时应说明目的，提问尽量简单而有条理，宽容、理解患者，让其缓慢、平静地叙述病情。

4. 情绪低落者　情绪低落的患者一般不愿主动提供有关信息。问诊时应给予同情、理解和安抚，减慢交谈速度。

5. 病情危重者　危重患者需要简明扼要地询问病史及进行体格检查后，迅速进行抢救，待病情稳定后，再详细询问病史。

6. 语言障碍　语言不通的患者，需翻译人员协助，勿带有倾向性，更不应只是解释或总结。有时通过肢体语言、手势，结合语言交流也可抓住主要问题。交流中对于核心要素反复核实很重要。

第 2 节　问诊的内容

问诊的内容包括一般资料、主诉、现病史、既往史、个人史等，影响健康的相关因素及其本人对健康状况的认识与反应等主客观资料。依据整体护理的理念，问诊的内容须涉及与患者的健康状况有关的生理、心理、社会等各方面。但由于社会文化背景的差异以及临床实践场所等不同，问诊的内容及其组织形式也有所不同。目前临床应用较多的是以下两种形式：生理 - 心理 - 社会模式和功能性健康型态模式。本节主要讲述生理 - 心理 - 社会模式的问诊。

一、一般资料

一般资料包括姓名、性别、年龄、籍贯、出生地、民族、婚姻、家庭地址、电话、工作单位、职业、入院日期、记录日期、健康史陈述者及可靠程度等。若病史陈述者不是本人，则应注明与患者的关系。记录年龄时应填写具体年龄，不能用“儿童”或“成人”代替，因年龄本身也具有诊断参考意义。为避免问诊初始过于生硬，可将某些基本资料的内容如职业、婚姻等放在个人史中穿插询问。

二、主　诉

主诉为患者主观感受最主要的痛苦或最明显的症状或体征，也就是本次就诊最主要的原因及其持续时间。确切的主诉可初步反映病情轻重与缓急，并提供对某系统疾病的诊断线索。主诉应高度概括，力求用词简明扼要，如“咽痛、高热 2 天”。记录主诉应尽可能用患者自己描述的症状，而不是诊断用语，如“多饮、多食、多尿、消瘦 1 年”，不能记录为“患糖尿病 1 年”。对当前无症状，病历资料和入院目的又十分明确的患者，也可以用以下方式记录主诉，如“乳癌术后半年，第 5 次化疗”等。若主诉为多个症状或体征时，应按发生的先后顺序排列，如“活动后心悸、气急 5 年，加重伴双下肢水肿 1 周”。

三、现病史

现病史是病史中的主体部分，它记述患者患病后的全过程，即疾病的发生、发展、演变和诊治经过，可按以下内容和程序询问。

1. 起病情况与患病的时间　每种疾病的起病或发作都有各自的特点，详细询问起病的情况对诊断疾病有重要的鉴别作用。有的疾病起病急骤，如心肌梗死、脑出血、急性阑尾炎等；有的疾病则起病缓慢，如慢性阻塞性肺疾病、肿瘤、高血压等。疾病的起病常与某些因素有关，如脑出血常发生在情绪激动时，哮喘常发生在接触变应原后。患病时间是指从起病到就诊或入院的时间。时间长短可按数年、数月、数日计算，起病急骤者可以小时、分钟为计时单位。

2. 病因或诱因　主要是指与本次发病有关的病因（外伤、中毒、感染等）和诱因（气候变化、环境改变、情绪变化等）。

3. 主要症状的特点　指主要症状出现的部位、性质、发作频率和持续时间、程度、加重或缓解因素等。这些特点是判断病变部位、性质的重要线索，也是明确护理诊断及制订相应护理措施的重要依据。例如，上腹部疼痛多为胃、十二指肠或胰腺疾病；右下腹急性腹痛一般为阑尾炎症。

4. 病情的发展与演变　包括患病过程中主要症状的变化或新症状的出现。例如，慢性支气管炎患者出现了进行性加重的呼吸困难，应考虑慢性阻塞性肺疾病的可能。

5. 伴随症状　是指在主要症状的基础上同时出现一系列的其他症状，通常是鉴别诊断的依据，或提示出现并发症。例如，胸痛伴有咳嗽、咳痰或咯血，提示为肺部疾病所致。

6. 诊治和护理经过　指起病后的诊断检查及其结果，治疗所用药物的名称、剂量、给药途径、疗程及疗效，已采取的护理措施及其效果等。

四、既往史

既往史是指患者既往的健康状况及患病的经历等，特别是与目前所患疾病有密切关系的情况。主要包括：①既往健康状况。②既往患病的时间、主要表现、诊疗经过及转归情况等。③有无外伤史、手术史及住院经历等。④过敏史：有无食物、药物及其他接触物的过敏史，以及机体的特殊反应，脱敏方法等。

五、个人史

个人史是指与疾病相关的个人历史，主要包括以下几个方面。

1. 社会经历　包括出生地、居住地区和居留时间（尤其是疫源地和地方病流行区）、受教育程度、经济生活和业余爱好等。不同传染病有不同潜伏期，应根据考虑的疾病询问过去某段时间是否去过疫源地。

2. 职业及工作条件　包括工种、劳动环境、与工业毒物的接触情况及时间。

3. 习惯与嗜好　包括起居与卫生习惯、饮食的规律与质量。烟酒嗜好时间与摄入量，以及其他异嗜物和麻醉药品、毒品接触情况等。

4. 冶游史　有无不洁性交，是否患过性病等。

六、婚姻史

婚姻史包括婚姻状况、结婚年龄、配偶健康状况、性生活情况、夫妻关系等。

七、月经史与生育史

月经初潮年龄、月经周期及行经期，经血的量、颜色，经期症状，有无痛经和白带，末次月经及持续时间，闭经日期、绝经年龄等。记录格式如下。

$$\text{初潮年龄}\ \frac{\text{行经期（天）}}{\text{月经周期（天）}}\ \text{末次月经时间或绝经年龄}$$

$$\text{例如：13 岁}\ \frac{3\sim5\text{ 天}}{28\sim30\text{ 天}}\ \text{2022 年 5 月 7 日（或 49 岁）}$$

妊娠与生育次数，人工或自然流产的次数，有无死产、手术产、围生期感染、避孕措施等。对男性患者应询问是否患过影响生育的疾病。

八、家族史

家族史包括询问双亲与兄弟、姐妹及子女的健康与疾病情况，特别应询问是否有与患者同样的疾病，有无与遗传有关的疾病，如血友病、白化病、遗传性球形红细胞增多症、遗传性出血性毛细血管扩张症、家族性甲状腺功能减退、糖尿病、精神病等。对已死亡的直系亲属要问明死因与年龄。

目标检测

A_1/A_2 型题

1. “发热、右胸痛、咳嗽 3 天”的描述属于（　　）
   A. 主诉　B. 现病史
   C. 既往史　D. 家族史
   E. 一般资料
2. 问诊时的“主要症状特点”属于（　　）
   A. 主诉　B. 症状　C. 体征
   D. 现病史　E. 既往史
3. 关于问诊，下列错误的是（　　）
   A. 避免使用医学术语
   B. 可诱导或暗示患者
   C. 首先提问一般性易于回答的问题

D. 问诊要有系统性和目的性

E. 问诊中应注意与患者的非语言性沟通

4. 正确的问诊是（　　）

A. 您是否咳铁锈色痰

B. 除了腹部疼痛外，您还有其他部位疼痛吗

C. 大便时有无里急后重的感觉

D. 您的尿液是深黄色的吗

E. 大便是黑色的吗

5. 下列选项中属于个人史的是（　　）

A. 吸烟史　　B. 外伤手术史

C. 月经史　　D. 家族史

E. 婚育史

6. 最准确、最可靠的健康资料来源是（　　）

A. 患者　　B. 护士　　C. 目击者

D. 医生　　E. 病友

7. 问诊时应最先向患者（　　）

A. 进行体格检查　　B. 开放性提问

C. 承诺　　D. 表示同情

E. 作自我介绍

A_3/A_4 型题

（8、9 题共用题干）

患者男，45 岁，近 3 个月来反复出现上腹部疼痛，进食后疼痛稍缓解，2 天前大便呈黑色，门诊拟诊断为消化性溃疡收住院治疗。

8. 对该患者进行问诊时，不需要询问的内容是（　　）

A. 青霉素过敏史

B. 经济收入

C. 过去手术、外伤情况

D. 婚姻、生育情况

E. 家庭遗传病情况

9. 据此病史，记录的最恰当的主诉是（　　）

A. 腹痛伴食欲缺乏，乏力 2 天

B. 节律性上腹痛 3 个月，黑便 2 天

C. 腹痛伴发热 2 天

D. 3 日前出现上腹痛，今起出现呕吐

E. 右下腹疼痛伴呕吐 3 次

（罗玉梅）

第3章 临床常见症状评估

症状是健康评估的主要内容，也是反映病情的重要指标之一。症状是指个体患病后对机体生理功能异常的自身体验和感觉，如发热、疼痛等。

第1节 发 热

案例 3-1

患者男，20岁。因发热、胸痛2天就诊。患者2日前因淋雨后出现咽痒、鼻塞，轻微咳嗽，在社区卫生服务站就诊，给予感冒清热冲剂等口服，症状无明显好转。当晚出现发热，体温维持在39.0～40.0℃，伴左下胸疼痛，咳嗽，咳铁锈色痰。

问题：1. 引起该患者发热的主要病因是什么？

2. 该患者发热属于哪种程度？

机体在各种原因作用下，导致体温升高超出正常范围，称为发热。正常人在下丘脑体温调节中枢的调控下，体内产热和散热过程保持动态平衡，体温在相对恒定的范围内，一般为36.3～37.2℃。但不同的个体间稍有差异，并受昼夜、性别、年龄、情绪、活动程度、药物、环境等内外因素的影响而略有波动，一般波动范围不超过1℃。在24小时内下午体温较早晨稍高，剧烈运动、劳动或进餐后体温也略微升高。老年人代谢率偏低，体温相对于青壮年低。

一、病因及发生机制

（一）病因

1. 感染性发热　是发热最常见的病因，由各种病原微生物如病毒、细菌、支原体、立克次体、螺旋体、真菌，寄生虫等引起的急性或慢性感染，均可出现发热。

2. 非感染性发热　发热不是由于机体感染所引起的，常见于以下几种情况。

（1）血液病　如白血病、淋巴瘤等。

（2）结缔组织疾病　如系统性红斑狼疮、类风湿关节炎等。

（3）内分泌代谢疾病　如甲状腺功能亢进等。

（4）变态反应性疾病　如风湿热、药物热、溶血反应等。

（5）血栓及栓塞疾病　如肺梗死、心肌梗死、脾梗死等，通常为吸收热。

（6）颅内疾病　如脑出血、脑挫伤等，为中枢性发热；癫痫持续状态可引起发热，为产热过多所致。

（7）皮肤病变　见于广泛性皮炎、鱼鳞病等，常因皮肤散热减少所致。

（8）恶性肿瘤　各种恶性肿瘤均有可能出现发热。

（9）物理及化学性损害　如中暑、大面积烧伤等。

（10）自主神经功能紊乱　属功能性发热，多为低热。见于夏季热，女性月经前或妊娠初期、剧烈运动后、精神紧张等。

（二）发生机制

1. 致热原性发热　是导致发热的最主要因素。致热原可分为外源性和内源性两大类。外源性致热原主要包括：①各种病原微生物、寄生虫及其代谢产物。②抗原抗体复合物（免疫复合物）。③炎性渗出物及无菌性坏死组织。④某些类固醇物质。此类致热原通过激活血液中的中性粒细胞、嗜酸性粒细胞和单核巨噬细胞系统，使之形成并释放白细胞介素、肿瘤坏死因子和干扰素等内源性致热原。内源性致热原通过血 - 脑脊液屏障直接作用于体温调节中枢，使体温调定点上升，重新调节体温，致体温升高而引起发热。

2. 非致热原性发热　由于机体产热与散热不平衡所致，如甲状腺功能亢进引起产热过多；广泛性皮炎、鱼鳞病等引起散热减少；颅脑外伤、出血、炎症等使体温调节中枢直接损伤。

二、临床表现

1. 发热分度　按体温高低将发热分为以下四类。①低热：37.3 ～ 38.0 ℃。②中等度热：38.1 ～ 39.0℃。③高热：39.1 ～ 41.0℃。④超高热：41.0℃以上。

2. 发热过程　高热患者的临床经过大致可分为体温上升期、高热持续期、体温下降期 3 个阶段。

（1）体温上升期　此期产热大于散热使体温升高。临床主要表现为疲乏、无力、肌肉酸痛、皮肤苍白、无汗、畏寒或寒战等。体温上升有缓升和骤升两种形式。

（2）高热持续期　此期产热和散热保持相对平衡，持续时间的长短因病因而不同。临床主要表现为皮肤潮红、干燥、有灼热感，呼吸深快。此期寒战消失，皮肤血管开始转为舒张，皮肤发红，开始出汗并可逐渐增多。

（3）体温下降期　此期散热大于产热。临床主要表现为出汗多、皮肤潮湿。体温下降有缓降和骤降两种形式。

3. 热型　把不同时间测得的体温数值分别记录在体温单上，将各数值点连接形成体温曲线，该曲线的不同形态称为热型。常见的热型有以下几种。

（1）稽留热　体温持续在 39 ～ 40℃，达数日或数周，24 小时体温波动范围不超过 1℃（图 3-1）。稽留热常见于伤寒高热期、肺炎链球菌肺炎等。

（2）弛张热　又称败血症热型。体温常在 39℃以上，24 小时体温波动范围超过 2℃，但最低体温均在正常水平以上（图 3-2）。弛张热常见于败血症、化脓性感染、重症肺结核等。

图 3-1　稽留热

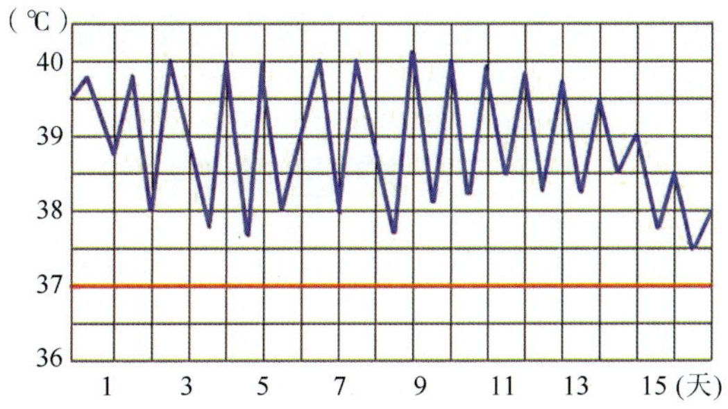

图 3-2　弛张热

（3）间歇热　体温骤升达高峰后持续数小时，又迅速降至正常水平，无热期持续 1 天至数天，高热期与无热期反复交替出现（图 3-3）。间歇热常见于疟疾、急性肾盂肾炎等。

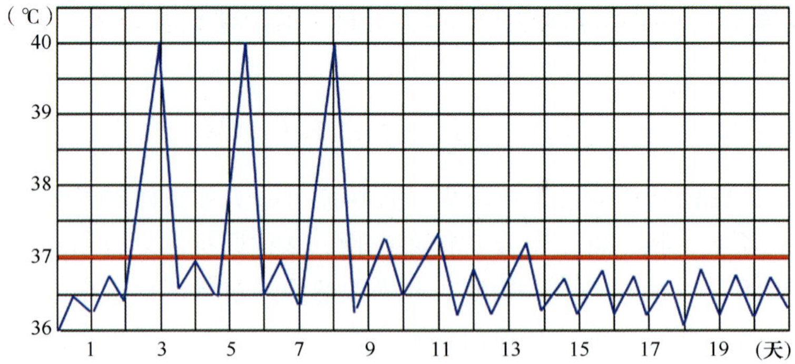

图 3-3 间歇热

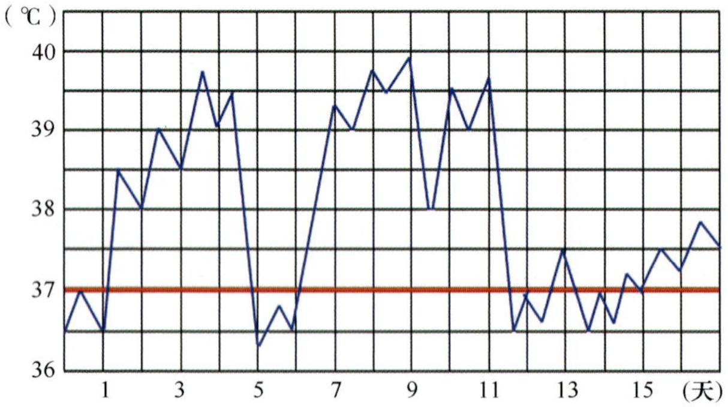

图 3-4 回归热

（4）回归热 体温骤升达39℃或以上，持续数天后又骤降至正常水平，数天后体温又骤升，如此规律性交替（图3-4）。回归热常见于回归热、霍奇金病等。

（5）波状热 体温渐升达39℃或以上，持续数天后逐渐降至正常水平，数天后又逐渐上升，如此反复（图3-5）。波状热常见于布氏杆菌病。

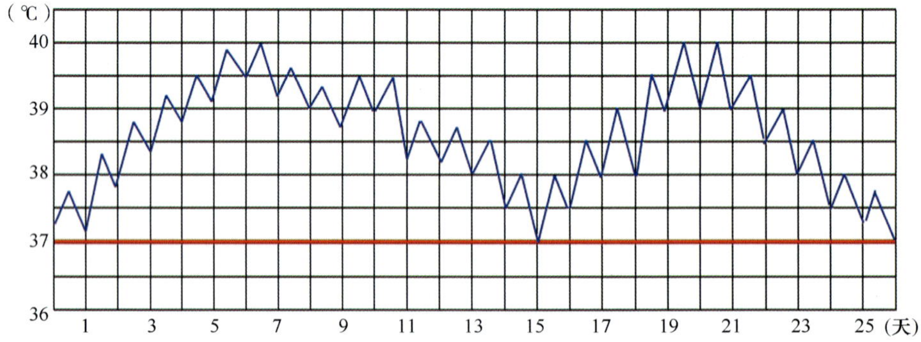

图 3-5 波状热

（6）不规则热 体温曲线无规律，发热持续时间也不一定（图3-6）。不规则热常见于结核病、支气管肺炎等，也见于药物或物理降温对体温的干扰。

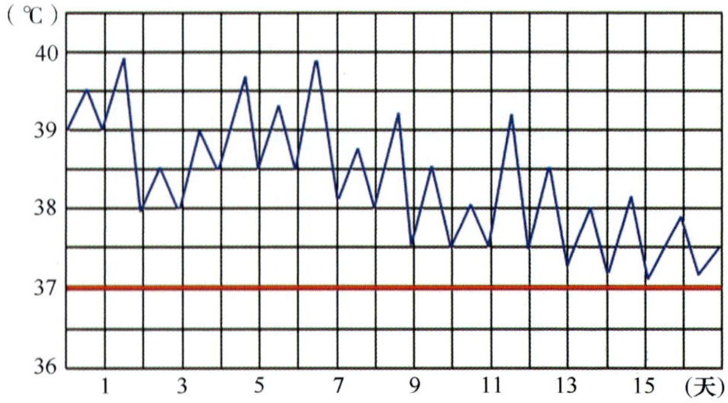

图 3-6 不规则热

三、护理评估

1. 发热的特点 起病急缓、病因或诱因、发热程度及热型等。

2. 病因与诱因 有无与发热相关的疾病，如各种病原体所致的感染性疾病、脏器梗死等。

3. 发热对患者的影响 重点为急性发热者有无食欲缺乏、恶心、呕吐等消化道症状；小儿有无惊厥；患者有无意识障碍、脱水等。

4. 诊疗及护理经过 已接受过的诊断性检查项目及结果、已采用的治疗或护理措施等，包括是否使用过退热药物或其他药物，药物的名称、剂量、给药途径及效果，以及是否已采用其他降温措施及疗效。

四、主要护理诊断 / 问题

1. 体温过高　与病原微生物感染及体温调节中枢功能障碍有关。
2. 体液不足　与体温下降期出汗过多或液体量摄入不足有关。
3. 营养失调：低于机体需要量　与长期发热代谢率增高及营养物质摄入不足有关。
4. 潜在并发症：惊厥、意识障碍。

第 2 节　疼　　痛

案例 3-2

患者男，70 岁。发作性心前区疼痛 10 天入院。患者 10 天前晨练时出现心前区闷痛，并向左肩、左臂放射，伴全身冷汗，休息 3～5 分钟可缓解，未引起重视。2 小时前再次出现上述症状，为明确病情遂来就诊。既往有高血压病史 3 年，无冠心病病史，无药物、食物过敏史，吸烟 30 年，每日 1 包，其父有高血压病史。

问题： 该患者的疼痛有什么特点？

疼痛是机体对损伤组织或潜在损伤产生的一种不愉快的主观感觉和情感体验。它由痛觉和痛反应两部分组成，即伤害性刺激作用于机体所引起的痛觉，以及机体对伤害性刺激的痛反应。强烈而持久的疼痛可导致生理功能紊乱，甚至导致休克。

一、病因及发生机制

（一）病因

1. 头痛　指眉弓、耳郭上部、枕外隆突连线以上部位的疼痛。常见的头痛原因分类如下。

（1）颅内病变　感染、颅脑外伤、颅内血管性疾病、颅内占位性病变等。

（2）颅外病变　颅骨疾病、颈部疾病、神经痛、眼耳鼻等疾病引起的牵涉性头痛。

（3）全身性疾病　急性感染、心血管疾病、中毒等。

2. 胸痛　胸壁疾病、呼吸系统疾病、循环系统疾病、纵隔疾病等。

3. 腹痛　按起病缓急、病程长短分为急性与慢性腹痛，其中急性腹痛临床上常称为急腹症。腹痛多数由腹部脏器疾病引起，但腹腔外疾病及全身性疾病也可引起，其性质和程度，既受病变性质和刺激程度的影响，也受神经和心理因素的影响。

（1）急性腹痛　腹腔脏器急性炎症、空腔脏器阻塞或扩张、脏器扭转或破裂、腹膜炎症、腹内血管阻塞、腹壁疾病、胸部疾病所致牵涉性痛、全身性疾病等。

（2）慢性腹痛　腹腔脏器慢性炎症、消化性溃疡、腹腔脏器扭转或梗阻、脏器包膜的牵张、肿瘤压迫和浸润、胃肠神经功能紊乱、中毒与代谢障碍等。

（二）发生机制与分类

1. 发生机制　痛觉感受器是位于皮肤和其他组织内的游离神经末梢。任何刺激达到一定强度都能刺激机体的受损部位释放致痛物质引起疼痛。致痛物质包括乙酰胆碱、5- 羟色胺、组胺、缓激肽、钾离子、氢离子、前列腺素及酸性代谢产物等。游离神经末梢受到致痛物质的刺激后发出神经冲动，经脊髓后根沿脊髓丘脑侧束进入内囊，上传至大脑皮质痛觉感觉区，引起痛觉。

2. 分类

（1）根据疼痛发生部位及传导途径不同分类

1）皮肤痛：皮肤受到一定强度理化因素刺激后，引起双重痛觉，一种为快痛，即受刺激后立即出现定位明确的尖锐性刺痛，刺激去除后疼痛很快消失；另一种为慢痛，经刺激后 1 ～ 2 秒出现定位不明确的烧灼样痛，去除刺激疼痛还可持续数秒钟。

2）躯体痛：指肌肉、肌膜、筋膜和关节等深部组织引起的疼痛。对疼痛的敏感性因其神经分布差异而不同，骨膜神经分布最密集，痛觉最敏感。

3）内脏痛：主要因内脏器官受到机械性牵拉、缺血、扩张或痉挛、炎症、化学性刺激等引起。其疼痛特点为疼痛部位不准确，接近腹中线；疼痛感觉模糊，多为不适、钝痛、灼痛；常伴恶心、呕吐、出汗等其他自主神经兴奋症状。

4）牵涉痛：内脏痛常伴有牵涉痛，即内脏疾病引起的疼痛同时在体表某一部位也发生痛感。牵涉痛的发生与患病部位有一定解剖关系，都受同一脊髓节段感觉神经元支配，当原发病灶发生疼痛时，其冲动可使该脊髓节段感觉神经兴奋，导致其所支配的皮肤区域也出现疼痛。牵涉痛特点是定位明确、疼痛剧烈、有压痛、肌紧张及感觉过敏等。

阑尾炎早期疼痛在脐周或上腹部，随着疾病的发展，持续而强烈的炎症刺激影响相应脊髓节段的躯体传入纤维，出现牵涉痛，疼痛转移至右下腹麦氏点。心绞痛可放射至左肩和左前臂内侧，出现牵涉痛。

5）假性痛：是指病变部位已经去除，仍感到相应部位疼痛，如截肢患者仍可感到已不存在的肢体疼痛。其发生可能与病变部位去除前的疼痛在大脑皮质形成强兴奋灶后遗影响有关。

6）神经痛：为神经受损所致，表现为剧烈灼痛或酸痛。

（2）根据疼痛发作的时程分类

1）急性疼痛：常突然发生，有明确的开始时间，持续时间较短，一般在数分钟、数小时、数天之内。常见的有外伤痛、烧伤痛、烫伤痛、炎症痛、神经刺激或压迫痛、术后痛、晚期肿瘤痛、特殊诊疗痛等。

2）慢性疼痛：疼痛时间持续 3 个月以上，具有持续性、顽固性和反复发作的特点。常见的有劳损或退变性疼痛、神经损伤或刺激性疼痛、慢性炎症性疼痛、肿瘤相关性疼痛、免疫相关性疼痛、缺血性疼痛、淤血性疼痛、精神和情绪相关性疼痛等。

（3）根据疼痛的性质分类　①钝痛：有酸痛、胀痛、闷痛等。②锐痛：有刺痛、切割痛、灼痛、绞痛等。③其他：如压榨样痛、跳痛、牵拉样痛等。

（4）根据疼痛部位分类　头痛、胸痛、腹痛、腰背痛、关节肌肉疼痛等。

二、临床表现

（一）头痛

1. 发病情况　急性起病并有发热者常为感染性疾病所致。急剧的头痛持续不减，并有不同程度的意识障碍而无发热者，提示颅内血管性疾病（如蛛网膜下隙出血）。长期的反复发作性头痛或搏动性头痛，多为血管性头痛（如偏头痛）或神经官能症。慢性进行性头痛并有颅内压增高的症状（如呕吐、视神经乳头水肿）应注意颅内占位性病变。青壮年慢性头痛，但无颅内压增高，常因焦虑、情绪紧张而发生，多为肌收缩性头痛（或称肌紧张性头痛）。

2. 头痛部位　偏头痛及丛集性头痛多在一侧；颅内病变引起的头痛常为深在性且较弥散，颅内深部病变引起的头痛部位不一定与病变部位相一致，但疼痛多向病灶同侧放射；高血压引起的头痛多在额部或整个头部；全身性或颅内感染性疾病引起的头痛，多为全头部痛；蛛网膜下隙出血或脑脊髓膜炎除头痛外尚有颈痛；眼源性头痛为浅在性且局限于眼眶、前额或颞部；鼻源性或牙源性头痛也多为浅表性疼痛。

3. 头痛的程度与性质　头痛的程度一般分轻度、中度、重度 3 种，但与病情的轻重并无平行关系。三叉神经痛、偏头痛及脑膜刺激引起的疼痛最为剧烈；脑肿瘤引起的头痛多为中度或轻度疼痛。高血压性、血管性头痛及发热性疾病引起的头痛，多呈搏动性；神经痛多呈电击样痛或刺痛；肌收缩性头痛多为重压感、紧箍感或钳夹样痛。

4. 头痛出现的时间与持续时间　头痛可发生在特定时间，如颅内占位性病变引起的头痛常在清晨加剧，鼻窦炎引起的头痛常发生于清晨或上午，从集性头痛常在晚间发生，女性偏头痛常与月经期有关。脑肿瘤性头痛多为持续性，可有长短不等的缓解期。

5. 头痛加重或缓解的因素　咳嗽、打喷嚏、摇头、俯身可使颅内高压性头痛、血管性头痛、颅内感染性头痛及脑肿瘤性头痛加剧；颈肌急性炎症所致的头痛可因颈部运动而加剧；慢性或职业性的颈肌痉挛所致的头痛，可因活动、按摩颈肌而逐渐缓解；从集性头痛在直立时可缓解；偏头痛在应用麦角胺后可获缓解。

（二）胸痛

1. 发病年龄　青壮年胸痛多考虑结核性胸膜炎、自发性气胸、心肌炎、心肌病、风湿性心脏瓣膜病等；40 岁以上则须注意心绞痛、心肌梗死和支气管肺癌。

2. 部位　胸壁疾病所致的胸痛常固定在病变部位，且局部有压痛，若为胸壁皮肤的炎症性病变，局部可有红、肿、热、痛表现；带状疱疹所致胸痛，可见成簇的水疱沿一侧肋间神经分布并伴剧痛，且疱疹不超过体表中线；肋软骨炎引起的胸痛，常在第 1、第 2 肋软骨处见单个或多个隆起，局部有压痛，但无红肿表现；心绞痛及心肌梗死的疼痛多在胸骨后和心前区或剑突下，可向左肩和左臂内侧放射，甚至达环指与小指，也可放射至左颈或面颊部，常误认为牙痛；胸膜炎引起的疼痛多在胸侧部；食管及纵隔病变引起的胸痛多在胸骨后；肝胆疾病及膈下脓肿引起的胸痛多在右下胸，可放射至右肩部；肺尖部肺癌（肺上沟瘤）引起的疼痛多以肩部、腋下为主，可向上肢内侧放射。

3. 性质　带状疱疹呈刀割样或灼热样剧痛；肋间神经痛为阵发性灼痛或刺痛；食管炎多呈烧灼痛；心绞痛呈绞榨样痛并有窒息感；急性心肌梗死疼痛更为剧烈并有恐惧、濒死感；主动脉夹层常突然发生胸背部撕裂样剧痛或锥痛。气胸在发病初期有撕裂样疼痛；胸膜炎常呈隐痛、钝痛或刺痛；肺梗死突然发生胸部剧痛或绞痛，常伴呼吸困难与发绀。

4. 持续时间　平滑肌痉挛或血管狭窄缺血所致的疼痛为阵发性，炎症、肿瘤、栓塞或梗死所致疼痛呈持续性。心绞痛发作时间短暂，持续 3 ～ 5 分钟缓解，而急性心肌梗死疼痛持续时间长，常为数小时或更长，且不易缓解。

5. 影响因素　主要为胸痛发生的诱因、加重与缓解的因素。心绞痛可在劳累或精神紧张时诱发，休息后或含服硝酸甘油后 1 ～ 2 分钟内缓解，而急性心肌梗死含服硝酸甘油无效，见表 3-1。食管疾病多在进食时发作或加剧，服用抗酸剂和促动力药物胸痛可减轻或消失。胸膜炎及心包炎的胸痛会因咳嗽或用力呼吸而加剧。

表 3-1　心绞痛与急性心肌梗死疼痛特点的鉴别

鉴别点	心绞痛	急性心肌梗死
疼痛部位	胸骨后和心前区或剑突下，可向左肩和左臂内侧放射，甚至达环指与小指，也可放射至左颈或面颊部	同心绞痛
诱发因素	劳累、精神紧张等	常无明显诱因

续表

鉴别点	心绞痛	急性心肌梗死
疼痛性质	绞榨样痛并有窒息感	更为剧烈并有恐惧、濒死感
持续时间	3～5分钟	持续时间长，常为数小时或更长
缓解方式	休息或舌下含服硝酸酯类药后缓解	休息或舌下含服硝酸酯类药后不易缓解

（三）腹痛

1. 腹痛部位　一般腹痛部位多为病变所在部位。胃、十二指肠和胰腺疾病，疼痛多在中上腹部；胆囊炎、胆石症、肝脓肿等，疼痛多在右上腹部；急性阑尾炎，疼痛在右下腹；小肠疾病，疼痛多在脐区；结肠疾病，疼痛多在腹部周围；膀胱炎、盆腔炎及异位妊娠破裂，疼痛在下腹部。弥漫性或部位不定的疼痛，见于急性弥漫性腹膜炎、机械性肠梗阻等。

2. 腹痛性质和程度　突发的中上腹剧烈刀割样痛、烧灼样痛，多为胃、十二指肠溃疡穿孔；中上腹持续性隐痛多考虑慢性胃炎及胃、十二指肠溃疡；上腹部持续性钝痛或刀割样疼痛呈阵发性加剧多为急性胰腺炎；胆石症或泌尿系统结石常为阵发性绞痛，致患者辗转不安；阵发性剑突下钻顶样疼痛是胆道蛔虫病的典型表现；持续性、广泛性剧烈腹痛伴腹肌紧张呈板状，提示为急性弥漫性腹膜炎。

3. 诱发因素　急性胰腺炎发作前常有酗酒、暴饮暴食史；胆囊炎或胆石症发作前常有进油腻食物史。腹部受暴力作用引起剧痛并有休克者，可能是肝、脾破裂所致。

4. 发作时间　周期性、节律性上腹痛见于胃、十二指肠溃疡，子宫内膜异位者腹痛与月经来潮相关。

三、护理评估

1. 疼痛的特点　包括起病急缓、持续时间、疼痛部位，有无牵涉性、放射性或转移性疼痛，疼痛的性质、发作情况、程度，以及有无使疼痛加重或缓解的因素等。

2. 病因与诱因　有无与疼痛有关的疾病史及外伤或手术史，有无与传染病患者接触史等。

3. 疼痛对患者的影响　是否影响睡眠、日常生活等，有无负面情绪或药物依赖等。

4. 诊疗及护理经过　已接受的诊断性检查项目及结果，已采用的治疗或护理措施，包括是否使用镇痛药物，药物的名称、剂量及效果，以及是否采用其他镇痛措施及疗效。

四、主要护理诊断/问题

1. 急性/慢性疼痛　与各种有害刺激作用于机体引起的不适有关。

2. 睡眠型态紊乱　与夜间疼痛有关。

3. 焦虑　与疼痛迁延不愈有关。

第3节　咳嗽与咳痰

案例 3-3

患者女，45岁。因反复咳嗽、咳痰20年，加重1个月入院。患者20年前患支气管炎后反复出现咳嗽、咳脓痰，以夜间及晨起症状显著，偶尔痰中带血丝。近1个月来上述症状加重，痰量增多，每日50～100ml，伴发热，无盗汗及胸痛。查体：体温38.5℃，一般情况尚可，左下肺可闻及湿啰音，部位较固定。

问题：1. 该患者出现咳嗽、咳痰的病因可能是什么？
2. 通过问诊应重点收集哪些资料？

咳嗽是人体清除呼吸道内分泌物或异物的保护性反射动作。痰是气管、支气管的分泌物或肺泡内的渗出物，人体借助咳嗽将其排出体外的动作称为咳痰。

一、病因及发生机制

（一）病因

1. 胸膜疾病　各种胸膜炎或胸膜受到刺激（如气胸、胸腔穿刺等）均可引起咳嗽。

2. 呼吸系统疾病　是引起咳嗽、咳痰最常见的病因，尤其是呼吸道感染。呼吸道异物、炎症、出血、肿瘤及刺激性气体、粉尘刺激等也是咳嗽、咳痰常见的病因。

3. 循环系统疾病　左心功能不全、心包炎、心包积液、肺栓塞、肺梗死等。

4. 中枢神经系统疾病　如脑炎、脑膜炎，可刺激大脑皮质或延髓咳嗽中枢引起咳嗽。

5. 其他病因　药物因素、胃食管反流性疾病所致咳嗽等。

（二）发生机制

正常呼吸道黏膜、腺体及杯状细胞可分泌少量黏液，以保持呼吸道黏膜湿润。当咽、喉、气管、支气管或肺受到物理性、化学性、生物性、过敏性等因素刺激时，引起黏膜或肺泡充血、水肿，毛细血管通透性增高，腺体分泌物增加，漏出物、渗出物与黏液、组织坏死物等混合形成痰液，痰液随咳嗽动作排出。正常人无痰或仅有少量泡沫样痰，在患有呼吸系统疾病时，痰量常增多。每日咳痰量小于 100ml，为少量痰液，100 ～ 500ml 为中等量痰液，大于 500ml 为大量痰液。

二、临床表现

1. 咳嗽的性质　干性咳嗽是指咳嗽无痰或痰量甚少；湿性咳嗽是指咳嗽伴有痰液。

2. 咳嗽的时间与规律　①突发性咳嗽：见于突然吸入刺激性气体、支气管异物等。②发作性咳嗽：多见于百日咳、支气管淋巴结结核或肿瘤压迫气管等。③夜间咳嗽：可见于慢性左心功能衰竭、肺结核等。④长期慢性咳嗽：多见于呼吸道慢性病变，如慢性支气管炎、支气管扩张和肺结核等。⑤周期性咳嗽：可见于慢性支气管炎或支气管扩张，且往往于清晨起床或晚间入睡时咳嗽加剧。

3. 咳嗽的音色　指咳嗽声音的特点。①伴声音嘶哑：见于声带炎症或肿瘤压迫喉返神经等。②伴金属声：见于支气管肺癌等。③鸡鸣样咳嗽：见于百日咳。

4. 痰的性状与痰量　①黏液性痰：见于慢性支气管炎、肺结核等。②浆液性痰：见于急性肺水肿。③血性痰：见于支气管扩张、肺癌等。④脓性痰：见于支气管扩张、肺脓肿等。⑤静置后痰液分层：咳出的大量痰液静置后可分为 3 层，上层为泡沫，中层为浆液或浆液脓性，下层为坏死物质，见于支气管扩张、肺脓肿等。

5. 痰的颜色和气味　铁锈色痰见于大叶性肺炎；粉红色泡沫痰见于急性肺水肿；黄色脓痰见于化脓性细菌感染；黄绿色或翠绿色痰见于铜绿假单胞菌感染；恶臭痰见于厌氧菌感染。

三、护理评估

1. 咳嗽与咳痰的特点　包括起病急缓、发生的时间、病程与规律，能否有效咳嗽与咳痰，咳嗽的性质、持续时间、音色及其与体位、睡眠等的关系，痰液的性状、量、气味等。

2. 病因与诱因　有无与咳嗽有关的病史如呼吸系统、循环系统等的疾病，有无可致咳嗽的药物使用史，有无吸烟史及粉尘接触史等。

3. 咳嗽、咳痰对患者的影响　长期或剧烈咳嗽是否引起食欲缺乏、睡眠不佳等，剧烈咳嗽有无自发性气胸或咯血等并发症。

4. 诊疗及护理经过　已接受的诊断性检查项目及结果，已采用的治疗或护理措施，包括是否服用过止咳、祛痰和其他药物，药物的名称、剂量及效果，以及是否采用促进排痰的措施及效果。

四、主要护理诊断/问题

1. 清理呼吸道无效　与痰液黏稠、咳嗽无力有关。
2. 睡眠型态紊乱　与夜间频繁咳嗽有关。
3. 潜在并发症：自发性气胸。

第4节　咯　　血

案例 3-4

患者女，28岁，因发热、盗汗1个月，咯血1天入院。患者1个月来感午后低热，自测体温37.5～37.8℃，伴有盗汗。1天前出现咯血，首次量约40ml，后间断咯血，24小时内总量约90ml，均为鲜红色，伴有右侧胸部疼痛，咯血后轻度干咳。

问题：1. 该患者咯血的可能病因是什么？

2. 若患者被诊断为肺结核，问诊时要特别注意收集什么病史？

咯血是指喉及其以下呼吸道或肺组织出血，经口排出，可表现为痰中带血、血痰及大咯血，大咯血易引起窒息和休克，危及生命。判断咯血前，须与口腔、咽、鼻出血相鉴别。口腔与咽部出血易观察到局部出血灶。鼻腔出血多从前鼻孔流出，诊断较易；鼻腔后部出血且量较多时，易被误诊为咯血，如用鼻咽镜检查，可见血液从后鼻孔沿咽壁下流，即可确诊。大量咯血还须与呕血相鉴别，见表3-2。

表 3-2　咯血与呕血的鉴别

鉴别点	咯血	呕血
病因	肺结核、支气管扩张、肺癌、肺炎、肺脓肿、心脏病等	消化性溃疡、肝硬化、急性胃黏膜病变、胆道出血、胃癌
先兆症状	喉部痒感、胸闷、咳嗽等	上腹部不适、恶心、呕吐等
出血方式	咯出	呕出，可呈喷射性
出血颜色	鲜红	暗红色、棕色，偶为鲜红色
血中混有物	痰、泡沫	食物残渣、胃液
酸碱反应	碱性	酸性
黑便	无，咽下较多血液时可有	有，呕血停止后可持续数日
出血后痰的性状	常痰中带血丝	无痰

一、病因及发生机制

（一）呼吸系统疾病

1. 支气管疾病　常见的有支气管扩张、支气管内膜结核、支气管肺癌、慢性支气管炎等。咯血系因炎症、肿瘤等因素刺激，使支气管黏膜或病灶处毛细血管通透性增加或黏膜下血管破裂所致。

2. 肺部疾病　常见的有肺结核、肺炎、肺脓肿等，其中肺结核是引起咯血最常见的原因。发生机制为：①炎症等病变使毛细血管通透性增高，血液渗出，致痰中带血丝或小血块。②病变累及小血管使管壁破裂，出现中等量咯血。③空洞壁小动脉瘤破裂，或继发支气管扩张形成的动静脉瘘破裂，可引起大量咯血。

（二）循环系统疾病

循环系统疾病常见于二尖瓣狭窄、先天性心脏病所致肺动脉高压患者。发生机制为：①肺淤血致肺泡壁或支气管内膜毛细血管破裂，表现为少量咯血或痰中带血。②支气管黏膜下层的支气管静脉曲张破裂，常表现为大咯血。③急性肺水肿时，咳浆液性粉红色泡沫样血痰。

（三）其他

全身性疾病常见于血液病，如白血病、再生障碍性贫血等；急性传染病，如流行性出血热等；风湿免疫性疾病，如系统性红斑狼疮、结节性多动脉炎等；其他如气管或支气管子宫内膜异位症等。

二、临床表现

（一）年龄特点

青壮年咯血多见于肺结核、支气管扩张等；40 岁以上有长期吸烟史者，应高度怀疑支气管肺癌的可能。

（二）咯血量

1. 小量咯血　24 小时咯血量在 100ml 以内，表现为痰中带血。

2. 中等量咯血　24 小时咯血量为 100 ～ 500ml，咯出的血多为鲜红色，伴有泡沫或泡沫痰，咯血前多先有喉痒、胸闷、咳嗽等先兆症状。

3. 大量咯血　24 小时咯血量达 500ml 以上或一次咯血 100 ～ 500ml，表现为血液从患者的口、鼻涌出，常伴脉速、呼吸急促、出冷汗、精神紧张和恐惧，可致窒息和休克。

（三）颜色和性状

支气管扩张、肺结核、肺脓肿及出血性疾病等所致咯血为鲜红色；二尖瓣狭窄所致咯血多为暗红色；肺栓塞所致咯血为黏稠暗红色血痰。

（四）并发症

1. 窒息　大咯血过程中出现咯血突然减少或终止、气促、胸闷、烦躁不安，或紧张恐惧、大汗淋漓、面色青紫，重者出现意识障碍，为咯血直接致死的原因。

2. 肺不张　咯血后出现呼吸困难、胸闷、气急、发绀、呼吸音减弱或消失。

3. 继发感染　咯血后持续发热不退，咳嗽加剧，伴肺部干、湿啰音。

4. 失血性休克　咯血后出现脉搏细速、血压下降、四肢湿冷、烦躁不安、少尿等。

三、护理评估

1. 咯血的特点　包括起病急缓、持续时间、每日咯血次数、咯血量、颜色与性状及伴随症状等。

2. 病因与诱因　有无与咯血有关的呼吸系统、循环系统或其他系统疾病。

3. 咯血对患者的影响　大量咯血者有无窒息、继发感染等并发症。

4. 诊疗及护理经过　已接受的诊断性检查项目及结果，已采用的治疗或护理措施，包括是否使用过止血药物，药物的名称、剂量及效果。

四、主要护理诊断 / 问题

1. 有窒息的危险　与大量咯血致血液潴留于呼吸道有关。
2. 有感染的危险　与支气管黏膜损伤有关。
3. 焦虑　与咯血不止有关。
4. 潜在并发症：休克。

第5节　呼吸困难

呼吸困难是指患者主观上感觉空气不足、呼吸费力；客观上表现为呼吸频率、深度和节律改变，严重时可表现为张口抬肩、鼻翼扇动、端坐呼吸、发绀，辅助呼吸肌参与呼吸运动。

一、病　因

1. 呼吸系统疾病
（1）气道阻塞　如呼吸道炎症、水肿、异物、肿瘤及支气管平滑肌收缩等。
（2）肺部疾病　如肺结核、肺炎、肺水肿等。
（3）胸廓疾病　如胸廓畸形、胸腔积液、胸膜粘连等。
（4）神经肌肉病变　如重症肌无力、急性多发性神经根炎等。
（5）膈肌运动障碍　如大量腹腔积液、腹腔巨大肿瘤等。
2. 循环系统疾病　常见于各种原因所致心功能不全、心包积液等。
3. 中毒　常见于一氧化碳、有机磷农药、吗啡中毒等。
4. 血液系统疾病　常见于重度贫血、异常血红蛋白血症、大量失血或者休克等。
5. 神经精神因素　常见于脑出血、脑外伤、脑肿瘤、癔症等。

二、发生机制及临床表现

（一）肺源性呼吸困难

肺源性呼吸困难是因呼吸系统疾病引起的肺通气和（或）换气功能受损，肺活量降低，有效呼吸面积减少，气体交换障碍，导致缺氧伴或不伴二氧化碳潴留所致。

1. 吸气性呼吸困难　吸气显著困难，吸气时间明显延长，严重者因吸气期呼吸肌极度用力，胸腔负压增大，表现为胸骨上窝、锁骨上窝、肋间隙明显凹陷，称为三凹征。多见于喉、气管、大支气管的炎症、水肿、异物等。

2. 呼气性呼吸困难　呼气费力、缓慢，呼气时间延长，伴哮鸣音，多见于慢性阻塞性肺疾病、支气管哮喘等。

3. 混合性呼吸困难　吸气和呼气均费力，呼吸浅而快，常伴有呼吸音减弱或消失。见于重症肺炎、严重肺结核、胸腔大量积液或气胸等。

（二）心源性呼吸困难

心源性呼吸困难由左心衰竭和（或）右心衰竭引起，尤其是左心衰竭时呼吸困难更为严重。

1. 左心衰竭　主要原因是肺淤血和肺泡弹性降低，其临床特点与肺淤血的程度有关。①劳力性呼吸困难：是左心衰竭最早出现的症状，活动时出现或加重，休息减轻或缓解。②夜间阵发性呼吸困难：

表现为夜间睡眠中突感胸闷、气急而憋醒，被迫坐起，惊恐不安，伴有咳嗽，咳泡沫样痰；严重者肺部听诊可闻及哮鸣音，称为心源性哮喘。患者多于端坐休息数分钟至数十分钟后症状逐渐缓解。③端坐呼吸：为严重的心功能不全表现，患者不能平卧，被迫采取高枕卧位、半坐卧位或端坐位。急性左心衰竭时，因肺淤血突然加重，可出现急性肺水肿，是左心衰竭所致呼吸困难最严重的阶段。表现为高度气喘、呼吸频率可达 30 ～ 40 次 / 分，端坐呼吸，咳粉红色泡沫痰，面色发绀、大汗，两肺可闻及广泛湿啰音和（或）哮鸣音，可有奔马律。

2. 右心衰竭　主要原因为体循环淤血，常见于慢性肺源性心脏病，也可见于各种原因所致的急性或慢性心包积液。

（三）中毒性呼吸困难

1. 代谢性酸中毒　由于血中酸性代谢产物增多，刺激颈动脉窦、主动脉体化学感受器或直接刺激呼吸中枢，引起呼吸困难。临床特点为深长而规则的呼吸，可伴有鼾音，称为酸中毒大呼吸，见于尿毒症、糖尿病酮症酸中毒等。

2. 某些药物中毒　如吗啡类、巴比妥类等中毒可抑制呼吸中枢引起呼吸困难。临床特点为呼吸缓慢、变浅并伴有呼吸节律异常。

3. 化学毒物中毒　常见于一氧化碳中毒、氰化物中毒等。

（四）神经、精神性呼吸困难

1. 神经性呼吸困难　主要是由于呼吸中枢受颅内高压和供血减少的刺激而出现的呼吸困难，表现为呼吸变为慢而深，常伴有呼吸节律的改变，常见于重症颅脑疾病，如脑出血、脑膜炎等。

2. 精神性呼吸困难　主要是由于受精神、心理因素的影响而出现的呼吸困难，表现为呼吸频率快而表浅，因过度通气可致呼吸性碱中毒，出现口周、肢体麻木或手足搐搦，严重时可出现意识障碍，常见于焦虑症、癔症患者。

（五）血源性呼吸困难

血源性呼吸困难是各种原因导致的血红蛋白量减少或结构异常，使红细胞携氧量减少、血氧含量下降，致呼吸急促、心率增快。急性大出血或休克时，因缺血及血压下降，刺激呼吸中枢可致呼吸加快。

三、护理评估

1. 呼吸困难的特点　包括起病急缓、持续时间、使其加重或减轻的因素等。

2. 病因与诱因　有无与呼吸困难有关的呼吸系统、循环系统或其他系统疾病，有无明确的诱因。

3. 呼吸困难对患者的影响　有无日常生活活动能力受限及其程度。

4. 诊疗及护理经过　已接受的诊断性检查项目及结果，已采用的治疗或护理措施，是否使用过氧疗，氧疗的流量、浓度及疗效。

四、主要护理诊断 / 问题

1. 低效性呼吸型态　与呼吸道梗阻及心、肺功能不全有关。

2. 活动无耐力　与呼吸困难所致能量消耗增加和缺氧有关。

3. 恐惧　与严重呼吸困难所致濒死感有关。

第6节 发 绀

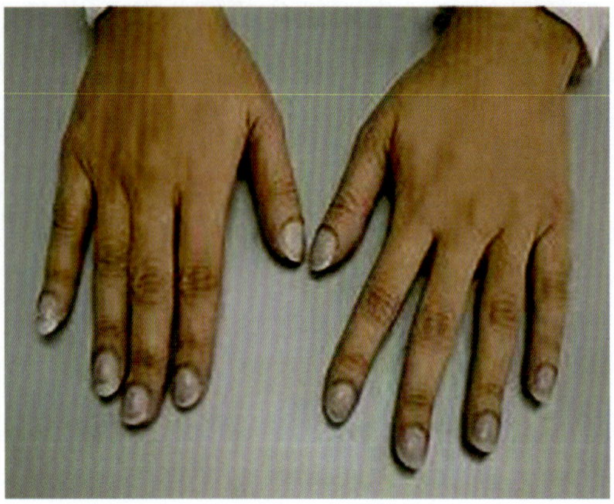

图 3-7 发绀

周围血液中还原型血红蛋白浓度增高或存在异常血红蛋白衍生物，使皮肤、黏膜呈现青紫色，称为发绀（图 3-7）。发绀常发生在皮肤较薄、色素较少和毛细血管较丰富的部位，如口唇、耳垂、指（趾）、甲床等。

一、发生机制

发绀是由于血液中还原型血红蛋白的绝对量增加或存在异常血红蛋白衍生物所致。任何原因引起血液中血红蛋白氧合不全，毛细血管内还原型血红蛋白的绝对量超过 50g/L，皮肤、黏膜可呈现青紫色。血液中高铁血红蛋白达 30g/L 或硫化血红蛋白达 5g/L 时，皮肤、黏膜也可呈现青紫色，但这两种情况临床较为少见。严重贫血（Hb ＜ 60g/L）患者，即使 SaO_2 明显降低，也不足以引起发绀。

二、病因及临床表现

（一）血液中的还原型血红蛋白增多

1. 中心性发绀　是指心、肺疾病导致动脉血氧饱和度降低所致的发绀，包括肺性发绀和心性发绀。其发绀特点为全身性，除四肢和颜面外，也可见于舌、口腔黏膜与躯干皮肤，发绀部位皮肤温暖，按摩及加温不会使之消退，患者常伴有杵状指（趾）及红细胞增多。

2. 周围性发绀　是指周围循环血流障碍所致发绀，包括缺血性周围性发绀和淤血性周围性发绀。其发绀特点为出现于肢体末梢与下垂部位，如肢端、耳垂与鼻尖；发绀部位皮肤冰冷，但加温或按摩可使之温暖，发绀可消退。

3. 混合性发绀　中心性发绀与周围性发绀并存，见于全心衰竭。

（二）血液中含有异常血红蛋白衍化物

1. 高铁血红蛋白血症　当血中高铁血红蛋白浓度＞ 30g/L 时可引起发绀。表现为发绀急骤出现，病情危重，静脉血呈深棕色，暴露于空气中也不转变为鲜红色；氧疗不能改善发绀，但静脉注射亚甲蓝溶液或大剂量维生素 C，可使发绀消退。由于大量进食含亚硝酸盐的变质蔬菜引起中毒性高铁血红蛋白血症而出现的发绀，临床上称为肠源性青紫症。

2. 硫化血红蛋白血症　患者有便秘或服用硫化物时，可在肠内形成大量硫化氢，硫化氢作用于血红蛋白，产生硫化血红蛋白血症。发绀特点是持续时间长，可达数月或更长，血液呈蓝褐色。

三、护理评估

1. 发绀的特点　包括发病年龄、起病缓急、持续时间、发绀的分布与范围，使其加重或减轻的因素及伴随症状等。

2. 病因与诱因　有无与发绀有关的呼吸系统、心血管系统或其他系统疾病，有无摄入与发绀的发生相关的药物、化学品或变质蔬菜。

3. 发绀对患者的影响　有无呼吸困难及其程度、有无焦虑或恐惧等。

4. 诊疗及护理经过　已接受的诊断性检查项目及结果，已采用的治疗或护理措施，包括是否使用过药物，药物的名称、剂量、给药途径及效果。

四、主要护理诊断 / 问题

1. 活动无耐力　与还原型血红蛋白增多所致缺氧有关。
2. 低效性呼吸型态　与肺通气、换气及弥散功能障碍有关。
3. 气体交换受损　与心、肺功能不全致肺淤血、肺水肿有关。

第 7 节　心　　悸

心悸是一种患者自觉心脏搏动的不适感，常伴有心律及心脏搏出量改变的症状。心悸可以是生理性或病理性的。

一、发生机制

心悸发生机制尚未完全清楚。一般认为心脏活动过度是心悸发生的基础。心悸常与心动过速、期前收缩等所致心率、心律、心肌收缩力及心排血量改变有关。

二、病因及临床表现

（一）心脏搏动增强

1. 生理性　持续时间较短，可伴胸闷等不适，一般不影响正常活动。见于：①健康人在剧烈运动或精神过度紧张时。②饮酒、喝浓茶或咖啡后。③应用某些药物，如肾上腺素、麻黄碱、咖啡因、阿托品、甲状腺素等。

2. 病理性　持续时间长或反复发作，常伴有胸闷、气急、心前区疼痛、晕厥等心脏病表现。

（1）心室肥大　高血压性心脏病、主动脉瓣关闭不全、二尖瓣关闭不全等引起的左心室肥大，心肌收缩力增强，出现心悸。动脉导管未闭、室间隔缺损、维生素 B_1 缺乏性心脏病等也可出现心悸。

（2）其他疾病　贫血、甲状腺功能亢进、发热等。

（二）心律失常

1. 心动过速　如窦性心动过速、阵发性室上性心动过速或室性心动过速等，均可引起心悸。

2. 心动过缓　如窦性心动过缓、高度房室传导阻滞或病态窦房结综合征，因心率缓慢，舒张期延长，心室充盈度增加，心脏搏动强而有力，引起心悸。

3. 其他　如期前收缩、心房扑动或颤动等，由于心脏搏动不规则或有一段间歇，使患者感到心悸或有心脏停搏感。

（三）心脏神经官能症

心脏神经官能症由自主神经功能紊乱所引起，心脏本身无器质性病变。多见于青年女性，在焦虑、情绪激动等情况下更易发生。除心悸外尚有心率加快、心前区或心尖部隐痛，以及疲乏、失眠、头晕、头痛、耳鸣、记忆力减退等神经衰弱表现。

三、护理评估

1. 心悸的特点　包括起病情况、持续时间、发作频率、性质及其程度，使心悸加重或减轻的因素，有无诱发因素如剧烈运动、情绪紧张、饮酒等。

2. 病因与诱因　有无与心悸有关的疾病史，如贫血、甲状腺功能亢进、心脏疾病等；有无应用引起心悸的相关药物如肾上腺素、咖啡因等。

3. 心悸对患者的影响　有无焦虑或恐惧、有无失眠等。

4. 诊疗及护理经过　已接受的诊断性检查项目及结果，已采用的治疗或护理措施，包括有无使用药物，药物的名称、剂量、用法及效果，以及有无采用电复律、人工起搏等治疗及疗效。

四、主要护理诊断 / 问题

1. 活动无耐力　与心悸发作所致疲乏、无力有关。

2. 睡眠型态紊乱　与心悸发作所致不适有关。

第 8 节　水　　肿

案例 3-5

患者女，40 岁。劳累后心悸气急 4 年，加重伴下肢水肿 1 个月。查体：二尖瓣面容，颈静脉怒张，双肺底湿啰音，心率 105 次 / 分，律齐，心界扩大，心尖部可闻及舒张期隆隆样杂音，腹部膨隆，肝脏肋下触及 3cm，移动性浊音（+），双下肢凹陷性水肿。

问题：该患者水肿有什么特点？该患者出现水肿的可能原因是什么？

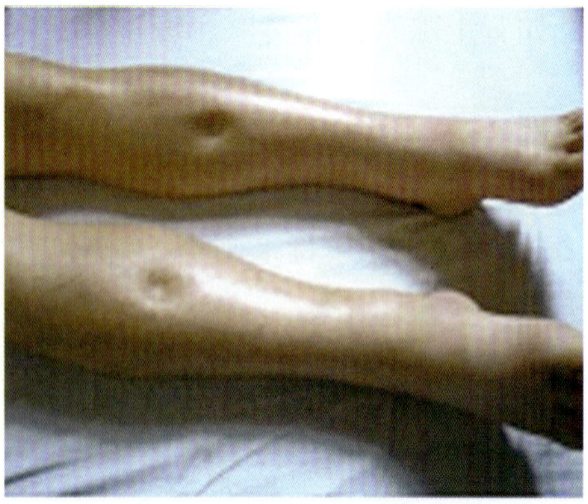

图 3-8　下肢凹陷性水肿

过多的液体积聚在组织间隙，致使组织肿胀的现象，称为水肿（图 3-8）。水肿可分布全身，也可出现在身体某一部位，前者称为全身性水肿，后者称为局限性水肿。过多液体积聚在体腔内称积液，如胸腔积液（胸水）、腹腔积液（腹水）、心包积液等。一般情况下，水肿不涵盖内脏器官的局部水肿，如脑水肿、肺水肿等。若水肿时，指压后出现凹陷者，称为凹陷性水肿；指压后无凹陷者称为非凹陷性水肿。

一、发生机制

正常人体中，血管内液体不断从毛细血管小动脉端滤出到组织间隙形成组织液，与此同时，组织液又不断从毛细血管小静脉端及毛细淋巴管重吸收入血管中，两者保持动态平衡。产生水肿的主要因素包括血浆胶体渗透压降低、钠与水的潴留、毛细血管通透性增高、毛细血管滤过压升高、淋巴回流受阻等。

二、病因及临床表现

（一）全身性水肿

1. 心源性水肿　主要见于右心功能不全。水肿从身体低垂部位开始，能起床活动者最早出现于踝内侧，长期卧床者最早出现于腰骶部。水肿呈对称性、凹陷性，颜面部多无水肿，常有颈静脉怒张、肝大、静脉压升高，严重时出现胸水、腹水等。

2. 肾源性水肿　见于各种类型的肾炎和肾病。其特点是从眼睑与颜面等疏松组织开始，向下蔓延至全身，其分布与体位关系不大。常伴有肾脏疾病的其他表现，如高血压、血尿、蛋白尿、肾功能不全等，见表 3-3。

表 3-3　心源性水肿和肾源性水肿的鉴别

鉴别点	心源性水肿	肾源性水肿
开始部位	从低垂部位开始向上延及全身	从眼睑颜面部开始向下延及全身
发展速度	较缓慢	迅速
水肿性质	较坚实，移动性小	软而移动性大
伴随表现	伴有心功能不全表现，如心脏增大、心脏杂音、肝大、肝颈静脉回流征阳性和颈静脉压升高等	伴有肾脏疾病等表现，如高血压、蛋白尿、血尿、管型尿和眼底改变等

3. 肝源性水肿　见于肝硬化失代偿期。水肿以腹水为突出表现，也可从踝部开始，逐渐向上蔓延，头、面部及上肢常无水肿。

4. 营养不良性水肿　主要见于慢性消耗性疾病、低蛋白血症、维生素 B_1 缺乏等。水肿从足部开始，逐渐向上蔓延至全身。水肿发生前常有消瘦、体重减轻等。

5. 其他　常见的有黏液性水肿、经前期紧张综合征、药物性水肿、特发性水肿等。

（二）局部性水肿

常见的有静脉阻塞性水肿、炎症性水肿、淋巴性水肿、血管神经性水肿。与局部静脉、淋巴回流受阻或毛细血管通透性增高有关。

三、护 理 评 估

1. 水肿的特点　水肿发生的时间、初始部位、发展顺序、性质、程度及局部表现，使其加重或缓解的因素等。

2. 病因与诱因　有无与水肿有关的心脏疾病、肾脏疾病、肝脏疾病等。

3. 水肿对患者的影响　近期体重增减的情况，有无尿量减少，严重水肿者有无血压升高、呼吸困难等。

4. 诊疗及护理经过　已接受的诊断性检查项目及结果，已采用的治疗或护理措施，包括有无服用药物，药物的名称、剂量及其效果，以及有无采取其他减轻水肿的措施及疗效。

四、主要护理诊断 / 问题

1. 体液过多　与右心功能不全、肝功能失代偿等有关。

2. 有皮肤完整性受损的危险　与水肿所致组织、细胞营养不良有关。

第 9 节　恶心与呕吐

恶心为上腹部不适和紧迫欲吐的感觉，可伴有迷走神经兴奋的症状，常为呕吐的前奏。呕吐是胃或部分小肠的内容物经食管、口腔排出体外的现象。

一、病因及发生机制

（一）病因

1. 反射性呕吐

（1）咽部受到刺激　吸烟、剧咳等。

（2）胃、十二指肠疾病　急慢性胃肠炎、功能性消化不良、消化性溃疡、幽门梗阻等。

（3）肠道疾病　急性阑尾炎、腹型过敏性紫癜等。

（4）肝胆胰疾病　急性肝炎、急慢性胆囊炎或胰腺炎等。

（5）腹膜及肠系膜疾病　急性腹膜炎等。

（6）其他疾病　急性肾盂肾炎、急性盆腔炎、异位妊娠破裂等。

2. 中枢性呕吐

（1）神经系统疾病　颅内感染、脑血管疾病、颅脑损伤、癫痫。

（2）全身性疾病　糖尿病酮症酸中毒、甲状腺危象、尿毒症、肝性脑病、低血糖、低钠血症及早孕等。

（3）药物　某些抗生素、抗癌药，洋地黄，吗啡等。

（4）中毒　乙醇、重金属、一氧化碳、有机磷农药、灭鼠药等中毒。

（5）精神因素　胃神经症、癔症等。

3. 前庭障碍性呕吐　呕吐伴有听力障碍、眩晕等症状者，需考虑前庭障碍性呕吐。

（二）发生机制

呕吐中枢位于延髓，有两个功能不同的部位。一是神经反射中枢，即呕吐中枢，位于延髓外侧网状结构的背部，接受来自消化道、大脑皮质、内耳前庭、冠状动脉及化学感受器触发带的传入冲动，直接支配呕吐的动作。二是化学感受器触发带，位于延髓第四脑室的底面，接受各种外来的化学物质或药物及内生代谢产物的刺激，由此引发神经冲动，传至呕吐中枢引起呕吐。

二、临床表现

1. 呕吐的时间　晨起呕吐见于尿毒症；育龄妇女晨起呕吐多见于早期妊娠；夜间呕吐见于幽门梗阻。

2. 呕吐与进食的关系　进食过程中或餐后立即呕吐，多为幽门管溃疡或精神性呕吐；餐后1小时以上呕吐称延迟性呕吐，提示胃张力下降或胃排空延迟；餐后较久或数餐后呕吐，见于幽门梗阻，呕吐物可有宿食；餐后近期呕吐，特别是集体发病者，多因食物中毒所致。

3. 呕吐的特点　喷射状呕吐多见于颅内高压性疾病。

4. 呕吐物的性状　带发酵、腐败气味提示胃潴留；带粪臭味提示低位小肠梗阻；不含胆汁表明梗阻平面多在十二指肠乳头以上，含多量胆汁则提示在此平面以下；上消化道出血常呈咖啡残渣样呕吐物。

三、护理评估

1. 恶心与呕吐的特点　呕吐发生的时间、起病急缓、持续时间、呕吐方式，呕吐物的量、性状、气味等。

2. 病因与诱因　有无与恶心、呕吐相关的疾病史。

3. 恶心与呕吐对患者的影响　有无水、电解质、酸碱平衡的紊乱；长期严重呕吐者有无营养不良；有无误吸的危险等。

4. 诊疗及护理经过　已接受的诊断性检查项目及结果，已采用的治疗或护理措施，如是否用药，药物的名称、剂量、给药途径及其效果，重点为补充液体的措施，包括液体的成分、量、输入速度及效果等。

四、主要护理诊断/问题

1. 体液不足/有体液不足的危险　与频繁呕吐致体液丢失及摄入量不足有关。

2. 营养失调：低于机体需要量　与长期呕吐和食物摄入量不足有关。

3. 潜在并发症：窒息。

第 10 节　腹泻与便秘

腹泻是指排便次数增多，粪质稀薄，或带有黏液、脓血或未消化食物，常伴有排便急迫感及腹部不适或失禁等症状。病程在 2 个月以内者为急性腹泻，超过 2 个月者为慢性腹泻。

便秘是指排便次数减少，一般每周少于 3 次，伴排便困难、粪便干结。

一、病因及发生机制

（一）病因

1. 腹泻的病因

（1）急性腹泻　常见病因为肠道疾病、急性中毒、全身性感染等。

（2）慢性腹泻　常见病因为消化系统疾病，如慢性萎缩性胃炎、肠道感染、肠道肿瘤、胰腺疾病、肝胆疾病；其他全身性疾病，如甲状腺功能亢进等。

2. 便秘的原因

（1）功能性便秘　饮食因素、结肠运动功能紊乱、滥用泻药、腹肌及盆腔肌张力不足等。

（2）器质性便秘　直肠与肛门病变、结肠完全或不完全性梗阻、局部或全身性疾病使肠道平滑肌松弛、排便无力、腹腔或盆腔内肿瘤的压迫、药物影响等。

（二）发生机制

1. 腹泻发生机制

（1）分泌性腹泻　因肠道分泌大量液体超过肠黏膜吸收能力所致。典型的分泌性腹泻有霍乱弧菌外毒素引起的大量水样腹泻。此外，阿米巴肠炎、细菌性痢疾、溃疡性结肠炎、克罗恩病、肠结核及放射性肠炎、肿瘤溃烂等均可使炎症性渗出物增多而致腹泻。某些胃肠道内分泌肿瘤，如胃泌素瘤所致的腹泻也属于分泌性腹泻。

（2）渗出性腹泻　因肠黏膜炎症渗出大量黏液、脓血而致腹泻，如炎症性肠病、感染性肠炎、缺血性肠炎、放射性肠炎等。

（3）渗透性腹泻　因肠内容物渗透压增高，肠内水分与电解质的吸收受阻而引起，如乳糖酶缺乏，乳糖不能水解即形成肠内高渗环境；服用盐类泻剂或甘露醇等。

（4）动力性腹泻　因肠蠕动亢进致肠内食糜停留时间缩短，未被充分吸收所致的腹泻，如肠炎、甲状腺功能亢进、糖尿病、胃肠功能紊乱等。

（5）吸收不良性腹泻　因肠黏膜的吸收面积减少或吸收障碍所致，如小肠大部分切除、吸收不良综合征、小儿乳糜泻等。

2. 便秘发生机制　①肠蠕动受阻碍，致肠内容物滞留而不能下排。②各种原因引起的肠道内肌肉张力减低和蠕动减弱。③摄入食物过少特别是纤维素和水分摄入不足，致肠内的食糜和粪团的量不足以刺激肠道的正常蠕动。④排便过程的神经及肌肉活动障碍。

二、临床表现

（一）腹泻

1. 起病及病程　急性腹泻起病急骤，病程较短，多为感染或食物中毒所致。慢性腹泻起病缓慢，病程较长，多见于慢性感染、消化功能障碍、肠道肿瘤或神经功能紊乱等。

2. 腹泻次数及粪便性状　急性感染性腹泻常表现为每日排便数次甚至数十次，多呈糊状或水样便，少数为脓血便。慢性腹泻表现为每日排便次数增多，可为稀便，亦可带黏液、脓血，如慢性细菌性痢疾（菌痢）、炎症性肠病及结肠癌、直肠癌等。阿米巴痢疾的粪便呈暗红色或果酱样。粪便中带黏液而无病理成分者常见于肠易激综合征。

3. 腹泻与腹痛的关系　急性腹泻常有腹痛，尤以感染性腹泻较为明显。小肠疾病的腹泻疼痛常在脐周，便后腹痛缓解不明显。结肠病变疼痛多在下腹部，便后疼痛常可缓解。分泌性腹泻多无明显腹痛。

（二）便秘

急性便秘患者多有腹痛、腹胀，甚至恶心、呕吐，见于各种肠梗阻。部分慢性便秘患者有口苦、食欲缺乏、腹胀、下腹不适或有头晕、头痛、疲乏等症状。

三、护理评估

1. 腹泻与便秘的特点　包括起病缓急、病程长短、大便的次数及性质、有无加重或缓解因素等。

2. 病因与诱因　有无与腹泻、便秘有关的胃肠道疾病史、饮食特点，有无引起腹泻、便秘的药物应用史等。

3. 腹泻、便秘对患者的影响　腹泻患者有无脱水、电解质紊乱；有无营养不良等；便秘患者有无肛周疼痛、肛裂或痔等。

4. 诊疗及护理经过　已接受的诊断性检查项目及结果，已采用的治疗或护理措施。如是否用药，药物的名称、剂量、给药途径及其效果，重点为补充液体的措施，包括液体的成分、量、输入速度及效果等。

四、主要护理诊断/问题

1. 体液不足　与腹泻导致体液丢失过多有关。
2. 营养失调：低于机体需要量　与急、慢性腹泻所致营养吸收不良有关。
3. 有皮肤完整性受损的危险　与排便次数增多、排泄物对肛周皮肤刺激有关。
4. 便秘　与饮食中纤维素量过少、运动量过少、排便环境改变等有关。
5. 组织完整性受损　与便秘所致肛周组织损伤有关。

第 11 节　呕血与黑便

案例 3-6

患者男，52 岁。今晨突然呕血约 1100ml，急诊入院。患者近 2 个月来出现右上腹持续性胀痛，伴食欲缺乏、全身乏力。查体：T36.6℃，P118 次/分，R22 次/分，BP 80/46mmHg（1mmHg=0.133kPa）；表情紧张，面色苍白，四肢湿冷，腹软，肝肋下 2cm，质硬，有触痛，表面欠光滑；脾肋下 3cm。B 超：肝脏表面不光滑，肝实质回声增强，未见占位性病变。初步诊断：上消化道出血，肝硬化。

问题：1. 该患者出现呕血最可能的病因是什么？
　　　2. 患者目前存在最主要的护理诊断是什么？

呕血是指上消化道疾病（指屈氏韧带以上的消化器官，包括食管、胃、十二指肠、肝、胆、胰的疾病）或全身性疾病所致上消化道出血，血液经口腔呕出的现象。黑便是指上消化道出血时，部分血液经肠道排出，因血红蛋白在肠道内与硫化物结合形成黑色的硫化亚铁，故粪便呈黑色。由于黑便附有黏液而发亮，类似柏油，又称柏油样便。

一、病因及发生机制

（一）上消化道疾病

1. 食管疾病　食管炎、食管癌、食管异物、食管损伤、食管静脉曲张破裂等。

2. 胃及十二指肠疾病　以消化性溃疡最常见，其次有急性糜烂出血性胃炎、胃癌、胃泌素瘤等。

3. 肝胆胰疾病　以肝硬化门静脉高压所致的食管 - 胃底静脉曲张破裂最常见，其次有肝癌、胆结石、胆管癌、急性胰腺炎合并脓肿或囊肿、胰腺癌等。

（二）全身性疾病

1. 血液疾病　血小板减少性紫癜、白血病、再生障碍性贫血、血友病、弥散性血管内凝血（DIC）等。

2. 感染性疾病　流行性出血热、钩端螺旋体病、急性重型肝炎、败血症等。

3. 其他　尿毒症、呼吸衰竭、肺源性心脏病、系统性红斑狼疮等。

二、临床表现

1. 呕血与黑便　呕血前常有上腹部不适和恶心，随后呕出血性胃内容物。其颜色视出血量的多少、血液在胃内停留时间的长短及出血部位不同而异。出血量多、在胃内停留时间短，出血位于食管则血色鲜红或为暗红色，常混有凝血块；当出血量较少、在胃内停留时间较长时，因血红蛋白与胃酸作用形成硫化亚铁，呕吐物可呈咖啡色或棕褐色。呕血的同时因部分血液经肠道排出体外，可形成黑便。

幽门以上部位出血可有呕血，并伴有黑便；幽门以下部位出血，以黑便为主。呕血一般伴有黑便，而黑便不一定伴有呕血。

2. 失血表现　与失血量占循环血容量的比例有关，见表 3-4。

表 3-4　失血表现

失血量	临床表现
10% 以下	无明显临床表现
10% ～ 20%	可有头晕、乏力，多无血压、脉搏等变化
20% ～ 30%	有出冷汗、心悸、四肢厥冷，脉搏增快等急性失血表现
30% 以上	有面色苍白、脉搏细速、尿量减少、呼吸急促、血压下降等急性周围循环衰竭表现

3. 血液学改变　出血早期可无明显血液学改变，出血 3 ～ 4 小时以后，随着组织液的渗出及输液治疗等，血液被稀释，血红蛋白、红细胞、血细胞比容逐渐降低，出现贫血表现，出血停止后逐步恢复正常。

4. 其他　大出血后可出现发热，但一般不超过 38.5℃，持续 3 ～ 5 天；也可出现氮质血症。

消化道出血量的估计：呕血常提示胃内积血量达 250 ～ 300ml；黑便提示每日出血量达 50 ～ 70ml；粪便隐血试验阳性提示每日出血量达 5 ～ 10ml。

三、护理评估

1. 确定是否为呕血与黑便　判断呕血时，应排除口腔、鼻、咽部出血或咯血。判断黑便时，应排除因食用过多肉类、动物血、动物肝脏而致的黑便，此类黑便隐血试验可呈阳性，但素食后即转为阴性。此外，口服铁剂、铋剂、活性炭或中药也会出现黑便，应注意鉴别。

2. 病因与诱因　既往有无消化性溃疡、血液病、肝胆疾病病史；有无服药史如服用肾上腺糖皮质激素、水杨酸类等药物；有无诱发因素，如酗酒、进食粗硬或刺激性食物等。

3. 伴随症状　如伴慢性、节律性中上腹痛多提示消化性溃疡；伴慢性上腹痛无明显规律、厌食、消瘦或贫血提示胃癌；伴有肝脾肿大，皮肤有蜘蛛痣、肝掌、腹壁静脉曲张或有腹水提示肝硬化门静脉高压；伴皮肤黏膜出血常与血液疾病及凝血功能障碍性疾病有关；黄疸、寒战、发热伴右上腹绞痛而呕血者，多见于胆道疾病；头晕、黑矇、口渴、出冷汗提示血容量不足。

4. 出血特点　幽门以上部位出血多有呕血与黑便，幽门以下部位出血常仅有黑便，但与出血量的多少及出血速度有关。观察和记录呕血次数、持续时间、量、颜色及性状等，结合失血的全身表现准确估计失血量。通过呕血和黑便的次数、量、颜色的变化及临床表现是否好转或消失，配合实验室检查如粪便隐血试验、血红蛋白量、红细胞计数、血细胞比容等综合判断出血是否停止。

5. 呕血的身心反应　定时监测血压、脉搏、尿量的变化。观察患者有无紧张、焦虑、恐惧或抑郁等心理反应。

6. 诊疗及护理经过　已接受的诊断性检查项目及结果，已采用的治疗或护理措施及效果。

四、主要护理诊断 / 问题

1. 有外周组织灌注无效的危险　与上消化道出血所致血容量不足有关。
2. 活动无耐力　与上消化道出血所致贫血有关。
3. 恐惧　与大量呕血与黑便有关。
4. 知识缺乏：缺乏有关预防呕血与黑便的知识。
5. 潜在并发症：休克。

第 12 节　黄　疸

案例 3-7

患者女，35 岁。2 个月前开始自感乏力，食欲缺乏，厌油腻食物，1 周前家人发现其皮肤黏膜黄染，未加注意。近日来黄染较前加重，伴恶心、无呕吐，偶有右上腹隐痛。发病以来，无发热、腹胀，体重减轻 1kg，精神状态欠佳，睡眠差。

问题： 该患者皮肤黏膜黄染的可能原因是什么？

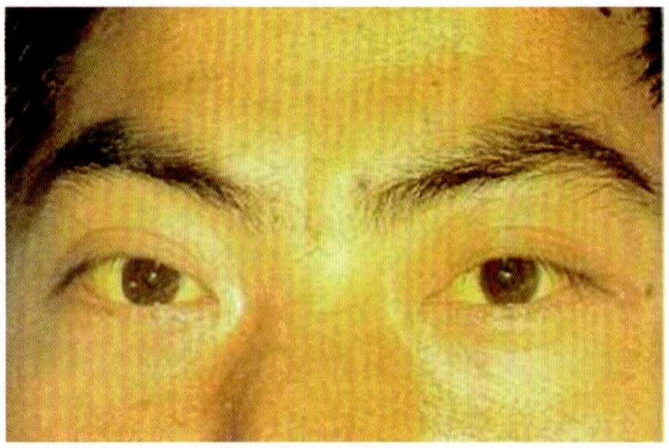

图 3-9　黄疸

黄疸是由于血清中胆红素浓度增高致皮肤、黏膜和巩膜黄染的现象（图 3-9）。正常血清总胆红素浓度（TB）为 1.7 ～ 17.1μmol/L，其中，结合胆红素（CB）为 0 ～ 3.42μmol/L，非结合胆红素（UCB）为 1.7 ～ 13.68μmol/L。当血清总胆红素浓度升高至 17.1 ～ 34.2μmol/L 时，临床不易察觉，称隐性黄疸；超过 34.2μmol/L 时出现临床可见黄疸。

一、胆红素的正常代谢

体内的胆红素主要来源于血红蛋白。正常红细胞的平均寿命约 120 天，衰老的红细胞经单核巨噬细胞系统破坏和分解，生成非结合胆红素（游离胆红素），占总胆红素的 80% ～ 85%。非结合胆红素与血清白蛋白结合在血液中被运送，因其不溶于水，不能从肾小球滤出，故尿液中不会出现非结合胆红素。非结合胆红素经血液循环运至肝脏，被肝细胞所摄取，经葡萄糖醛酸转移酶的作用与葡萄糖醛酸结合，形成胆红素葡萄糖醛酸酯即结合胆红素。结合胆红素为水溶性，可通过肾小球滤过从尿中排出。

结合胆红素随胆汁排入肠道，经肠道细菌分解与还原作用，形成尿胆原。尿胆原大部分从粪便排出，称为粪胆原。小部分（10% ～ 20%）经肠道吸收，通过门静脉回到肝内，其中大部分再转变为结合胆红素，又随胆汁排入肠内，形成“胆红素的肠肝循环”。被吸收回肝的小部分尿胆原经体循环由肾排出体外（图 3-10）。

二、病因及发生机制

正常情况下，血中胆红素的浓度保持相对恒定。凡胆红素生成过多，肝细胞对胆红素的摄取、结合、排泄障碍，肝内或肝外胆管阻塞等，均可致血清总胆红素浓度增高而发生黄疸。临床上根据黄疸的发生机制主要将其分为以下 3 种类型。

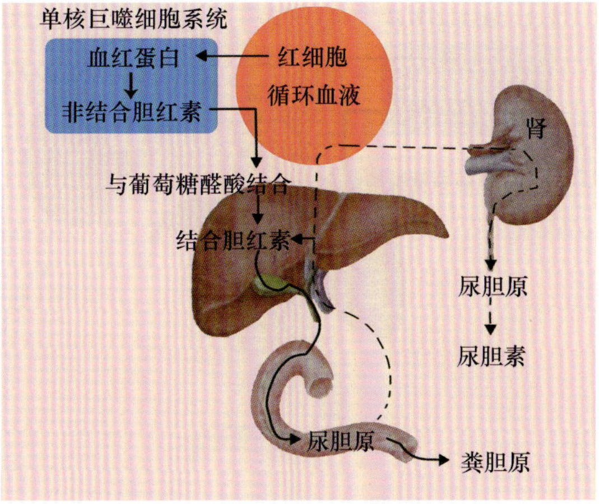

图 3-10　胆红素的正常代谢

（一）溶血性黄疸

1. 病因　凡能引起溶血的疾病都可引发溶血性黄疸。常见病因：①先天性溶血性贫血，如海洋性贫血、遗传性球形红细胞增多症。②后天性获得性溶血性贫血，如自身免疫性溶血性贫血、新生儿溶血、不同血型输血后的溶血及葡萄糖-6-磷酸脱氢酶缺乏症（蚕豆病）、伯氨喹、蛇毒、毒蕈、阵发性睡眠性血红蛋白尿等引起的溶血。

2. 发生机制　由于大量红细胞的破坏，形成大量非结合胆红素，超过了肝细胞的摄取、结合与排泌能力，加之溶血所致的贫血、缺氧和红细胞破坏产物的毒性作用，降低了肝细胞对胆红素的代谢功能，使非结合胆红素在血液中浓度增高而出现黄疸（图 3-11）。

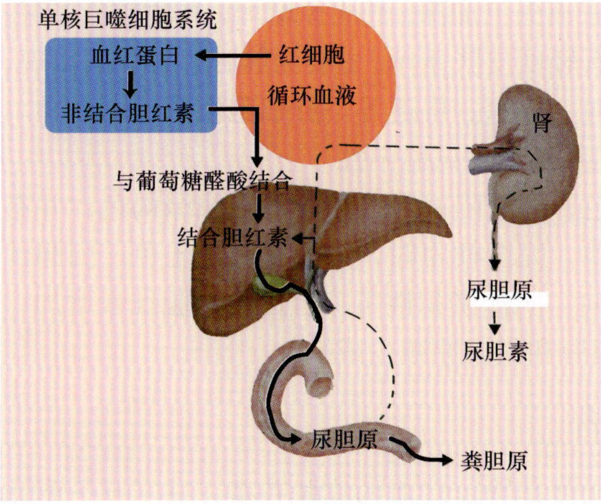

图 3-11　溶血性黄疸的发生机制

（二）肝细胞性黄疸

1. 病因　各种使肝细胞严重损害的疾病均可导致黄疸发生，如病毒性肝炎、肝硬化、中毒性肝炎、钩端螺旋体病、败血症等。

2. 发生机制　由于肝细胞严重损伤致肝细胞对胆红素的摄取、结合功能降低，因而血中的非结合胆红素浓度增加。而未受损的肝细胞仍能将部分非结合胆红素转化为结合胆红素，结合胆红素一部分仍经毛细胆管从胆道排泄，另一部分则由于肿胀的肝细胞及炎性细胞浸润压迫毛细胆管或胆小管，或因胆栓的阻塞使胆汁排泄受阻而反流入血，致血中结合胆红素增加而出现黄疸（图 3-12）。

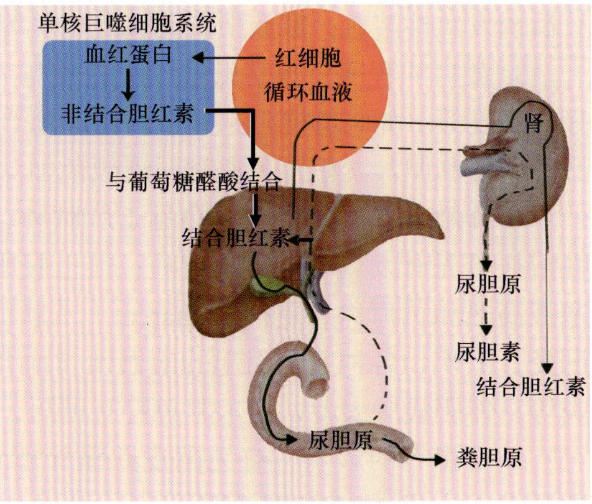

图 3-12　肝细胞性黄疸的发生机制

（三）胆汁淤积性黄疸

1. 病因　根据阻塞部位，胆汁淤积可分为：①肝内性胆汁淤积：又可分为肝内阻塞性胆汁淤积和肝内胆汁淤积，前者见于肝内泥沙样结石、癌栓、寄生虫病（如华支睾吸虫病）；后者见于病毒性肝炎、药物性胆汁淤积（如氯丙嗪、甲睾酮、避孕药等）、原发性胆汁性肝硬化等。②肝外性胆汁淤积：可由胆

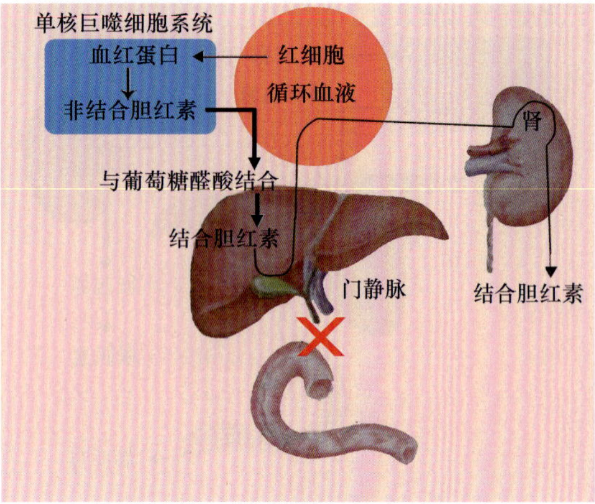

图 3-13 胆汁淤积性黄疸的发生机制

总管结石、狭窄、炎性水肿、肿瘤及蛔虫等阻塞所引起。

2. 发生机制 由于胆道阻塞，阻塞上方的胆管内压力升高，胆管扩张，致小胆管与毛细胆管破裂，胆汁中的胆红素反流入血。此外，也可能因胆汁分泌功能障碍、毛细胆管的通透性增加而引起黄疸（图 3-13）。

三、临床表现

1. 溶血性黄疸 一般黄疸较轻，皮肤黏膜呈浅柠檬黄色，不伴皮肤瘙痒，主要为原发病的表现。急性溶血时常伴有寒战、高热、头痛、呕吐、腰背酸痛，重者出现急性肾衰竭，有不同程度的贫血和血红蛋白尿（尿呈酱油色或浓茶色）；慢性溶血多为先天性，起病缓慢，症状较轻，常伴有贫血和脾大。溶血性黄疸者血中总胆红素升高，以非结合胆红素增高为主，结合胆红素基本正常，尿结合胆红素定性试验阴性，尿胆原增加，尿液颜色加深，粪胆原增加，粪便颜色加深。

2. 肝细胞性黄疸 皮肤、黏膜浅黄至深黄色不等，可伴有轻度皮肤瘙痒，主要为肝脏原发病的表现，如乏力、食欲缺乏、肝区不适或疼痛，严重者可有出血倾向、腹水、昏迷等。肝细胞性黄疸者血中总胆红素升高，结合胆红素和非结合胆红素均增高，尿结合胆红素定性试验阳性。

3. 胆汁淤积性黄疸 黄疸多较严重，皮肤黏膜呈暗黄色，完全阻塞者可呈黄绿色或绿褐色，并有皮肤瘙痒及心动过缓。尿液颜色加深如浓茶，粪便颜色变浅，完全梗阻时，粪便呈白陶土色。因胆汁不能进入肠道，故脂溶性维生素 K 吸收障碍，常有出血倾向。胆汁淤积性黄疸者血中总胆红素增加，以结合胆红素增高为主，尿结合胆红素定性试验阳性，尿胆原和粪胆原减少或缺如。

四、护理评估

1. 确定是否有黄疸 注意与高胡萝卜素血症、服用米帕林药物、贫血的皮肤苍黄、球结膜下脂肪沉积等相鉴别。进食过多的胡萝卜、南瓜等可致血中胡萝卜素增加而引起皮肤黄染，以手掌、足底、前额及鼻部等处明显；米帕林药物引起的黄染出现在角膜周边；球结膜下脂肪沉积见于中年以后，在内眦部出现黄色斑块，呈不均匀分布。而黄疸最初出现在巩膜、软腭，严重者导致全身黄染。

2. 病因与诱因 急起或缓起；有无溶血性疾病、肝病、胆道疾病史；有无肝炎患者密切接触史或近期内血制品输注史；有无长期用药或大量酗酒史；黄疸的发生与饮食有无关系，如蚕豆病者食用蚕豆后诱发急性溶血；家族中有无遗传病史等。

3. 黄疸的程度 观察患者皮肤黏膜与巩膜的色泽以及尿液、粪便颜色的改变和程度，有无皮肤瘙痒及程度等。如胆道梗阻越完全，瘙痒越严重，粪便颜色变浅呈白陶土样；急性溶血时，尿呈酱油色；肝细胞性和胆汁淤积性黄疸时尿液颜色加深，甚至呈浓茶色。

4. 伴随症状 黄疸伴发热见于肝脓肿、败血症、钩端螺旋体病、急性胆管炎等，病毒性肝炎或急性溶血可先有发热而后出现黄疸；伴上腹剧痛见于胆道结石、肝脓肿、胆道蛔虫病等，右上腹剧痛、寒战高热和黄疸称为夏科（Charcot）三联征，提示急性化脓性胆管炎；伴脾大可见于肝硬化、病毒性肝炎、疟疾、各种原因引起的溶血性贫血及淋巴瘤等；伴腹水可见于肝硬化失代偿期、肝癌、重型肝炎等；伴胆囊肿大者，提示胆总管有梗阻，见于胰头癌、壶腹癌、胆总管癌等。

5. 对患者的影响 有无因皮肤瘙痒所致的皮肤完整性受损或睡眠障碍，有无因皮肤黏膜黄染所致的焦虑、恐惧情绪或自卑心理。严重黄疸者要密切观察患者的意识状态和尿液改变，及早发现肝性脑病。

6. 诊疗及护理经过 已接受的诊断性检查项目及结果，已采用的治疗或护理措施及效果。

五、主要护理诊断 / 问题

1. 睡眠型态紊乱　与黄疸所致皮肤瘙痒有关。
2. 体象紊乱　与皮肤黄染、抓痕所致外形改变有关。
3. 皮肤完整性受损 / 有皮肤完整性受损的危险　与皮肤瘙痒有关。
4. 焦虑　与皮肤瘙痒、黄染有关。
5. 潜在并发症：肝性脑病。

第 13 节　抽搐与惊厥

抽搐与惊厥均属于不随意运动。抽搐是指全身或局部成群骨骼肌非自主的抽动或强烈收缩，常可引起关节运动和强直。当肌群收缩表现为强直性和阵挛性时，称为惊厥，一般为全身性、对称性，伴有或不伴有意识丧失。

一、病因及发生机制

（一）病因

抽搐与惊厥的病因可分为特发性与症状性。特发性常由于先天性脑部不稳定状态所致。症状性病因有以下几种。

1. 脑部疾病

（1）感染　如脑炎、脑膜炎、脑脓肿、脑灰质炎等。

（2）外伤　如产伤、颅脑外伤等。

（3）肿瘤　如原发性肿瘤、脑转移瘤。

（4）血管疾病　如脑出血、蛛网膜下隙出血、脑栓塞、脑血栓形成、脑缺氧等。

（5）寄生虫病　如脑型血吸虫病、脑棘球蚴病（脑包虫病）、脑囊虫病、脑型疟疾等。

（6）其他　如先天性脑发育障碍、胆红素脑病（核黄疸）、遗传代谢性脑病等。

2. 全身性疾病

（1）感染　如急性胃肠炎、中毒型细菌性痢疾、中耳炎、百日咳、狂犬病、破伤风等。小儿高热惊厥主要由急性感染所致。

（2）中毒　①内源性：如尿毒症、肝性脑病等。②外源性：如酒精、苯、铅、砷、汞、阿托品、樟脑、有机磷农药中毒等。

（3）心血管疾病　如高血压脑病或阿 - 斯（Adams-Stokes）综合征等。

（4）代谢障碍　如低血糖、低钙血症及低镁血症、急性间歇性血卟啉病等。其中低钙血症可表现为典型的手足搐搦症。

（5）免疫风湿病　如系统性红斑狼疮等。

（6）其他　如突然撤停催眠药、抗癫痫药，也可见于热射病、溺水、窒息、触电等。

3. 神经症　如癔症。

（二）发生机制

抽搐与惊厥的发生机制尚未完全明了，可能与大脑运动神经元的异常放电有关。异常放电可由代谢、营养、脑皮质肿物或瘢痕等激发，并与遗传、免疫、内分泌、微量元素、精神因素等有关。特发性惊厥是指患者脑部并无可以解释症状的结构变化或代谢异常，而与遗传因素有较密切的关系；症状性惊厥是由脑部疾病和全身性疾病所引起。

二、临床表现

由于病因不同，抽搐的临床表现形式也不一样，通常分为全身性和局限性两种。

1. 全身性抽搐　以全身骨骼肌痉挛为主要表现，典型者为癫痫大发作，表现为意识突然丧失，全身肌肉强直，呼吸暂停，继而四肢阵挛性抽搐，呼吸不规则，大小便失禁，发绀，发作约几分钟后自行停止，也可反复发作或呈持续状态。发作时可有瞳孔散大、对光反射迟钝或消失，病理反射阳性等。发作停止后不久意识恢复，醒后有头痛、全身乏力、肌肉酸痛等症状。由破伤风引起者为持续性强直性痉挛，伴肌肉剧烈的疼痛。

2. 局限性抽搐　以身体某一局部肌肉收缩为主要表现，多见于手足、口角、眼睑等部位。低钙血症所致手足抽搐发作时腕及手掌指关节屈曲，指间关节伸直，拇指内收贴近掌心，呈助产士手；足部踝关节伸直，足趾跖屈，足底略弯呈弓状，似芭蕾舞足。

惊厥可致跌伤、舌咬伤、大小便失禁和肌肉酸痛，短期频繁发作可致高热，伴意识障碍者可因呼吸道分泌物、呕吐物吸入或舌后坠堵塞呼吸道引起窒息。由于严重惊厥时骨骼肌强直收缩，机体氧耗量显著增加，加之惊厥所致呼吸改变可引起缺氧。

三、护理评估

1. 病因与诱因　有无与抽搐和惊厥相关的疾病，有无情绪波动、环境因素刺激、高热等诱因。

2. 抽搐与惊厥的特点　发作的频率，持续和间隔的时间，抽搐是全身性还是局限性，性质为持续强直或是间歇阵挛性，发作时意识状态等。

3. 伴随症状　伴发热多见于小儿的急性感染，也可见于胃肠功能紊乱、重度失水等；伴血压增高见于高血压、肾炎、子痫、铅中毒等；伴脑膜刺激征见于脑膜炎、脑膜脑炎、蛛网膜下隙出血等；伴瞳孔扩大与舌咬伤见于癫痫大发作；伴剧烈头痛见于高血压、急性感染、蛛网膜下隙出血、颅脑外伤、颅内占位性病变等；伴意识丧失见于癫痫大发作、重症颅脑疾病等。

4. 对患者的影响　有无跌伤、咬伤等意外发生，有无全身无力、肌肉酸痛等发作后反应，持续发作者应注意有无高热，同时还应注意患者亲属是否存在应对无效的情况。

5. 诊疗及护理经过　已接受的诊断性检查项目及结果，已采用的治疗或护理措施及效果。

四、主要护理诊断/问题

1. 有受伤的危险　与惊厥发作时不受控制的强直性肌肉收缩和意识丧失有关。

2. 有窒息的危险　与惊厥发作致呼吸道分泌物误吸、舌后坠堵塞呼吸道有关。

3. 恐惧　与不可预知的惊厥发作及发作后困窘有关。

第14节　意识障碍

案例 3-8

患者男，54岁。突发右侧肢体肌无力、意识不清1小时入院。患者下午下班后与人玩扑克牌时突感右侧肢体无力，伴头痛、恶心，随即昏倒在地，呼之不应。遂送我院就诊。查体：血压190/105mmHg，神志不清楚，压迫眶上神经有痛苦表情，瞳孔稍扩大，对光反射存在。右侧肢体呈外旋状，针刺无自主运动，肌腱反射亢进，未引出病理征。既往有高血压病史15年。

问题：根据患者的临床表现，其意识状态属于意识障碍中的哪种？

意识障碍是指人对周围环境及自身状态的识别和觉察能力出现障碍。其是大脑皮质、皮质下结构、脑干网状上行激活系统等部位损害或功能抑制的结果。可表现为嗜睡、意识模糊、昏睡和谵妄，严重的意识障碍为昏迷。

一、病因及发生机制

（一）病因

1. 颅内疾病

（1）感染性疾病　各种脑炎、脑膜炎、脑脓肿等。

（2）非感染性疾病　①脑血管疾病，如脑出血、脑栓塞、脑血栓形成、蛛网膜下隙出血等。②脑肿瘤。③脑外伤，如脑挫裂伤、脑震荡、颅骨骨折等。④癫痫。

2. 颅外疾病

（1）重症感染　败血症、伤寒、中毒性肺炎、中毒性菌痢等。

（2）内分泌与代谢障碍　甲状腺危象、甲状腺功能减退、糖尿病酮症酸中毒、低血糖性昏迷、肝性脑病、尿毒症等。

（3）心血管疾病　急性心肌梗死、心律失常所致的 Adams-Stokes 综合征、重度休克等。

（4）中毒　催眠药、有机磷农药、酒精、一氧化碳、氰化物等中毒。

（5）物理性及缺氧性损害　触电、高温中暑、日射病、高山病等。

（二）发生机制

意识由意识内容及其“开关”系统两部分组成。意识内容即大脑皮质功能活动，包括记忆、思维、定向力和情感等，以及通过视、听、语言和复杂运动等与外界保持密切联系的能力。意识状态的正常取决于大脑半球功能的完整性。急性广泛性大脑半球损害或半球向下移位压迫丘脑或中脑时，可引起不同程度的意识障碍。意识的“开关”系统包括经典的感觉传导通路（特异性上行投射系统）和脑干网状结构（非特异性上行投射系统），可激活大脑皮质并使之维持一定水平的兴奋性，使机体处于觉醒状态而产生意识。“开关”系统不同部位及不同程度的损害，可导致不同程度的意识障碍。

临床上由于脑缺血、缺氧、葡萄糖供给不足、酶代谢异常等因素可引起脑细胞代谢紊乱，从而导致网状结构功能损害和脑活动功能减退，均可产生意识障碍。

二、临床表现

1. 嗜睡　是最轻的意识障碍，为一种病理性倦睡，患者陷入持续的睡眠状态，能被唤醒并正确回答问题和做出各种反应，但当刺激去除后很快又再入睡。

2. 意识模糊　是较嗜睡程度深的一种意识障碍。患者意识水平轻度下降，能保持简单的精神活动，但对时间、地点、人物的定向能力发生障碍。

3. 昏睡　是较严重的意识障碍。患者处于熟睡状态，不易唤醒。虽在强烈刺激下（如压迫眶上神经、摇动身体、大声呼唤等）可被唤醒，但很快又再入睡。醒时答话含糊或答非所问。

4. 谵妄　是一种以兴奋性增高为主的高级神经中枢急性活动失调状态。表现为意识模糊、定向力丧失、感觉错乱（幻觉、错觉）、躁动不安、言语杂乱。可发生于急性感染的发热期间，也可见于某些药物中毒（如颠茄类药物中毒、急性酒精中毒等）、代谢障碍（如肝性脑病）、循环障碍或中枢神经疾病等。由于病因不同，有些可以康复，有些可发展为昏迷状态。

5. 昏迷　是最严重的意识障碍，表现为意识持续的中断或完全丧失。按其程度可分为 3 个阶段。

（1）轻度昏迷　意识大部分丧失，无自主运动，对声、光刺激无反应，对剧烈疼痛刺激（如压迫眶上缘或针刺等）尚可出现痛苦表情或肢体退缩等防御反应。角膜反射、瞳孔对光反射、眼球运动、吞咽反射等可存在，生命体征无明显变化。

（2）中度昏迷　对周围事物及各种刺激均无反应，对剧烈的刺激可有防御反射。角膜反射减弱、瞳孔对光反射迟钝，无眼球转动，生命体征可有变化。

（3）深度昏迷　意识完全丧失，全身肌肉松弛，对各种刺激全无反应，深、浅反射均消失，生命体征变化明显，可出现血压明显下降、呼吸不规则等。

三、护理评估

1. 病因与诱因　有无外伤史；有无急性感染、高血压、动脉粥样硬化、脑血管疾病、糖尿病、肝肾疾病、癫痫、颅脑损伤等病史；有无服毒及毒物接触史。

2. 意识障碍的程度　可通过与患者交谈，评估其思维、反应、情感活动、定向力等。必要时，可通过痛觉、角膜反射、瞳孔对光反射检查等判断意识障碍的程度。也可按格拉斯哥昏迷量表（Glasgow coma scale，GCS）对意识障碍的程度进行测评。GCS 评分项目包括睁眼反应、运动反应和语言反应。分测 3 个项目并予以计分，再将各项目分值相加求其总分，即可得到意识障碍程度的客观评分，见表 3-5。GCS 总分为 3 ～ 15 分。那些对语言指令没有反应或不能睁眼且 GCS 总分为 8 分或更低的情况被定义为昏迷。评估中应注意运动反应的刺激部位应以上肢为主，以最佳反应记分。

表 3-5　格拉斯哥昏迷量表

评分项目	反应	得分
睁眼反应	自发性睁眼	4
	言语呼唤时睁眼	3
	疼痛刺激时睁眼	2
	任何刺激无睁眼反应	1
运动反应	按指令动作	6
	对疼痛刺激能定位	5
	对疼痛刺激有肢体退缩反应	4
	疼痛刺激时肢体过屈	3
	疼痛刺激时肢体过伸	2
	对疼痛刺激无反应	1
语言反应	能准确回答时间、地点、人物等定向问题	5
	能说话，但不能准确回答时间、地点、人物等定向问题	4
	对答不切题	3
	言语模糊不清，字意难辨	2
	对任何刺激无语言反应	1

3. 伴随症状　意识障碍伴发热，如为先发热后有意识障碍可见于重症感染性疾病，先有意识障碍后有发热见于出血性脑血管病、巴比妥药物中毒等；伴高血压见于高血压脑病、脑血管意外、肾炎、尿毒症等；伴低血压见于各种原因的休克；伴瞳孔散大见于颠茄类、酒精、氰化物等中毒及癫痫、低血糖状态等；伴瞳孔缩小见于阿片类药物、巴比妥类药物、有机磷农药等中毒；伴呼吸减慢是呼吸中枢受抑制的表现，可见于阿片类药物、巴比妥类药物、有机磷农药中毒等；伴脑膜刺激征，见于脑膜炎及蛛网膜下隙出血等；伴心动过缓见于颅内高压症、房室传导阻滞及阿片类药物、毒蕈等中毒；伴皮肤黏膜改变，如有口唇呈樱桃红色提示一氧化碳中毒；有出血点、瘀斑和紫癜可见于严重感染和出血性疾病。

4. 对患者的影响　包括有无口腔炎、结膜炎、角膜炎、角膜溃疡、压疮；有无营养不良、肌肉萎缩、关节僵硬、肢体挛缩畸形；有无排便、排尿失禁；有无头痛、呕吐等提示危重急症发生的伴随症状；有无亲属无能力照顾患者的情况。

5. 诊疗及护理经过　已接受的诊断性检查项目及结果，已采用的治疗或护理措施及效果。

四、主要护理诊断 / 问题

1. 急性意识障碍　与神经系统病变、严重感染、代谢紊乱及中毒等导致大脑皮质、脑干网状上行激活系统等部位损害或功能抑制有关。

2. 清理呼吸道无效　与意识障碍致咳嗽、吞咽反射减弱或消失有关。

3. 营养失调：低于机体需要量　与意识障碍致不能正常进食有关。

4. 有皮肤完整性受损的危险　与意识障碍致自主运动丧失及排便、排尿失禁有关。

5. 有感染的危险　与意识障碍导致咳嗽、吞咽反射减弱或消失有关。

6. 有误吸的危险　与意识障碍致咳嗽反射减弱或消失有关。

7. 躯体移动障碍　与意识障碍致自主运动丧失有关。

目标检测

A_1/A_2 型题

1. 引起发热最常见的原因为（　　）
   A. 感染性发热
   B. 免疫反应所致发热
   C. 吸收热
   D. 自主神经功能紊乱所致发热
   E. 皮肤散热障碍

2. 患者男，35 岁，发热 7 天，每日体温高低不等，最高为 40.3℃，最低为 39.5℃，面部潮红，皮肤灼热，其热型应为（　　）
   A. 不规则热　B. 波状热
   C. 间歇热　D. 弛张热
   E. 稽留热

3. 食管炎多呈（　　）
   A. 烧灼痛　B. 绞榨样痛
   C. 撕裂样痛　D. 刺痛
   E. 无痛

4. 患者男，20 岁，反复上腹部烧灼样疼痛 5 年，饥饿时明显，进食后可减轻，查体：上腹部偏右有压痛，首先考虑（　　）
   A. 慢性胃炎　B. 慢性胆囊炎
   C. 消化性溃疡　D. 胆石症
   E. 食管炎

5. 患者女，45 岁，发作性上腹痛 6 年。1 周以来上腹部绞痛，向右肩部放射，伴畏寒、发热。查体：右肋下可触及 1 个 3cm×4cm 的包块，表面光滑，呈囊性，触痛明显。该患者最可能是（　　）
   A. 急性胰腺炎　B. 肠梗阻
   C. 急性胃炎　D. 幽门梗阻
   E. 急性胆囊炎

6. 患者男，52 岁，反复出现胸骨后疼痛 1 年，多于剧烈活动时或饱餐后发作，向左肩、左臂放射，持续数分钟可自行缓解。近 1 周来胸痛发作频繁且有夜间睡眠中发作。此次因剧烈胸痛 2 小时来就诊，向后背部放射，伴憋闷，大汗，反复含服硝酸甘油无法缓解，胸痛的可能原因为（　　）
   A. 急性心肌梗死　B. 肺炎链球菌肺炎
   C. 胸腔大量积液　D. 自发性气胸
   E. 急性胆囊炎

7. 患者女，29 岁。自幼以来一直慢性咳嗽、咳痰，痰量多，痰静置后出现分层现象，咳嗽常在晨间或变换体位时加重。对该患者的诊断最先考虑为（　　）
   A. 慢性支气管炎　B. 支气管扩张
   C. 支气管肺癌　D. 支气管肺炎
   E. 肺结核

8. 患者女，17 岁。咳嗽、咳痰、咯血 2 月余，伴有低热、消瘦、乏力。对该患者的诊断最先考虑是（　　）
   A. 肺炎链球菌肺炎　B. 支气管肺癌
   C. 肺脓肿　D. 二尖瓣狭窄
   E. 肺结核

9. 护士夜间巡视病房，发现一患者端坐呼吸，烦躁不安，咳大量粉红色泡沫痰。双肺满布哮鸣音和湿啰音。该患者最可能发生了（　　）
   A. 自发性气胸　B. 大量胸腔积液
   C. 支气管哮喘　D. 急性肺水肿
   E. 慢性支气管炎

10. 大量咯血是指每日咯血量达（　　）
   A. 500ml 以上　B. 600ml 以上
   C. 700ml 以上　D. 800ml 以上
   E. 1000ml 以上

11. 患者女，20 岁，患“心脏病”5 年。昨日咯暗红色血液 30ml，听诊心尖部有舒张期杂音，最可能的心脏疾病是（　　）
   A. 风湿性心脏病二尖瓣狭窄

B. 心包炎
C. 心肌梗死
D. 肺心病
E. 心肌病

12. 患者女，32 岁。劳力性呼吸困难伴心悸 8 年，1 周前受凉后上述症状加重，不能做家务劳动，洗脸、穿衣、甚至休息也感呼吸困难，并出现咳嗽、痰中带血。查体：口唇发绀、两肺底闻及湿啰音、心尖区有隆隆样舒张期杂音、下肢水肿。该患者呼吸困难的类型属于（　　）
A. 肺源性　B. 心源性　C. 中毒性
D. 血源性　E. 神经精神性

13. 患儿男，4 岁。吃花生米时突然出现惊慌、气促，急诊入院。患儿吸气极度困难，出现明显“三凹征”。最可能的诊断是（　　）
A. 急性肺炎　B. 胸膜炎
C. 气管异物　D. 支气管哮喘发作
E. 急性支气管炎

14. 某患者出现严重缺氧，呼吸频率 28 次 / 分，但发绀不明显，其可能为（　　）
A. 真性红细胞增多症　B. 重度贫血
C. 肺水肿　D. 右心功能不全
E. 支气管哮喘

15. 下列有关心悸的描述，不正确的是（　　）
A. 一定有器质性心脏病
B. 是一种患者自觉心脏搏动的不适感
C. 心率可快可慢
D. 心率和心律可正常
E. 心律可不齐

16. 患者男，55 岁，心悸、胸闷、气促 10 天。查体：脉搏 90 次 / 分，强弱不一，脉律不齐；心率 120 次 / 分，第一心音强弱不等，心律绝对不规则。患者心悸最可能的原因是（　　）
A. 窦性心动过缓　B. 心房颤动
C. 频发室性期前收缩　D. 房室传导阻滞
E. 室性心动过速

17. 下列不属于水肿范畴的是（　　）
A. 肺水肿　B. 下肢水肿
C. 眼睑水肿　D. 踝部水肿
E. 胸腔积液

18. 某慢性右心衰竭患者，重度心力衰竭，近 1 个月以来一直卧床，其水肿常出现在（　　）
A. 颜面部　B. 踝部　C. 腹部
D. 胸部　E. 腰骶部

19. 中枢性呕吐的特点是（　　）
A. 呕吐呈喷射状
B. 有恶心先兆
C. 呕吐后感轻松
D. 进食后即吐，吐后可再进食
E. 不伴有头痛

20. 患者男，46 岁，因腹痛、呕吐 2 天就诊，呕吐大量酸臭食物。查体可见胃型、蠕动波，有振水音，应考虑（　　）
A. 急性胃炎　B. 急性肠炎
C. 机械性肠梗阻　D. 麻痹性肠梗阻
E. 幽门梗阻

21. 急性腹泻常见于（　　）
A. 肠结核　B. 非特异性结肠炎
C. 细菌感染　D. 吸收不良综合征
E. 甲状腺功能亢进

22. 引起呕血最常见的病因是（　　）
A. 急性胃炎　B. 消化性溃疡
C. 肝硬化　D. 流行性出血热
E. 胃癌

23. 上消化道出血患者出现柏油样便，提示失血量为（　　）
A. 5 ～ 10ml　B. 10 ～ 20ml
C. 50 ～ 70ml　D. 100 ～ 200ml
E. 250ml 以上

24. 患者男，52 岁，肝硬化病史 5 年，今晨剧烈咳嗽后突然呕咖啡色液体 800ml，黑便 1 次，伴头晕、眼花。查体：体温 37℃，脉搏 120 次 / 分，呼吸 24 次 / 分，血压 85/60mmHg，神清，面色苍白。该患者目前最主要的护理问题是（　　）
A. 恐惧　B. 急性疼痛
C. 体液不足　D. 有受伤的危险
E. 营养失调：低于机体需要量

25. 患者男，44 岁，食欲缺乏、尿色深半个月来院就诊。查体见皮肤、巩膜黄染，肝脏肋下 2 cm，有触痛，脾未触及。实验室检查示总胆红素、结合胆红素、非结合胆红素均增高，尿胆红素、尿胆原均阳性。属于（　　）
A. 溶血性黄疸　B. 肝细胞性黄疸
C. 胆汁淤积性黄疸　D. 药物中毒
E. 进食胡萝卜过多所致

26. 患者女，19 岁，在校大学生。上午第 1 节课时突然倒地，意识丧失、全身强直性收缩，口吐白沫，尿失禁，6 分钟后逐渐清醒，对所发生的事情全无记忆。此表现是（　　）
A. 晕厥　B. 虚脱
C. 全身性抽搐　D. 局限性抽搐
E. 昏迷

27. 鉴别昏睡与昏迷的最有价值的是（　　）
A. 瞳孔对光反射是否存在
B. 患者是否能被唤醒
C. 角膜反射是否存在
D. 膝腱反射是否存在
E. 吞咽反射是否存在

28. 患者男，67 岁。肝硬化 10 年，近 5 天来受凉后发热、咳嗽、咳黄色脓性痰，今日突然意识不清，呼之不应。查体：双侧瞳孔等大等圆，对光反射存在，角膜反射存在，压眶时面部有痛苦表情 . 该患者的意识状态为（　　）

A. 嗜睡　　B. 意识模糊
C. 昏睡　　D. 轻度昏迷
E. 深度昏迷

29. 患者男，20 岁。骑电动车翻车，伤后处于沉睡状态，不易被唤醒，仅在护士给其静脉输液时苏醒片刻，但答非所问，很快又入睡。该患者目前意识状态为（　　）

A. 轻度昏迷　　B. 深度昏迷
C. 昏睡　　D. 嗜睡
E. 意识模糊

（黄　楠　薛刚霞）

第4章
体格检查

第1节　体格检查的基本方法

案例 4-1

患者女。因意识不清6小时入院。患者6小时前与家人吵架后回到屋内，后发现呼之不应，遂用车急送医院就诊。查体：体温37.2℃，脉搏84次/分，呼吸18次/分，血压100/76mmHg，呼气有明显的刺激性大蒜味，口唇发绀，无其他阳性体征。

问题：1. 对该患者进行体格检查，常用的方法有哪些？

2. 体格检查时，还可发现该患者有哪些阳性体征？

体格检查是指检查者运用自己的感官或借助于简便的检查工具，客观地了解被检查者身体状况的一种最基本的检查方法。体格检查的基本方法有视诊、触诊、叩诊、听诊和嗅诊。

一、视　诊

视诊是用视觉来观察被检查者全身或局部表现的诊断方法。视诊可用于全身一般状态和许多体征的检查，有全身视诊和局部视诊，但对特殊部位，如眼底、呼吸道、消化道等部位需要借助工具进行观察。一般来说，最佳的光源为自然光线。

二、触　诊

触诊是检查者通过手与被检查部位接触后的感觉或被检查者的反应来发现有无异常的一种检查方法。它可以进一步检查视诊发现的异常征象，也可以明确视诊所不能明确的体征。一般说来，以示指、中指指腹的感觉最为敏感，其次为手掌尺侧，最后为全手掌。

触诊时依据触诊目的不同和施加压力的轻重不同，临床上可分为浅部触诊法和深部触诊法。

1. 浅部触诊法　适用于体表浅在病变（关节、软组织、浅部动脉、静脉、神经、阴囊、精索等）的检查。触诊时，将一手轻轻放在被检查部位，以四指并拢的方式轻触被检查者体表，向下压1～2cm，利用掌指关节和腕关节的力量进行滑动触摸。浅部触诊一般不易引起患者的痛苦和肌肉紧张，因此，更有利于检查腹部有无压痛、抵抗感、搏动、包块和某些肿大的脏器等。浅部触诊常在深部触诊前进行（图4-1）。

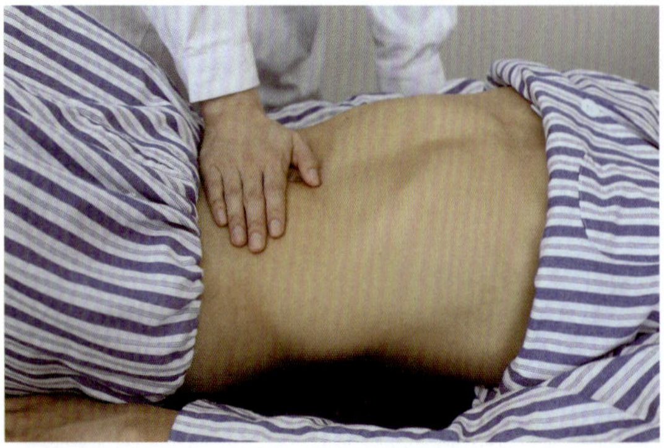

图4-1　浅部触诊法

2. 深部触诊法　根据检查目的和手法的不同又可分为以下几种。

（1）深部滑行触诊法　适用于腹腔深部包块和胃肠病变的检查。检查者以并拢的四指在触及的脏器或包块上作上、下、左、右的滑动触摸，如肠管或条索状包块，则需作与长轴相垂直方向的滑动触诊（图 4-2）。

（2）双手触诊法 常用于肝、脾、肾和腹腔肿物的触诊。检查时将左手置于被检查脏器或包块后部，并将被检查部位托起，使其更贴近于腹壁；右手中间三指并拢置于腹壁被检查部位，左右手配合，使被检查的脏器或包块位于两手之间，有利于检查。

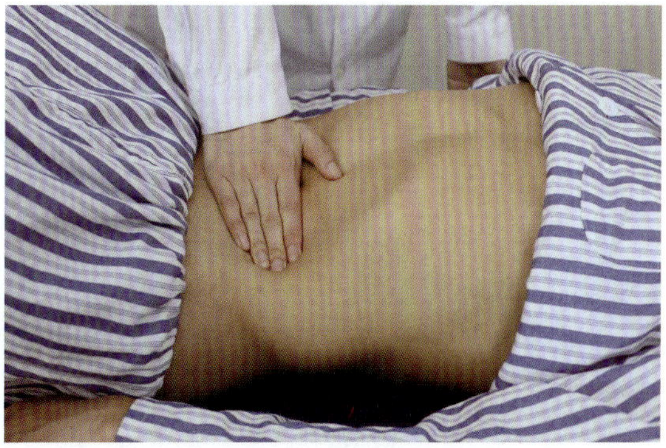

图 4-2 深部滑行触诊法

（3）深压触诊法 用于探测腹腔深在病变的部位或确定腹腔压痛点，如阑尾压痛点、胆囊压痛点等。检查时以一个或两个并拢的手指逐渐深压，以探测压痛点。检查反跳痛时，在手指深压基础上停留片刻，之后迅速将手抬起，询问被检查者是否疼痛加重或查看被检查者面部是否出现痛苦表情（图 4-3）。

（4）冲击触诊法 适用于大量腹水时肝、脾及腹腔包块难以触及者。检查时右手并拢的示、中、环三个手指与腹壁呈 70° ～ 90° 置于腹壁相应部位，作数次急速而较有力的冲击动作（图 4-4），在冲击腹壁时即会出现腹腔内脏器或肿块在指端浮沉的感觉。手指急速冲击时，腹水从脏器或包块表面暂时移去，故指端易于触及肿大的肝脾或包块。冲击触诊可使被检查者感到不适，操作时应避免用力过猛（图 4-4）。

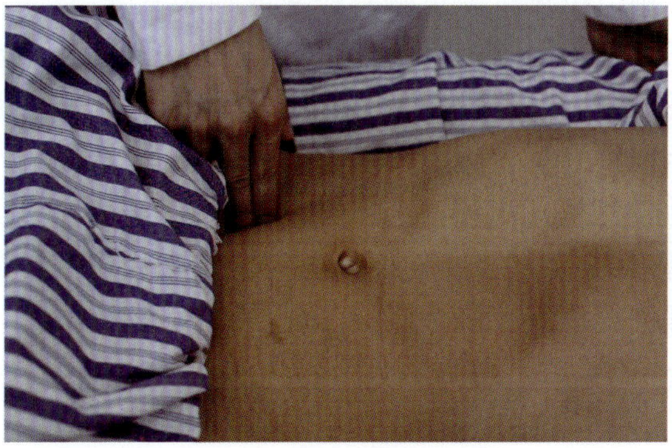

图 4-3 深压触诊法

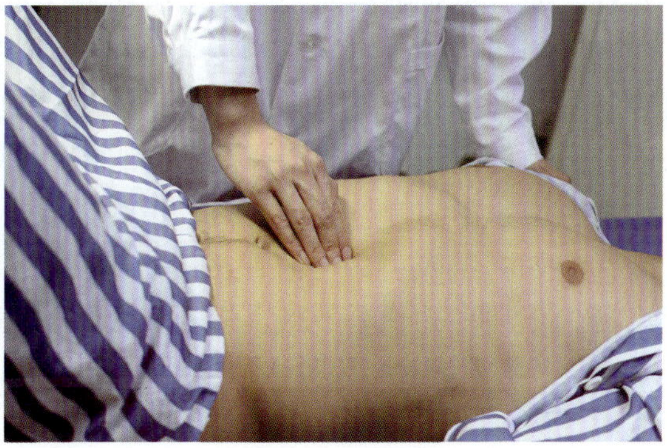

图 4-4 冲击触诊法

三、叩　　诊

叩诊是指检查者用手叩击被检查者身体表面部位，使之震动而产生音响，根据震动和音响的特点判断被检查部位脏器状态有无异常的检查方法。

医者仁心

中国外科之父——裘法祖

裘法祖，中国著名医学家，中国现代普通外科的主要开拓者、肝胆外科和器官移植外科的主要创始人和奠基人之一，被誉为“中国外科之父”。他本人对这个称号并不认可，他说：“中国外科不是靠一个人撑起来的，而是一批人！”裘法祖还把 100 多万元的科研奖金全部捐出，设立了裘法祖青年外科科学家奖。裘法祖一心为患者解除病痛，不图功名利禄，重视培养医学人才的品德，是医学工作者的楷模。

（一）叩诊方法

1. 直接叩诊法 检查者腕部放松，用右手中间三指并拢的掌面直接拍击被检查部位，借拍击的反响和指下的振动感判断病变情况的方法。主要适用于胸部或腹部范围较广泛的病变，如胸膜粘连或增厚、大量胸腔积液或腹腔积液及气胸。

2. 间接叩诊法　是临床最常用的方法。检查者左手中指第二指节紧贴于叩诊部位，其他手指稍微自然抬起，勿与体表接触；右手指自然弯曲，以中指指端叩击左手中指第二指骨的前端，叩击方向与叩诊部位的体表垂直（图 4-5）。叩击时应以腕关节与掌指关节的活动为主，避免肘关节和肩关节参与活动。叩诊动作应灵活、短促、富有弹性，叩击后右手应立即抬起，以免影响音响的振幅与频率。一个部位每次只需连续叩击 2 ～ 3 下，叩击力量要均匀适中。

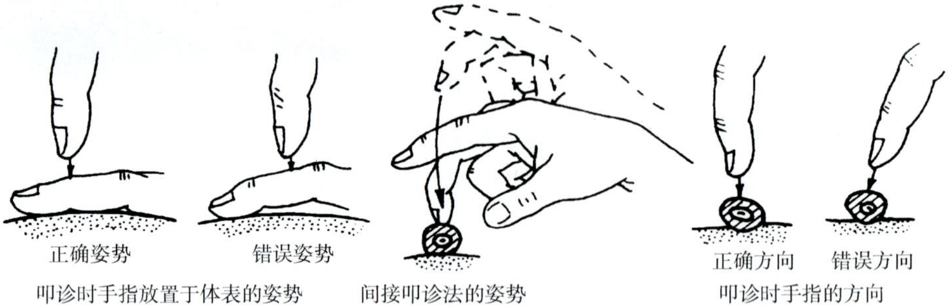

图 4-5　间接叩诊法

（二）叩诊音

1. 实音　叩击实质脏器如心脏或肝脏所产生的音响，也见于大量胸腔积液或肺实变等。

2. 浊音　当叩击被少量含气组织覆盖的实质脏器时产生，叩击时音响和振动感均较弱。正常时见于心脏和肺脏、肝脏和肺脏重叠的部位，病理情况下见于肺部炎症实变且有正常肺组织覆盖的区域。

3. 清音　为正常肺部叩诊音，提示肺组织的弹性、含气量、致密度正常。

4. 过清音　介于鼓音与清音之间，正常情况下见于儿童，病理情况下见于肺气肿。

5. 鼓音　如同击鼓声，与清音相比音响更强，振动持续时间也较长，在叩击含有大量气体的空腔器官时出现，正常时见于左下胸胃泡区和腹部，病理情况下见于肺内空洞、气胸、气腹等。

四、听　诊

听诊是检查者用耳或借助于听诊器听取被检查者身体各部分活动时发出的声音，以判断正常与否的一种检查方法。广义的听诊指听身体各部分发出的任何声音，如语声、呼吸声、咳嗽声、呻吟声、啼哭声、呼叫声、肠鸣音、关节活动音及骨擦音等。

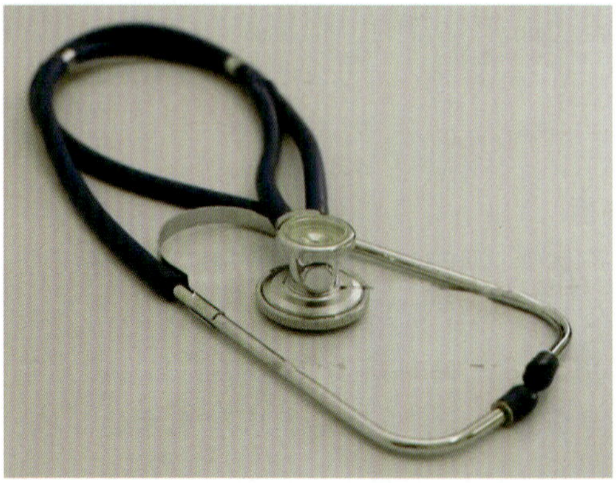

图 4-6　听诊器

1. 直接听诊法　用耳郭直接贴附在被检者的体壁上进行听诊。因听到的声音很微弱，所以只有在某些特殊或紧急情况下才采用。

2. 间接听诊法　借助听诊器进行听诊的方法。主要用于听诊心、肺及腹部的脏器，还可听取血管音、肌束颤动音、关节活动音、骨折面摩擦音等。

常用的听诊器由耳件、体件及软管组成（图 4-6）。体件有两种类型：一是钟型，适于听取低调声音，如二尖瓣狭窄的舒张期杂音；另一种是膜型，适于听高调声音，如主动脉瓣关闭不全的杂音等。

五、嗅　诊

嗅诊是检查者用嗅觉判断发自被检查者的异常气味及其与疾病关系的方法。

1. 汗液　酸性汗味见于风湿热或长期服用阿司匹林的患者。

2. 痰液　呈血腥味，见于大量咯血患者；呈恶臭味，见于支气管扩张或肺脓肿者。

3. 脓液　有恶臭味时，应考虑气性坏疽。

4. 呕吐物　有发酵酸味，见于幽门梗阻；呈粪便味，应考虑低位肠梗阻。如呕吐物有脓液并有烂苹果味，则应考虑胃坏疽。

5. 粪便　呈腐败臭味，见于消化不良；呈腥臭味，见于细菌性痢疾；呈肝腥味，见于阿米巴痢疾。

6. 尿液　出现浓烈的氨味，见于膀胱炎。

7. 呼出气体　有蒜味，见于有机磷农药中毒；有烂苹果味，见于糖尿病酮症酸中毒；有氨味，见于尿毒症；有肝腥味，见于肝性脑病。

第 2 节　一般状态检查

案例 4-2

患者男，67 岁。因活动后胸闷、气促 10 年，加重伴咳嗽咳痰 3 天入院。患者 10 年来反复出现胸闷、气促，多次到医院就诊，用药物治疗后，效果不佳。3 天前因受凉出现病情加重，洗漱、穿衣时也感呼吸困难，夜间不能平卧，伴咳嗽，咳白色泡沫样痰。为进一步诊治遂来我院住院治疗。既往有高血压病史 30 余年。查体：体温 37.9℃，脉搏 106 次 / 分，呼吸 26 次 / 分，血压 160/95mmHg。不能平卧，呼吸急促。双肺底可闻及湿啰音，心界向左下移位，心率 106 次 / 分，A_2 亢进，节律整齐，未闻及杂音。

问题：1. 该患者的生命体征是否正常？

2. 该患者采取的体位属于哪种类型？

一般状态检查是对被检查者全身状态的概括性观察。检查方法以视诊为主，配合触诊、听诊和嗅诊完成。

一、年龄与性别

（一）年龄

判断年龄一般以观察皮肤黏膜的弹性与光泽、肌肉状态、毛发的颜色及分布情况、牙齿状态等为依据。年龄与健康状况、疾病发生、发展和预后等有着密切关系。如佝偻病、白喉多见于幼儿与儿童；结核病多见于青少年；冠心病、动脉硬化多见于中老年人。

（二）性别

性别容易判断，通常以性征区别，尤其正常成人的性征明显。性征的正常发育与性激素的影响有关。在女性与雌激素和雄激素有关，在男性仅与雄激素有关。检查中应注意：某些疾病对性征的影响，某些药物对性征的影响，性染色体异常对性征的影响，性别与某些疾病的发生率的关系等。

二、生命体征

生命体征是评价生命活动存在与否及其质量的重要指标，尤其对急、危、重症患者更为重要，为体格检查时必须检查的项目之一，包括体温、脉搏、呼吸和血压。测量之后应及时而准确地记录于病历和体温记录单上。

（一）体温

1. 口测法　将消毒后的体温计置于被检查者舌下，嘱被检查者紧闭口唇，5 分钟后读数。正常值为 36.3 ～ 37.2℃。该法结果较为准确，但不能用于婴幼儿及神志不清者。

2. 肛测法　让被检查者取侧卧位，将肛门体温计头端涂以润滑剂后，徐徐插入肛门内达体温计长度的一半为止，5 分钟后读数。正常值为 36.5 ～ 37.7℃。该方法测值稳定，多用于婴幼儿及神志不清者。

3. 腋测法　将体温计头端置于被检查者腋窝深处，嘱被检查者用上臂将体温计夹紧，10 分钟后读数，正常值为 36 ～ 37℃。该法简便、安全，且不易发生交叉感染，为最常用的体温测定方法。

生理情况下，体温有一定的波动。早晨体温略低，下午略高，在 24 小时内波动幅度一般不超过 1℃；运动或进食后体温略高；老年人体温略低，月经期前或妊娠期妇女体温略高。

（二）呼吸、脉搏、血压

具体内容见本章第 5 节胸部检查和第 6 节血管检查。

三、发育与体型

（一）发育

发育情况常依据年龄、智力、体格成长状态（如身高、体重、第二性征）等综合判断，发育正常者年龄与体格成长状态之间的关系均衡一致。

成人发育正常的判断指标：①胸围约等于身高的一半。②双上肢展开的长度约等于身高。③坐高约等于下肢的长度。但正常发育与遗传、内分泌、营养代谢、体育锻炼等因素相关，要注意综合分析。

临床上的病态发育与内分泌疾病密切相关。如在发育成熟前，若甲状腺激素分泌减少，则可导致体格矮小伴智力低下，称呆小症；如生长激素分泌减少，可致体格异常矮小，但智力正常，称侏儒症；如生长激素分泌过多，可导致体格发育异常高大，称巨人症。

（二）体型

体型是身体各部发育的外观表现，包括骨骼、肌肉的生长与脂肪分布状态等。成年人的体型分为以下 3 种。

1. 正力型（匀称型）　身体各部结构匀称适中，见于多数正常人。

2. 超力型（矮胖型）　体格粗壮、颈短肩宽、胸廓宽厚、腹上角＞ 90°。

3. 无力型（瘦长型）　体高肌瘦、颈长肩窄、胸廓扁平、腹上角＜ 90°。

四、营养状态

营养状态与食物的摄入、消化、吸收和代谢等因素密切相关，是判断机体健康状况、疾病程度及转归的重要指标之一。营养状态常以综合判断皮肤、黏膜、皮下脂肪、肌肉、毛发的发育情况为依据。

（一）营养状态分级

1. 良好　皮肤光泽、弹性良好，黏膜红润，皮下脂肪丰满，肌肉结实，毛发和指甲润泽。

2. 不良　皮肤黏膜干燥、弹性减退，皮下脂肪菲薄，肌肉松弛无力，毛发稀疏、干枯、易脱落，指甲粗糙无光泽。

3. 中等　介于良好与不良两者之间。

最方便快捷的方法是判断皮下脂肪的充实程度。最方便和最适宜的检查部位是前臂屈侧、上臂背侧下 1/3 处，此处脂肪分布的个体差异最小。最简单、直接、可靠、重要的指标是测量体重。

世界卫生组织（World Health Organization，WHO）成人标准体重的计算公式：标准体重（kg）

=[身高（cm）–80]×0.7（男性），标准体重（kg）=[身高（cm）–70]×0.6（女性）。

体质量指数（体重指数）是反映蛋白质、热量、营养不良及肥胖的可靠指标。体重指数（BMI）= 体重 / 身高 ^{2}（kg/m^2）。我国标准：正常范围为 18.5 ～ 23.9kg/m^2。WHO 标准：BMI 18.5 ～ 24.9kg/m^2 为正常。

（二）营养状态异常

1. 营养不良　因摄入不足、消耗增多所致。当体重低于标准体重达 10% 以上时，称为消瘦；极度消瘦者，称恶病质。引起营养不良的常见原因有以下几个方面。

（1）长期摄食障碍　多见于食管、胃肠道等部位疾病引起的严重恶心、呕吐等。

（2）长期消化障碍　见于胃肠道、胰腺、肝脏等部位疾病引起的消化吸收障碍。

（3）消耗增多　多见于慢性消耗性疾病和严重神经精神因素的影响，如长期活动性肺结核、恶性肿瘤、代谢性疾病、内分泌疾病，出现糖、脂肪和蛋白质的消耗过多。

2. 营养过度　体内中性脂肪积聚过多，主要表现为体重增加，当实际体重高于标准体重达 20% 以上时，称为肥胖。临床上将肥胖按病因分为外源性肥胖和内源性肥胖两种。

五、面容与表情

面容是指面部呈现的状态。健康人面部自然、神态安怡。疾病可引起面容与表情的变化，特别是某些疾病发展到一定程度时，患者可出现特征性的面容。

1. 急性病容　面色潮红、表情痛苦、兴奋不安、呼吸急促、鼻翼扇动、口唇疱疹，见于急性感染性疾病，如肺炎链球菌肺炎、疟疾、流行性脑脊髓膜炎等。

2. 慢性病容　面容憔悴、面色灰暗或苍白、目光暗淡、消瘦无力，见于慢性消耗性疾病，如恶性肿瘤、肝硬化、严重结核病等。

3. 贫血面容　面色苍白、唇舌色淡、表情疲惫，见于各种原因引起的贫血。

4. 二尖瓣面容　面色晦暗、双颊紫红、口唇轻度发绀，见于风湿性心脏病二尖瓣狭窄（图 4-7A）。

5. 甲状腺功能亢进面容　面容惊愕、眼裂增宽、眼球突出、目光炯炯、兴奋不安、烦躁易怒，见于甲状腺功能亢进（图 4-7B）。

6. 黏液性水肿面容　面色苍黄、颜面水肿、睑厚面宽、目光呆滞、反应迟钝、毛发稀疏，见于甲状腺功能减退。

7. 肝病面容　面色晦暗，额部、鼻背、双颊有褐色色素沉着，见于慢性肝病。

8. 肾病面容　面色苍白，眼睑、颜面水肿，舌色淡，见于慢性肾脏疾病。

9. 满月面容　面如满月、皮肤发红、常伴痤疮和小须，见于皮质醇增多症（库欣综合征，Cushing syndrome）及长期应用糖皮质激素者（图 4-7C）。

10. 肢端肥大症面容　头颅增大、面部变长、下颌增大、向前突出、眉弓及两颧隆起，唇舌肥厚、耳鼻增大，见于肢端肥大症（图 4-7D）。

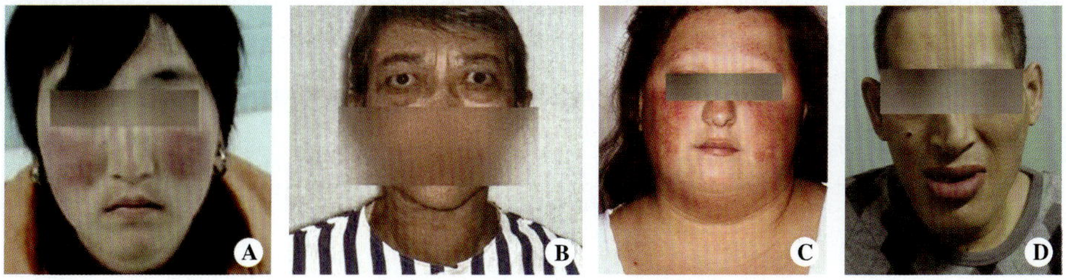

图 4-7　常见典型面容

A. 二尖瓣面容；B. 甲状腺功能亢进面容；C. 满月面容；D. 肢端肥大症面容

11. 脱水面容　双目无神、眼窝凹陷、鼻骨嵴耸、唇干、皮肤干燥并松弛，见于严重休克、大出血及脱水者。

12. 面具面容　面容呆板、无表情、似面具样，见于帕金森病、脑炎等。

六、体　　位

体位指身体所处的状态。体位的改变对某些疾病的诊断具有一定的意义。

1. 自主体位　身体活动自如、不受限制，见于正常人、轻症或疾病早期患者。

2. 被动体位　患者自己不能随意调整或变换肢体位置，见于极度衰弱或意识障碍及瘫痪患者。

3. 强迫体位　患者为减轻病痛，而被迫采取的某种特殊体位。

（1）强迫仰卧位　患者仰卧，双腿屈曲，以减轻腹肌的紧张度，利于缓解病痛，见于急性腹膜炎等。

（2）强迫俯卧位　患者俯卧以减轻背部肌肉的紧张度，见于脊柱病变等。

（3）强迫侧卧位　胸膜病变的患者多采取患侧卧位，以减轻疼痛，并有利于健侧代偿性呼吸，见于一侧胸膜炎或胸腔积液。

（4）强迫坐位（端坐呼吸）　患者坐位，双手置于膝盖或扶持床边，上身稍前倾。此体位既利于膈肌下移，增加肺换气量，又利于减少下肢回心血量，减轻心脏负荷，见于心、肺功能不全者。

（5）强迫蹲位　患者在活动过程中，因呼吸困难和心悸而停止活动并采取蹲位或膝胸位以缓解症状，见于先天性发绀型心脏病，如法洛四联症。

（6）强迫停立位　患者在步行时，因突然心前区疼痛而被迫立即站住，并以右手按抚心前区，待症状缓解后，才继续行走，见于心绞痛。

（7）辗转体位　患者腹痛发作时，辗转反侧，坐卧不安，见于胆石症、胆道蛔虫病、肾绞痛、肠绞痛等。

（8）角弓反张位　患者颈及脊背肌肉强直，头向后仰，胸腹前凸，背过伸，躯干呈弓形，见于破伤风及小儿脑膜炎。

七、姿势和步态

（一）姿势

姿势指举止的状态，主要靠骨骼结构和各部肌肉的紧张度来保持，并受健康状况及精神状态的影响。健康成人躯干端正，肢体动作灵活适度。疲劳或情绪低落时可表现为垂肩、弯背、步态拖拉等。某些疾病时可出现特殊的姿势，如胃肠痉挛性疼痛患者常捧腹而行，充血性心力衰竭患者多喜坐位，颈椎病患者多呈颈部活动受限姿势等。

（二）步态

步态指走路时的姿态。健康人的步态因年龄、机体状态及所受训练等因素影响而表现不同。某些疾病可使步态发生具有一定特征性的变化。

1. 蹒跚步态　走路时身体左右摇摆如鸭行，故又称鸭步。见于佝偻病、大骨节病、进行性肌营养不良、双侧先天性髋关节脱位患者等。

2. 醉酒步态　走路时躯干重心不稳，步态紊乱，似醉酒状。见于小脑疾病、酒精或巴比妥类药物中毒患者。

3. 共济失调步态　起步时一脚高抬，骤然垂落，且双目向下注视，两足间距宽，以防身体倾斜，闭目时则无法保持平衡。见于脊髓病变患者。

4. 慌张步态　起步后小步急速前冲，身体前倾，难以止步。见于帕金森病患者。

5. 剪刀步态 移步时下肢内收过度，两腿交叉呈剪刀状，是双下肢肌张力增高，特别是内收肌张力增高明显所致。见于脑瘫、截瘫患者。

6. 间歇性跛行 走路时常因下肢突发酸痛乏力而被迫停止行进，需休息片刻方能继续。见于高血压、动脉硬化者。

7. 保护性跛行 走路时患侧足刚一落地，健侧足便迅速起步前移。导致患侧足着地时间短，健侧足着地时间长，患肢负重小，健肢负重大。多见于下肢损伤或疼痛者。

八、意识状态

意识状态是大脑功能活动的综合表现，是对环境的知觉状态。正常人意识清晰，定向力正常，反应敏捷、精确，思维和情感活动正常，语言流畅、准确。凡能影响大脑功能活动的疾病均可引起不同程度的意识改变，称为意识障碍。根据意识障碍的程度，临床上分为嗜睡、意识模糊、谵妄、昏睡及昏迷。

第 3 节 皮肤及浅表淋巴结检查

一、皮肤检查

皮肤检查内容主要包括皮肤颜色、湿度、弹性、皮疹、压疮、皮下出血、水肿等。皮肤本身的疾病很多，但要注意皮肤的改变可能是某些病变的局部表现。皮肤检查以视诊为主，必要时结合触诊。

（一）颜色

皮肤颜色与种族、毛细血管的分布、血液充盈程度、色素的多少、皮下脂肪的厚薄有关。

1. 苍白 是由于贫血、末梢血管痉挛或充盈不足所致。见于寒冷、惊恐、贫血、休克、虚脱等。

2. 发红 是由于毛细血管扩张充血、血流加速及红细胞数量增多所致。生理情况下见于酒后、情绪激动时、运动后；病理情况下见于发热性疾病、阿托品或一氧化碳中毒等。

3. 发绀 皮肤黏膜呈青紫色，主要由单位容积血液中还原型血红蛋白增高所致。常见部位有口唇、舌、面颊、耳郭、肢端等。

4. 黄染 指皮肤黏膜发黄。常见的原因有以下几种。

（1）黄疸 是指血清中胆红素浓度增高而使皮肤黏膜甚至体液及其他组织黄染的现象，如血中胆红素超过 34.2μmol/L，可出现黄疸。早期见于巩膜和软腭黏膜，进一步发展时才见于皮肤。

（2）胡萝卜素增多 过多食用胡萝卜、南瓜、橘子等可引起血中胡萝卜素增多，表现为手掌、足底、前额及鼻部皮肤黄染，一般不发生于巩膜及口腔黏膜；且血中胆红素不增高，可与黄疸鉴别。

（3）长期服用含黄色素的药物 如米帕林、呋喃类等含黄色素的药物可引起皮肤黄染，严重者可出现巩膜黄染，但以巩膜周围最明显。

5. 色素沉着 指表皮基底层的黑色素增多所致的部分或全身皮肤色泽加深。正常有色素沉着的部位（如乳头、腋窝、生殖器、关节、肛门周围等）色泽明显加深或其他部位出现色素沉着，才有临床意义。

全身性色素沉着常见于慢性肾上腺皮质功能减退症、肝硬化。妊娠期妇女可于面部、额部出现棕褐色对称性色素斑，称妊娠斑。老年人可于全身或面部出现散在的色素沉着，称老年斑。

6. 色素脱失 正常皮肤均含有一定量的色素。若皮肤失去原有的色素，称色素脱失，当酪氨酸酶缺乏致体内酪氨酸不能转化为多巴而形成黑色素时，可出现色素脱失，临床上常见于白化病、白癜风及白斑。

（二）湿度

皮肤湿度与汗腺分泌有关。病理情况下，出汗过多可见于风湿病、甲状腺功能亢进、佝偻病等。夜间睡后出汗称为盗汗，是结核病的重要表现。手脚皮肤发凉而大汗淋漓称为冷汗，见于休克或虚脱。

（三）温度

皮肤温度一般是检查者通过手背触摸检查。全身皮肤温度高见于发热、甲状腺功能亢进；全身皮肤发凉见于休克、甲状腺功能减退等。局部皮肤温度高见于疖、丹毒等；肢端发冷见于雷诺病。

（四）弹性

皮肤的弹性与年龄、营养状况、皮下脂肪及组织间隙液体量有关。通常检查的部位为手背或上臂内侧。检查时，以示指和拇指将皮肤捏起，然后松开观察皮肤平复的情况。如复原快，则弹性良好；复原慢，则弹性减弱，见于长期慢性消耗性疾病或严重脱水者。

（五）皮疹

皮疹是临床上诊断某些疾病的重要依据，多为全身性疾病的征象之一，常见于传染病、皮肤病、药物及其他物质的过敏反应等。临床上常见的皮疹类型如下。

1. 斑疹　局部皮肤发红，一般不隆起。见于斑疹伤寒、丹毒、风湿性多形性红斑等。

2. 玫瑰疹　是鲜红色的圆形斑疹，直径 2 ～ 3mm，按压皮疹消退，松开复现，多见于胸腹部，为病灶周围血管扩张充血所致。是伤寒或副伤寒的特征性皮疹。

3. 丘疹　局部皮肤颜色改变、隆起。见于药物疹、麻疹、湿疹、猩红热等。

4. 斑丘疹　在丘疹周围有皮肤发红的底盘。见于风疹、猩红热及药物疹等。

5. 荨麻疹　为隆起皮面，苍白色或红色，大小不等的局限性水肿，为速发性皮肤变态反应所致，见于各种过敏反应。

（六）压疮

压疮又称压力性溃疡，为局部组织长期受压，发生持续性缺血、缺氧、营养不良所致的皮肤损害。易发生于身体受压较大的骨突部位（如枕部、耳郭、肩胛部、脊柱、肘部、髋部、骶部、膝关节内外侧、内外踝、足跟等）。对已发生的压疮，应根据组织损伤的程度进行分期并检查影响愈合的因素。

（七）皮下出血

皮下出血为血管性皮肤损害，其特点为局部皮肤呈青紫色或黄褐色，压之不退色。根据其直径大小及伴随情况分为以下几种。①瘀点：指皮肤、黏膜下出血，直径不超过 2mm 者。②紫癜：指皮肤、黏膜下出血直径在 3 ～ 5mm 者。③瘀斑：指皮肤、黏膜下出血直径＞ 5mm 者。④皮下血肿：皮肤、黏膜下片状出血伴皮肤显著隆起者。皮下出血主要见于出血性疾病、重症感染、某些中毒及外伤等。

（八）蜘蛛痣与肝掌

蜘蛛痣指皮肤小动脉末端分支扩张所形成的形似蜘蛛的血管痣（图 4-8）。主要出现于上腔静脉分布的区域内（如面、颈、手背、上臂、前胸和肩部等处），以棉签或牙签压迫血管痣的中心，可见辐射状小血管网立即消失，松开后复现。其发生机制可能与肝脏对雌激素灭活作用减弱，体内雌激素水平增高有关，见于急、慢性肝炎或肝硬化，青春期、妊娠期女性偶见。

慢性肝病患者常可见手掌的大、小鱼际处发红，压之退色，称为肝掌（图 4-9），其发生机制及临床意义同蜘蛛痣。

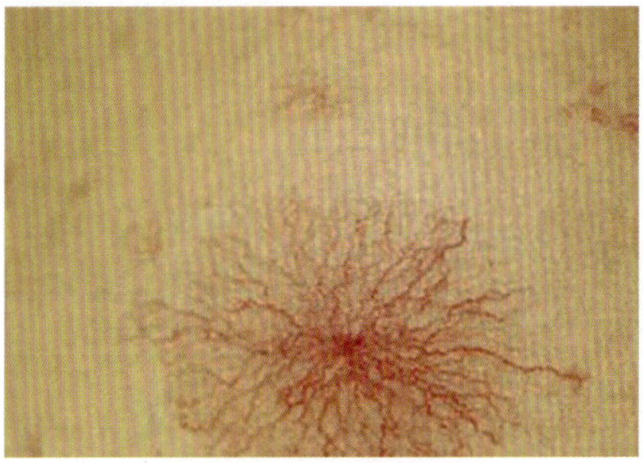
图 4-8　蜘蛛痣

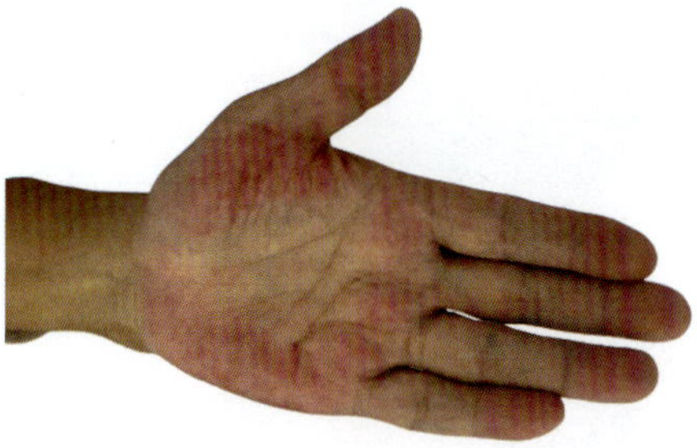
图 4-9　肝掌

（九）水肿

水肿是指皮下组织的细胞内及组织间隙内液体积聚过多。水肿的检查应以视诊和触诊相结合。

（十）皮下结节

较大的皮下结节通过视诊就可以发现，较小的皮下结节必须通过触诊才能发现。无论结节大小均应触诊检查，注意其大小、硬度、部位、活动度及有无压痛等。常见的结节有风湿结节、痛风结节和结节性红斑等。

（十一）瘢痕

瘢痕是指皮肤外伤或病变愈合后结缔组织增生形成的斑块。表面低于周围正常皮肤者为萎缩性瘢痕；高于周围正常皮肤者为增生性瘢痕。外伤、感染、手术等因素常可导致皮肤上留有瘢痕。

二、全身浅表淋巴结检查

正常浅表淋巴结直径为 0.2 ～ 0.5cm，质地柔软，表面光滑，不易触及，与周围组织无粘连，无压痛。

（一）浅表淋巴结的分布

人体浅表淋巴结分为以下几个组群，分别收集一定区域淋巴液。分析淋巴结收集淋巴液的区域对判断病变来源有一定意义。如局部炎症或肿瘤可引起相应区域的淋巴结肿大。

1. 耳后、乳突　收集头皮范围的淋巴液。
2. 颌下淋巴结　收集口底、颊部黏膜、齿龈等处的淋巴液。
3. 颏下淋巴结　收集颏下三角区组织、唇、舌部的淋巴液。
4. 颈部淋巴结　上群收集鼻咽部淋巴液，下群收集咽喉、气管、甲状腺等处的淋巴液。颈部淋巴结群，见图 4-10。
5. 锁骨上淋巴结　左侧收集食管、胃等器官的淋巴液，右侧收集气管、胸膜和肺的淋巴液。
6. 腋窝淋巴结　收集乳房、前后胸壁及臂部淋巴液。
7. 腹股沟淋巴结　收集会阴部及下肢的淋巴液。

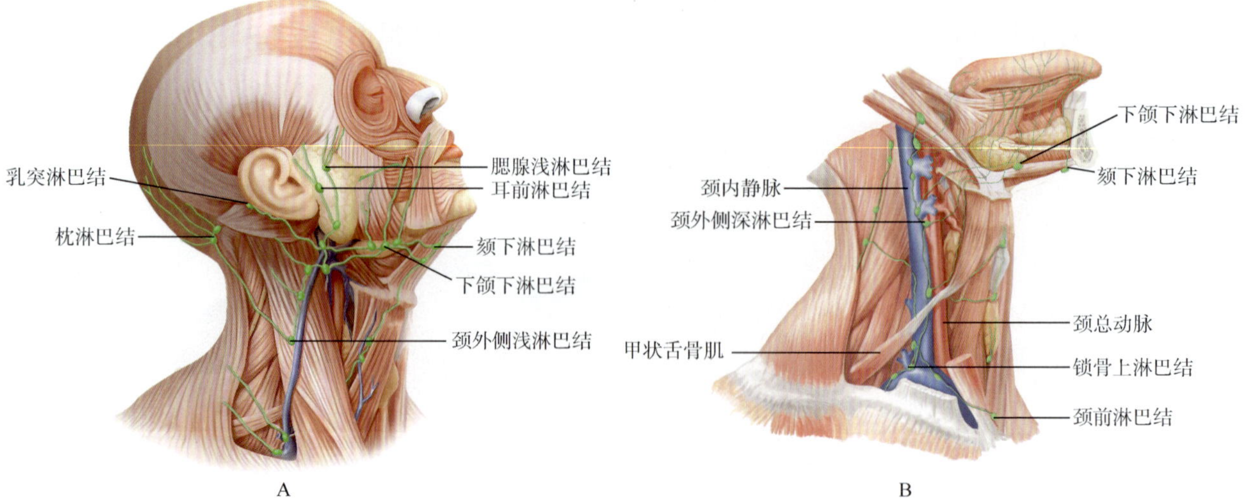

图 4-10　颈部淋巴结群

（二）检查方法及顺序

浅表淋巴结的检查方法包括视诊和触诊，以触诊为主。触诊时，检查者以并拢的示指、中指和环指紧贴检查部位，由浅入深进行滑行触诊，滑动的方式应取相互垂直的多个方向或转动式滑动，有助于淋巴结与肌肉和血管结节的区分。检查顺序为耳前、耳后、乳突区、枕骨下区、颌下（图 4-11）、颏下、颈后三角、颈前三角、锁骨上窝（图 4-12）、腋窝、滑车上、腹股沟和腘窝淋巴结。

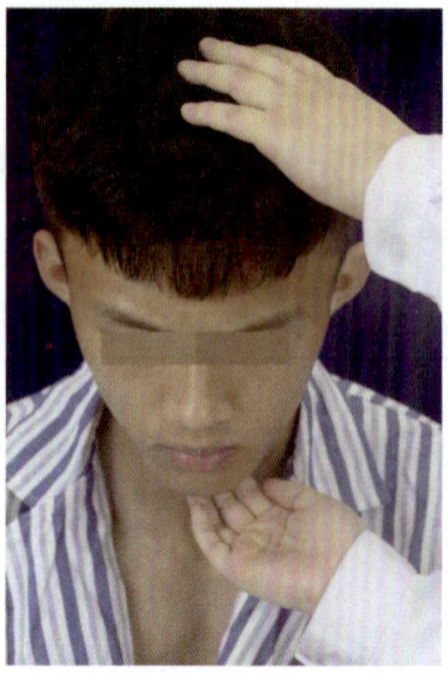

图 4-11　颌下淋巴结触诊

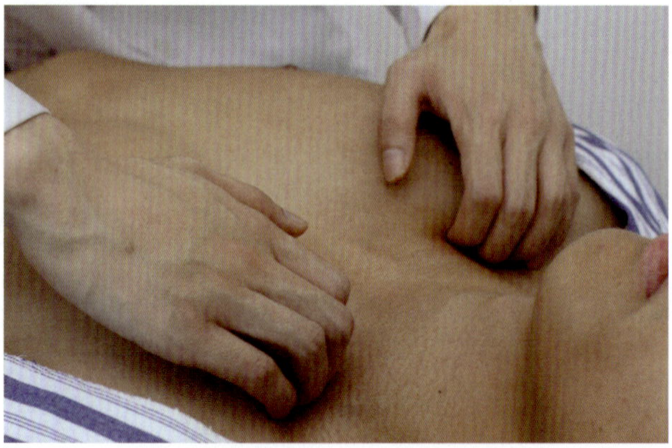

图 4-12　锁骨上窝淋巴结触诊

触及肿大的淋巴结时应注意其大小、数目、硬度、压痛、活动度、有无粘连，局部皮肤有无红肿、瘢痕、瘘管等，注意寻找引起淋巴结肿大的原发病灶。

（三）淋巴结肿大的临床意义

1. 局限性淋巴结肿大　见于：①非特异性淋巴结炎。②淋巴结结核。③恶性肿瘤淋巴结转移：如肺癌多向右锁骨上淋巴结转移，胃癌或食管癌多向左锁骨上淋巴结转移，腋下淋巴结肿大见于乳腺癌转移等。

2. 全身性淋巴结肿大　淋巴结肿大的部位遍及全身，大小不等，无粘连，质地与病变性质有关，可见于急慢性淋巴结炎、淋巴瘤、白血病及传染性单核细胞增多症等。

第4节　头部、面部及颈部检查

一、头部检查

（一）头发

注意头发颜色、数量、分布、质地、有无脱发。脱发可见于脂溢性皮炎、甲状腺功能减退、伤寒等；局限性脱发见于斑秃。放射治疗和肿瘤化疗后引起的脱发，停止治疗后头发可逐渐长出。

（二）头皮

注意有无头屑、头癣、疖痈、外伤及瘢痕等。

（三）头颅

注意头颅大小、形态、压痛、有无异常运动及隆起。

1. 头颅大小　新生儿头围平均34cm，以后逐渐增大，18岁后达53cm或以上而不再变化。

2. 头颅畸形

（1）方颅　前额左右突出，头顶平坦呈方形，见于小儿佝偻病或先天性梅毒等。

（2）小颅　小儿囟门多在12～18个月内闭合，如过早闭合可形成小头畸形，头围小于正常平均值2个标准差以上，常伴智力障碍。

（3）巨颅　头颅增大，头皮静脉怒张，见于脑积水。由于颅内压增高，压迫眼球，形成双目下视、巩膜外露的特殊表情，称落日现象。

（4）尖颅　又称塔颅，头顶部尖突高起，造成与颜面的比例异常，这是由于矢状缝与冠状缝过早闭合所致。见于先天性疾病尖头并指（趾）畸形，即阿佩尔（Apert）综合征。

（四）头部运动异常

运动受限见于颈椎病；头部不随意颤动见于帕金森病；与颈动脉搏动一致的点头运动称Musset征（点头症），见于严重主动脉瓣关闭不全。

二、面部检查

（一）眼

1. 功能检查

（1）视力　常用标准对数视力表检查。常用的有两种：①远视力表，在距视力表5m处，能看清“5.0”行视标者为正常视力。②近视力表，在距视力表25cm处，能看清“5.0”行视标者为正常视力。检查视力时，应遮盖未检查眼。若不能在1m处看见远视力表上最大一行视标，则检查其能否数清手指或判断手动。若仍不能，则可用手电筒直接照射眼球，询问有无光感。

（2）视野　指眼球向正前方固视不动时所能看见的空间范围，为周围视力，是反映黄斑中心凹以外的视网膜功能。可采用手试对比检查法粗略测定视野。

检查者与被检查者相对而坐，距离1m。检查右眼时，嘱被检查者用手遮住左眼，用右眼注视检查者左眼，检查者遮住自己的右眼，将手指置于两者中间等距离处，分别以不同的方向自外周逐渐移向中央，嘱被检查者发现手指时立即示意。若被检查者在各个方向均与检查者同时看见手指，可大致判断视野正常。同理检查左眼。视野的左或右的一半缺失，称为偏盲。如粗略法检查视野异常，可用视野计进一步精确测量视野缺失情况。

（3）色觉　异常可分为色弱（对某种颜色的识别能力降低）和色盲（对某种颜色的识别能力完全丧失）两种。先天性色盲为遗传性疾病，以红绿色盲最常见，男性发病率高于女性；后天性色盲多由视网膜病变、视神经萎缩和球后神经炎所致。

2. 外眼检查

（1）眼睑　检查是否有水肿、眼睑下垂、眼睑闭合障碍等。若一侧上睑下垂，眼球下陷，瞳孔缩小及同侧面部无汗，称霍纳（Horner）综合征，为该侧颈部交感神经麻痹所致。

（2）结膜　分睑结膜、穹隆部结膜和球结膜3部分。检查上睑结膜时，嘱被检查者向下看，用示指和拇指捏起上睑中部边缘，轻轻向前下方牵拉，然后拇指将睑缘向上捻转的同时示指轻轻下压，注意动作要轻柔。检查下睑结膜时，嘱被检查者向上看，以示指将下眼睑向下翻开。结膜苍白见于贫血；充血见于结膜炎、角膜炎等。

（3）眼球　检查时应注意眼球的外形和运动。①眼球突出：双侧眼球突出，见于甲状腺功能亢进。②眼球下陷：双侧眼球下陷，见于严重脱水或眼球萎缩；单侧眼球下陷见于Horner综合征。③眼球运动：检查方法为嘱被检查者头部固定，眼球随其眼前30～40cm处的目标物（检查者手指）移动。一般按左→左上→左下，右→右上→右下6个方向依次进行，观察有无斜视、复视或震颤。

3. 眼前节检查

（1）角膜　检查时采用斜照光更易观察其透明度，注意有无白斑、云翳、溃疡、软化及新生血管等。角膜周围血管增生见于严重沙眼。角膜边缘及周围出现灰白色混浊环，多见于老年人，故称老年环，是类脂质沉着所致。

（2）巩膜　呈不透明的瓷白色。黄疸时，以巩膜部黄染出现最早且最明显。

（3）瞳孔　检查时应注意瞳孔大小、形状、双侧是否对称，同时检查对光反射、调节反射及集合反射。①大小：正常人两侧瞳孔等大，成人自然光线下直径一般为3～4mm。②形状：正常人两侧瞳孔等圆。青光眼或眼内肿瘤时可呈椭圆形，虹膜粘连可致形状不规则。③对光反射：检查者用手电光突然迅速照射一侧瞳孔，该侧瞳孔立即缩小，移开光源后，瞳孔迅速复原，称直接对光反射。用手置于两眼之间遮挡光线，光照一侧瞳孔时，另一侧瞳孔也立即缩小，称瞳孔间接对光反射。瞳孔对光反射迟钝或消失，可见于昏迷、危重、临终患者。④调节反射与集合反射：嘱被检查者注视1m处目标，然后将目标逐渐移近眼球约10cm处。正常人瞳孔立即缩小，称调节反射；同时双侧眼球内聚，称集合反射。甲状腺功能亢进时集合反射减弱；动眼神经功能受损时，调节反射和集合反射均消失。

（二）耳

1. 外耳　注意耳郭有无畸形、外耳道是否通畅，有无分泌物或异物。

2. 中耳　观察骨膜是否有穿孔，注意穿孔的位置，如有溢脓并有恶臭，可能为表皮样瘤。

3. 乳突　与中耳道相通，其内为大小不等的骨松质小房。化脓性中耳炎引流不畅时，可蔓延至乳突引起乳突炎，检查可见耳郭后方皮肤有红肿，乳突有明显压痛。严重时可继发耳源性脑脓肿或脑膜炎。

4. 听力　检查方法有粗略法和精细法。听力减退见于外耳道耵聍或异物、听神经损害、中耳炎、局部或全身血管硬化等。

（三）鼻

1. 鼻外形　注意皮肤颜色及外形有无改变。鼻梁部皮肤出现红色斑块，病损处高于皮面并呈蝶状向两侧面颊部扩展，见于系统性红斑狼疮。鼻尖和鼻翼皮肤发红，伴毛细血管扩张和组织肥厚，称酒渣鼻。

2. 鼻翼扇动　吸气时鼻孔扩大，呼气时回缩，称鼻翼扇动，提示呼吸困难。

3. 鼻中隔　正常成人的鼻中隔很少完全居于正中，多数稍有偏曲，如有明显的偏曲，并产生呼吸障碍，称为鼻中隔偏曲，严重的高位偏曲可压迫鼻甲，引起神经性头痛，也可因偏曲部骨质刺激黏膜而引起出血。

4. 鼻出血　单侧鼻出血多见，可见于外伤、鼻腔感染、局部血管损伤、鼻咽癌等。双侧出血多因全身性疾病所致，如造血系统疾病、高血压、流行性出血热、肝硬化或维生素 C、维生素 K 缺乏等。

5. 鼻腔黏膜　鼻腔黏膜充血肿胀伴黏液性分泌物者，见于急性鼻炎；慢性黏膜组织肥厚，见于慢性鼻炎；黏膜萎缩、鼻腔分泌物减少、鼻甲缩小，鼻腔增大，见于慢性萎缩性鼻炎。

6. 鼻腔分泌物　鼻腔黏膜受到各种刺激时可致分泌物增多。清稀无色的分泌物为卡他性炎症，黏稠发黄的脓性分泌物为鼻或鼻窦化脓性炎症。

7. 鼻窦　鼻窦共 4 对（图 4-13），均有窦口与鼻腔相通，引流不畅时易发生鼻窦炎，表现为鼻塞、流涕、头痛和鼻窦压痛。

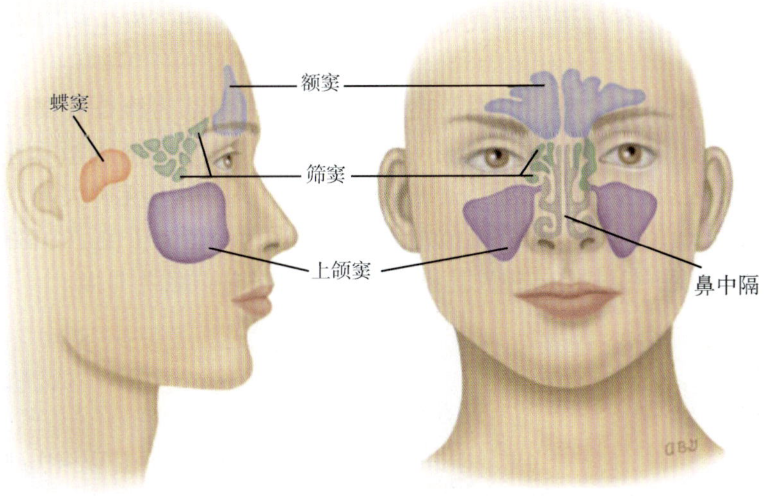

图 4-13　鼻窦位置示意图

（四）口

1. 口唇　注意口唇颜色，有无干裂、疱疹及口角糜烂等。健康人口唇红润有光泽。口唇苍白，为毛细血管充盈不足或血红蛋白含量减少所致，见于贫血、虚脱、休克等。口唇发绀，主要为血液中还原型血红蛋白增多所致，见于心、肺功能不全等。口唇干裂，见于严重脱水。口唇疱疹多为单纯疱疹病毒感染所致，常伴发于肺炎链球菌肺炎、上呼吸道感染、流行性脑脊髓膜炎等。口角糜烂，见于维生素 B_2（核黄素）缺乏。口角歪斜，见于面神经瘫或脑卒中。

2. 口腔黏膜　正常口腔黏膜光洁呈粉红色。注意观察口腔黏膜颜色，有无出血点、溃疡及真菌感染等。黏膜瘀点或瘀斑，见于各种出血性疾病或维生素 C 缺乏；若在相当于上颌第二磨牙的颊黏膜处出现帽针头大小白色斑点，称科氏斑（Koplik 斑），为麻疹的早期特征。黏膜溃疡见于口腔炎症。黏膜上出现不规则的白色凝乳块状物，称为鹅口疮，为白色念珠菌感染所引起，多见于重病衰弱者或长期使用广谱抗生素和抗癌药之后。

3. 牙齿　检查时注意牙齿颜色，有无龋齿、缺齿、义齿或残根等。正常牙齿呈乳白色或淡黄色。若牙齿呈黄褐色，称斑釉牙，为长期饮用含氟量过高的水所致。单纯性牙间隙过宽见于肢端肥大症。有牙病时可按下列方式标明部位。

	上		
右	8 7 6 5 4 3 2 1	1 2 3 4 5 6 7 8	左
	8 7 6 5 4 3 2 1	1 2 3 4 5 6 7 8	
	下		

1. 中切牙；2. 侧切牙；3. 尖牙；4. 第一前磨牙；5. 第二前磨牙；6. 第一磨牙；7. 第二磨牙；8. 第三磨牙

4. 牙龈　注意牙龈颜色，有无肿胀、溢脓及出血等。正常牙龈呈粉红色，质地坚韧，与牙颈部紧密贴合，压迫后无出血及溢脓。牙龈游离缘出现蓝灰色点线，称铅线，为铅中毒的特征。牙龈肿胀、溢脓，见于慢性牙周炎。牙龈出血，见于牙石、维生素 C 缺乏、血液系统疾病等。

5. 舌　注意观察舌质颜色、舌苔厚薄、舌体大小及舌的运动状态等。正常人舌质红润，舌苔薄白，舌体活动自如，伸舌居中。

舌的异常表现有①胖大舌：舌体增大，可见于舌炎、血管神经性水肿、黏液性水肿等。②镜面舌：舌乳头萎缩，舌体较小，舌面光滑，呈粉红色或红色，见于缺铁性贫血、恶性贫血或慢性萎缩性胃炎。③草莓舌：舌色鲜红伴舌乳头肿胀似草莓状凸起，见于猩红热或长期发热患者。④干燥舌：舌面干燥，舌体缩小，称干燥舌，见于严重脱水、阿托品作用或放射治疗后。⑤毛舌：舌面敷有黑色或黄褐色毛，为丝状乳头缠绕了真菌丝及其上皮细胞角化所致，见于久病衰弱或长期使用广谱抗生素的患者。⑥地图舌：舌面上出现黄色上皮细胞堆积而成的隆起部分，状如地图，发生病因不明确，也可由维生素 B_2 缺乏引起。

6. 咽部及扁桃体　咽部分为鼻咽、口咽及喉咽 3 部分，口咽部为检查重点。检查时，嘱被检查者坐于椅上，头稍后仰，张口发“啊”音，在照明的配合下，检查者用压舌板迅速下压舌前 2/3 与舌后 1/3 交界处。注意观察黏膜颜色，有无充血、肿胀及分泌物，扁桃体有无肿大等。

扁桃体肿大分为 3 度（图 4-14）：①扁桃体肿大不超过咽腭弓者为Ⅰ度。②扁桃体肿大超过咽腭弓，但未达咽后壁中线者为Ⅱ度。③扁桃体肿大达到或超过咽后壁中线者为Ⅲ度。

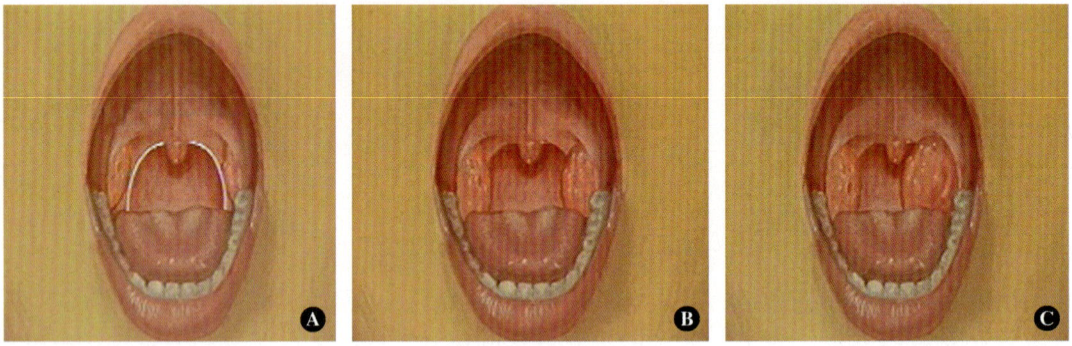

图 4-14　扁桃体位置及其大小分度示意图

A. Ⅰ度；B. Ⅱ度；C. Ⅲ度

7. 口腔气味　健康人口腔无特殊气味。口腔若有特殊气味，称为口臭，见于牙龈炎、牙周炎、龋齿、消化不良等。糖尿病酮症酸中毒者有烂苹果味，有机磷农药中毒者可有大蒜味，尿毒症者有尿味，肝性脑病患者可有肝臭味。

8. 腮腺　腮腺位于耳屏、下颌角、颧弓所构成的三角区内，正常腺体薄而软，不能触及其轮廓。腮腺导管开口位于上颌第二磨牙双面的颊黏膜上。检查时，注意腮腺有无肿大，导管开口有无红肿及分泌物。腮腺肿大时可见以耳垂为中心的隆起，并可触及边缘不清的包块。

三、颈部检查

（一）颈部外形与活动

正常人颈部直立，两侧对称，活动自如。颈偏向一侧称斜颈，见于先天性颈肌挛缩或颈外伤。颈部活动受限伴疼痛，见于颈椎病变、软组织炎症、颈肌扭伤等。颈强直为脑膜刺激征之一，见于脑膜炎、蛛网膜下隙出血等。

（二）颈部血管

1. 颈静脉怒张　正常人立位或坐位时，颈外静脉不显露，平卧时稍见充盈，仅限于锁骨上缘至下颌角距离的下 2/3 内。若取 30° ～ 45° 半卧位，颈静脉充盈超过正常水平，或坐位、立位时见颈静脉充盈明显，称为颈静脉怒张，提示静脉压增高，见于右心衰竭、心包积液、缩窄性心包炎、上腔静脉阻塞综合征等。

2. 颈动脉搏动　正常人静息状态下看不见颈动脉搏动，但可触及明显搏动。触诊颈动脉搏动消失，是判断心搏骤停诊断的重要指标之一。如在静息状态下看见明显的颈动脉搏动，提示脉压增大。见于高血压、主动脉瓣关闭不全、甲状腺功能亢进、严重贫血等。

3. 颈静脉搏动　正常情况下不会出现颈静脉搏动，三尖瓣关闭不全伴颈静脉怒张时，可见颈静脉搏动。

（三）甲状腺

甲状腺位于甲状软骨下方（图 4-15），正常人甲状腺外观表面光滑，柔软不易触及，女性在青春期可略大，属正常现象，在做吞咽动作时可随吞咽上下移动。凡能看到或能触及甲状腺均提示甲状腺肿大。甲状腺检查按视、触、听诊的顺序进行。

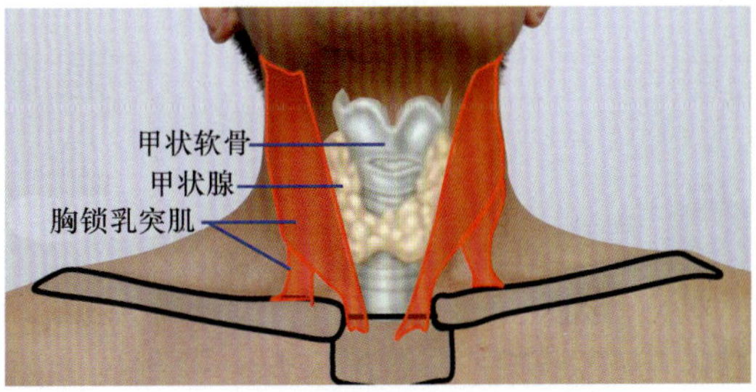

图 4-15　甲状腺位置示意图

1. 视诊　被检查者取坐位，头稍后仰，做吞咽动作，观察甲状腺有无肿大及是否对称。

2. 触诊　可用前面触诊法和后面触诊法。①前面触诊法：检查者位于被检查者前面，一手拇指施压于一侧甲状软骨，将气管推向对侧，另一手示、中指在对侧胸锁乳突肌后缘向前推挤甲状腺侧叶，拇指在胸锁乳突肌前缘触诊，配合吞咽动作，可触及被挤压的甲状腺，用同样方法检查另一侧甲状腺（图 4-16A）。②后面触诊法：检查者位于被检查者背后，一手示、中指施压于一侧甲状软骨，将气管推向对侧，另一手拇指在对侧胸锁乳突肌后缘向前推挤甲状腺，示、中指在其前缘触诊甲状腺。用同样方法检查另一侧甲状腺（图 4-16B）。

甲状腺肿大分为 3 度：不能看出肿大但能触及者为Ⅰ度；能看到肿大又能触及，但在胸锁乳突肌以内者为Ⅱ度；甲状腺肿大超过胸锁乳突肌外缘者为Ⅲ度。甲状腺肿大常见于单纯性甲状腺肿、甲状腺功能亢进或甲状腺肿瘤等。

3. 听诊　当触及肿大的甲状腺时，用钟型听诊器直接放于肿大的甲状腺上听诊。甲状腺功能亢进时，可闻及连续性血管杂音。

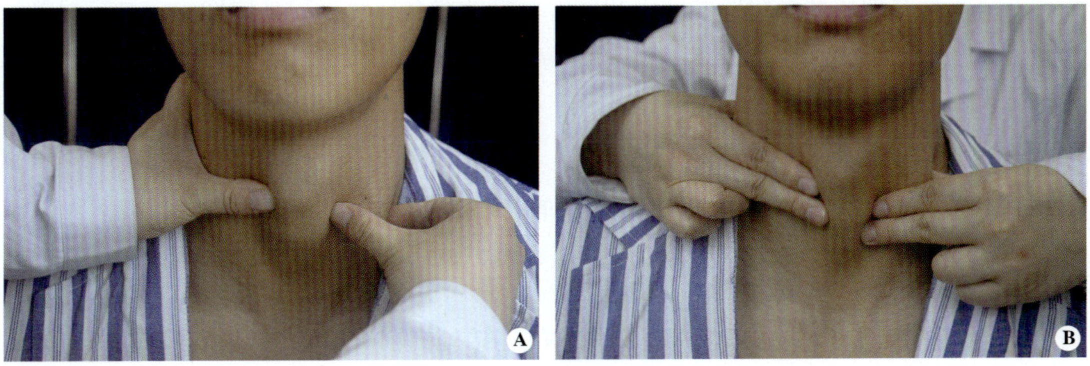

图 4-16　甲状腺触诊

A. 前面触诊法；B. 后面触诊法

（四）气管

正常情况下，气管居于颈前正中位置。检查时嘱被检查者取坐位或仰卧位，检查者将右手示指与

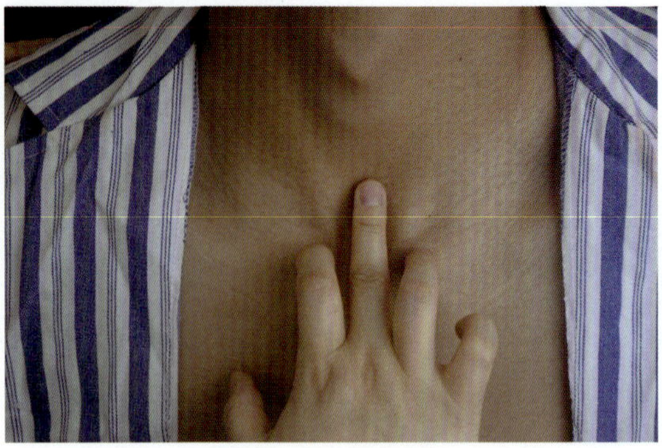
图 4-17 气管触诊

环指分别置于其两侧胸锁关节上，中指置于胸骨上窝触及气管正中，观察中指与示指和环指间的距离。正常人两侧间距相等，示气管居中（图 4-17），两侧间距不等示气管移位。一侧胸腔积液、积气、纵隔肿瘤以及单侧甲状腺肿大时，气管移向健侧；肺不张、肺纤维化、胸膜增厚粘连时，气管移向患侧。

此外，主动脉弓动脉瘤时，由于心脏收缩时瘤体膨大将气管压向后下，因而每随心脏搏动可以触到气管的向下拽动。

第 5 节 胸部检查

案例 4-3

患者男，72 岁。反复咳嗽、咳痰 20 余年，气促 5 年，加重 1 周入院。患者 20 多来年反复出现咳嗽、咳痰，多在冬春季和气候骤然变冷时发作，以晨起为甚，咳白色泡沫痰。5 年前开始于活动如爬楼梯、快步走等后感气促，休息后可缓解。1 周前因气温下降，咳嗽加重，稍活动即气促、心悸。入院查体：体温 36.8℃，脉搏 112 次 / 分，呼吸 30 次 / 分，血压 100/65mmHg，慢性病容，半坐卧位，口唇发绀。

问题：1. 对该患者进行体格检查时，重点检查哪个部位？

2. 该患者肺部检查的主要阳性体征有哪些？

胸部是指颈部以下和腹部以上的区域。胸廓由 12 个胸椎、12 对肋骨、锁骨及胸骨组成，其前部较短，后部稍长。检查时要求环境安静、温暖和光线充足，患者根据病情和检查需要可采取坐位或卧位，尽可能暴露全胸。检查顺序为前胸部、侧胸部及背部，并注意左右对称部位的对比。

一、胸部的体表标志

胸部检查的目的主要是判断胸廓内肺和心脏的生理、病理状态。借助胸部体表标志可以确定胸部脏器的轮廓和位置，并描述异常体征的部位和范围。胸部体表标志包括骨骼标志、自然陷窝、人工划线和分区。

（一）骨骼标志

常用的胸部体表骨骼标志，见图 4-18。

1. 胸骨上切迹　位于胸骨柄的上方。正常时气管位于切迹正中。

2. 胸骨柄　位于胸骨上端略呈六角形的骨块，上部两侧与左右锁骨的胸骨端相连接，下方则与胸骨体相连接。

3. 胸骨角　又称 Louis 角。由胸骨柄与胸骨体的连接处向前突起而形成。两侧分别与第 2 肋软骨相连接，是前胸壁计数肋骨和肋间隙的主要标志。此外，胸骨角还标志气管分叉处、主动脉弓的上缘、心房上缘、上下纵隔交界处及相当于第 4 或第 5 胸椎水平。

4. 腹上角　又称胸骨下角。为左右肋弓在胸骨下端会合所形成的夹角，相当于膈的穹隆部。正常为 70° ～ 110°，体型瘦长者角度较小，矮胖者角度较大。

5. 肋骨　共 12 对，第 1 ～ 7 肋骨在前胸壁借前端肋软骨与胸骨相连；第 8 ～ 10 肋骨与 3 个联合在一起的肋软骨相连后，再与胸骨相连，构成肋弓；第 11、12 肋骨不与胸骨相连，称为浮肋。第 1 对肋骨前部因与锁骨重叠，故不易被触及。

6. 肋间隙　为上下两肋骨间的空隙。第 1 肋骨与第 2 肋骨之间的空隙为第 1 肋间隙，第 2 肋骨与第 3 肋骨之间的空隙为第 2 肋间隙，余依此类推。

7. 肩胛骨　位于后胸壁第 2 ～ 8 肋骨之间，呈三角形，肩胛冈及肩峰端均易触及。肩胛骨的最下端称肩胛下角，被检查者取直立位两臂自然下垂时，肩胛下角相当于第 7 或第 8 肋骨水平，或相当于第 8 胸椎的水平。此可作为后胸壁计数肋骨的标志。

8. 脊柱棘突　为后正中线的标志。第 7 颈椎棘突最为突出，低头时更易触及，其下即为胸椎的起点，以此作为计数胸椎的标志。

9. 肋脊角　为第 12 肋骨与脊柱构成的夹角，其前方为肾和输尿管上端所在的区域。

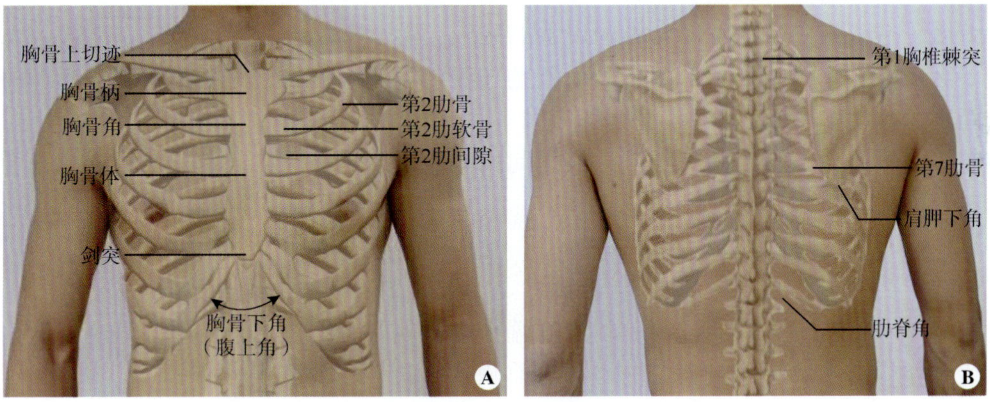

图 4-18　胸部骨骼标志

A. 前面观；B. 后面观

（二）自然陷窝和解剖分区

自然陷窝和解剖分区，见图 4-19。

1. 腋窝（左、右）　为上肢内侧与胸壁相连的凹陷处。

2. 胸骨上窝　为胸骨柄上方的凹陷，正常时气管位于其后。

3. 锁骨上窝（左、右）　为左右锁骨上方的凹陷部。

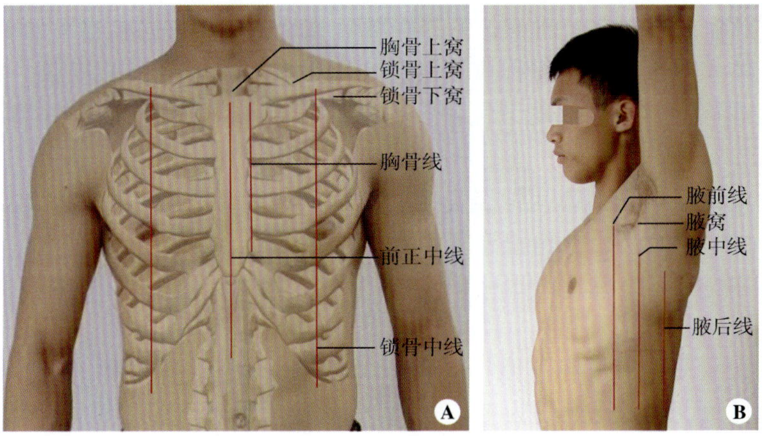

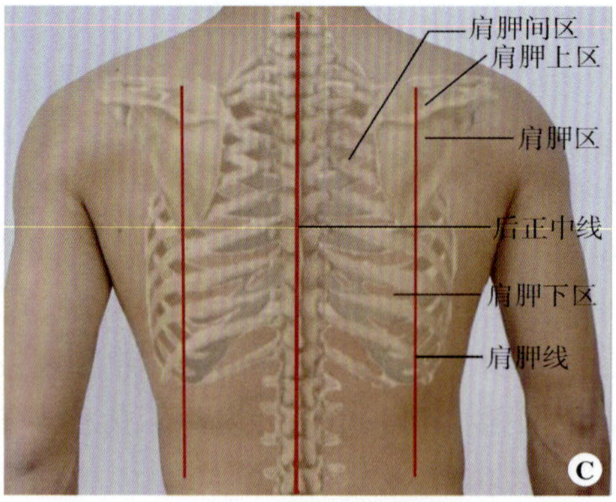

图 4-19 胸廓的人工划线和分区

A. 前面观；B. 侧面观；C. 后面观

4. 锁骨下窝（左、右） 为左右锁骨下方的凹陷部。

5. 肩胛上区（左、右） 为背部肩胛冈以上的区域。

6. 肩胛下区（左、右） 为背部两肩胛下角的连线与第 12 胸椎水平线之间的区域。后正中线将此区分为左右两部分。

7. 肩胛间区（左、右） 为两肩胛骨内缘之间的区域。后正中线将此区分为左右两部分。

（三）人工划线（图 4-19）

1. 前正中线 为通过胸骨正中的垂直线。

2. 锁骨中线（左、右） 为通过锁骨的肩峰端与胸骨端两者中点向下的垂直线。

3. 腋前线（左、右） 为通过腋窝前皱襞沿前侧胸壁向下的垂直线。

4. 腋后线（左、右） 为通过腋窝后皱襞沿后侧胸壁向下的垂直线。

5. 腋中线（左、右） 为自腋窝顶点于腋前线和腋后线之间向下的垂直线。

6. 肩胛线（左、右） 为双臂下垂时通过肩胛下角的垂直线。

7. 后正中线 为通过脊椎棘突或沿脊柱正中下行的垂直线。

二、胸壁、胸廓检查

（一）胸壁

1. 静脉 正常胸壁静脉不显现。当上、下腔静脉血流受阻建立侧支循环时，胸壁静脉可充盈或曲张。上腔静脉阻塞时，静脉血流方向自上而下；下腔静脉阻塞时，血流方向则自下而上。

2. 皮下气肿 气体积存于皮下组织称皮下气肿。用手按压皮下气肿的皮肤，引起气体在皮下组织内移动，出现捻发感或握雪感。胸部皮下气肿多因气管、肺或胸膜损伤后，气体自患处逸出，并积存于皮下所致。

3. 压痛 正常胸壁无压痛。当肋间神经炎、肋软骨炎或肋骨骨折时，胸壁局部可有压痛。胸骨有明显压痛和叩击痛，见于白血病、骨髓瘤等。

（二）胸廓

正常人胸廓两侧大致对称，呈椭圆形。双肩基本在同一水平。锁骨稍突起，锁骨上下稍下陷。成人胸廓前后径较左右径短，两者比例约为 1 ∶ 1.5，小儿和老年人胸廓的前后径略小于左右径或几乎相等，呈圆柱形。常见的胸廓外形的改变，见图 4-20。

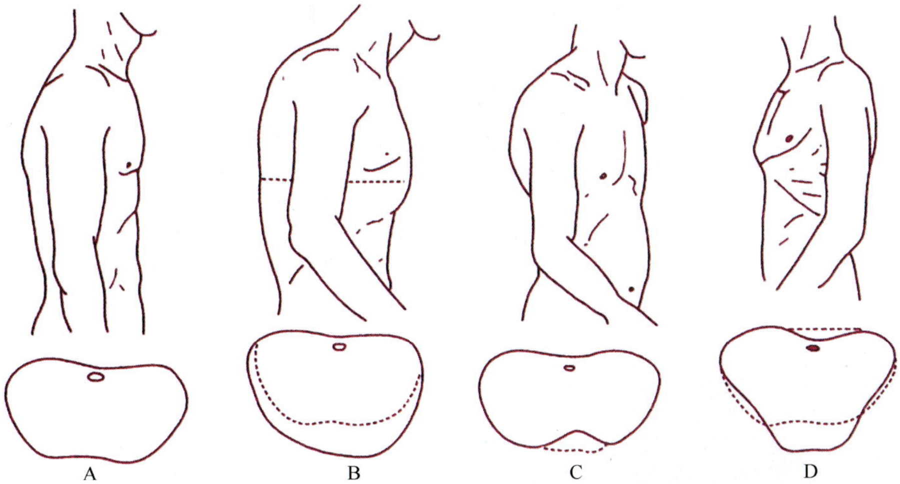

图 4-20 正常胸廓及常见胸廓外形的改变示意图

A. 正常胸廓；B. 桶状胸；C. 漏斗胸；D. 鸡胸

1. 扁平胸　胸廓扁平，前后径不及左右径的一半。见于瘦长体型者，也可见于慢性消耗性疾病，如肺结核、恶性肿瘤晚期等。

2. 桶状胸　胸廓呈圆桶状，前后径与左右径几乎相等，肋间隙增宽且饱满，腹上角增大呈钝角。见于严重肺气肿患者，也可见于老年人或矮胖体型者。

3. 佝偻病胸　为佝偻病所致的胸廓改变，多见于儿童。①鸡胸：胸廓前后径略长于左右径，其上下距离较短，胸骨下端前突，胸廓前侧壁肋骨凹陷，形似鸡胸。②佝偻病串珠：沿胸骨两侧各肋软骨与肋骨交界处隆起，形似串珠状，称为佝偻病串珠。③肋膈沟：下胸部前面的肋骨外翻，沿膈附着部位其胸壁向内凹陷形成的沟状带，称为肋膈沟。④漏斗胸：胸骨剑突处显著向内凹陷，形似漏斗状，称为漏斗胸。

4. 脊柱畸形引起的胸廓改变　严重脊柱畸形可表现为脊柱前凸、后凸或侧凸，导致胸廓两侧不对称，肋间隙增宽或变窄，多见于先天畸形、脊柱结核或脊柱外伤等（图 4-21）。

5. 局部隆起及凹陷　胸廓一侧膨隆，见于大量胸腔积液、气胸等；胸廓局部局限性隆起，见于胸壁炎症、肿瘤、心脏及大血管异常隆起。胸廓两侧凹陷见于肺不张、肺纤维化、广泛性胸膜粘连等。

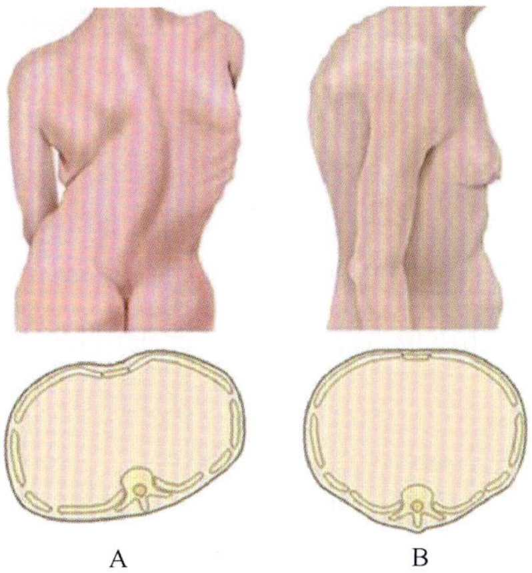

图 4-21 常见脊柱畸形示意图

A. 脊柱侧凸；B. 脊柱后凸

三、乳房检查

检查乳房时光线应充足，被检查者采取坐位或仰卧位，充分暴露胸部。按正确的检查程序，先左侧后右侧，先健侧后患侧，先视诊再触诊，依次检查乳房及乳房部位的引流淋巴结。

（一）视诊

1. 对称性　正常女性两侧乳房基本对称。一侧乳房明显增大，见于先天性畸形、囊肿形成、炎症和肿瘤等。一侧乳房明显缩小则多因发育不全所致。

2. 外观　注意乳房皮肤的颜色，有无水肿、溃疡、瘢痕及局部回缩等。①发红：可能为局部炎症或乳房累及浅表淋巴管引起的癌性淋巴管炎。②水肿：见于炎症和乳腺癌。炎症水肿常伴有皮肤发红；癌细胞浸润阻塞乳房皮肤淋巴管引起淋巴水肿，毛囊和毛囊孔明显下陷，故局部皮肤外观呈“橘皮样”

改变。③乳房皮肤回缩：由于炎症或外伤使局部脂肪坏死，成纤维细胞增生，受累区表层与深层间悬韧带纤维缩短，导致乳头局部皮肤回缩，如无确切的炎症外伤病史，乳房皮肤回缩常提示恶性肿瘤。轻度的皮肤回缩，常为早期乳腺癌的征象，俗称酒窝征。

3. 乳头　注意乳头的位置和大小，两侧是否对称，有无分泌物等。除哺乳期外，乳头溢液提示乳腺导管有病变，血性溢液常见于导管内良性乳突状瘤或乳腺癌，乳头分泌物由清亮变为绿色或黄色，常见于慢性囊性乳腺炎。

4. 腋窝和锁骨上窝　乳房视诊应包括乳房淋巴引流最重要的区域。须详细观察腋窝和锁骨上窝有无包块、红肿、溃疡、瘘管和瘢痕等。

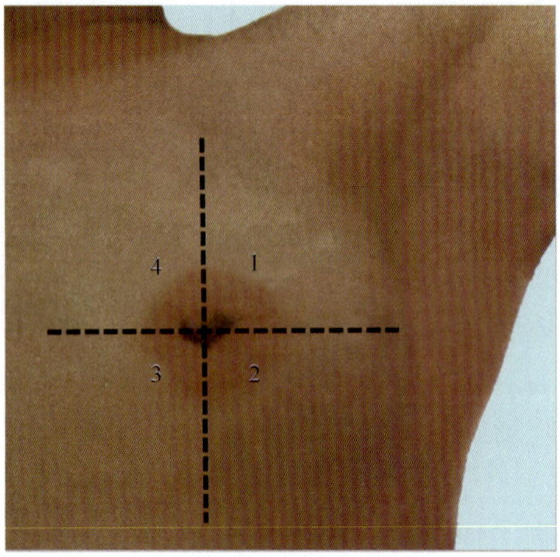

图 4-22　乳房病变的定位与分区

（二）触诊

1. 检查方法　被检查者取坐位，先两臂自然下垂，再双臂高举过头或双手叉腰。检查者的手指平放在被检查者乳房上，用指腹轻施压力，用来回旋转滑动的方式进行触诊。检查时以乳头为中心分为 4 个象限（图 4-22），按外上、外下、内下、内上、中央（乳头）的顺序触诊，正常情况下先左侧后右侧，如有异常，则先检查健侧，再检查患侧。

2. 检查内容　注意乳房组织的硬度、弹性、有无压痛及包块等。检查乳头、乳晕及腋窝、锁骨上窝及颈部的淋巴结是否肿大。

正常乳房柔软有弹力，可有颗粒及坚韧感，无压痛。哺乳期乳房胀大，有结节样感。

3. 常见病变

（1）急性乳腺炎　患侧乳房红、肿、热、痛，触诊有硬结、包块及触痛。伴寒战、发热等全身中毒症状。常发生于哺乳期妇女。

（2）乳腺癌　好发于乳腺的外上象限，一般无炎症表现，常为单个无痛性包块，可与皮肤粘连，局部皮肤呈橘皮样，乳头可回缩或有血性分泌物，晚期可有淋巴结转移。

四、肺和胸膜检查

检查时被检查者一般取坐位或仰卧位，充分暴露胸部。室内环境要温暖、安静、光线充足。按视诊、触诊、叩诊和听诊顺序进行检查，先检查前胸壁，再检查侧胸壁和背部，注意左右对比。

（一）视诊

1. 呼吸运动

（1）呼吸运动类型　呼吸是通过膈和肋间肌的协调活动完成的。以肋间肌运动为主的呼吸称胸式呼吸，以膈运动为主的呼吸称腹式呼吸。这两种呼吸运动多同时存在，正常男性和儿童以腹式呼吸为主，正常女性以胸式呼吸为主。肋骨骨折、肋间神经痛、胸膜炎、肺炎、重症结核等可使胸式呼吸减弱，腹式呼吸增强；腹膜炎、大量腹水、肝脾明显肿大、腹腔内巨大肿瘤及妊娠晚期时，因膈运动受限，则腹式呼吸减弱，胸式呼吸增强。

（2）呼吸困难　包括吸气性呼吸困难、呼气性呼吸困难和混合性呼吸困难 3 种（详见临床常见症状评估）。

2. 呼吸频率　正常成人静息状态下，呼吸频率为 12 ～ 20 次 / 分，呼吸与脉搏之比为 1 ∶ 4，新生儿呼吸频率约 44 次 / 分。常见的呼吸类型及其特点，见图 4-23。

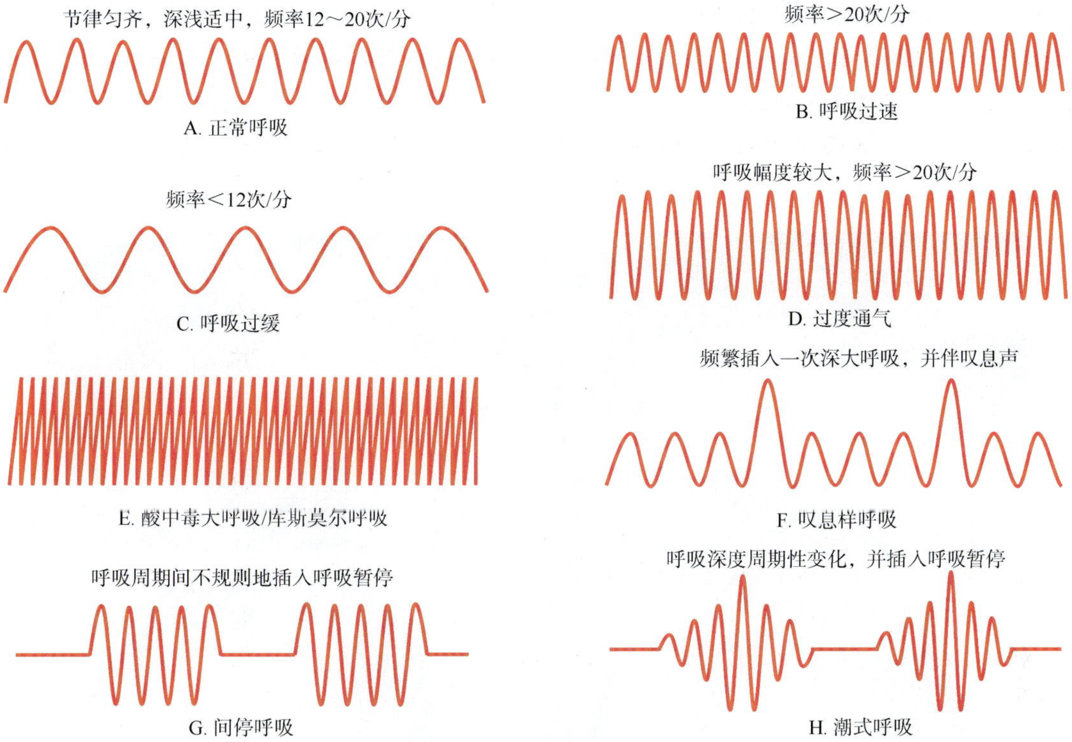

图 4-23　常见的呼吸类型及其特点

（1）呼吸过速　指呼吸频率＞ 20 次 / 分，见于发热、贫血、甲状腺功能亢进、心功能不全等。一般体温升高 1℃，呼吸频率大约增加 4 次 / 分。

（2）呼吸过缓　指呼吸频率＜ 12 次 / 分，见于颅内压增高、麻醉剂或镇静剂过量等。

3. 呼吸深度

（1）呼吸浅快　常见于呼吸肌麻痹、胸膜炎、胸腔积液、气胸、肺炎及严重麻痹性肠梗阻、腹腔积液等。

（2）呼吸深快　见于剧烈运动、过度紧张、情绪激动时，伴过度通气常可引起呼吸性碱中毒。严重代谢性酸中毒时，可出现节律均匀、深长较快的呼吸，称库斯莫尔（Kussmaul）呼吸，见于尿毒症酸中毒和糖尿病酮症酸中毒等。

4. 呼吸节律　正常成人在静息状态下，呼吸节律是均匀而整齐。某些病理情况下，可使呼吸节律发生改变。

（1）潮式呼吸　又称陈 - 施（cheyne-stokes）呼吸。是一种由浅慢逐渐变为深快，再由深快转为浅慢，随之出现一段呼吸暂停，又开始如上变化的周期性呼吸。潮式呼吸周期可长达 30 秒至 2 分钟，暂停期可达 5 ～ 30 秒。多因呼吸中枢兴奋性严重低下，使调节呼吸的反馈系统失常所致。见于颅内压增高、脑炎及中毒等中枢神经系统疾病。

（2）间停呼吸　又称比奥（Biot）呼吸，表现为有规律的呼吸几次后，突然停止一段时间，又开始呼吸，如此周而复始。其产生机制与潮式呼吸相同，多提示病情危重，预后不良。

（3）叹息样呼吸　表现在一段正常呼吸中出现一次深大呼吸，多伴有叹息声，常为功能性改变。见于精神紧张、神经衰弱或抑郁症。

（4）抑制性呼吸　胸部发生剧烈疼痛致吸气相突然中断，呼吸运动突然受到短暂抑制，患者表情痛苦，呼吸较正常浅而快。常见于急性胸膜炎、肋骨骨折及胸膜严重外伤等。

（二）触诊

1. 胸廓扩张度　即呼吸时的胸廓动度，又称呼吸动度。前胸廓扩张度的检查，检查者将两手置于被检查者胸廓下面的前侧部，手掌及伸展的手指置于前侧胸壁，左右拇指分别沿两侧肋缘指向剑突，拇指尖在前正中线两侧对称部位；后胸廓扩张度的检查，检查者将两手平置于被检查者背部约第 10 肋骨水平，拇指与中线平行，将两侧皮肤向中线轻推，嘱被检查者做深呼吸运动，观察两侧动度是否一致（图 4-24）。一侧胸廓动度减弱，见于一侧胸腔积液、气胸、大叶性肺炎、肺不张、胸膜增厚和膈麻痹、肋骨骨折等。

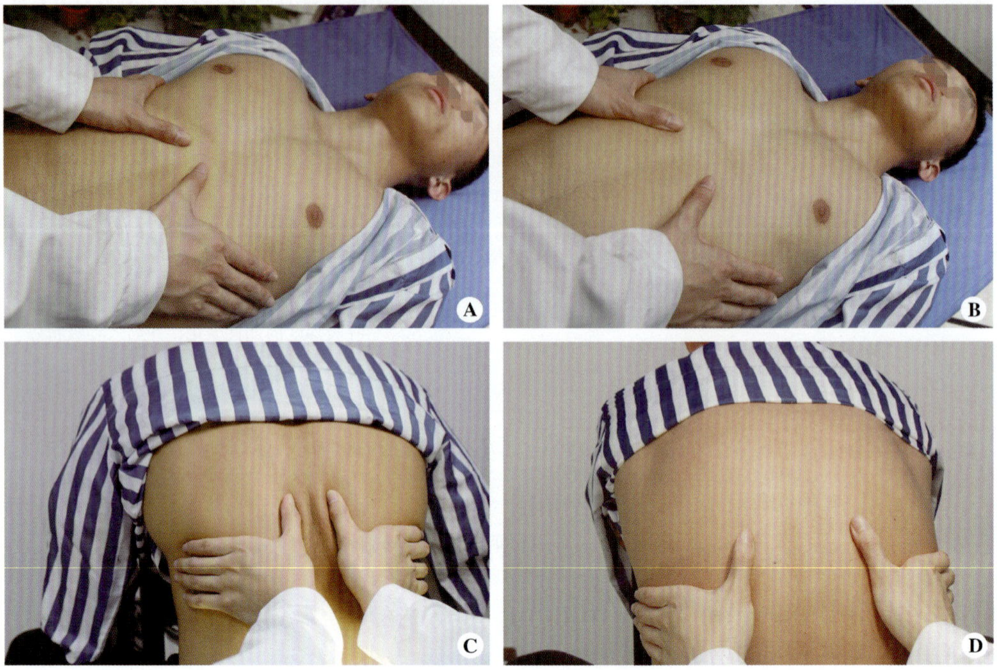

图 4-24　胸廓扩张度的检查方法

A. 前胸部呼气相；B. 前胸部吸气相；C. 后胸部呼气相；D. 后胸部吸气相

2. 语音震颤　为被检查者发出语音时，声带振动产生的声波，沿气管、支气管及肺泡，传到胸壁所引起的共鸣振动，用手掌可触及，故又称触觉语颤。

检查者将两手掌的尺侧缘或掌面轻放于被检查者两侧胸壁的对称部位，嘱其用同等强度重复发“yi”音，自上而下，由内到外比较两侧相应部位语音震颤的异同，注意有无增强或减弱（图 4-25）。

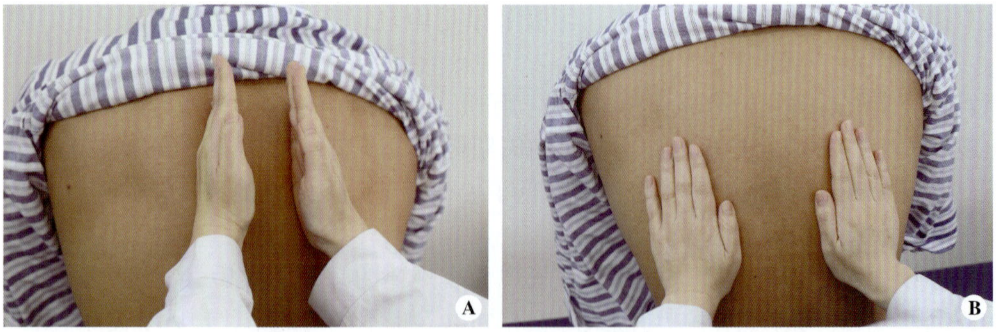

图 4-25　语音震颤检查方法

语音震颤的强弱与发音的强弱（发音强则较强）、音调的高低（音调低则较强）、胸壁的厚薄（薄则较强）、支气管是否通畅、邻近脏器及组织等有密切关系。故正常人语音震颤的强弱与性别、年龄、体型、部位等有关。男性较女性强，成人较儿童强，瘦者较胖者强，右上胸较左上胸强，前胸上部较下部强，后胸下部较上部强。

语音震颤增强主要见于：①肺实变，如肺炎球菌肺炎实变期、大片肺梗死。②接近胸膜的肺内巨大空腔，如空洞型肺结核、肺脓肿。语音震颤减弱或消失主要见于：①支气管阻塞，如阻塞性肺不张。

②肺泡内含气过多，如肺气肿。③大量胸腔积液或气胸。④胸膜高度增厚粘连。⑤胸壁皮下气肿。

3. 胸膜摩擦感 当急性胸膜炎时，渗出的纤维蛋白沉积于胸膜表面而变得粗糙，呼吸运动时脏、壁两层胸膜相互摩擦，触诊有似皮革相互摩擦的感觉，称为胸膜摩擦感。在胸廓的下前侧部较易触到。可见于结核性（干性）胸膜炎、肺炎、肺梗死、尿毒症、严重脱水、肿瘤等。

（三）叩诊

1. 叩诊方法 被检查者取坐位或仰卧位，均匀呼吸，放松肌肉。叩诊前胸时，胸部稍向前挺直，叩诊侧胸时双手抱住枕部，叩诊背部时头稍低，双手交叉抱肘，上身前倾。按前胸、侧胸、背部顺序依次叩诊，从上到下，由外向内，左右对比。叩前胸、侧胸时，板指置于肋间隙并与肋骨平行；叩肩胛间区时，板指与脊柱平行。叩诊的轻重应视病变范围大小、位置深浅及肌肉厚薄而定，力量要均匀一致。

2. 叩诊音

（1）正常胸部叩诊音 包括以下 4 种（图 4-26）。①清音：为正常肺的叩诊音，其响度受肺泡内含气量、胸壁厚薄及邻近器官的影响。一般前胸上部较下部叩诊音相对稍浊；右上肺较左上肺稍浊；背部叩诊音较前胸部稍浊。②浊音：为肺组织遮盖心脏、肝脏的部位。③实音：未被肺组织遮盖的心脏、肝脏的部位，叩诊呈实音。④鼓音：左下胸部有胃泡的存在，叩诊呈鼓音。

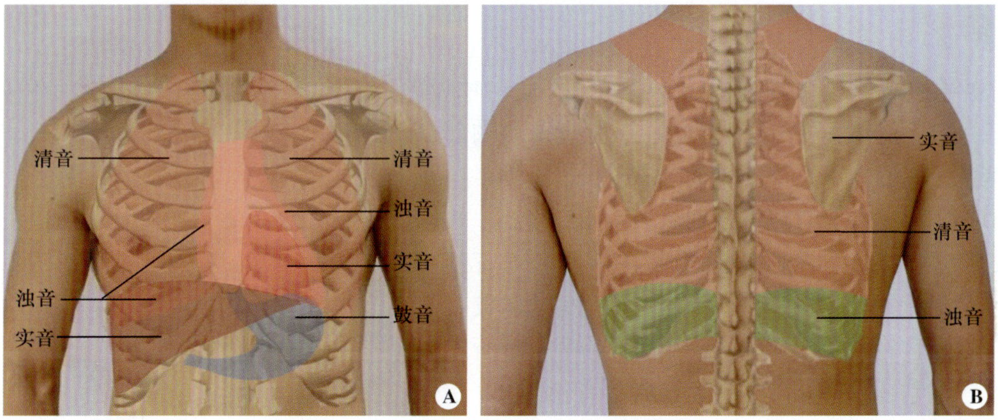

图 4-26 正常胸部叩诊音

（2）肺界的叩诊

1）肺上界：即肺尖的上界，自斜方肌前缘中央开始叩诊为清音，逐渐向外侧叩诊，叩诊音由清音变浊音时，即为肺上界的外侧终点。然后再由斜方肌前缘中央向内侧叩诊至清音变浊音时，即为肺上界的内侧终点。两点之间的距离为肺上界的宽度，正常为 4 ～ 6cm，又称 Kronig 峡。肺上界变窄或叩诊呈浊音，常见于肺结核所致的肺尖浸润，纤维性变及萎缩。肺上界变宽，叩诊稍呈过清音，常见于慢性阻塞性肺疾病。

2）肺前界：正常右肺前界相当于胸骨右缘，左肺前界相当于心脏的绝对浊音界。

3）肺下界：两侧肺下界大致相同，正常平静呼吸时肺下界位于锁骨中线第 6 肋间隙，腋中线第 8 肋间隙，肩胛线第 10 肋间隙。肺下界受体型和发育情况等因素影响，矮胖者肺下界可上升 1 个肋间隙，瘦长者肺下界可降低 1 个肋间隙。病理情况下，肺下界上移见于肺不张、肺纤维化、腹内压升高使膈上升，如腹水、肝脾肿大、腹腔内巨大肿瘤等。肺下界下移见于肺气肿，腹腔内脏下垂。

（3）肺下界移动度 相当于呼吸时膈的移动范围。检查时，首先在肩胛线上叩出平静呼吸时的肺下界的位置，然后嘱被检查者深吸气后屏住呼吸，沿该线继续往下叩诊，当由清音变为浊音时为肩胛线上肺下界最低点；待被检查者恢复平静呼吸后，同样于肩胛线上叩出平静呼吸时的肺下界的位置，再嘱其深呼气后屏住呼吸，然后再由下往上叩诊，直至由浊音变为清音，即为肩胛线上肺下界的最高点。

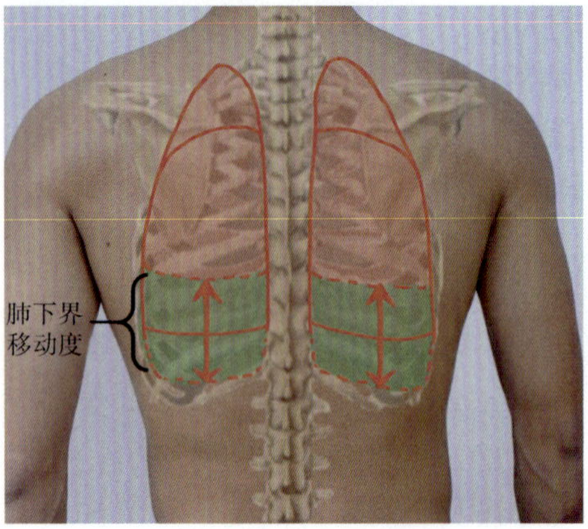

图 4-27 正常肺下界移动度示意图

最高与最低两点间的距离即为肺下界移动度。正常人肺下界移动度为 6 ～ 8cm（图 4-27）。肺下界移动度减小见于肺组织弹性消失（如肺气肿）、肺组织萎缩（如肺不张和肺纤维化等）及肺组织炎症和水肿。当大量胸腔积液、气胸、广泛胸膜粘连时，肺下界及其移动度不能叩出。

3. 异常肺部叩诊音 正常肺部的清音区范围内，如果出现浊音、实音、过清音或鼓音则为异常叩诊音，常提示肺、胸膜、膈或胸壁有病变。异常叩诊音的性质取决于病变的性质、范围和部位的深浅。一般距离胸部表面 5cm 以上的深部病灶、直径小于 3cm 的小范围病灶或少量胸腔积液时，常难以发现叩诊音的变化。

（1）浊音或实音 见于肺部大面积含气量减少的病变，如肺炎、肺结核、肺不张、肺水肿及肺梗死等；肺内不含气的占位病变，如肺肿瘤、未液化的肺脓肿等；胸腔积液、胸膜增厚等。

（2）鼓音 见于气胸；肺内空腔性病变直径大于 3 ～ 4cm，且靠近胸壁，如空洞性肺结核；液化的肺脓肿等。

（3）过清音 常见于肺张力减弱而含气量增多时，如慢性阻塞性肺疾病等。

（四）听诊

听诊时被检查者取坐位或卧位，微张开口作均匀呼吸。听诊的顺序一般由肺尖开始，自上而下分别检查前胸部、侧胸部、背部，注意上下、左右对称部位的对比。

1. 正常呼吸音 主要有以下 3 种（图 4-28）。

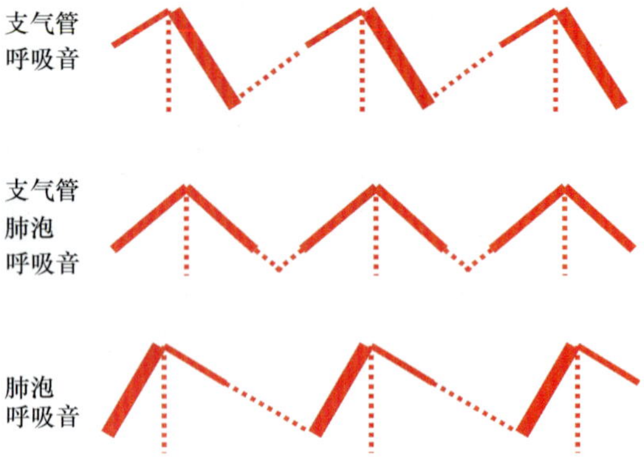

图 4-28 正常呼吸音示意图

（1）支气管呼吸音 为呼吸时气流在声门、气管或主支气管内形成湍流所产生的声音。特点为呼气时相较吸气时相长，音响强且音调高，颇似抬舌经口腔呼气时所发出的“ha”音。正常人在喉部、胸骨上窝、背部第 6、7 颈椎及第 1、2 胸椎附近均可听到支气管呼吸音。

（2）支气管肺泡呼吸音 又称混合性呼吸音，兼有支气管呼吸音与肺泡呼吸音的特点。吸气音的性质与肺泡呼吸音的吸气音相似，但音响较强，音调较高；呼气音的性质与支气管呼吸音的呼气音相似，但音响较弱、音调较低；吸气时相与呼气时相大致相等。正常人胸骨角附近、肩胛间区第 3、4 胸椎水平可听到支气管肺泡呼吸音。

（3）肺泡呼吸音 是空气在细支气管和肺泡内进出移动所产生的声音。呼吸时进出肺泡的气体使肺泡壁产生周期性的紧张、松弛，肺泡壁的这种弹性变化和气流的振动是形成肺泡呼吸音的主要因素。特点为吸气时相较呼气时相长，音响强且音调高，颇似上齿咬下唇吸气时发出的“fu”音。正常人除支气管呼吸音和支气管肺泡呼吸音听诊区外，其余部位均可听到肺泡呼吸音，以乳房下部和肩胛下部最清楚，其次是腋窝下部。正常呼吸音分布，见图 4-29。

2. 异常呼吸音

（1）异常肺泡呼吸音

1）肺泡呼吸音减弱或消失：由于进入肺泡的气流量减少，气体流速减慢或呼吸音传导障碍所致。见于①支气管阻塞，如气管异物、支气管肺癌等。②肺组织病变，如肺炎、肺气肿和肺栓塞等。③胸膜腔病变，如胸腔积液、胸膜增厚和气胸等。④胸廓活动受限，如胸痛、肋骨骨折和胸廓畸形等。⑤腹部疾病，如大量腹腔积液和腹部巨大肿瘤等。

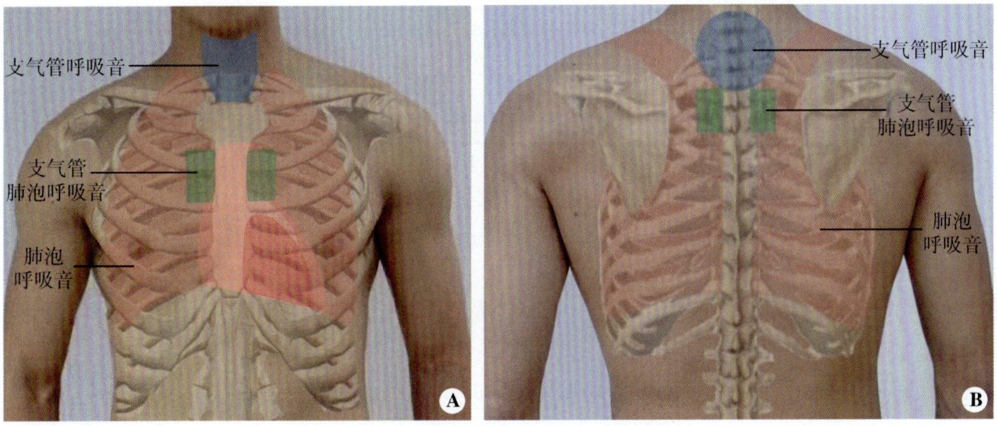

图 4-29　正常呼吸音分布示意图

A. 前胸部；B. 后胸部

2）肺泡呼吸音增强：由于呼吸运动及通气功能增强，使进入肺泡的气流量增多或流速加快所致。见于剧烈运动、贫血、发热、酸中毒等，当一侧肺组织病变时，健侧肺代偿性呼吸音增强。

3）呼气音延长：由于下呼吸道部分阻塞、痉挛或狭窄，呼吸阻力增加。如慢性支气管炎、支气管哮喘；或由于肺泡弹性回缩力减弱，如慢性阻塞性肺气肿。

4）断续性呼吸音：肺内局部性炎症或支气管狭窄，使空气不能均匀地进入肺泡，出现断续性呼吸音。常见于肺结核和肺炎等。

5）呼吸音粗糙：由于支气管黏膜水肿或炎症浸润使内壁狭窄或不光滑，气流通过不畅所致。见于支气管和肺部炎症的早期。

（2）异常支气管呼吸音　在正常肺泡呼吸音或支气管肺泡呼吸音的部位听到了支气管呼吸音，即为异常支气管呼吸音，又称管状呼吸音。见于肺组织实变（如大叶性肺炎）、肺内大空腔（如肺脓肿或肺结核空洞）、压迫性肺不张（如胸腔积液）。

（3）异常支气管肺泡呼吸音　在正常肺泡呼吸音的部位听到支气管肺泡呼吸音即为异常支气管肺泡呼吸音。见于支气管肺炎、大叶性肺炎的早期、肺结核等。

3. 啰音　是呼吸音以外的一种附加音，按其性质和发生机制分为干啰音和湿啰音两种（图 4-30）。

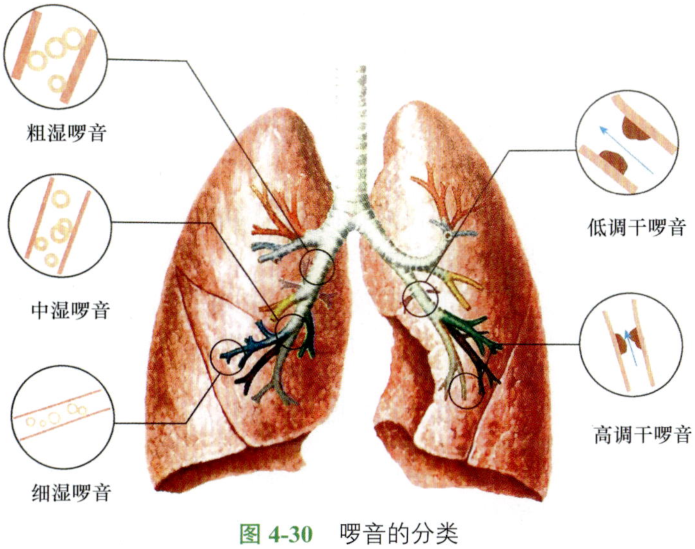

图 4-30　啰音的分类

（1）干啰音　是由于气流通过狭窄或部分阻塞的气道形成湍流所产生的声音。其病理基础有炎症引起黏膜的充血水肿和分泌物增多，支气管平滑肌痉挛收缩，管腔内肿瘤或异物部分阻塞，管壁外肿瘤或肿大淋巴结的压迫（图 4-31）。

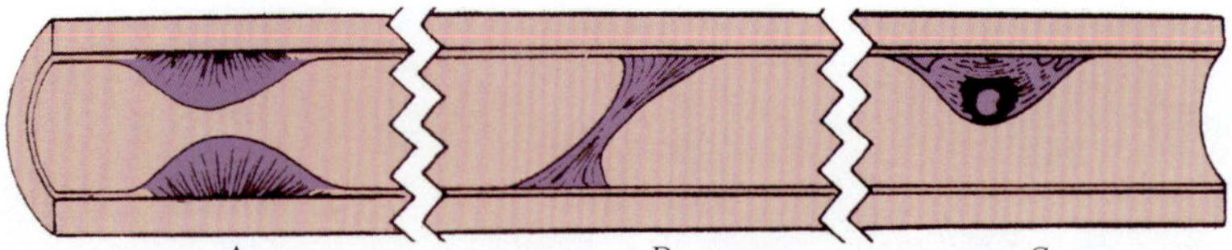

图 4-31 干啰音发生机制示意图
A. 管腔狭窄；B. 管腔内有分泌物；C. 管腔内有新生物或受压

1）听诊特点：①音调较高，持续时间较长。②吸气和呼气时均可听到，但呼气时明显。③强度、性质、部位易改变。

2）分类：根据音调的高低可分为高调和低调两种。①高调干啰音，又称哨笛音。多发生于中等口径以下的支气管，类似吹笛或射箭时发出的声音，故可以描述为哨笛音、飞箭音、鸟鸣音、哮鸣音等。②低调干啰音，又称鼾音。粗糙、低调而响亮，与睡眠时的“打鼾”声音类似。多发生于气管或主支气管。

3）临床意义：双肺满布干啰音，常见于支气管哮喘、慢性支气管炎和心源性哮喘等；局限性干啰音，常见于支气管内膜结核或肿瘤等。

（2）湿啰音　又称水泡音。是因为气流通过含有稀薄分泌物如渗出液、痰液、血液、黏液和脓液等，形成的水泡破裂所产生的声音，或认为是小支气管被分泌物黏着陷闭后，在吸气时重新张开充气时所产生的爆裂音。

1）听诊特点：①断续而短暂，一次常连续多个出现。②吸气和呼气时均可听到，但以吸气或吸气终末时较为明显。③部位较恒定，性质不易变。④大、中、小水泡音可同时存在，咳嗽后可减轻或消失。

2）湿啰音的分类：按呼吸道腔径大小和腔内渗出物的多少分为粗、中、细湿啰音和捻发音。①粗湿啰音，又称大水泡音。发生于气管、主支气管或空洞部位。②中湿啰音，又称中水泡音。发生于中等大小的支气管。③小湿啰音，又称小水泡音。发生于小支气管。④捻发音，是一种极细而均匀一致的湿啰音。多出现在吸气终末，颇似在耳边用手捻搓一束头发时所发出的声音。发生于细支气管和肺泡。

3）临床意义：肺部局限性湿啰音，见于支气管炎、支气管肺炎、支气管扩张等；两侧肺底湿啰音，见于肺淤血、支气管肺炎等；双肺满布湿啰音，见于急性肺水肿和严重支气管肺炎。

4. 语音共振　产生机制及临床意义与语音震颤基本相同。嘱被检查者用一般声音强度重复发“yi”长音，发音时喉部产生的振动经气管、支气管、肺泡传至胸壁，可用听诊器听到。听诊时应注意上下、左右比较语音共振的强弱及性质有无改变。

5. 胸膜摩擦音　当胸膜由于炎症、纤维素渗出而变得粗糙时，呼吸时可听到脏层和壁层胸膜相互摩擦的声音，称为胸膜摩擦音。其特征颇似用一手掩耳，另一手指在其手背上摩擦时所听到的声音。在吸气和呼气时都可听到，但于吸气末或呼气初较为明显，屏气时消失。在前下侧胸壁听诊较清楚。多见于纤维素性胸膜炎、肺梗死、胸膜肿瘤、严重脱水及尿毒症等。

五、心脏检查

心脏检查是全身体格检查的重要部分。检查时，环境要安静、温暖、光线充足；被检查者需充分暴露前胸部，女性可适当遮掩，检查者位于被检查者右侧，必要时可变换体位。按视诊、触诊、叩诊、听诊的顺序进行检查。

（一）视诊

被检查者尽可能取仰卧位，除检查胸部轮廓是否正常外，必要时检查者也可将视线与被检查者胸廓同高，以便更好地观察心前区有无隆起及异常搏动等（图 4-32）。

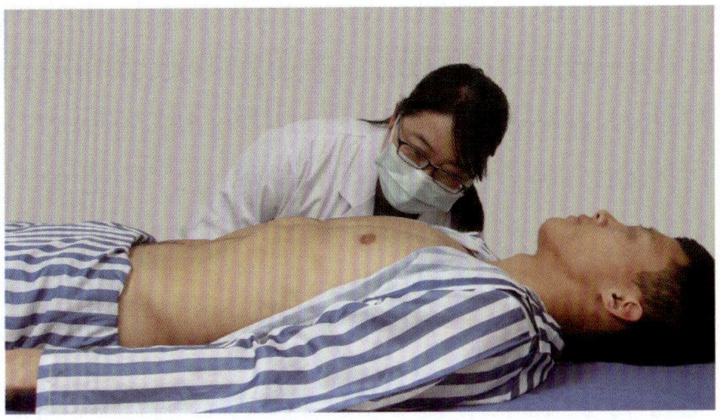

图 4-32 心脏视诊

1. 心前区外形 正常人心脏位于胸腔中部偏左下方，正常情况下心前区外形与右侧相应部位基本对称，无异常隆起或凹陷。

先天性心脏病，如法洛四联症、肺动脉瓣狭窄等致右心室肥大，或儿童期风湿性心脏病二尖瓣狭窄所致的右心室肥大，伴有大量渗出液的儿童期慢性心包炎，可致胸骨下段及胸骨左缘第 3、第 4、第 5 肋间局部隆起。主动脉弓动脉瘤或升主动脉扩张可致胸骨右缘第 2 肋间及其附近局部隆起。成人大量心包积液时，心前区饱满。

2. 心尖搏动 心室收缩时，心尖向前冲击胸壁，相应部位肋间软组织向外搏动，称心尖搏动。正常成年人心尖搏动位于左侧第 5 肋间、左锁骨中线内侧 0.5 ～ 1.0cm 处，搏动范围直径 2.0 ～ 2.5cm。检查时，应注意位置、强度、范围、节律及频率的改变。

（1）心尖搏动位置的改变 受生理性因素、病理性因素的影响。

生理性因素：心尖搏动的位置受体位、体型、年龄等的影响。如正常人仰卧时，心尖搏动略上移；左侧卧位，心尖搏动可左移 2.0 ～ 3.0cm；右侧卧位可向右移 1.0 ～ 2.5cm。小儿、矮胖体型者、妊娠中晚期者，膈位置较高，心脏呈横位，心尖搏动向外上移，可达第 4 肋间左锁骨中线外。而体型瘦长者（特别是站立位或坐位时），心脏呈垂直位，心尖搏动向内下移，可达第 6 肋间。

病理性因素：包括心脏本身及心脏以外的因素，见表 4-1。

表 4-1 心尖搏动移位的常见病理性因素

	因素	心尖搏动移位	临床意义
心脏病变	左心室增大	向左下移位	主动脉瓣关闭不全等
	右心室增大	向左侧移位	二尖瓣狭窄等
	左右心室增大	向左下移位，心浊音界两侧扩大	扩张型心肌病等
	右位心	心尖搏动位于右侧胸壁	先天性右位心
心脏以外病变	纵隔移位	心尖搏动移向患侧	一侧胸膜增厚或肺不张等
		心尖搏动移向健侧	一侧胸腔积液或气胸等
	膈移位	心尖搏动向左外侧移位	大量腹腔积液等，膈抬高使心脏呈横位
		心尖搏动移向内下，可达第 6 肋间	严重肺气肿等，膈下移使心脏呈垂位

（2）心尖搏动强度和范围的改变

生理性因素：体型肥胖或女性乳房悬垂时心尖搏动不易看见，胸壁厚或肋间隙变窄时，心尖搏动弱且搏动范围小；胸壁薄或肋间隙增宽时，心尖搏动强且搏动范围大；剧烈运动或情绪激动时心尖搏动也可增强。

病理性因素：①心尖搏动增强：发热、严重贫血、甲状腺功能亢进、左心室肥厚心功能代偿期时，心尖搏动增强且搏动范围增大；左心室肥厚甚至可呈抬举性搏动。②心尖搏动减弱：常见的心脏因素有扩张型心肌病、心肌炎、急性心肌梗死、缩窄性心包炎、心包积液等，前三者系心肌收缩力下降所致，后两者是由于心脏与前胸壁距离增加所致。心脏以外的因素常见的有肺气肿、左侧气胸或胸腔积液等。

（3）负性心尖搏动 是指心脏收缩时，心尖部胸壁搏动内陷。常见于粘连性心包炎或心包与周围组织广泛粘连。重度右室肥厚致心脏顺钟向转位，使左心室向后移位，引起负性心尖搏动。

3. 心前区搏动 胸骨左缘第3～4肋间的搏动，见于先天性心脏病所致的右心室肥大，如房间隔缺损；剑突下搏动见于肺源性心脏病右心室肥大者，亦可见于腹主动脉瘤；胸骨左缘第2肋间收缩期搏动，多见于肺动脉扩张或肺动脉高压；少数正常青年人运动或情绪激动时也可出现胸骨左缘第2肋间搏动；胸骨右缘第2肋间搏动，多见于升主动脉扩张或主动脉弓动脉瘤。

（二）触诊

心脏触诊可进一步证实视诊的结果，并可发现心脏病特有震颤、心包摩擦感等。触诊时，检查者先将右手全手掌置于被检查者心前区，确定触诊的部位和范围，然后用手掌尺侧（小鱼际）或示指、中指及环指指腹并拢进行触诊以准确定位（图4-33）。

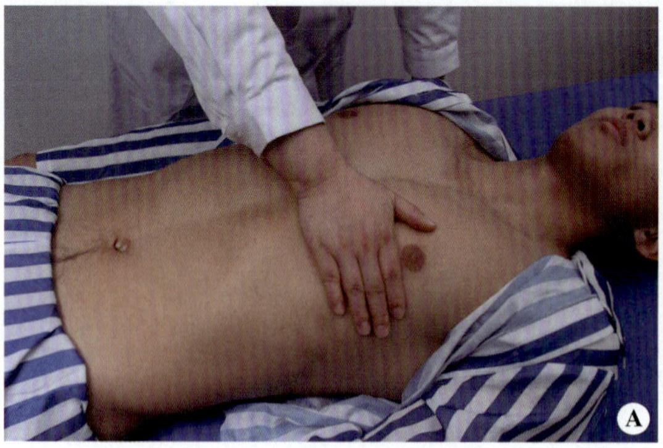

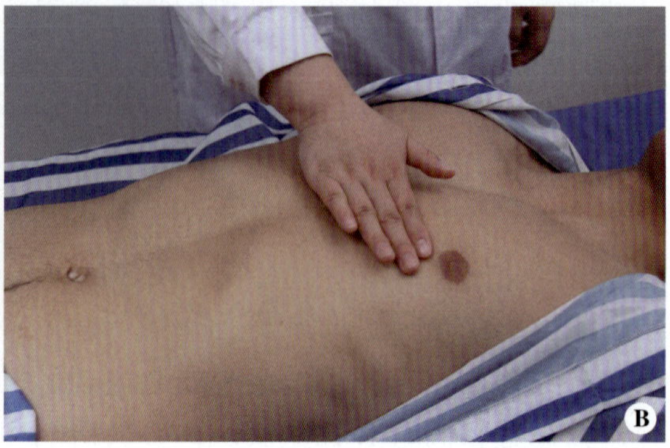

图4-33 心脏触诊

1. 心尖搏动及心前区搏动 用触诊确定心尖搏动的位置、强弱和范围较视诊更准确。左心室肥厚时心尖搏动增强，范围也增大，用手指触诊时，指腹可感知心尖区徐缓、有力的搏动，可使手指尖端抬起且持续至第二心音开始，称抬举性搏动，是左心室肥厚的可靠体征。而胸骨左下缘收缩期抬举性搏动是右心室肥厚的可靠指征。另外，触诊对视诊所发现的心前区其他异常搏动也可进一步确定或鉴别。

2. 震颤 是触诊心前区时手感觉到的一种细微震动感，犹如猫呼吸时在其气管附近触摸到的感觉，又称猫喘，是器质性心血管疾病的特征性体征之一。常见于先天性心血管病和心脏瓣膜病。震颤产生的机制与杂音相同，系血液经狭窄的口径或循异常的方向流动形成涡流造成瓣膜、血管壁或心腔壁震动传至胸壁所致。震颤的强弱与瓣膜狭窄程度、血流速度及心脏两腔室之间的压力阶差有关。一般情况下，瓣膜狭窄程度越重，血流速度越快，压力阶差越大，则震颤越强；但过度狭窄，会导致通过的血流极少，震颤反而减弱或消失。

根据震颤出现的时期可分为收缩期、舒张期和连续性震颤，其临床意义见表4-2。

表4-2 心前区震颤的临床意义

时期	部位	常见病变
收缩期震颤	胸骨右缘第2肋间	主动脉瓣狭窄
	胸骨左缘第2肋间	肺动脉瓣狭窄
	胸骨左缘第3～4肋间	室间隔缺损
舒张期震颤	心尖区	二尖瓣狭窄
连续性震颤	胸骨左缘第2肋间	动脉导管未闭

3. 心包摩擦感 正常时心包腔有少量液体，起润滑作用。当心包炎症时，渗出的纤维蛋白使心包壁层、脏层表面变得粗糙，心脏收缩时两层粗糙的心包膜相互摩擦产生震动传至胸壁，可在心前区触

到连续性震动感，即心包摩擦感。多出现于急性心包炎早期，当后期心包炎症渗液增多时，壁层与脏层心包分离，则摩擦感消失。

心包摩擦感为收缩期和舒张期双相的粗糙摩擦感，触诊部位在心前区，以胸骨左缘第 4 肋间、收缩期、坐位前倾和呼气末更为明显。心包摩擦感是一种与胸膜摩擦感相似的心前区摩擦震动感，应注意两者之间的鉴别，胸膜摩擦感在屏气时消失，而心包摩擦感仍然存在。

（三）叩诊

心脏叩诊的目的是确定心界大小、形状及其在胸腔内的位置。心脏不被肺遮盖的部分，叩诊呈绝对浊音（实音）；而心脏左、右缘被肺遮盖的部分叩诊呈相对浊音。相对浊音界反映心脏的实际大小和形态（图 4-34），一般仅叩诊心脏相对浊音界。

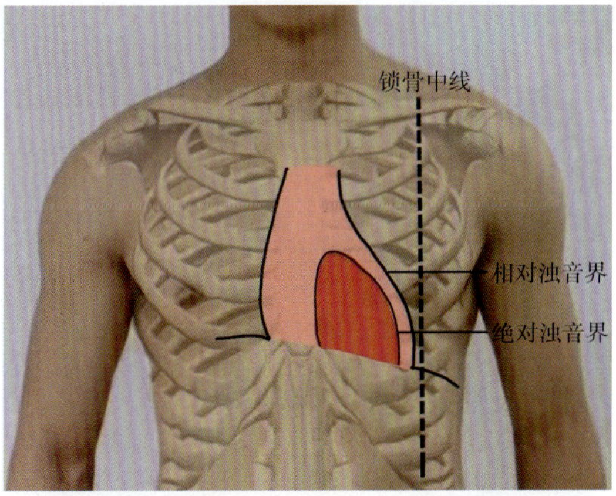

图 4-34　心脏相对浊音界和绝对浊音界

1. 叩诊方法　心脏叩诊采用间接叩诊法，嘱被检查者暴露前胸，取仰卧位或坐位。仰卧位时，板指与肋间隙平行；坐位时，板指与肋间垂直。注意两种体位心浊音界的变化。叩诊时，以叩诊声音由清音变浊音来确定心浊音界。一般左侧心浊音界用轻叩法，而右侧心浊音界需使用较重的叩诊法，叩诊力度要注意根据患者胖瘦程度调整。还应注意叩诊时板指每次移动距离不宜过大，并在叩出声音由清变浊时，需进一步往返叩诊，以确定心界范围。

2. 叩诊顺序　叩诊应按一定顺序进行，先叩左界，后叩右界，自下而上，由外向内。叩左界时，在心尖搏动外 2 ～ 3cm 处或左腋前线开始由外向内叩诊，叩诊音由清音变浊音时做一标记，逐一肋间向上叩诊，直至第 2 肋间。叩右界时，先在右锁骨中线上叩出肝上界，然后于其上一肋间由外向内叩诊，叩诊音由清音变浊音时做一标记，逐一肋间向上叩诊，直到第 2 肋间。将各标记点用弧线连接起来即为心脏的相对浊音界。用硬尺测量各标记点至前正中线的垂直距离，再测量左锁骨中线距前正中线的垂直距离，记录心脏相对浊音界的位置。

3. 正常心浊音界　正常成人心脏相对浊音界与前正中线的距离，见表 4-3。

表 4-3　正常成人心脏相对浊音界

右界（cm）	肋间	左界（cm）
2 ～ 3	第 2	2 ～ 3
2 ～ 3	第 3	3.5 ～ 4.5
3 ～ 4	第 4	5 ～ 6
—	第 5	7 ～ 9

4. 心浊音界各部分的组成　心脏左界第 2 肋间相当于肺动脉段，第 3 肋间为左心耳，第 4、5 肋间为左心室，主动脉与左心室交界处向内凹陷的部位为心腰部。心脏右界第 2 肋间相当于升主动脉和上腔静脉，第 3 肋间为右心房（图 4-35）。

5. 心浊音界改变的临床意义

（1）心脏本身病变　常见于心脏疾病致心室心房增大进而致心浊音界改变。

1）左心室增大：心浊音界向左下扩大，心腰加深近似直角，心浊音界呈靴形，称为靴形心（图 4-36），常见于主动脉瓣关闭不全，又称主动脉型心，亦可见于高血压性心脏病。

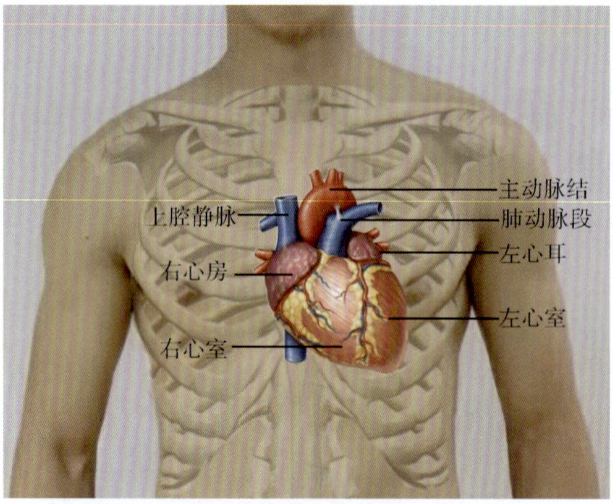

图 4-35　心浊音界各部分的组成

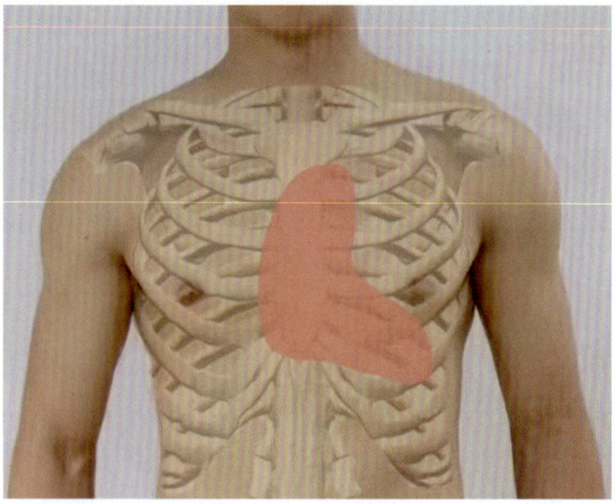

图 4-36　靴形心

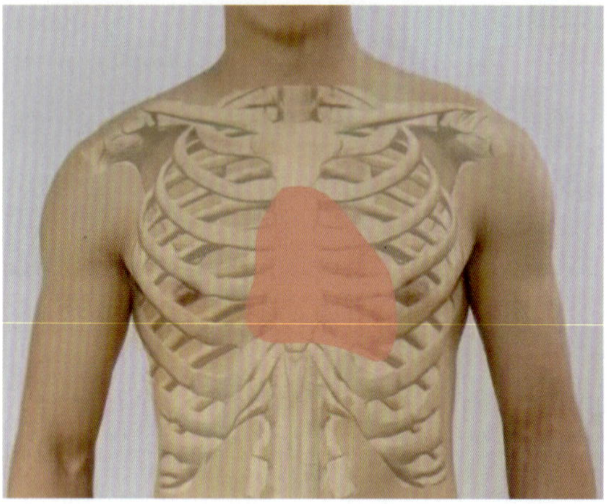

图 4-37　梨形心

2）右心室增大：轻度增大时，相对浊音界无明显改变，绝对浊音界增大；显著增大时，心界向左、右两侧增大，由于心脏沿长轴顺时针转位，所以向左扩大明显。常见于肺源性心脏病、房间隔缺损。

3）左、右心室增大：心浊音界向两侧扩大，称普大形心。见于扩张型心肌病、全心衰竭等。

4）左心房及肺动脉段扩大：胸骨左缘第 2 ～ 3 肋间心浊音界向左扩大，心腰饱满或膨出，心浊音界如梨形，称为梨形心（图 4-37）。常见于二尖瓣狭窄，故又称二尖瓣型心。

5）心包积液：积液达一定量时，心界向两侧增大，且随体位改变而改变，坐位时呈三角形烧瓶样，仰卧位时心底部浊音界增宽。心浊音界随体位改变而改变，是心包积液的特征性体征。心包积液时相对、绝对浊音界几乎相同，需注意仔细叩诊。

（2）心脏以外因素　大量胸腔积液或气胸时，心界向健侧移位；一侧胸膜增厚、粘连或肺不张时，心界向患侧移位。肺气肿时，心浊音界缩小或消失。腹腔大量积液、腹腔巨大肿瘤可使横膈抬高，心脏横位，心界向左增大。

（四）听诊

心脏听诊是心脏体格检查中最重要的、也是较难掌握的方法。听诊时环境宜温暖、安静，被检查者采取坐位或仰卧位，必要时需改变体位，对疑有二尖瓣狭窄者，宜嘱患者取左侧卧位；对疑有主动脉瓣关闭不全者宜取坐位且上半身前倾。也可嘱被检查者做深呼吸、适当运动后听诊。

1. 心脏瓣膜听诊区及听诊顺序　心脏瓣膜听诊区是指心脏各瓣膜开放与关闭时所产生的声音传至体表听诊最清楚的部位（图 4-38）。包括①二尖瓣区：位于心尖搏动最强点，即心尖区，正常成年人位于第 5 肋间左锁骨中线稍内侧。②肺动脉瓣区：位于胸骨左缘第 2 肋间。③主动

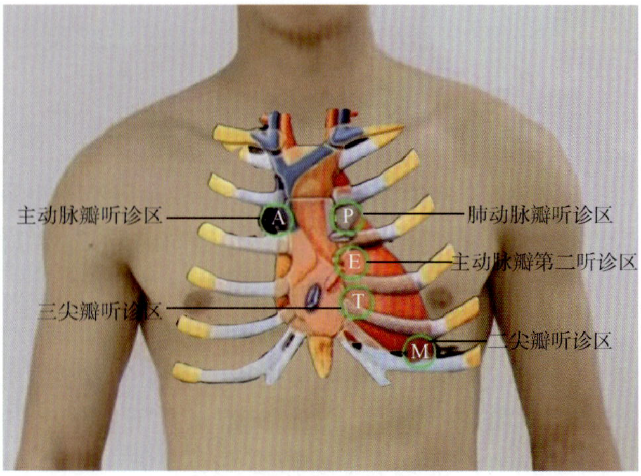

图 4-38　心脏瓣膜听诊区

脉瓣区：位于胸骨右缘第 2 肋间。④主动脉瓣第二听诊区：位于胸骨左缘第 3 肋间。⑤三尖瓣区：位于胸骨下端左缘，即胸骨左缘第 4、第 5 肋间。

听诊顺序通常是从心尖区开始，按逆时针方向依次听诊肺动脉瓣区、主动脉瓣区、主动脉瓣第二听诊区和三尖瓣区。也可按瓣膜病变的好发部位即二尖瓣区、主动脉瓣区、主动脉瓣第二听诊区、肺动脉瓣区、三尖瓣区依次进行。

2. 听诊内容　包括心率、心律、心音、额外心音、杂音及心包摩擦音等。

（1）心率　指每分钟心搏次数。正常成人在安静、清醒状态下心率为 60 ～ 100 次 / 分。老年人偏慢，女性稍快，儿童较快，3 岁以下儿童多在 100 次 / 分以上。成人心率超过 100 次 / 分、婴幼儿超过 150 次 / 分，称为心动过速，见于剧烈运动、情绪激动、贫血、发热、甲状腺功能亢进、心肌炎等。成人心率低于 60 次 / 分，称为心动过缓，见于运动员或长期从事强体力劳动者。病理情况可见于颅内压增高、甲状腺功能减退、胆汁淤积性黄疸、房室传导阻滞等，某些药物也可致心率减慢，如 β 受体阻滞剂普萘洛尔等。

（2）心律　指心脏搏动的节律。正常人心律基本规则，部分青年人和儿童的心律可随呼吸而改变，吸气时加快，呼气时减慢，称为窦性心律不齐，多无临床意义。听诊能发现的心律失常以期前收缩和心房颤动最常见。

1）期前收缩：又称过早搏动，简称早搏。指在原有规则心律基础上突然提前出现的心脏搏动，其后有一较长间歇（代偿间歇）；期前收缩的第一心音增强，第二心音减弱；代偿间歇后第一个心搏的第一心音减弱，第二心音增强。

期前收缩有房性、室性、交界性多种情况，听诊无法区分，需借助心电图检查进一步判断。根据其发生频率可分为频发与偶发，每分钟超过 5 次的早搏称为频发早搏。期前收缩规律出现可形成联律，如每一次窦性搏动后出现一次期前收缩，称二联律；每两次窦性搏动后出现一次期前收缩称为三联律，以此类推。生理情况下如情绪激动、酗酒、疲劳等可出现一过性期前收缩；频发早搏或者呈联律出现的，多为病理情况，可见于各种器质性心脏病、洋地黄药物中毒、低血钾、心脏手术等。

2）心房颤动：是由于心房内异位节律点发出极高频率的冲动所致。听诊特点：①心律绝对不规则。②第一心音强弱不等。③脉率少于心率，这种脉搏脱漏现象称为脉搏短绌。常见于风湿性心脏病二尖瓣狭窄、冠状动脉粥样硬化性心脏病、甲状腺功能亢进等。

（3）心音　有 4 个，按其在心动周期中出现的先后顺序依次命名为第一心音（S_1）、第二心音（S_2）、第三心音（S_3）和第四心音（S_4）。通常听到的是 S_1 和 S_2，儿童和青少年亦可听到 S_3，S_4 一般听不到，一旦闻及 S_4，多属病理性。

1）心音产生机制及听诊特点：S_1 主要由二尖瓣和三尖瓣关闭，瓣叶突然紧张引起振动而产生，标志着心室收缩期开始。S_2 主要由主动脉瓣和肺动脉瓣突然关闭引起的瓣膜振动而产生，标志着心室舒张期开始。只有正确区分 S_1 和 S_2，才能正确判断收缩期和舒张期，确定异常心音和杂音出现的时期。S_1 和 S_2 的听诊特点，见表 4-4。

表 4-4　S_1 和 S_2 的听诊特点

比较项	S_1	S_2
音调	较低	较高
音响	较强	较弱
性质	较钝	较清脆
持续时间	较长，约 0.1 秒	较短，约 0.08 秒
听诊最响部位	心尖部	心底部
与心尖搏动关系	同时出现	之后出现

2）心音异常：有心音强度、性质改变等。

心音强度改变：① S_1 强度改变：与心室肌收缩力的强弱、心室的充盈度、瓣膜的弹性和位置有关。S_1 增强，常见于二尖瓣狭窄，亦可见于高热、贫血、甲状腺功能亢进等；二尖瓣狭窄时，在心尖部可闻及高调、清脆，呈拍击声的 S_1，称拍击性第一心音。S_1 减弱常见于二尖瓣关闭不全、主动脉瓣关闭不全，亦可见于心肌梗死、心力衰竭等。S_1 强弱不等，常见于心房颤动和完全性房室传导阻滞。② S_2 强度改变：S_2 有两个主要成分，即主动脉瓣第二心音（A_2）和肺动脉瓣第二心音（P_2）。正常青少年 $P_2 > A_2$，老年人 $A_2 > P_2$，中年人 $A_2=P_2$。影响 S_2 强度的主要因素为主动脉、肺动脉内压力及半月瓣的情况。A_2 增强是主动脉内压力增高所致，见于高血压、主动脉粥样硬化；A_2 减弱见于主动脉内压力降低时，如主动脉瓣狭窄或关闭不全。P_2 增强是肺动脉内压力增高所致，如肺源性心脏病，左向右分流的先天性心脏病房间隔缺损、室间隔缺损、动脉导管未闭等，以及二尖瓣狭窄伴肺动脉高压等；P_2 减弱见于肺动脉瓣狭窄或关闭不全等，因肺动脉内压力降低而致。③ S_1、S_2 强度同时改变：同时增强见于运动、情绪激动、贫血及甲状腺功能亢进等；同时减弱见于肥胖、肺气肿、左侧大量胸腔积液、心肌炎、心肌病、休克等。

心音性质改变：心肌严重病变时，S_1 失去原有低钝的特征与 S_2 相似，当心率加快，舒张期与收缩期几乎相等，心音极似钟摆的“滴答”声，称为钟摆律或胎心律。见于心力衰竭、急性心肌梗死、重症心肌炎等，提示心肌受损严重，病情危重。

心音分裂：正常情况下，心室收缩或舒张时两个房室瓣或两个半月瓣的关闭并非绝对同步，二尖瓣比三尖瓣先于 0.02 ～ 0.03 秒关闭，主动脉瓣比肺动脉瓣早关闭约 0.03 秒，人耳难以分辨，听诊时仍为一个声音。如果构成 S_1 和 S_2 的两个主要瓣膜关闭的时间差距加大，超过 0.04 秒，导致听诊时一个心音分裂为两个心音的现象，称为心音分裂。

S_1 分裂是由二尖瓣、三尖瓣关闭的时间差距加大引起，生理情况下偶见于儿童和青少年，病理情况下常见于左向右分流的先天性心脏病、完全性右束支传导阻滞等。

S_2 分裂是由主动脉瓣和肺动脉瓣关闭的时间差距加大引起，生理情况下多见于儿童和青少年，可于深吸气末闻及，原因是深吸气时胸腔负压增加，右心回心血量增加，右心室排血时间延长，使肺动脉瓣关闭延迟，如果肺动脉瓣关闭明显迟于主动脉瓣关闭，则可在深吸气末出现 S_2 分裂，无心脏疾病存在，尤其在青少年更常见，称为生理性分裂。病理性分为通常分裂、固定分裂、反常分裂 3 种。通常分裂是临床上最常见的 S_2 分裂类型，可见于二尖瓣狭窄伴肺动脉高压、肺动脉瓣狭窄、二尖瓣关闭不全、室间隔缺损等。固定分裂见于先天性心脏病房间隔缺损。反常分裂又称为逆分裂，是主动脉瓣关闭明显晚于肺动脉瓣，可见于完全性左束支传导阻滞、严重的主动脉瓣狭窄、重度高血压等疾病。

（4）额外心音　指在正常 S_1、S_2 之外听到的病理性附加音。收缩期、舒张期均可出现，大部分出现于舒张期早期，与心脏杂音不同，多为病理性，临床意义也较大。

1）舒张期额外心音：常有开瓣音、奔马律、心包叩击音等。

开瓣音：又称二尖瓣开放拍击声。由于舒张早期血液自高压力的左心房迅速流入左心室，弹性尚好的瓣叶迅速开放后又突然停止，瓣叶振动而引起拍击样声音。于心尖内侧听诊较清楚，音调高，历时短促而响亮、清脆，呈拍击样。提示二尖瓣狭窄时瓣膜的弹性尚好，是二尖瓣分离术的指征。

奔马律：额外心音在 S_2 之后，病理性 S_3 或 S_4 与原有的 S_1、S_2 组成的节律，在心率大于 100 次 / 分时，犹如马蹄奔跑的声音，故称为舒张期奔马律。按出现时间分为舒张早期奔马律、舒张中期奔马律及舒张晚期奔马律。舒张早期奔马律提示有严重器质性心脏病，如心力衰竭、急性心肌梗死、重症心肌炎等。

心包叩击音：在 S_2 后 0.09 ～ 0.12 秒出现的中频、响亮短促的额外心音。在舒张早期心室快速充盈时，由于心包增厚，阻碍心室舒张以致心室在舒张过程中被迫骤然停止，导致心室壁振动而产生的声音，在胸骨左缘最易闻及。常见于缩窄性心包炎。

2）收缩期额外心音：收缩期也可出现额外心音，如收缩早期喀喇音（收缩早期喷射音）有肺动脉收缩期喷射音和主动脉收缩期喷射音等；收缩中、晚期喀喇音可见于二尖瓣脱垂患者，收缩中、晚期喀喇音合并收缩晚期杂音也称二尖瓣脱垂综合征。

3）医源性额外音：一些心血管疾病需要将人工器材置入心脏，也可导致额外心音，如人工瓣膜音、起搏音、膈音等。

（5）心脏杂音　指出现于正常心音、额外心音之外，具有不同频率、不同强度、持续时间较长的异常声音。可与心音分开或连续，甚至完全掩盖心音。

1）杂音产生的机制：正常情况下，血液在血管内呈层流状态，不产生声音或声音非常微弱，难以闻及。当血流加速或血流方向改变时，血流由层流变为湍流，产生漩涡，使心壁、瓣膜、腱索或大血管壁发生振动而产生杂音。常见的原因包括血流加速、瓣膜口狭窄或关闭不全、异常通道、心腔内漂浮物、血管腔扩大或狭窄（图 4-39）。

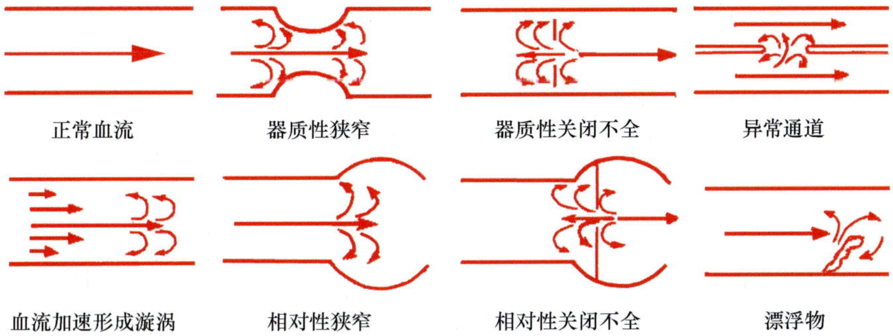

图 4-39　心脏杂音产生机制示意图

2）听诊要点：心脏杂音的听诊应注意判断最响部位、时期、性质等，主要心脏杂音听诊部位和传导区域，见表 4-5。

表 4-5　主要心脏杂音听诊部位和传导区域

病变	时期	听诊部位	传导区域
二尖瓣关闭不全	收缩期	心尖部	左腋下、肩胛下区
二尖瓣狭窄	舒张期	心尖部	—
主动脉关闭不全	舒张期	胸骨左缘第 3、4 肋间	胸骨下端、心尖部
主动脉瓣狭窄	收缩期	胸骨右缘第 2 肋间	颈部、胸骨上窝
肺动脉瓣关闭不全	舒张期	胸骨左缘第 2 肋间	胸骨左缘第 3 肋间
肺动脉瓣狭窄	收缩期	胸骨左缘第 2 肋间	—
室间隔缺损	收缩期	胸骨左缘第 3、4 肋间	—
动脉导管未闭	连续性	胸骨左缘第 2 肋间	—

最响部位：杂音的最响部位与病变部位有关，一般来说，杂音在某瓣膜区听诊最响，提示该瓣膜有病变。

时期：按杂音在心动周期中出现的时期分为收缩期杂音、舒张期杂音、连续性杂音和双期杂音（出现在收缩期和舒张期但不连续的杂音）。

性质：是指杂音的音色和音调。按音色的不同分为吹风样、喷射样、隆隆样、叹息样、机器声样及乐音样等；按音调高低分为柔和、粗糙两种。根据杂音性质可协助推断不同病变：心尖部收缩期粗糙的吹风样杂音提示二尖瓣关闭不全；心尖部舒张期隆隆样杂音提示二尖瓣狭窄；主动脉瓣区收缩期喷射样杂音，提示主动脉瓣狭窄；主动脉瓣第二听诊区舒张期叹气样杂音，提示主动脉瓣关闭不全；机器样杂音提示动脉导管未闭；乐音样杂音提示感染性心内膜炎。

传导：杂音可沿着产生部位的血流方向传导，并可向周围组织扩散。但部分杂音位置局限，不传导。

强度：即杂音的响度。杂音的强度取决于狭窄程度、血流速度、压力差及心肌收缩力。收缩期杂音通常采用6级分法，见表4-6，记录时6为分母，杂音级别为分子。如杂音4级记录为4/6级杂音。一般认为，2/6级及其以下的收缩期杂音多为功能性，3/6级及其以上的收缩期杂音多为器质性。舒张期杂音可参照收缩期杂音分级标准或分为轻度、中度、重度3级。

表4-6 收缩期杂音强度分级

级别	响度	听诊特点	震颤
1	最轻	很弱，须在安静环境下仔细听诊才能听到，易被忽略	无
2	轻度	较易听到，不太响亮	无
3	中度	明显的杂音，较响亮	无或可能有
4	响亮	杂音响亮	有
5	很响	杂音很强，且向四周甚至背部传导，但听诊器离开胸壁即听不到	明显
6	最响	杂音震耳，即使听诊器离胸壁一定距离也能听到	强烈

体位、呼吸、运动对杂音的影响：体位、呼吸、运动可使某些杂音的强度发生改变，有助于杂音的判别。如二尖瓣狭窄的舒张期隆隆样杂音在左侧卧位更明显；主动脉瓣关闭不全的舒张期叹气样杂音在前倾坐位时较易听到。深吸气时三尖瓣区与肺动脉瓣区杂音较响；而深呼气时二尖瓣区与主动脉瓣区的杂音较响。运动时心率加快，心排血量增加，在一定的心率范围内可使杂音增强。

3）杂音的临床意义：杂音对心脏疾病的诊断和鉴别诊断有重要意义。一般认为，舒张期杂音、连续性杂音和双期杂音均为器质性杂音，而收缩期杂音则有功能性和器质性两种可能。

a. 收缩期杂音是临床上最常见的杂音，分功能性和器质性，以功能性多见，两者的鉴别要点，见表4-7。

表4-7 收缩期功能性杂音与器质性杂音的鉴别要点

鉴别点	功能性	器质性
年龄	儿童、青少年多见	不定
部位	肺动脉瓣区和（或）心尖区	不定
性质	柔和，吹风样	粗糙，吹风样，常呈高调
持续时间	短，不遮盖 S_1	长，常占全收缩期，可遮盖 S_1
强度	一般为2/6级及其以下	常在3/6级及其以上
震颤	无	可伴有
传导	局限，传导不远	沿血流方向传导较远而广

二尖瓣区：①功能性杂音，较常见。可见于发热、贫血、甲状腺功能亢进等，也可见于部分健康人。杂音呈柔和的吹风样，一般在2/6级及其以下。②相对性杂音，见于左心室扩大引起二尖瓣相对关闭不全而产生的杂音，如冠状动脉粥样硬化性心脏病、高血压性心脏病、贫血性心脏病、扩张型心肌病等。杂音呈柔和的吹风样，传导不明显。③器质性，主要见于风湿性心脏病二尖瓣关闭不全，杂音呈粗糙的吹风样，高调，强度常在3/6级及其以上，多占据整个收缩期，可遮盖 S_1，常向左腋下传导。吸气时减弱，呼气时增强，左侧卧位时更明显。

主动脉瓣区：为粗糙的喷射性杂音，向颈部传导，常伴有震颤，见于主动脉瓣狭窄。

肺动脉瓣区：以功能性多见，常见于健康儿童和青少年。杂音呈柔和吹风样，强度在2/6级及其以下，时限较短，不传导。

三尖瓣区：以相对性多见。多是由于右心室扩大导致三尖瓣相对关闭不全产生的杂音。吸气时增强，呼气时减弱。见于肺源性心脏病、二尖瓣狭窄伴右心衰竭等。

其他：胸骨左缘 3 ～ 4 肋间听到响亮而粗糙的收缩期杂音，强度为 3/6 级以上，伴有震颤，见于室间隔缺损。

b. 舒张期杂音：大多为器质性瓣膜病变所致。

二尖瓣区：①器质性杂音，见于风湿性心脏病二尖瓣狭窄。在心尖部可听到局限的舒张中、晚期低调隆隆样杂音，常伴 S_1 增强和震颤，左侧卧位更易闻及，局限无传导，如闻及二尖瓣开瓣音，提示瓣膜弹性良好。②相对性杂音，主要见于主动脉瓣关闭不全，导致舒张期主动脉反流入左心室的血流将二尖瓣前叶冲起，使二尖瓣开放受阻，呈现相对狭窄而产生的声音，称奥斯汀・弗林特（Austin Flint）杂音。

主动脉瓣区：见于主动脉瓣关闭不全、梅毒性心脏病等。杂音为舒张早期杂音，呈递减型、柔和、叹息样，在主动脉瓣第二听诊区最清晰，常向心尖部传导，坐位身体前倾及深呼气后屏住呼吸更明显。

肺动脉瓣区：由于肺动脉扩张引起瓣膜相对关闭不全而产生的杂音。杂音呈柔和、吹风样、递减型，伴 S_2 亢进。见于二尖瓣狭窄伴明显肺动脉高压、肺源性心脏病、原发性肺动脉高压等。

三尖瓣区：由于右心室扩大导致相对性三尖瓣狭窄，在胸骨左缘第 4 ～ 5 肋间可听到低调隆隆样杂音，深吸气末杂音增强。器质性三尖瓣狭窄很少见。

连续性杂音：动脉导管未闭时，在胸骨左缘第 2 肋间，S_1 后不久开始，可听到粗糙而响亮的杂音，类似机器转动的噪声，故又称机器样杂音。持续整个收缩期和舒张期，常伴有震颤。

（6）心包摩擦音　指心包壁层或脏层由于生物性或理化因素致纤维蛋白沉积而粗糙，以致在心脏搏动时产生摩擦而出现的声音，与心包摩擦感产生的机制一样。音质粗糙，音调较高，呈搔抓样，类似于捻发音或者用指腹摩擦耳郭的声音。与心搏一致，收缩期、舒张期均可闻及，与呼吸无关，屏气时仍存在，可借此与胸膜摩擦音鉴别。在胸骨左缘第 3 ～ 4 肋间最响，坐位前倾时更明显。常见于多种感染性心包炎，也可见于急性心肌梗死、尿毒症和系统性红斑狼疮等。

第 6 节　血管检查

血管检查是心血管检查的重要组成部分。本节重点阐述周围血管检查，包括脉搏、血压、周围血管征和血管杂音。

一、脉　搏

脉搏是指动脉血管随心脏的收缩和舒张活动而相应出现扩张和回缩的搏动。检查脉搏主要采用触诊，触诊时可选择桡动脉、肱动脉、股动脉、颈动脉及足背动脉等，一般多触诊桡动脉（图 4-40），要注意脉搏的速率、节律、强弱及脉搏的形态。

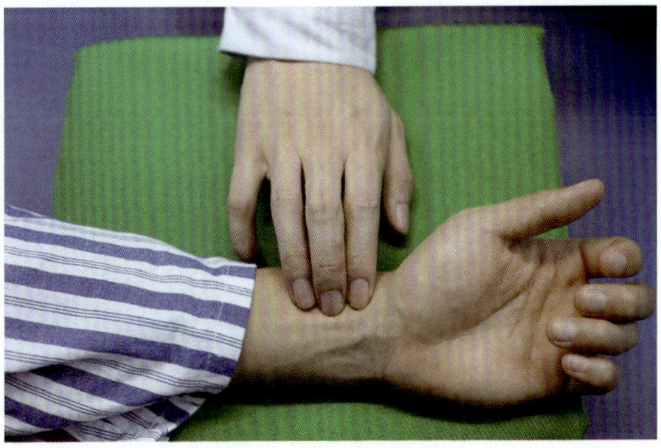
图 4-40　触诊桡动脉

1. 脉率　正常成人在安静、清醒的情况下为 60 ～ 100 次 / 分。生理情况下脉率增快见于剧烈活动、情绪激动等；脉率减慢见于运动员等。病理情况下脉率增快见于发热、贫血、甲状腺功能亢进、心力衰竭、休克、心肌炎等；脉率减慢见于颅内压增高、胆汁淤积性黄疸、病态窦房结综合征、二度以上房室传导阻滞、甲状腺功能减退等。

2. 脉律　成人脉律规则，儿童、青少年和部分成年人可有窦性心律不齐，多无临床意义。各种心律失常可出现脉律不整，如期前收缩呈二联律、三联律时形成的二联脉、三联脉；心房颤动时脉律不整，且脉搏短绌。

3. 强弱　脉搏强弱与心搏出量、脉压和周围血管阻力有关。心搏出量增加，脉压增大，周围动脉阻力减低时，脉搏强而振幅大，称为洪脉，见于高热、甲状腺功能亢进、主动脉瓣关闭不全等。心搏出量减少，脉压减小，周围动脉阻力增大时，脉搏弱而振幅小，称为细脉。见于心力衰竭、主动脉瓣狭窄、休克等。

4. 脉波　正常脉搏波形由升支（叩击波）、波峰（潮波）和降支（重搏波）3 部分构成。常见的异常波形如下。

（1）水冲脉　脉搏骤起骤落，急促而有力。将被检查者手臂抬高过头，并紧握其掌面桡动脉处，可感到急促而有力的冲力，如潮水冲涌，称为水冲脉。常见于主动脉瓣关闭不全、甲状腺功能亢进、严重贫血等，为脉压增大的表现。

（2）交替脉　指节律规则而强弱交替出现的脉搏。为心肌收缩力强弱交替所致，是左心室功能衰竭的重要体征之一。常见于高血压性心脏病、急性心肌梗死、主动脉瓣关闭不全等。

（3）奇脉　吸气时脉搏明显减弱或消失，又称吸停脉。其产生与吸气时左心室排血量减少有关，是心脏压塞的主要体征之一。见于心包积液、缩窄性心包炎等。

（4）脉搏消失　又称无脉，主要见于严重休克和多发性大动脉炎，前者血压测不到，脉搏随之消失；后者因动脉闭塞，相应部位脉搏消失。

二、血　压

血压通常是指体循环动脉血压，是重要的生命体征之一。

1. 血压的测量方法　血压测量前半小时被检查者应禁烟、禁咖啡，排空膀胱，且在安静环境下休息至少 5 分钟。测血压时被检查者取仰卧位或坐位，上肢（一般为右上肢）裸露伸直并轻度外展，肘部和心脏在同一水平。将袖带紧贴皮肤缚于上臂，下缘距肘上 2 ～ 3cm。用手触摸肱动脉搏动，将听诊器胸件置于肘窝处动脉上，听诊器胸件与皮肤紧密接触，然后向袖带内充气，边充气边听，待肱动脉搏动消失，再将汞柱升高 20 ～ 30mmHg。随后以恒定速度缓慢放气，使汞柱缓慢下降。听到第一声音时的汞柱值为收缩压，声音消失时的汞柱值为舒张压。血压至少应测量两次，其间间隔 1 ～ 2 分钟；如收缩压或舒张压两次读数相差 5mmHg 以上，应再次测量，以 3 次读数的平均值作为测量结果。

血压测量需选择合适大小的袖带，气袖大小应适合患者的上臂臂围。手臂过于粗大或测大腿血压时，用标准气袖测得值会过高，反之，手臂太细或儿童测压时用标准气袖则结果会偏低。

2. 血压标准　血压水平的分类，见表 4-8。

表 4-8　血压水平的分类

类别	收缩压（mmHg）		舒张压（mmHg）
正常血压	＜ 120	和	＜ 80
正常高值	120 ～ 139	和（或）	80 ～ 89
高血压	≥ 140	和（或）	≥ 90
1 级高血压（轻度）	140 ～ 159	和（或）	90 ～ 99
2 级高血压（中度）	160 ～ 179	和（或）	100 ～ 109
3 级高血压（重度）	≥ 180	和（或）	≥ 110
单纯收缩期高血压	≥ 140	和	＜ 90

注：若患者的收缩压和舒张压不属于同一级别时，则以较高的级别为准。单纯收缩期高血压也可按照收缩压水平分为 1、2、3 级。

链接

《ISH2020国际高血压实践指南》要点

2020年5月6日，国际高血压学会（ISH）发布了《ISH2020国际高血压实践指南》。要点如下。

1. 简化血压分级　高血压分为1级和2级，取消了3级高血压。分为正常血压、正常高值血压、高血压1级和高血压2级。正常血压为< 130/85mmHg。1级高血压：收缩压140～159mmHg，舒张压90～99mmHg。2级高血压：收缩压≥160mmHg，舒张压≥100mmHg。

2. 简化危险分层　心血管风险评估分为低危、中危、高危，取消了很高危。

3. 简化血压控制目标　最佳血压目标是< 130/80mmHg（65岁以上者为< 140/90mmHg）。

4. 简化药物治疗时机　血压≥140/90mmHg即开始药物治疗（低危患者可放宽≥160/100mmHg）。

3. 血压变动的临床意义　血压变动有高血压、低血压等。

（1）高血压　成人在安静、清醒、非药物状态下采用标准测量方法，至少3次非同日血压值为收缩压≥140mmHg和（或）舒张压≥90mmHg，即可诊断为高血压。主要为原发性高血压，部分可继发于其他疾病，称为继发性或症状性高血压，如慢性肾炎、肾上腺肿瘤等。

（2）低血压　凡血压低于90/60mmHg时称为低血压。低血压多见于休克、心力衰竭、急性心肌梗死、心脏压塞等；也可见于用药后或体位快速变化时出现直立性低血压。部分健康人，血压长期低于90/60mmHg，但无任何不适症状，属生理性低血压状态。

（3）双上肢血压不对称　正常人双上肢血压相近，同一时间测量，两上肢血压值相差不超过10mmHg，如相差大于10mmHg，称为双上肢血压不对称。见于血管闭塞性脉管炎、多发性大动脉炎、先天性动脉畸形等。

（4）上、下肢血压差缩小　正常下肢血压高于上肢血压20～40mmHg，当下肢血压等于或低于上肢血压时，称上、下肢血压差缩小。常见于主动脉缩窄、胸腹主动脉型大动脉炎等。

（5）脉压改变　收缩压与舒张压的差值为脉压。脉压大于40mmHg为脉压增大，见于主动脉瓣关闭不全、甲状腺功能亢进、严重贫血等。脉压小于30mmHg为脉压减小，主要见于主动脉瓣狭窄、心力衰竭、心包积液、缩窄性心包炎等。

（6）动态血压监测　是高血压诊治的一个重要手段，凡是疑有隐蔽性高血压、单纯性诊所高血压（白大衣高血压）、顽固难治性高血压、发作性高血压或低血压的患者，均应考虑作动态血压监测。按设定的间隔时间，24小时连续地记录血压，一般白天（早6时至晚10时）每15分钟或20分钟测血压一次；夜间（晚10时至次晨6时）每30分钟记录一次。动态血压的正常标准如下：24小时平均血压值< 130/80mmHg；白昼平均血压值< 135/85mmHg；夜间平均血压值< 120/70mmHg。正常情况下，夜间血压值较白昼低10%～20%。

三、周围血管征

周围血管征多由脉压增大而引起，主要见于主动脉瓣关闭不全、甲状腺功能亢进和严重贫血等。除水冲脉以外，还有以下体征。

1. 枪击音　在周围较大动脉表面，常选择股动脉，轻放听诊器钟型体件时可闻及与心搏一致短促如射枪的声音。

2. Duroziez双重杂音　以听诊器钟型体件稍加压力于股动脉可闻及收缩期与舒张期双期吹风样杂音即Duroziez杂音，主要见于主动脉瓣关闭不全等脉压增大的疾病。

3. 毛细血管搏动征　用手轻压被检查者的指甲甲床末端，或用清洁玻片轻压口唇黏膜，使局部发白，当心脏收缩和舒张时可出现红-白交替的节律性搏动现象，称为毛细血管搏动征。

四、血管杂音

血管杂音的产生机制同心脏杂音，是由于血流加速或者血流紊乱，形成湍流，致使血管壁震动而产生的声音。

1. 静脉杂音　由于静脉压力低，不易出现湍流，一般不出现杂音或者较低调的嗡鸣音，如肝硬化腹壁静脉曲张时可闻及腹壁静脉嗡鸣音。

2. 动脉杂音　多见于周围动脉、肺动脉和冠状动脉、腹主动脉、肾动脉等位置，如甲状腺功能亢进、外周动静脉瘘、肺内动静脉瘘、冠状动静脉瘘、腹主动脉狭窄、肾动脉狭窄等。

第7节　腹部检查

案例 4-4

患者男，55 岁。乏力，腹胀半年，加重 1 周。半年前开始乏力，腹胀，近 1 周开始症状加重，发病以来，食欲缺乏，尿色深，尿量少，大便正常，体重增加 2kg。10 年前查体时发现 HBsAg 阳性。无长期服药史，无特殊嗜好。入院查体：T 36.8℃，P 96 次 / 分，R 20 次 / 分，BP 120/60mmHg。神志清醒，查体合作。慢性病容，巩膜轻度黄染，颈部可见两颗蜘蛛痣。心肺检查未见异常。腹部膨隆，呈蛙腹状，肝脏无肿大，脾肋下 3cm 可及，移动性浊音（+），肠鸣音 4 次 / 分，双下肢水肿。临床诊断：乙型肝炎后肝硬化（失代偿期）。

问题： 1. 该患者腹部检查阳性体征有哪些？

2. 除腹部体征外，还可发现哪些肝硬化的典型体征？

腹部范围上起横膈，下至骨盆，体表分界上至两侧肋弓下缘和胸骨剑突，下至两侧腹股沟韧带和耻骨联合，前侧面为腹壁，后面为脊柱和腰肌，中间为腹腔。主要由腹壁、腹腔和腹腔内脏器组成，腹腔内脏器很多，与消化系统、泌尿系统、内分泌系统、血液系统、心血管系统等均有关联，故腹部检查是体格检查的重要组成部分。

腹部检查需环境安静、温暖、光线充足。被检查者充分暴露腹部，上至乳房，下至耻骨联合，女性可遮盖乳头。检查者立于被检查者右侧，常用体位为仰卧位，触诊时双下肢屈曲，必要时可变换体位。检查前嘱被检查者排空膀胱，以免充盈的膀胱影响检查结果。腹部检查有视诊、触诊、叩诊、听诊，嗅诊较少用到。因叩诊与触诊会刺激肠道蠕动而影响肠鸣音听诊结果，故而腹部检查在实际操作时应按照视诊、听诊、叩诊、触诊的顺序进行检查，其中触诊最为重要，且最难掌握，需多加实践，提高触诊水平。

一、腹部体表标志及分区

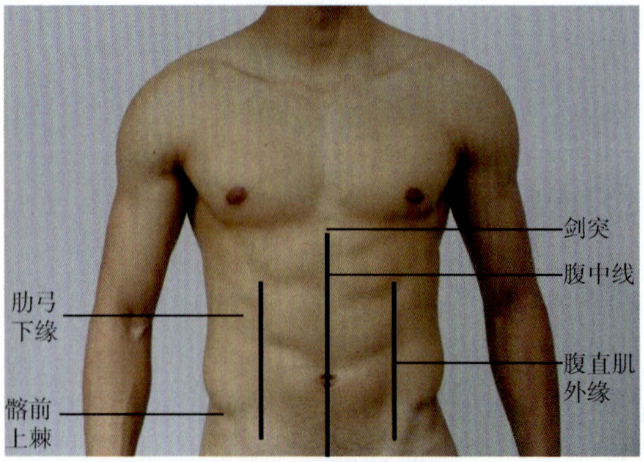

图 4-41　腹部体表标志

为了准确描述和记录腹内脏器病变的范围和部位，常借助于腹部某些体表标志及人工画线对腹部进行分区。

（一）体表标志

常用腹部体表标志，见图 4-41。

1. 肋弓下缘　肋弓由第 8 ～ 10 肋软骨和第 11、第 12 浮肋构成，其下缘为体表腹部上界，常用于腹部分区、肝脾测量及胆囊的定位。

2. 剑突　是胸骨下端的软骨，是腹部体表的上界，常作为肝脏测量的标志。

3. 腹上角　为两侧肋弓至剑突根部形成的交角，可根据该角度的大小来判断体型，腹上角还常用于肝脏的测量。

4. 脐　位于腹部中心，平第 3 ～ 4 腰椎，是腹部四区分法、麦氏点（McBurney 点）的定位标志，脐周是常用的肠鸣音听诊位置。

5. 髂前上棘　是髂嵴前方突出点，为腹部九区分法标志及骨髓穿刺常用部位。

6. 腹直肌外缘　相当于锁骨中线的延续，常用于确定手术切口位置及胆囊点定位。

7. 腹中线　为前正中线即胸骨中线的延续，是腹部四区分法的垂直线。

8. 耻骨联合　为两侧耻骨间的纤维软骨连接处，与耻骨共同组成腹部体表下界。

9. 腹股沟韧带　两侧腹股沟韧带与耻骨联合上缘共同构成腹部体表下界，是寻找股动脉、股静脉的标志，也是腹股沟疝的通过部位。

10. 肋脊角　是背部两侧第 12 肋骨与脊柱的交角，为检查肾脏压痛、叩击痛的位置。

（二）腹部分区

借助于腹部自然标志及人工画线将腹部划分为若干区域。目前常用四区分法、九区分法。

1. 四区分法　通过脐画一水平线与一垂直线，两线相交，将腹部分为四区，即右上腹、右下腹、左上腹和左下腹（图 4-42）。四区分法简单易行，但较粗略，难以准确地定位。各区所包含的主要脏器如下所述。

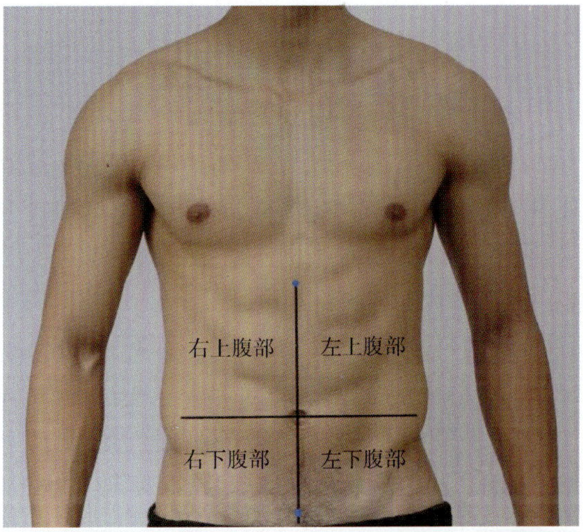

图 4-42　腹部体表分区示意图（四区分法）

（1）右上腹部　有肝、胆囊、幽门、十二指肠、小肠、胰头、右肾上腺、右肾、结肠肝曲、部分横结肠、腹主动脉及大网膜。

（2）右下腹部　有盲肠、阑尾、部分升结肠、小肠、右输尿管、充盈的膀胱、腹腔淋巴结，女性增大的子宫及右侧输卵管、卵巢，男性的右侧精索。

（3）左上腹部　有肝左叶、脾、胃、小肠、胰体、胰尾、左肾上腺、左肾、结肠脾曲、部分横结肠、腹主动脉及大网膜。

（4）左下腹部　有乙状结肠、部分降结肠、小肠、左输尿管、充盈的膀胱、腹腔淋巴结，女性增大的子宫及左侧输卵管、卵巢，男性的左侧精索。

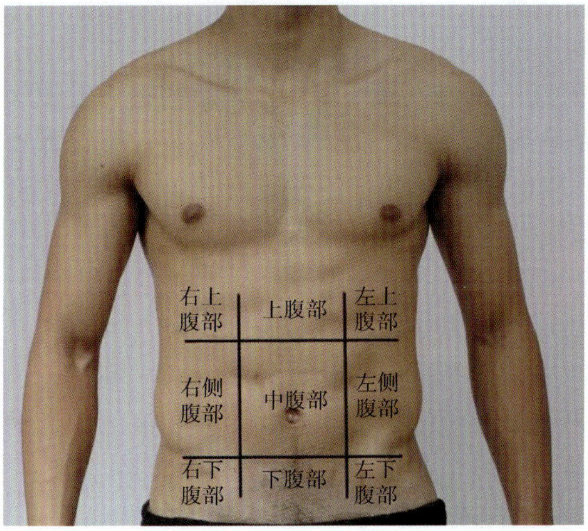

图 4-43　腹部体表分区示意图（九区分法）

2. 九区分法　由两条水平线和两条垂直线将腹部分为“井”字形的九区，上面的水平线为两侧肋弓下缘连线，下面的水平线为两侧髂前上棘连线，通过左、右髂前上棘至腹中线连线的中点各画一条垂直线，四线相交将腹部分为 9 个区域（图 4-43）。相对于四区分法，九区分法分区精细、定位准确，但因各区范围较小，且受体型影响，脏器位置可略有差异，临床实际应用时可两种分区法相互结合，以利于准确判断病变脏器。九分区法各区的名称及脏器分布情况如下所述。

（1）右上腹部（右季肋部）　有肝右叶、胆囊、结肠肝曲、右肾、右肾上腺。

（2）右侧腹部（右腰部）　有升结肠、空肠、右肾。

（3）右下腹部（右髂部）　有盲肠、阑尾、回肠下端、淋巴结、女性右侧卵巢及输卵管、男性右侧精索。

（4）上腹部　有胃、肝左叶、十二指肠、胰头和胰体、横结肠、腹主动脉、大网膜。

（5）中腹部（脐部）　有十二指肠下部、空肠及回肠、下垂的胃或横结肠、输尿管、腹主动脉、肠系膜及其淋巴结、大网膜。

（6）下腹部（耻骨上部）　有回肠、乙状结肠、输尿管、充盈的膀胱、增大的子宫。

（7）左上腹部（左季肋部）　有脾、胃、结肠脾曲、胰尾、左肾、左肾上腺。

（8）左侧腹部（左腰部）　有降结肠、空肠、回肠、左肾。

（9）左下腹部（左髂部）　有乙状结肠、女性左侧卵巢及输卵管、男性左侧精索、淋巴结。

二、视　　诊

腹部视诊包括腹部外形、呼吸运动、腹壁静脉、胃肠型与蠕动波等。腹部视诊前，嘱患者排空膀胱，取低枕仰卧位，两手自然置于身体两侧，充分暴露腹部。光线充足、柔和，检查者站立于患者右侧，自上而下进行全面视诊，必要时可将视线降低至腹平面，从侧面呈切线方向加以观察，以利于查出细小的隆起与蠕动波。

（一）腹部外形

视诊腹部外形应注意观察腹部外形是否对称，有无隆起或凹陷，有腹腔积液或者肿块时，还需测量腹围。①正常人腹部对称，健康匀称型成年人平卧时，前腹壁与肋缘至耻骨联合的平面大致在同一水平上，称为腹部平坦。②小儿和肥胖者平卧时，前腹壁略高于肋缘至耻骨联合的平面，称为腹部饱满。③老年人和消瘦者平卧时，前腹壁略低于肋缘至耻骨联合的平面，称为腹部低平。腹部平坦、饱满或低平均属于正常腹部外形。

1. 腹部膨隆　平卧时前腹壁明显高于肋缘与耻骨的水平，外观呈凸起状，称腹部膨隆。重度肥胖、中晚期妊娠所致的腹部膨隆属生理状况；病理状况包括全腹膨隆与局部膨隆两种情况。

（1）全腹膨隆　全腹部弥漫性膨隆，呈球形或椭圆形，肥胖而致的全腹膨隆，脐部明显凹陷；而病理情况下多因腹腔内容物增多所致，并且因腹压增加，脐部常变平甚或凸起，常见于以下情况。

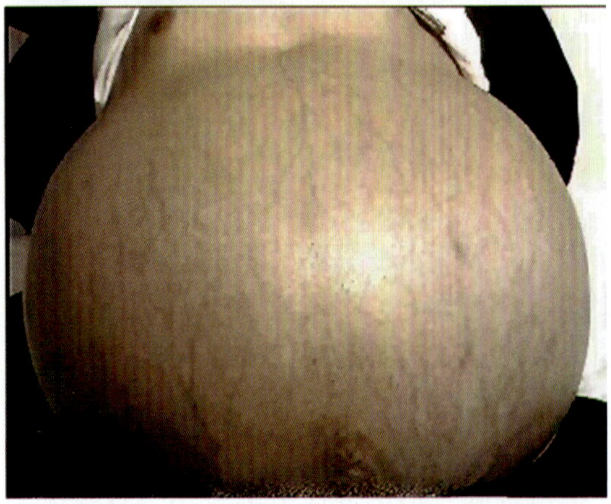

图 4-44　全腹膨隆

1）腹腔积液：临床上也称腹水，是指腹腔内有大量积液。患者仰卧位时液体下沉于腹腔两侧，使侧腹壁明显膨出，腹部外形扁而宽，称为蛙腹（图 4-44）。而坐位或立位时，液体下移而致下腹部隆起。常见于肝硬化门脉高压症、右心衰竭、缩窄性心包炎、肾病综合征等。当腹膜有炎症或肿瘤浸润时，腹部常呈尖凸状，称尖腹。

2）腹腔积气：腹腔内积气多在胃肠道内，大量积气可致全腹膨隆呈球形，两侧腰部膨出不明显，且腹部外形不随体位改变而变化。见于各种原因的肠梗阻、中毒性肠麻痹；积气发生在腹腔内称为气腹，见于胃肠穿孔或治疗性人工气腹。

3）腹内巨大肿块：如巨大卵巢囊肿、畸胎瘤等。另外，巨大妊娠亦可出现全腹膨隆。

全腹膨隆时，常需测量腹围以观察其程度及变化。患者排尿后平卧，用软尺经脐绕腹一周，即为腹围（脐周腹围），通常以厘米为单位，定期同样条件下测量腹围可用于动态观察腹腔积液的消长情况等。

（2）局部膨隆　常见于脏器肿大、腹内肿瘤或炎症性包块、胃或肠胀气，腹壁上的肿物和疝等。

视诊时应注意膨隆的部位、外形，是否随呼吸而移动或随体位改变而变化，有无搏动等。还需鉴别局部膨隆系来自于腹腔内脏器肿大或者腹壁上肿块。脏器肿大一般都在该脏器所在部位，故而可结合腹部解剖及肿大脏器的外形特征初步判断可能的病变。腹壁上的肿块如皮下脂肪瘤、纤维瘤、结核性脓肿等亦会引起腹部局部膨隆，并非腹腔内病变。嘱患者仰卧位做屈颈抬肩动作，使腹壁肌肉紧张，如肿块更加明显，提示肿块位于腹壁上；如果位于腹腔内，收缩变硬的腹肌会掩盖肿块，肿块会变得不明显或消失。

通过视诊及触诊还可初步判断局部膨隆性质。膨隆呈类圆形者，多为囊肿、肿瘤或炎性肿块，炎性病变常有压痛；呈长形者，多为肠管病变如肠梗阻、肠扭转、肠套叠或巨结肠症等；触及搏动感者可能是动脉瘤，亦可能是位于腹主动脉上面的脏器或肿块因传导使其搏动；膨隆随体位变更而明显移位者，可能为游走的脏器、带蒂肿物、大网膜肠系膜上的肿块；而腹壁或腹膜后肿物一般不随体位变更而移位；膈下脏器或其肿块常会随呼吸移动；在腹白线、脐、腹股沟或手术瘢痕部位于腹压增加时出现膨隆，而卧位或降低腹压后消失者，可能是可复性疝。

2. 腹部凹陷　仰卧时前腹壁明显低于肋缘至耻骨联合的水平面，称腹部凹陷。

（1）全腹凹陷　见于消瘦和严重脱水者。严重时前腹壁凹陷几乎贴近脊柱，肋弓、髂嵴和耻骨联合明显显露，腹外形如舟状，称为舟状腹。见于慢性消耗性疾病，如结核病、恶性肿瘤等。

（2）局部凹陷　较少见，多由手术后腹壁瘢痕收缩所致。

（二）呼吸运动

呼吸运动分为胸式呼吸和腹式呼吸。正常人呼吸时，腹壁上下起伏称为腹式呼吸运动。男性及小儿以腹式呼吸为主，成年女性则以胸式呼吸为主。

腹式呼吸减弱见于腹膜炎症、腹腔积液、急性腹痛、腹腔内巨大肿物或妊娠。腹式呼吸消失常见于胃肠穿孔所致急性腹膜炎或膈麻痹。腹式呼吸增强不多见，常为癔症性呼吸或大量胸腔积液、胸腔积气等。

（三）腹壁静脉

正常人腹壁皮下静脉一般不显露，皮肤白皙菲薄或腹压增加的情况可见静脉显露，但是不迂曲、增粗，属正常现象。如腹壁静脉明显可见或迂曲变粗，称腹壁静脉曲张，常见于肝硬化门静脉高压症或上、下腔静脉回流受阻。

发现静脉曲张，应检查其血流方向。检查方法是：选择一段无分支的腹壁静脉，检查者用右手示指和中指并拢压在静脉上，一指紧压不动，另一指紧压静脉向外滑动，排空两指之间的静脉血液，至一定距离后松开该手指，观察静脉是否充盈。若静脉快速充盈，血流方向是从松开手指的一端流向手指不动一端；若不充盈，则血流方向相反（图 4-45）。

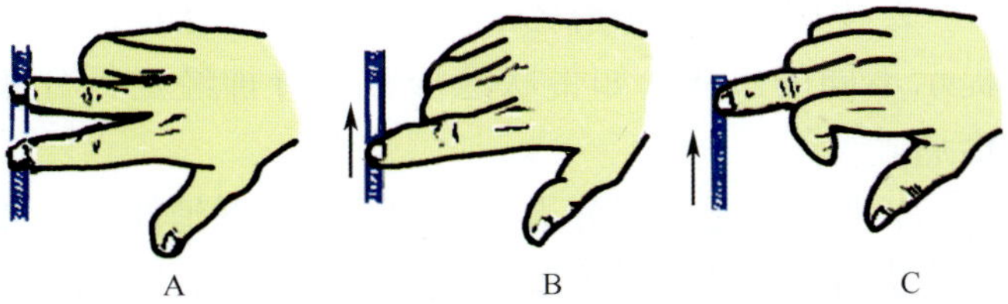

图 4-45　检查腹壁静脉血流方向示意图

正常情况下，脐水平以上的腹壁静脉，血流方向自下向上经胸壁静脉和腋静脉进入上腔静脉；脐水平线以下的腹壁静脉，血流方向自上向下经大隐静脉至下腔静脉。门静脉高压时，腹壁曲张的静脉常以脐为中心向四周放射，呈海蛇头状，血流方向与正常血流方向相同（图 4-46A）。下腔静脉阻塞时，曲张的静脉多分布在腹壁两侧，腹壁浅静脉血流方向均自下而上（图 4-46B）。上腔静脉阻塞时，上腹壁或胸壁曲张的浅静脉血流均由上向下（图 4-46C）。

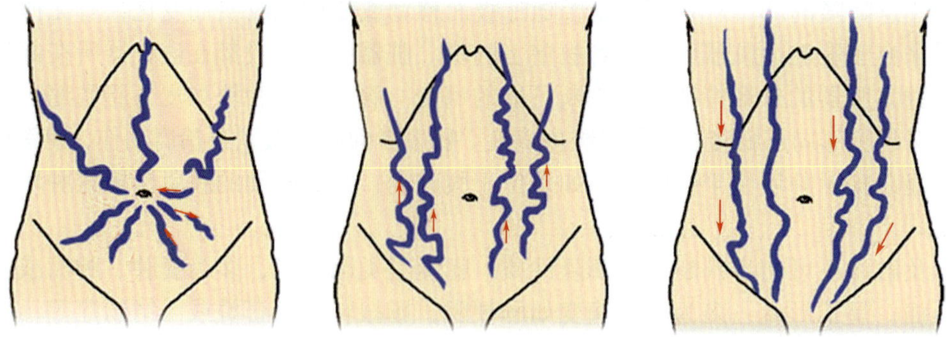

图 4-46 静脉曲张时，腹壁静脉血流分布和方向

A. 门静脉高压；B. 下腔静脉阻塞；C. 上腔静脉阻塞

（四）胃肠型和蠕动波

正常人腹部一般看不到胃肠型及蠕动波，但腹壁菲薄或松弛的老年人、经产妇或极度消瘦者的腹部可能见到。

胃肠道梗阻时，梗阻上端的胃或肠段，由于内容物积聚、胀气而饱满隆起，在腹壁可显现胃或肠管的轮廓，称为胃型或肠型。当梗阻上端的胃肠蠕动增强，可在腹壁上见到蠕动波。肠梗阻时亦可见肠蠕动波，脐部蠕动波多为小肠梗阻所致，严重梗阻时，肠袢胀大呈管状隆起，横行排列于腹中部，组成多层梯形肠型，可见全腹膨胀，肠蠕动波此起彼伏，运行方向不一，听诊时肠鸣音亢进或呈金属音调。结肠远端梗阻时，腹部周边可见其宽大的肠型，盲肠多胀大成球形，并随蠕动波的到来而更显隆起。肠麻痹时，蠕动波消失。视诊蠕动波时，应从侧面呈切线方向观察，亦可用手轻拍腹壁而诱发。

（五）腹壁其他情况

1. 色素　正常腹部皮肤颜色较其他暴露部位稍淡。除观察腹部皮肤有无苍白、发红、水肿等一般变化外，还应注意腹部皮肤有无色素沉着。腰腹部不规则斑片状色素沉着，见于多发性神经纤维瘤；腰部、季肋部和下腹部皮肤呈蓝色，称格雷·特纳征（Grey Turner sign），可见于重症急性胰腺炎和肠绞窄；脐周围或下腹壁皮肤发蓝为腹腔内大出血征象，称库伦征（Cullen sign），见于重症急性胰腺炎或宫外孕破裂等。妊娠妇女在脐与耻骨之间的中线上可有褐色素沉着，常持续至分娩后才逐渐消退。

2. 皮疹　常见于麻疹、猩红热、斑疹伤寒等传染病及药物过敏等不同的疾病。不同种类的皮疹提示不同的疾病，如带状疱疹常沿脊神经走行分布，呈水疱状分布在胸腹部和一侧腰部，伴剧烈疼痛。

3. 腹部体毛　部分男性的胸毛可向下延伸达脐部。阴毛也可向上延伸至下腹部，男性阴毛的分布多为尖端向上的正三角形，可沿前正中线直达脐部；女性阴毛界线清楚，为倒三角形，上缘为一水平线，止于耻骨联合上缘处。腺垂体功能减退症、黏液性水肿和性腺功能减退症时腹部体毛稀少；皮质醇增多症时腹部体毛增多，并可见紫纹；女性阴毛呈男性型提示肾上腺性变态综合征。

4. 瘢痕　腹部瘢痕多为外伤、手术或皮肤感染所致，某些特定部位的手术瘢痕，常提示手术史，对诊断和鉴别疾病很有帮助，还可进一步确认既往史。

5. 腹纹　肥胖者或经产妇女，腹壁真皮结缔组织因张力增高断裂，会出现银白色条纹，多分布于下腹部，也可出现于大腿部，俗称肥胖纹。妊娠纹出现于下腹部和髂部，以耻骨为中心略呈放射状，条纹处皮肤较薄，在妊娠期呈淡蓝色或粉红色，产后则转为银白色而长期存在。紫纹是皮质醇增多症的常见征象，出现于下腹部和臀部，也可见于股外侧和肩背部。

6. 脐 重度肥胖时脐部明显凹陷；而腹腔内容物增多，如腹腔积液、积气以及腹部脏器肿大时，腹压增加，脐部常变平甚至凸起。脐部分泌物呈水样，有尿味，为脐尿管未闭的征象；脐部溃疡若坚硬固定而凸出，多为癌肿所致。

7. 疝 腹部疝常见腹外疝，腹内疝少见。为腹腔内容物经腹壁或骨盆壁的间隙或薄弱部分向体表凸出而形成。脐疝多见于婴幼儿，成人则可见于经产妇或有大量腹腔积液的患者；白线疝可见于先天性腹直肌两侧闭合不良者；切口疝见于手术瘢痕愈合不良处；股疝位于腹股沟韧带中部，多见于女性；腹股沟疝则偏于内侧，男性腹股沟斜疝可下降至阴囊，在直立位或咳嗽用力时明显，卧位时可缩小或消失，可手法还纳，嵌顿时可引起急性腹痛。

8. 上腹部搏动 上腹部搏动大多由腹主动脉搏动传导而来，可见于较瘦的正常人。腹主动脉瘤、肝血管瘤及右心室增大者，可见上腹部明显搏动。鉴别的方法是用拇指指腹贴于剑突下部，吸气时指尖部感到搏动为右心室增大引起；如呼气时指腹感到搏动明显，则为腹主动脉搏动。

三、触 诊

触诊是腹部检查的主要方法，可进一步明确视诊、听诊、叩诊结果。全腹触诊时，各种触诊手法都能用到，先做浅部触诊，将腹壁压陷约 1cm，感知腹壁紧张度、浅表压痛、搏动和腹壁浅表包块，如皮下结节和皮下脂肪瘤等；再做深部触诊，包括深压触诊、滑动触诊和双手触诊，触压深度至少 2cm，有时要深达 4 ～ 5cm，主要用于腹腔深部压痛、反跳痛及肝脾等脏器的检查。还有冲击触诊法用于大量腹腔积液时检查深部的脏器或肿块，肝、脾触诊还可用钩指触诊法。

腹部触诊前，嘱被检查者排空膀胱，充分暴露腹部，一般采取仰卧位，头垫低枕，两臂自然置于躯干两侧，两腿屈起并稍分开，使腹肌放松。检查者站在被检查者右侧，前臂应与其腹部表面在同一水平，检查者手应温暖，动作要轻柔。嘱被检查者张口做缓慢的腹式呼吸。一般自左下腹开始逆时针方向触至右下腹，再至脐部，依次检查腹部各分区。

（一）腹壁紧张度

正常人腹壁有一定张力，但触之柔软，较易压陷，称为腹壁柔软，因年龄、性别、职业影响而稍有差异。有些人（多见于儿童）因不习惯触摸或怕痒而发笑致腹肌自主性痉挛，称肌卫增强，在转移其注意力后可消失，属正常现象。某些病理情况可使全腹或局部腹肌紧张度增加或减弱。

1. 腹壁紧张度增加 腹壁紧张度增加多有病理意义，有全腹壁紧张及局部腹壁紧张等情况。

（1）全腹壁紧张 常见于以下两种情况。①板状腹，指腹壁紧张度明显增加，甚至硬如木板。见于急性胃肠穿孔或实质性脏器破裂致急性弥漫性腹膜炎，因腹膜受刺激引起腹肌痉挛所致。②揉面感，触诊腹壁柔韧而有抵抗，不易压陷，称柔韧感或揉面感。见于结核性腹膜炎及癌性腹膜炎，因炎症发展较慢，对腹膜刺激缓和，且有腹膜增厚和肠管、肠系膜的粘连所致。

（2）局部腹壁紧张 常因该处腹内脏器炎症波及腹膜而引起，上腹部或左上腹部腹肌紧张见于急性胰腺炎，右上腹部肌紧张见于急性胆囊炎，右下腹部肌紧张见于急性阑尾炎。

应注意年老体弱、腹肌发育不良、大量腹腔积液或过度肥胖的患者，腹膜虽有炎症，腹壁紧张可不明显，盆腔脏器炎症也不引起明显腹壁紧张。

2. 腹壁紧张度降低 按压时腹壁松软无力、失去弹性。常见于经产妇、年老体弱、腹肌发育不良、盆腔脏器炎症、慢性消耗性疾病等。

（二）压痛及反跳痛

1. 压痛 正常腹部触摸时不引起疼痛，重按时仅有一种压迫感。若由浅入深触压腹部引起疼痛者，称腹部压痛，提示腹壁或腹腔内的病变。腹壁病变比较表浅，可抓捏腹壁或仰卧位做屈颈抬肩动作使腹壁肌肉紧张时触痛更明显，从而与腹腔内病变鉴别。腹腔脏器的炎症、淤血、肿瘤、破裂、扭转以及腹膜的刺激等均可引起腹部压痛，压痛的部位常提示相关脏器的病变。

2. 反跳痛　当触诊腹部出现压痛后，手指于该处停留片刻，使压痛趋于稳定，然后迅速将手指抬起，此时患者如感觉疼痛加重或有痛苦表情，称为反跳痛。提示腹腔内脏器炎症已累及腹膜壁层，见于腹膜炎。

压痛、反跳痛、腹肌紧张（板状腹）合称为腹膜刺激征，是急性腹膜炎的可靠体征。

（三）肝脏触诊

1. 触诊方法　包括单手触诊法、双手触诊法和钩指触诊法。

（1）单手触诊法　检查者将右手四指并拢，腕关节自然伸直，与肋缘平行地放在被检查者脐水平的右侧，以掌指关节及腕关节运动，自下而上进行触诊。被检查者做均匀的腹式呼吸，深呼气时，检查者将手指压向腹壁深处；深吸气时，以示指前外侧指腹向前上迎触下移的肝缘；随着被检查者的呼吸，逐渐向肋缘移动，直到触及肝下缘或右肋缘为止。检查者需在右锁骨中线和前正中线上，分别触摸肝缘（图 4-47）。如检查腹腔积液患者，可用冲击触诊法，即用并拢 3 个手指垂直在肝缘附近冲击式连续按压数次，待排开腹腔积液后，脏器浮起时常触及肝脏，此法在脾脏和腹部肿块触诊时亦可应用。

（2）双手触诊法　检查者右手放置位置及检查方法同单手触诊法，左手放在被检查者右背部第 12 肋骨与髂嵴之间脊柱旁肌肉的外侧，托起被检查者的右下胸部，拇指张开置于右肋缘向上方托起，使肝下缘紧贴前腹壁，并在其吸气时限制右下胸扩张，以增加膈下移的幅度，这样吸气时下移的肝脏易碰到右手指（图 4-48），可提高触诊效果。

（3）钩指触诊法　适用于儿童和腹壁薄软者，检查者站于被检查者右肩旁，面向其足部，将右手掌（或双手掌）放在其右前胸下部，右手（或双手）第 2 ～ 5 指弯成钩状，嘱被检查者做深呼吸动作，检查者随其吸气而更进一步屈曲指关节，以迎触肝下缘。

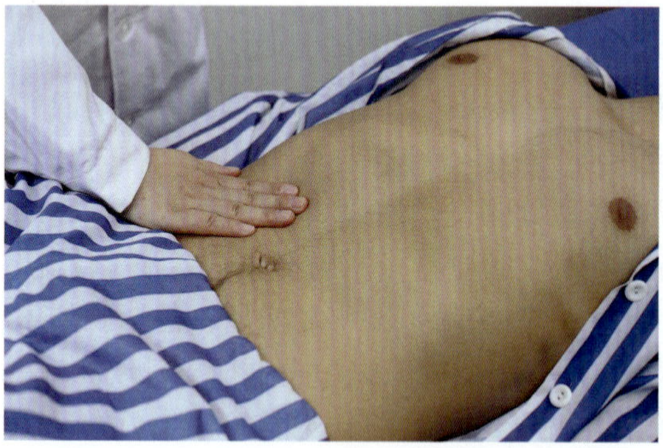

图 4-47　肝脏单手触诊

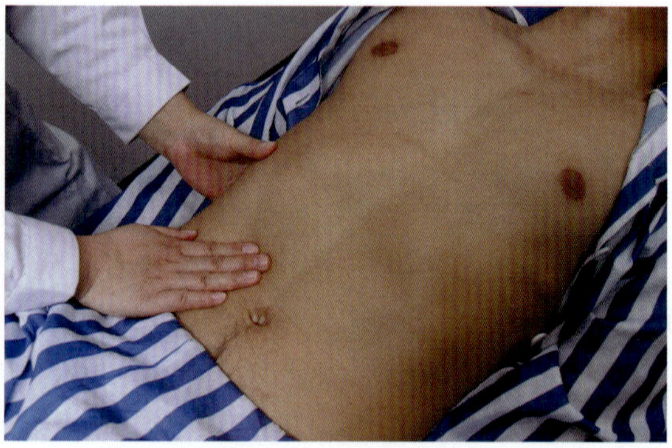

图 4-48　肝脏双手触诊

2. 触诊内容　包括肝脏大小、质地、表面状态及边缘、压痛和搏动等。

（1）大小　在平静呼吸时测量肝的大小，即测量右锁骨中线上肝右叶下缘至右肋缘的距离及前正中线上肝左叶下缘至剑突下的距离。正常人肝脏不易触及。腹壁松弛或体瘦的人，在深吸气时可触及肝下缘，在右肋缘下 1cm 及剑突下 3cm 以内为正常。如超过上述标准，可能是肝大或肝下移。肝大分为弥漫性肿大和局限性肿大。弥漫性肿大多见于肝炎、肝淤血、脂肪肝、早期肝硬化、白血病、血吸虫病等；局限性肿大见于肝肿瘤、肝囊肿及肝脓肿等。肝下移见于肺气肿、右侧胸腔大量积液等，可结合肝界叩诊明确是否为肝下移。

（2）质地　肝脏质地分为质软、质韧、质硬 3 个等级，见表 4-9。

表 4-9　肝脏质地特点及临床意义

质地	特点	临床意义
质软	如触口唇	正常肝脏
质韧	如触鼻尖	急性肝炎、肝淤血、脂肪肝等
质硬	如触前额	肝硬化、肝癌等

（3）表面状态及边缘　正常肝表面光滑，边缘整齐，厚薄一致。肝边缘圆钝，见于脂肪肝、肝淤血；肝表面不光滑，呈均匀的小结节状，边缘不整且较薄者，见于肝硬化；肝表面呈粗大不均匀的结节状，边缘薄厚不一者，见于肝癌；肝表面呈大块状隆起者，见于肝脓肿、肝包囊虫病、巨块型肝癌等。

（4）压痛　正常肝脏无压痛。若肝包膜有炎症反应或因肝大肝包膜受牵拉时，则有压痛。弥漫性轻度压痛见于急性肝炎、肝淤血；局限性剧烈压痛见于较浅表的肝脓肿。

当右心衰竭时，体循环淤血引起肝淤血肿大，检查者右手掌紧贴于右上腹肝区，逐渐加压持续10 秒，压迫肿大的肝脏时，回心血量增加，已充血的右心房不能接受回心血液而使颈静脉压进一步上升，颈静脉怒张持续且更为明显，但停止压迫肝脏后颈静脉怒张程度下降，称为肝颈静脉回流征阳性。

（5）搏动　正常肝触不到波动与搏动感。肝脓肿或囊肿有液体时呈囊性感，大而表浅者可能触到波动感。如触及肝搏动，应区分是扩张性搏动还是传导性搏动。传导性搏动系因腹主动脉的搏动传导至肝脏所致，故两手掌置于肝脏表面有被推向上的感觉。扩张性搏动为肝脏本身的搏动，见于三尖瓣关闭不全，两手掌置于肝脏左右叶上面，即有两手被推向两侧的感觉，称为扩张性搏动。

肝脏触诊是肝脏物理检查的重要手段，必须逐项仔细检查，综合判断其临床意义，如急性病毒性肝炎、肝淤血、脂肪肝均可致肝大，表面光滑，边缘圆钝，质软或稍韧。肝淤血时肝脏常明显肿大，且大小随淤血程度变化较大，肝颈静脉回流征阳性为其特征。肝炎和肝淤血时常有压痛，而脂肪肝多无压痛。肝硬化早期肝脏常肿大，晚期则缩小，质较硬，边缘锐利，表面可能触到小结节，无压痛。肝癌时肝脏逐渐肿大，质地坚硬如石，边缘不整，表面高低不平，可有大小不等的结节或巨块，压痛和叩痛明显。

（四）脾触诊

正常情况下脾不能被触及。如能触到脾，且排除脾向下移位，则提示脾已肿大至正常 2 倍以上。触诊脾应注意其大小、质地、表面情况、有无压痛及摩擦感等。

1. 触诊方法　包括单手触诊法、双手触诊法、钩指触诊法。

（1）单手触诊法　脾明显肿大且位置又较表浅时，可用单手触诊法。被检查者仰卧，两腿稍屈曲，检查者将右手放在被检查者脐部，并与其左肋弓垂直，配合被检查者呼吸进行触诊，从脐部沿左侧腹部逐渐触至脾缘或左肋缘。

（2）双手触诊法　如果肿大的脾位置较深，应用双手触诊法（图 4-49）。检查者左手绕过被检查者的腹前方，手掌置于左侧后胸壁第 7 ～ 11 肋处，将脾由后向前托起，右手放置位置及检查方法同单手触诊法。在脾轻度肿大而仰卧位不易触及时，可嘱被检查者取右侧卧位，右下肢伸直，左下肢屈曲。

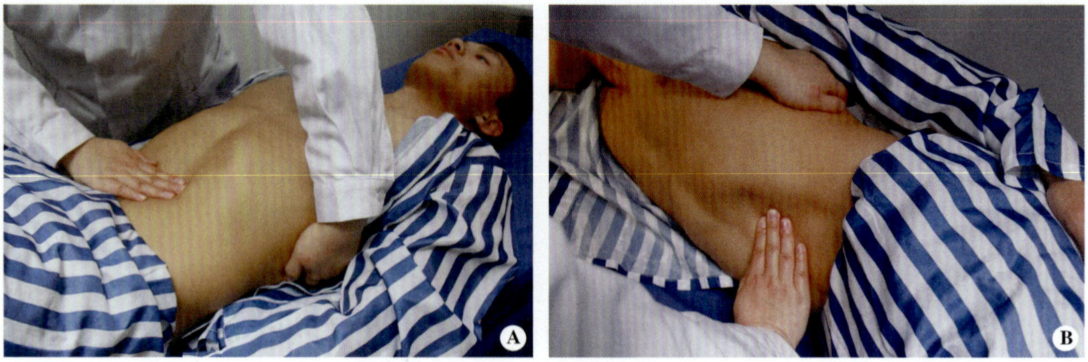

图 4-49 脾触诊法

A. 仰卧位；B. 侧卧位

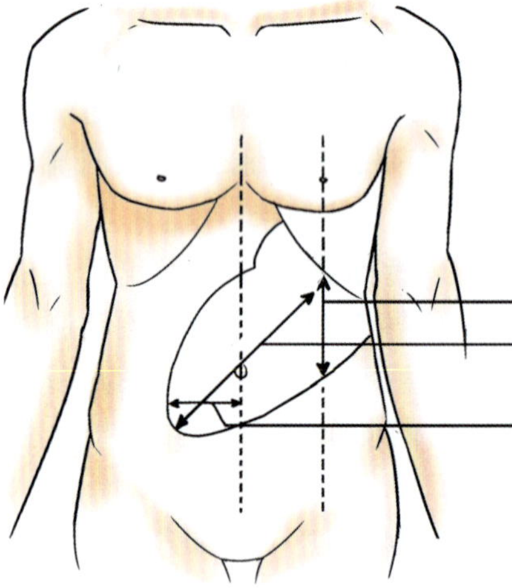

图 4-50 脾大测量法

（3）钩指触诊法 与肝脏钩指触诊法类似，检查者立于被检查者左肩旁进行检查。

2. 脾大的测量法 多采用三线测量法（图 4-50）。脾轻度肿大时只作第Ⅰ线测量；脾明显肿大时，应加作第Ⅱ线测量和第Ⅲ线测量。

（1）第Ⅰ线测量（甲乙线） 指左锁骨中线与左肋缘交点至脾下缘的距离。

（2）第Ⅱ线测量（甲丙线） 指左锁骨中线与左肋缘交点至脾尖最远点的距离。

（3）第Ⅲ线测量（丁戊线） 脾右缘与前正中线的距离。如脾增大向右越过前正中线，则测量脾右缘至前正中线的最大距离，以“+”表示；未超过前正中线则测量脾右缘与前正中线的最短距离，以“–”表示。

3. 脾大的分度、质地及临床意义 脾大通常分为轻度、中度和高度，临床上多用此种分度方法。

（1）轻度肿大 脾下缘不超过肋下 2cm 为轻度肿大，常见于急慢性肝炎、伤寒、急性疟疾、感染性心内膜炎等，一般质地较为柔软。如触及囊性感，见于脾囊肿，系脾脏表面有囊性肿物。

（2）中度肿大 脾下缘超过肋下 2cm 至脐水平线以上，为中度肿大，见于肝硬化、淋巴瘤、系统性红斑狼疮等，质地一般较硬。

（3）重度肿大 脾下缘超过脐水平线或脾右缘超过前正中线则为高度肿大，即巨脾，表面光滑者常见于慢性髓系白血病、黑热病、慢性疟疾和骨髓纤维化等，表面不光滑而有结节见于淋巴肉瘤和恶性组织细胞病。

4. 压痛及摩擦感 脾脓肿、脾梗死时脾压痛明显。脾周围炎或脾梗死时，由于脾包膜有纤维素性渗出，并累及壁层腹膜，故脾除有压痛外，还有摩擦感，听诊时也可闻及摩擦音。

（五）胆囊触诊

正常胆囊隐藏于胆囊窝内，不能触及。胆囊肿大时，可用单手滑行触诊法或钩指触诊法进行。

胆囊肿大超过肝缘及肋缘时，在右肋缘下腹直肌外缘处可触及，肿大的胆囊呈梨形或卵圆形，张力较高，随呼吸而上下移动。若肿大的胆囊呈囊性感，表面光滑且有明显压痛，见于急性胆囊炎；呈囊性感但无压痛者，见于胆囊积水、壶腹周围癌；若胆囊呈实性肿大，表面可不光滑，可伴轻度压痛，见于胆囊结石或胆囊癌。当胰头癌压迫胆总管致黄疸进行性加深，胆囊显著肿大但无压痛，无发热，称为库瓦西耶（Courvoisier）征阳性。

若急性胆囊炎肿大的胆囊未超过肋缘，不能触及，可探测胆囊触痛。检查者将左手放在被检查者的右肋弓下，以拇指指腹勾压于胆囊点处，然后嘱被检查者深吸气。若吸气过程中，检查者的拇指触碰到下移的胆囊，可引起疼痛，以致吸气中止，称为墨菲（Murphy）征阳性（图 4-51）。

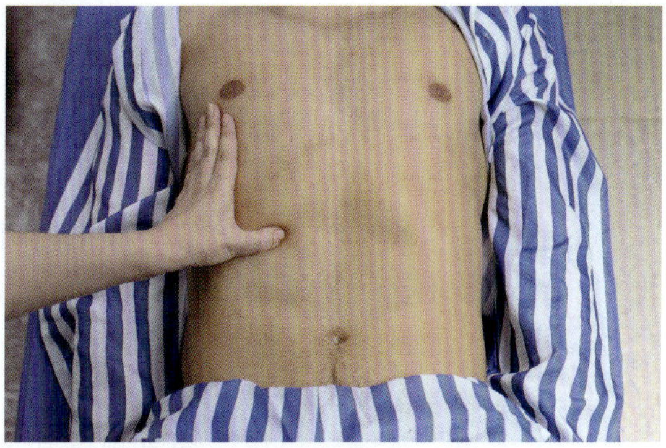

图 4-51　墨菲征检查方法

（六）肾触诊

一般用双手触诊法。触诊右肾时，检查者以左手托起被检查者右腰部，右手掌平放在右上腹部，手指方向大致平行于右肋缘而稍横向，于被检查者吸气时双手夹触肾。如触到光滑钝圆的脏器，可能为肾下极。如能在双手间握住更大部分，则略能感知其蚕豆状外形，握住时被检查者常有酸痛或类似恶心的不适感。触诊左肾时，左手绕过被检查者前方而托住左腰部，右手放于左上腹部的位置，检查方法同右肾触诊。

正常人的肾一般不易触及，有时可触到右肾下极。深吸气时若能触到 1/2 以上的肾即为肾下垂。肾下垂明显并能在腹腔各个方向移动称为游走肾。肾增大见于肾盂积水或积脓、肾肿瘤、多囊肾等。肾盂积水或积脓时，肾的质地柔软且富有弹性，有时有波动感。肾不规则增大，呈囊性感，见于多囊肾。肾表面不平，质地坚硬，见于肾肿瘤。

当肾和尿路有炎症或其他疾病时，可在一些部位出现压痛点（图 4-52）。①季肋点（前肾点）：在第 10 肋骨前端（右侧位置稍低），相当于肾盂位置。②上输尿管点：在脐水平线上腹直肌外缘处。③中输尿管点：在髂前上棘水平腹直肌外缘处，相当于输尿管第二狭窄部位。④肋脊点：背部第 12 肋骨与脊柱夹角（肋脊角）的顶点。⑤肋腰点：第 12 肋骨与腰肌外缘的夹角（肋腰角）顶点。肋脊点和肋腰点是肾盂肾炎、肾脓肿和肾结核等炎症性疾病的压痛部位。

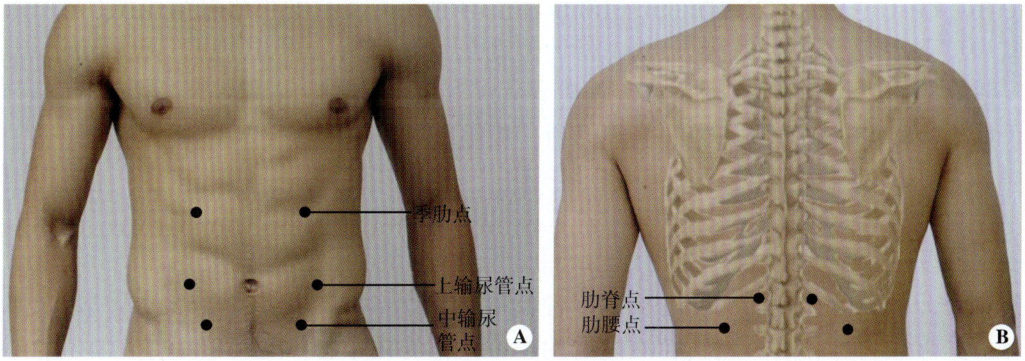

图 4-52　肾区、输尿管压痛点示意图

（七）膀胱触诊

正常膀胱未充盈时，位于盆腔内，不易触及；当膀胱充盈时，超出耻骨联合上缘，可在下腹部触及。一般采用单手滑行触诊法，被检查者仰卧屈膝，检查者以右手自脐开始向耻骨方向触摸。若触及扁圆或圆形囊性感的包块，不能推移，按压时有尿意，排尿或导尿后缩小或消失，为尿潴留导致的膀胱肿大。常见于尿路梗阻、截瘫、昏迷、腰椎或骶椎麻醉后、手术后局部伤口疼痛等。

（八）腹部包块

腹部包块多为某些肿大的实质性脏器、扩张的空腔脏器、炎症性肿块、肿瘤、囊肿、肿大的淋巴结等。腹部病理性肿块常需与腹部可触及的正常结构相区分。

1. 生理性包块　常见生理性包块有：①腰椎椎体及骶骨岬：瘦长体型及腹壁薄软者，在脐附近中线位常可触到骨样硬度的包块，固定、深在、无压痛。②腹主动脉：在脐部的深处，沿腹部正中线偏左可触及有搏动的腹主动脉。③右肾下极：在腹壁松弛或肾下垂者可触及，坐位或立位时更易触及。④乙状结肠粪块：在左下腹部，为光滑条索状包块，排便后可缩小或消失。⑤膀胱：膀胱充盈胀大时，可在耻骨上缘触到。⑥子宫：妇女妊娠12周以后，即可在耻骨联合上方触到逐渐增大的宫体。

2. 病理性包块　除上述正常腹部结构可触及外，其余触及的肿块均为异常。触及异常包块应注意部位、大小、形态、质地、压痛、搏动、活动度等。以鉴别其来源，是炎症性还是非炎症性，是实质性还是囊性，是良性还是恶性，在腹壁还是在腹腔内。

（1）部位　腹部某区的包块多来源于该区的脏器，如上腹中部触到包块常为胃或胰腺的肿瘤。

（2）大小　凡触到包块，均要测量其纵、横径的大小。巨大包块多发生于卵巢、肾、肝、脾、胰和子宫等实质性脏器，且以囊肿居多。若包块大小变化不定，甚至会消失，可能是痉挛、充气的肠袢所引起。肿瘤多呈进行性增大。炎性包块在较短时间内大小变化较明显，并有压痛。

（3）形态　即包块的形状、轮廓、表面情况、边缘、有无切迹等。圆形且表面光滑的包块，以囊肿居多；形态不规则，表面凹凸不平且质地坚硬，多为恶性肿瘤等；索条状或管状肿物，且短时间内形态多变者，多为蛔虫团或肠套叠。在右上腹触到边缘光滑的卵圆形肿物，应疑为胆囊积液。

（4）质地　可分柔软、中等硬度或坚硬。实质性包块，质地多中等硬或坚硬，见于肿瘤、炎性或结核浸润包块等；囊性包块，质地多柔软，见于囊肿、脓肿，如卵巢囊肿、多囊肾等。

（5）压痛　炎性包块有明显压痛。如位于右下腹的包块，具有明显的压痛，多为阑尾脓肿或肠结核等。

（6）活动度　包块随呼吸上下移动，多为肝、脾、胆囊、胃部位的肿物；包块能自行移动或用手推动，可能来自胃、肠或肠系膜；移动度较大者，多为带蒂的肿物、游走肾等。腹膜后包块及局部炎性脓肿，一般不易移动。

（7）搏动　在腹中线附近触及明显的膨胀性搏动，应考虑为腹主动脉或其分支动脉瘤。

（8）与邻近器官的关系　腹部触及的包块应注意与邻近器官、皮肤和腹壁的关系。如能用手捏起该处的皮肤和皮下组织，但不能捏起包块，反而出现牵缩的凹窝，说明包块与腹壁之间有粘连；若包块和局部皮肤能单独捏起，表示包块与腹腔内脏器无关。包块与邻近组织粘连，压痛明显，不易推动，以炎性者可能性大；如包块边界清楚，表面光滑，质地不硬，活动度较大可能是良性肿瘤；否则可能为恶性肿瘤。

（九）振水音

嘱被检查者仰卧，检查者用耳凑近被检查者上腹部（或将听诊器体件放于被检查者上腹部），同时以冲击触诊法振动胃部，若听到气、液撞击的声音，称为振水音。也可双手左右摇晃被检查者上腹部以闻及振水音。振水音提示胃内有较多液体及气体存留，可见于正常人餐后或饮入大量液体后。如在空腹或餐后6～8小时以上仍出现振水音，见于幽门梗阻、胃扩张等。

（十）液波震颤

腹腔内有大量游离液体时，嘱被检查者取仰卧位，检查者以一手掌面置于被检查者一侧腹壁，另一手四指并拢屈曲，用指端叩击其对侧腹壁，如有大量液体存在，则贴于腹壁的手掌有被液体波动冲击的感觉，即波动感，又称液波震颤。检查较肥胖者时，为防止腹壁本身的震动传至对侧，可让另一人将手掌尺侧缘压于脐部腹中线上，可阻止腹壁本身的震动传导（图4-53）。此法不如移动性浊音敏感，当腹腔积液达3000ml以上时，一般可查出。

四、叩　诊

腹部叩诊可叩出某些脏器的大小、有无叩击痛、胃肠管充气情况、膀胱充盈的程度、腹腔内有无积气、积液和包块等。一般采用间接叩诊法，应注意叩诊方法要规范准确。

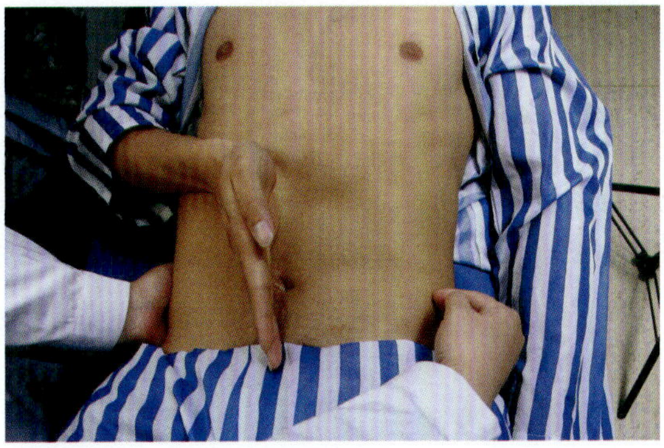

图 4-53 液波震颤检查法

（一）腹部叩诊音

腹部叩诊常从左下腹部开始逆时针方向至右下腹部，再叩至脐部，借此可获得腹部叩诊音的总体印象。正常腹部叩诊音除肝、脾、充盈的膀胱和子宫所在的部位以及两侧腹部近腰肌处叩诊为浊音外，其余部位均为鼓音。肝脾或其他脏器极度增大、腹腔内肿瘤或大量腹腔积液时，鼓音范围缩小，病变部位可出现浊音或实音。胃肠高度胀气、人工气腹和胃肠穿孔时，鼓音范围可明显扩大甚至出现在原为浊音的区域（如肝浊音界内）。

（二）胃泡鼓音区

胃泡鼓音区（Traube 区）为胃底穹隆含气而形成，位于左前胸下部肋缘以上，约呈半圆形。其上界为横膈及肺下缘，下界为肋弓，左界为脾，右界为肝左缘。正常情况下，除非在饱餐后，胃泡鼓音区都应该存在，其大小受胃内含气量多少和周围器官组织病变影响。中重度脾大、左侧胸腔积液、心包积液、肝左叶肿大时，急性胃扩张或溺水患者，此区明显缩小或消失。

（三）肝脏叩诊

叩诊肝上界时嘱被检查者仰卧，平静呼吸，分别沿右锁骨中线、右腋中线和右肩胛线，由肺区向下叩向腹部，当由清音转为浊音时，即为肝上界，此处相当于被肺遮盖的肝上缘，故又称肝相对浊音界。再向下叩 1～2 个肋间，则浊音变为实音，此处的肝不再被肺覆盖而直接贴近胸壁，称肝绝对浊音界（即为肺下界）。叩诊肝下界时，沿右锁骨中线或前正中线由腹部鼓音区向上叩，由鼓音转为浊音处即为肝下界。匀称体型者的正常肝上界在右锁骨中线第 5 肋间、右腋中线第 7 肋间和右肩胛线第 10 肋间；正常肝下界在右锁骨中线上位于右季肋下缘。肝上下界之间的距离即为肝上下径，在右锁骨中线上为 9～11cm。

生理情况下，瘦长体型者肝上下界可低 1 个肋间，矮胖体型者可高 1 个肋间。病理情况下的肝浊音界变化如下：①肝浊音界向上移位见于右下肺不张、右肺纤维化及腹水、腹腔巨大肿物、气腹等。②肝浊音界向下移位见于肺气肿、右侧张力性气胸等。③肝浊音界扩大见于肝癌、肝脓肿、肝炎、肝淤血和多囊肝等。④肝浊音界缩小见于急性或亚急性重型肝炎、肝硬化晚期和胃肠胀气等。⑤肝浊音界消失代之以鼓音者，多由于肝表面覆有气体所致，是急性胃肠穿孔的重要征象。

检查肝区叩击痛时，检查者左手掌平放于被检查者肝区，右手半握拳，以轻至中等力量叩击左手手背。正常人肝区无叩击痛。肝区叩击痛见于肝炎、肝脓肿、肝癌等。

（四）胆囊区叩击痛

胆囊位于深部，且被肝脏遮盖，临床上不能用叩诊法检查其大小，仅能检查胆囊区有无叩击痛。检查时，嘱被检查者仰卧，双下肢屈曲，检查者左手平放于胆囊区，紧贴皮肤，右手攥空心拳，叩击左手手背，检查有无疼痛感。胆囊区叩击痛为胆囊炎的重要体征。

（五）脾叩诊

脾浊音区的叩诊在左腋中线上进行，常采用轻叩法。当脾脏触诊不满意或在左肋下触到很小的脾缘时，宜用脾脏叩诊进一步检查脾脏大小。正常情况下可在左腋中线第 9～11 肋间叩到脾浊音区，宽度为 4～7cm，前方不超过腋前线。脾浊音区缩小或消失见于左侧气胸、胃扩张、肺气肿、鼓肠等。脾浊音区扩大见于各种原因所致脾大。

（六）移动性浊音

腹腔内有较多的液体潴留时，因重力关系，液体常聚集于腹腔的低处，液体聚集处叩诊呈浊音。检查时，被检查者仰卧，检查者从被检查者腹中部脐水平开始向其左侧叩诊，由于腹中部含气的肠管在液面浮起，叩诊呈鼓音，两侧腹部因腹腔积液积聚叩诊呈浊音，当叩诊音由鼓音变为浊音时，检查者将左手中指固定在腹壁上，嘱被检查者改右侧卧位，继续叩诊，该处浊音变为鼓音，表明浊音移动。同样方法向右侧叩诊，叩得浊音后嘱患者改左侧卧位，以核实浊音是否移动。这种因体位改变而出现浊音界变化的现象，称为移动性浊音阳性（图 4-54）。正常人无移动性浊音。移动性浊音阳性提示腹腔内游离积液超过 1000ml。见于肝硬化、右心衰竭、肾病综合征、异位妊娠破裂大出血等。此外，肠梗阻时肠管内有大量液体潴留，亦可出现移动性浊音，但常伴有肠梗阻的征象。

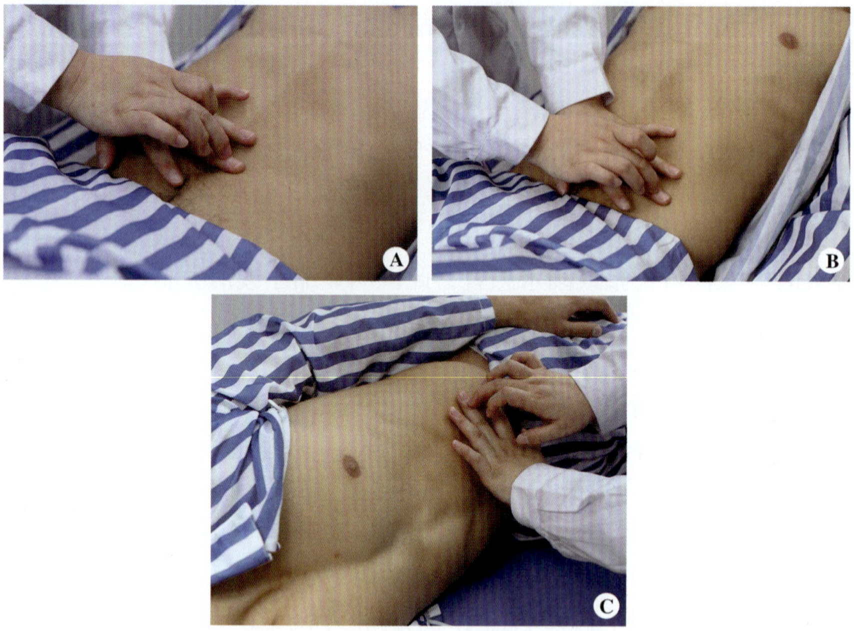

图 4-54 腹部移动性浊音叩诊法

巨大的卵巢囊肿应与腹腔积液鉴别：①卵巢囊肿患者由于肠管被卵巢囊肿挤压至腹部两侧，所以仰卧位时，叩诊浊音区在腹中部，鼓音区则在腹部两侧。②卵巢囊肿的浊音无移动性。③尺压试验：患者取仰卧位，将一硬尺横置于其腹壁上，检查者两手将硬尺下压，如为卵巢囊肿，则腹主动脉的搏动可经囊肿传到硬尺，使硬尺发生节奏性跳动；如为腹腔积液，则硬尺无此现象出现。

（七）肋脊角叩击痛

用于检查肾病变。被检查者取坐位或侧卧位，检查者用左手掌平放在肋脊角处（肾区），右手半握拳用由轻到中等的力量叩击左手手背。正常人无叩击痛，肾小球肾炎、肾盂肾炎、肾周围炎及脓肿、肾结石及肾结核时，肾区有不同程度的叩击痛。

（八）膀胱叩诊

当膀胱触诊结果不满意时，可用叩诊来判断膀胱膨胀的程度。叩诊在耻骨联合上方进行，从上至下，由鼓音转为浊音。膀胱空虚时，因耻骨联合上方有肠管存在，叩诊为鼓音，叩不出膀胱的轮廓。若耻骨上方叩诊呈圆形浊音区，提示膀胱充盈，如前列腺增生、尿路结石等致尿路梗阻尿液潴留。妊娠期子宫、卵巢囊肿或子宫肌瘤时，均可在膀胱区叩出浊音，应注意鉴别，可嘱被检查者排尿或者导尿后再次叩诊，如果排尿后膀胱浊音区转为鼓音，则提示尿潴留。腹腔积液时，耻骨上方叩诊也可有浊音区，但此区的弧形上缘凹向脐部，而膀胱胀大时浊音区的弧形上缘凸向脐部。

五、听　　诊

腹部听诊内容主要有肠鸣音、血管杂音等。妊娠 5 个月以上的妇女还可在脐下方听到胎心音（110～160 次 / 分）。

腹部听诊时，将听诊器膜型体件置于腹壁上，全面听诊各区，尤其注意上腹部、中腹部、腹部两侧及肝、脾各区。

（一）肠鸣音

肠蠕动时，肠管内气体和液体随之流动，产生一种断断续续的咕噜声，称肠鸣音。正常情况下，肠鸣音 4～5 次 / 分，全腹均可听到，通常以右下腹部作为肠鸣音听诊点。

肠蠕动增强时，肠鸣音达 10 次 / 分以上，但音调不高亢，称肠鸣音活跃，见于急性胃肠炎、胃肠道大出血、服用泻剂等；如肠鸣音次数多，且声音响亮、高亢甚至呈金属音，称肠鸣音亢进，见于机械性肠梗阻。如数分钟才听到一次肠鸣音，称肠鸣音减弱，见于低钾血症、腹膜炎、胃肠道动力减弱如甲状腺功能减退、老年性便秘等，如肠梗阻持续存在，肠壁肌肉劳损，肠壁蠕动减弱，肠鸣音亦减弱；如持续听诊 2 分钟以上未听到肠鸣音，用手指轻叩或搔弹腹部仍未听到肠鸣音，称为肠鸣音消失，见于急性腹膜炎、麻痹性肠梗阻等。

（二）血管杂音

血管杂音有动脉性杂音和静脉性杂音。动脉性杂音常在腹中部或腹部两侧。中腹部的收缩期血管杂音常提示腹主动脉瘤或腹主动脉狭窄。前者可于该部触到搏动的包块；后者则搏动减弱，下肢血压低于上肢，严重者触不到足背动脉搏动。若收缩期血管杂音在左、右上腹，常提示肾动脉的狭窄，可见于年轻的高血压患者。当左叶肝癌压迫肝动脉或腹主动脉时，也可在包块部位听到吹风样杂音或在肿瘤部位听到轻微的连续性杂音。静脉性杂音为一种柔和、连续的潺潺声，无收缩期与舒张期性质，常出现于脐周或上腹部，尤其是腹壁静脉曲张严重处，此音提示门静脉高压（常为肝硬化引起）时的侧支循环形成，称克吕韦耶 - 鲍姆加滕综合征（Cruveilhier-Baumgarten syndrome）。

第 8 节　肛门、直肠与生殖器检查

肛门、直肠与生殖器检查是体格检查的一部分。检查时，应向被检查者说明检查目的、步骤、重要性及可能的不适，以取得其配合。

检查时要求环境安静、私秘、温暖、光线充足。注意保护患者隐私。如果男性医生或护士需要对女性患者进行此项检查，应另有一名女性医护人员在场。检查前嘱被检查者排空膀胱，以免充盈的膀胱影响检查结果。

一、肛门与直肠检查

（一）检查体位

肛门与直肠检查时应根据需要及患者病情，协助其取适当体位，常用检查体位有以下几种。

1. 膝胸位　被检查者两肘关节屈曲，置于检查床上，胸部尽量靠近床面，两膝关节屈曲成直角跪于检查床上，臀部抬高。此体位最常用，适用于前列腺、精囊疾病的检查及乙状结肠镜检、直肠镜检等（图 4-55）。

2. 左侧卧位　被检查者取左侧卧位，左腿伸直，右腿向腹部屈曲，臀部靠近检查床边缘，检查者位于被检查者背部进行检查。此体位适用于女性、年老体弱者和重症患者的检查（图 4-56）。

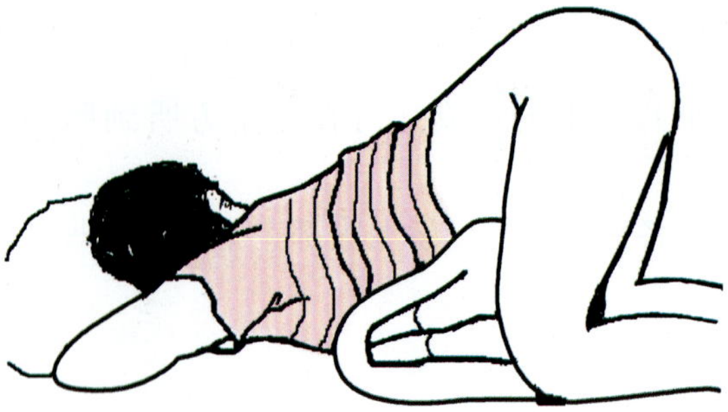

图 4-55　膝胸位

图 4-56　左侧卧位

3. 仰卧位或截石位　被检查者仰卧于检查床上，臀部垫高，两腿屈曲、抬高并外展。此体位适用于膀胱直肠窝的检查，也可进行直肠双合诊以检查盆腔脏器病变情况。

4. 蹲位　被检查者下蹲呈排便姿势，屏气向下用力。此体位适用于检查直肠脱垂、内痔及直肠息肉等。

肛门与直肠检查的结果可按时钟方向记录，并注明检查体位。例如，仰卧位，肛门前正中点为 12 点钟位，后正中点为 6 点钟位，而肘膝位的时钟位则与此相反。

（二）检查方法

肛门与直肠检查以视诊、触诊检查为主，必要时可辅以内镜检查。

1. 视诊　用手将被检查者臀部分开，观察肛门及其周围皮肤颜色及皱褶。正常肛门四周皮肤完整，颜色较深，皱褶呈放射状。常见的肛门、直肠病变如下。

（1）肛门瘢痕及红肿　肛门有创口或瘢痕，见于外伤与手术；肛门周围红肿及压痛，见于肛门周围脓肿。

（2）肛裂　是肛管下段深达肌层的纵行及梭形裂口或感染性溃疡。患者常有便秘、排便疼痛、便后滴血。视诊可见肛门有裂口，触诊有明显触压痛。

（3）痔　是直肠下端黏膜下或肛管边缘皮下的静脉丛扩大和曲张所致的静脉团。①内痔位于齿状线以上，表面被直肠下端黏膜所覆盖，在肛门内口可查到柔软的紫红色包块，排便时可突出肛门外。②外痔位于齿状线以下，表面被肛管皮肤所覆盖，在肛门外口可见紫红色柔软包块。③混合痔位于齿状线上、下，具有内、外痔的特点。

（4）肛门直肠瘘　简称肛瘘。检查时在直肠或肛管内可见瘘管的内口，瘘管经过肛门软组织开口于肛门周围皮肤。肛瘘多因肛管或直肠周围脓肿与结核所致，不易愈合。可有脓性分泌物流出。

（5）直肠脱垂　又称脱肛，是指肛管、直肠甚至乙状结肠下段，部分或全层肠壁向外翻而脱出于肛门外。让患者取蹲位屏气做排便动作时，在肛门外可看到紫红色球状突出物，停止排便动作时突出物可回复至肛门内，为直肠部分脱垂；若突出物呈椭圆形块状物，表面有环形皱襞，停止排便动作时突出物不易回复，则为直肠完全脱垂。

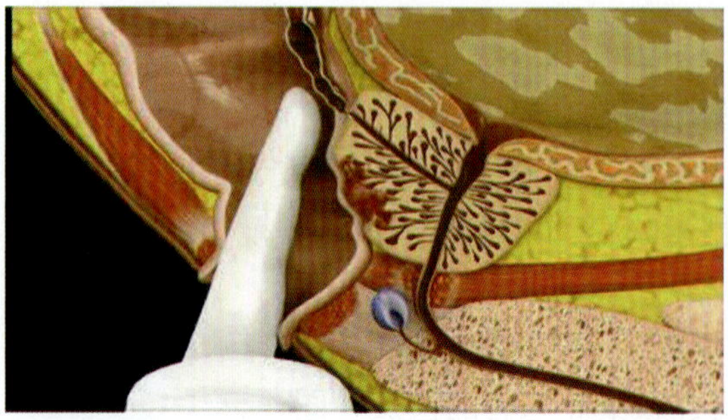

图 4-57　直肠指检

2. 触诊　肛门、直肠的触诊通常称肛门指检或直肠指检。被检查者取左侧卧位、仰卧位或膝胸位，检查者右手示指戴指套或手套，涂以适量润滑剂，将示指置于肛门外口轻轻按摩，待患者适应且肛门括约肌放松后，再徐徐插入肛门、直肠内（图 4-57）。检查肛门及括约肌的紧张度、肛管及直肠的内壁有无触痛及黏膜是否光滑、有无肿块及搏动感。男性可触诊前列腺，女性可检查子宫颈、子宫、输卵管等，必要时配合采用双合诊。

指套取出时注意观察有无血液、黏液或脓液，必要时取其涂片进行显微镜检查或细菌检查，以明确诊断。

直肠指检时直肠剧烈触痛者见于肛裂和感染；触痛伴有波动感见于肛门、直肠周围脓肿；直肠内触及柔软、光滑而有弹性的肿物多为直肠息肉；触及坚硬、凹凸不平的包块多为直肠癌。若直肠病变病因不明，应结合直肠镜或乙状结肠镜检查。

二、男性生殖器检查

男性生殖器包括外生殖器阴茎和阴囊，以及内生殖器前列腺、精囊等。检查时应充分暴露外阴部，双下肢取外展位。采用视诊和触诊相结合的方法，先检查外生殖器，再检查内生殖器。

（一）外生殖器检查

1. 阴茎　正常成年人阴茎长为 7 ～ 10cm，为前端膨大的圆柱体，分龟、体、尾 3 个部分，由 2 个阴茎海绵体和 1 个尿道海绵体组成。成年人阴茎＜ 4cm，称阴茎过小，见于垂体功能或性腺功能不全；儿童期阴茎过大呈成年型，见于性早熟或睾丸间质细胞瘤。检查顺序和内容如下。

（1）包皮　是指阴茎的皮肤在阴茎前向内翻转覆盖于阴茎表面。成年人阴茎松弛时包皮不应掩盖尿道口，翻起后应露出阴茎头。若包皮长度超过阴茎头，但翻起后能露出阴茎头者称为包皮过长，包皮翻起后不能露出阴茎头者称为包茎。包皮过长或包茎易引起炎症或包皮嵌顿，甚至成为阴茎癌的重要致病因素之一，应早期手术治疗。

（2）阴茎头　阴茎前端膨大部分称阴茎头。检查时将包皮上翻暴露全部阴茎头，观察其表面的色泽，有无充血、水肿、分泌物及结节等。正常阴茎头红润、光滑，如有硬结并伴有暗红色溃疡、易出血或融合成菜花状，应考虑阴茎癌的可能。阴茎头部如出现淡红色小丘疹融合成蕈样，呈乳头状突起，应考虑尖锐湿疣。阴茎颈部出现单个椭圆形质硬溃疡称为下疳，愈后有瘢痕，应考虑梅毒的可能。

（3）尿道口　检查者用拇指和示指轻轻挤压阴茎头使尿道张开，观察尿道有无红肿、分泌物和溃疡。正常尿道口黏膜红润、清洁、无分泌物。如尿道口红肿、附着分泌物或有溃疡，伴触痛，见于淋病奈瑟菌或其他病原体感染所致的尿道炎。

2. 阴囊　阴囊为腹壁的延续部分，囊壁由多层组织构成。阴囊内有睾丸、附睾、精索。患者取立位或仰卧位，两腿稍分开，先观察阴囊的皮肤和外形，再进行阴囊触诊。触诊方法是检查者将双手拇指置于阴囊前面，其余手指放在阴囊后面，拇指做来回滑动触诊。

（1）阴囊皮肤及外形　正常阴囊皮肤呈深暗色，多皱褶。阴囊常见病变有阴囊水肿、阴囊象皮肿、阴囊湿疹、阴囊鞘膜积液和阴囊疝。①阴囊水肿：多为全身性水肿的一部分，如肾病综合征；也可为局部因素所致，如局部炎症或过敏反应、静脉血或淋巴液回流受阻等。表现为阴囊皮肤水肿而紧绷，严重时局部有渗液。②阴囊象皮肿：多为血丝虫病引起的淋巴管炎或淋巴管阻塞所致。表现为阴囊皮肤水肿粗糙、增厚如象皮样，称为阴囊象皮肿或阴囊象皮病。③阴囊湿疹：表现为顽固性奇痒，视诊见阴囊皮肤增厚呈苔藓样，并有小片鳞屑；或皮肤呈暗红色，甚至糜烂，有大量浆液渗出，有时形成软痂。④阴囊鞘膜积液：阴囊鞘膜积液时阴囊肿大，触之有水囊样感，透光试验显示阴囊呈橙红色均质的半透明状，而阴囊疝或睾丸肿瘤则不透光。透光试验简便易行，可用不透明的纸片卷成圆筒，一端置于肿大的阴囊部位，对侧阴囊用手电筒照射，从纸筒另一端观察阴囊透光情况。⑤阴囊疝：是指肠管或肠系膜经腹股沟管下降至阴囊内所形成；表现为一侧或双侧阴囊肿大，触之有囊样感，有时可推回腹腔。但患者用力咳嗽或打喷嚏使腹腔内压增高时可再降入阴囊。

（2）睾丸　左右各一，呈卵圆形，表面光滑柔韧。检查时应注意睾丸的大小、形状、硬度及有无触压痛等。睾丸急性肿痛伴压痛明显者，见于急性睾丸炎；睾丸慢性肿痛多由结核引起；一侧睾丸肿大、质硬并有结节，多见于睾丸肿瘤或白血病细胞浸润。

（3）附睾　位于睾丸后外侧，是储存精子和促进精子成熟的器官。触诊时应注意附睾的大小、有无结节和压痛。急性炎症时肿痛明显，伴睾丸肿大；慢性炎症时附睾肿大而压痛轻。若附睾肿大而无压痛，质硬并有结节感，伴有输精管增粗且呈串珠状，应考虑附睾结核。

（4）精索　为柔软的条索状圆形结构，由腹股沟管外口延续至附睾上端。正常精索柔软、无压痛。若呈串珠状肿胀，见于输精管结核；若有挤压痛伴局部皮肤红肿，见于精索急性炎症，精索呈蚯蚓团样感多为精索静脉曲张所致。

（二）内生殖器检查

1. 前列腺　位于膀胱下方、耻骨联合后约2cm处，左右各一，似前后稍扁的栗子，其上端宽大，下端细小，后面较平坦。正中有纵行浅沟，将其主体部分分为左、右两叶，尿道从中纵行穿过，前列腺排泄管开口于尿道前列腺部。检查时，被检查者取膝胸位，检查者示指戴指套，涂适量润滑剂，徐徐插入肛门，向腹侧触诊。正常人前列腺距肛门4cm，质韧而有弹性，左、右两叶之间可触及正中沟。前列腺正中沟消失，肿大而表面光滑、质韧，无压痛及粘连，多见于老年人良性前列腺增生；前列腺肿大且有明显压痛，多见于急性前列腺炎；前列腺肿大、质硬、表面呈结节状，多见于前列腺癌。

2. 精囊　位于前列腺外上方，为棱锥形囊状非成对的附属性腺，其排泄管与输精管末端汇合成射精管。正常精囊柔软、光滑，肛门指检一般不易触及。精囊呈索条状肿块并有压痛多见于精囊炎；精囊表面呈结节状多因结核所致。

三、女性生殖器检查

女性生殖器包括内生殖器和外生殖器，检查方法有视诊、触诊和阴道窥器检查。女性患者一般不常规进行生殖器检查，如有适应证或疑有妇产科疾病时应进行此项检查，多由妇产科医生进行检查。检查时患者应排空膀胱，暴露下身，呈截石位，检查者戴无菌手套进行检查。先检查外生殖器，再检查内生殖器，检查顺序与方法如下。

（一）外生殖器

1. 阴阜　位于耻骨联合前面，为皮下脂肪丰富、柔软的脂肪垫。性成熟后可见呈倒三角形分布的阴毛，为女性第二性征。肾上腺皮质功能亢进时，女性阴毛明显增多，呈男性化分布；若阴毛原浓密后脱落至明显稀少或缺如，见于希恩综合征等。

2. 大阴唇　为一对纵行长圆形隆起的皮肤皱襞，分左右两侧，皮下组织松软，富含脂肪及弹力纤维。性成熟后表面有阴毛，未生育妇女两侧大阴唇自然合拢遮盖外阴；经产妇两侧大阴唇常分开；老年人或绝经后常萎缩。

3. 小阴唇　位于大阴唇内侧，为一对较薄的皮肤皱襞，表面光滑，呈浅红色或褐色，前端融合后包绕阴蒂，后端彼此会合形成阴唇系带。两侧小阴唇常合拢遮盖阴道外口。小阴唇炎症时局部红肿疼痛。尖锐湿疣可见乳突状或蕈样突起。局部色素脱失见于白斑症；若有结节、溃烂应考虑癌变可能。

4. 阴蒂　为两侧小阴唇前端会合处与大阴唇前连合之间的隆起部分，表面覆以阴蒂包皮，其内有男性阴茎海绵体样组织，性兴奋时能勃起。外阴炎症时局部红肿，性发育不全时阴蒂过小；过大则有两性畸形可能。

5. 阴道前庭　两侧小阴唇之间的菱形裂隙称阴道前庭，其前为尿道口，其后为阴道口。前庭大腺位于阴道口两侧，黄豆粒大小，开口于小阴唇与处女膜的沟内。炎症时，局部红肿硬痛并有脓液溢出；前庭大腺囊肿则肿大明显而无压痛。

（二）内生殖器

1. 阴道　检查时用拇、示指分开两侧小阴唇，在前庭后部可见阴道外口。未婚女性一般不做阴道检查，但已婚妇女有指征者应进行该项检查。阴道富有收缩和伸展性，分娩时可高度伸展。正常阴道黏膜呈浅红色，柔软、光滑。检查时应注意其紧张度，有无瘢痕、肿块、分泌物、出血等。

2. 子宫　位于骨盆腔中央，为中空的肌质器官，呈倒梨形。触诊子宫应以双合诊法进行检查。检查时应注意宫颈有无充血、糜烂、肥大及息肉。正常宫颈表面光滑，成年女性未孕子宫大小约 7.5cm×4cm×2.5cm，产后妇女子宫增大，触之较韧，光滑无压痛。妊娠时宫颈质软、色紫，子宫匀称性增大；肿瘤则可致子宫非匀称性增大。

3. 输卵管　为一对细长而弯曲的肌性管道，长为 8 ～ 14cm，位于子宫底两侧，是输送卵细胞进入子宫的管道。正常输卵管表面光滑、质韧无压痛。患急、慢性炎症或结核时，输卵管肿胀、增粗或有结节，弯曲或僵直，且常与周围组织粘连固定，伴明显触压痛。输卵管积脓或积水则可致明显肿大。如双侧输卵管管腔变窄或梗阻，则难以受孕。

4. 卵巢　位于盆腔两侧，为一对扁椭圆形性腺，成人女性的正常卵巢约 4cm×3cm×1cm 大小，表面光滑、质软。绝经后萎缩变小、变硬；卵巢触诊多用双合诊，肿大伴有压痛常见于卵巢炎症；卵巢囊肿可出现卵巢不同程度肿大，呈一侧性或双侧性、囊性或实性、良性或恶性，其中以囊性多见，有一定的恶性比例。

第 9 节　脊柱与四肢检查

一、脊柱检查

脊柱是支撑体重、维持躯体各种姿势的重要支柱，同时起着保护脊髓的重要作用。

脊柱检查时，被检查者取坐位或立位，按视诊、触诊、叩诊的顺序进行。检查内容包括脊柱的弯曲度、活动度及有无畸形、压痛、叩击痛等。

（一）脊柱弯曲度

1. 生理性弯曲　正常脊柱从侧面观察有 4 个弯曲（呈 S 形弯曲），即颈椎段稍向前凸、胸椎段稍向后凸、腰椎段明显向前凸、骶椎明显向后凸，称为生理性弯曲。检查脊柱弯曲度时嘱被检查者取立位或坐位，检查者从后面观察其脊柱有无侧弯。正常人直立时，脊柱无侧弯。此外，应自侧面观察脊柱形态，了解脊柱有无前凸后凸畸形。

2. 病理性改变　常见脊柱侧凸及前后凸等。

（1）脊柱侧凸　是指脊柱离开后正中线向左或向右偏曲。脊柱侧凸严重者可出现肩部及骨盆畸形。根据侧凸发生部位分为胸段侧凸、腰段侧凸及胸腰段联合侧凸。根据侧凸性质分为姿势性和器质性两种。

1）姿势性侧凸：无脊柱结构异常，侧凸早期脊柱曲度尚未固定，改变体位可使侧凸得以纠正，平卧位或向前弯腰时脊柱侧凸可消失。见于儿童发育期坐、立姿势不端正等。

2）器质性侧凸：改变体位不能使器质性侧凸得到纠正，见于先天性脊柱发育不全、肌肉麻痹、营养不良、慢性胸膜肥厚、胸膜粘连及肩部或胸廓畸形等。

（2）脊柱后凸　是指脊柱过度后弯，也称驼背。多发生于胸段脊柱，脊柱后凸时前胸凹陷，头颈部前倾。脊柱后凸常见原因有姿势性后凸、脊椎退行性变、佝偻病、脊柱结核、外伤所致脊椎压缩性骨折等。

（3）脊柱前凸　是指脊柱过度向前凸出性弯曲。多发生在腰椎部位，脊柱前凸时腹部明显向前凸出，臀部明显向后凸出。多见于晚期妊娠、大量腹水、腹腔巨大肿瘤、第5腰椎向前滑脱、先天性髋关节后脱位及髋关节结核等。

（二）脊柱活动度

1. 正常活动度　正常人脊柱各部位活动范围不同，其中颈椎与腰椎活动度最大，胸椎活动度较小，骶椎、尾椎几乎无活动性。由于年龄、运动训练以及脊柱结构差异等因素，脊柱活动度存在较大的个体差异。如有脊柱外伤、可疑骨折或关节脱位时，应避免此项检查，以防止损伤脊髓。正常人颈段、胸段、腰段及全脊柱的活动度，见表4-10。

表4-10　颈、胸、腰段及全脊柱活动度

	前屈	后伸	左右侧弯	旋转度（一侧）
颈椎	35°～45°	35°～45°	45°	60°～80°
胸椎	30°	20°	20°	35°
腰椎	75°～90°	30°	20°～35°	30°
全脊柱	128°	125°	73.5°	115°

2. 活动受限　脊柱活动受限表现为活动度不能达到正常范围，并常有疼痛感，严重时出现僵直。常见于相应脊柱节段肌纤维组织炎及韧带劳损、骨折、关节脱位、结核或肿瘤所致骨质破坏等。

检查脊柱颈段活动度时，需固定被检查者双肩部，使躯干不参与运动。检查腰椎活动度时，需固定被检查者臀部，使髋关节不参与运动。检查时嘱被检查者做前屈、后伸、左右侧弯、旋转等动作，以观察相应脊柱节段的活动情况及有无异常改变。

（三）脊柱压痛与叩击痛

1. 压痛　检查脊柱压痛时，被检查者取端坐位，身体稍向前倾，检查者以右手拇指从被检查者枕骨粗隆开始自上而下逐个按压脊椎棘突及椎旁肌肉，询问有无压痛。正常人每个棘突及椎旁肌肉均无压痛。若有压痛提示相应部位可能有病变，如脊柱结核、椎间盘脱出、脊柱外伤或骨折等；若椎旁肌肉有压痛常为腰背肌炎或劳损。

2. 叩击痛　脊柱叩击痛检查方法有两种（图4-58）。

（1）直接叩击法　检查者用手指或叩诊锤直接叩击被检查者各椎体的棘突，观察有无疼痛，主要用于胸椎与腰椎的检查。颈椎疾病，尤其是颈椎骨关节损伤时，因颈椎位置深，一般不用此方法检查。

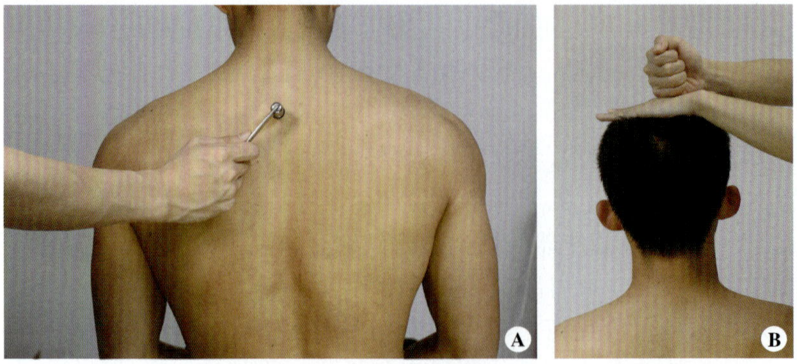

图4-58　脊柱叩击痛检查

A. 直接叩击法；B. 间接叩击法

（2）间接叩击法　嘱被检查者取坐位，检查者将左手掌置于被检查者头部，右手半握拳用小鱼际肌部位叩击左手背，了解被检查者脊柱各部位有无疼痛。正常人脊椎无叩击痛，叩击痛阳性见于脊椎结核、脊柱骨折及椎间盘脱出症等，叩击痛部位多为病变部位。如有颈椎病、颈椎椎间盘脱出症，间接叩击时可出现上肢的放射性疼痛。

二、四肢与关节检查

四肢与关节的检查通常采用视诊与触诊，四肢检查除大体形态与长度检查外，还应重点关节形态、活动度或运动情况等。

（一）四肢与关节形态

正常人双上肢等长，双下肢等长，双肩对称呈弧形，四肢与关节左右对称，形态正常，无肿胀及压痛。手的自然休息姿势呈半握拳状，腕关节背伸约 20°，向尺侧倾斜约 10°，拇指尖靠达示指的桡侧，其余四指呈半屈曲状，屈曲程度从示指到小指逐渐增大，各指尖均指向舟骨结节处（图 4-59）。手的功能位为腕背伸 30° 并稍偏尺侧，拇指于外展时掌屈曲位，其余四指屈曲，呈握茶杯姿势（图 4-60）。四肢与关节常见的形态异常如下。

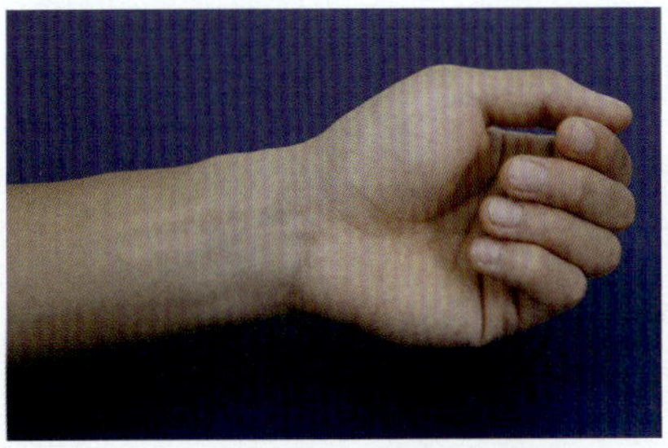

图 4-59　手的自然休息姿势

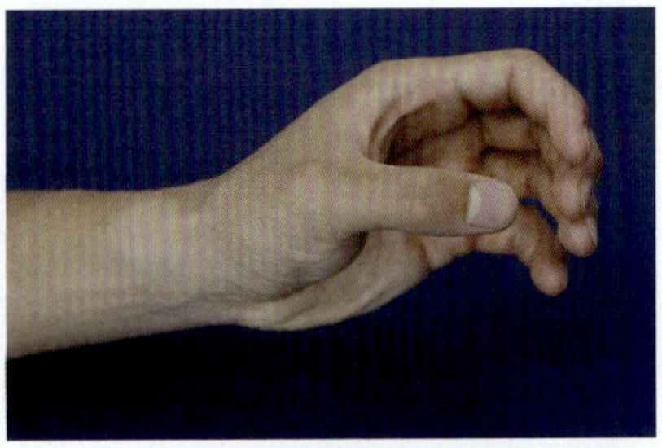

图 4-60　手的功能位

1. 四肢长度异常　四肢长度检查方法有目测法或带尺测量法。如先天性短肢畸形、骨折或关节脱位时双上肢或双下肢长度明显不一样；肩关节脱位时，患侧上臂长于健侧，肱骨颈骨折时患侧短于健侧。

2. 肩关节形态异常　肩关节脱位或三角肌萎缩时，肩关节弧形轮廓消失，肩峰突出，呈方肩。先天性肩胛高耸症及脊柱侧弯时，两侧肩关节一高一低，颈短耸肩。外伤性肩锁关节脱位时，锁骨骨折，远端下垂，使该侧肩下垂，肩部突出畸形如戴肩章状，是由于锁骨外端过度上翘所致。

3. 腕关节形态异常　腕关节肿胀常见原因有外伤、关节炎、关节结核等；腕关节背侧或旁侧局部隆起见于腱鞘囊肿；腕背侧肿胀见于腕肌腱腱鞘炎或软组织损伤。桡神经损伤会导致腕垂症；正中神经损伤可致猿掌；Colles 骨折可致餐叉样畸形。

4. 手部的形态异常　手部的形态异常种类较多、病因复杂。

（1）杵状指（趾）　手指或足趾末端增生、肥厚、增宽，呈杵状膨大，指（趾）甲从根部到末端呈弧形隆起，称杵状指（图 4-61）。常见于慢性肺脓肿、支气管扩张、支气管肺癌、感染性心内膜炎、发绀型先天性心脏病、溃疡性结肠炎、肝硬化等。

（2）匙状甲　又称反甲，其特点为指甲中央凹陷，边缘翘起，指甲变薄，表面粗糙带条纹（图 4-62）。见于缺铁性贫血、高原疾病、风湿热等。

（3）梭形关节　类风湿关节炎指关节增生、肿胀呈梭状畸形，活动受限，重者手指及腕部向尺侧偏斜（图 4-63）。

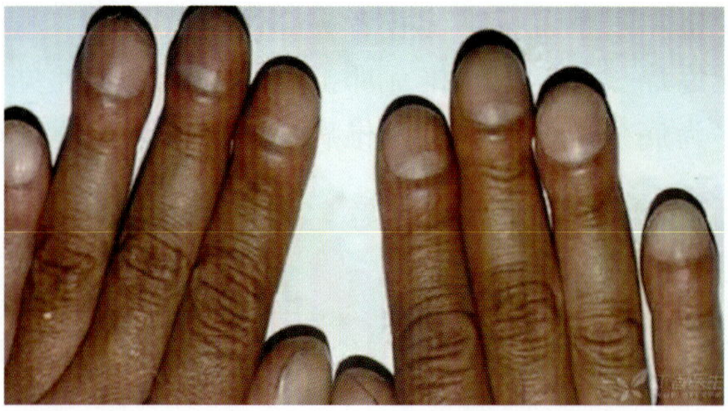

图 4-61 杵状指

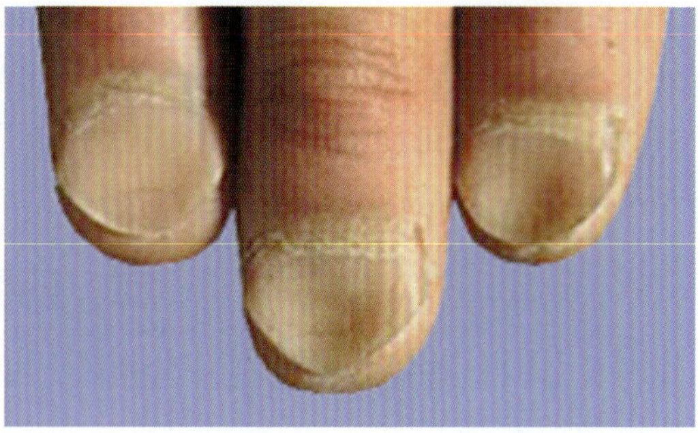

图 4-62 匙状甲

（4）爪形手 掌指关节过伸，指关节屈曲，骨间肌和大小鱼际萎缩，手呈鸟爪样变形。见于尺神经损伤、进行性肌萎缩、脊髓空洞症和麻风病等。

5. 膝关节形态异常 膝关节常见形态异常如下。

（1）膝关节肿胀 膝关节炎症时常有关节红、肿、热、痛。如有关节腔积液，膝关节呈均匀性肿胀，如膝关节腔内有中等量（50ml）以上的积液，可出现浮髌现象。检查方法为检查者左手拇指和其他手指分别固定在肿胀关节上方两侧并加压，右手的拇指和其他手指分别固定于关节下方两侧并加压，使关节腔内的积液不能上、下流动，再用右手示指将髌骨连续向后方按压数次，当按压时有髌骨与关节面的碰触感，松开时有髌骨随手浮起感，称为浮髌试验阳性（图 4-64）。

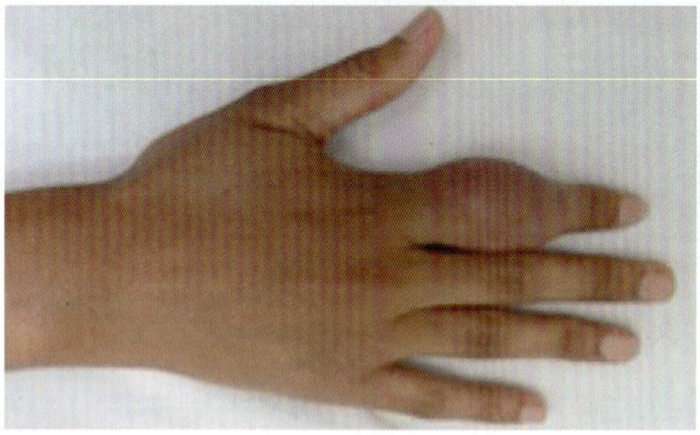

图 4-63 梭形关节

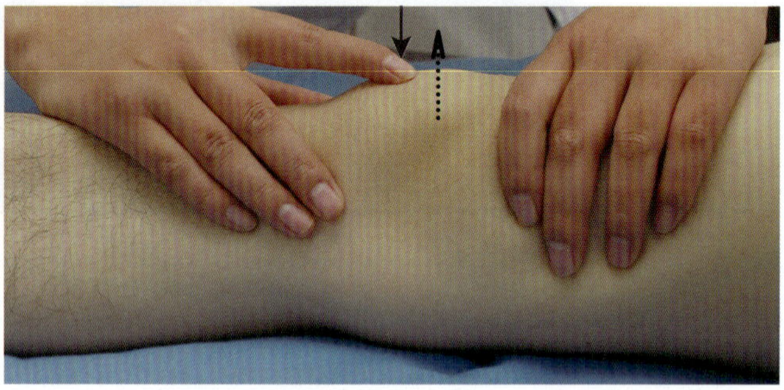

图 4-64 浮髌试验

（2）膝内、外翻 正常人双脚并拢直立时，两膝关节及双踝均能靠拢。当双脚的内踝部靠拢时，小腿向内偏斜使两膝分开而呈 O 形，称膝内翻。直立时，两膝关节靠近，两小腿斜向外方呈 X 形弯曲，使两脚的内踝分离，称为膝外翻。膝内、外翻见于佝偻病及大骨节病等（图 4-65）。

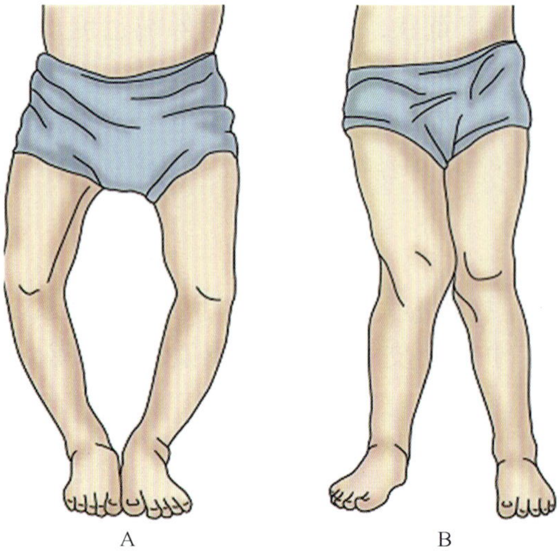

图 4-65 膝内、外翻

A. 膝内翻；B. 膝外翻

6. 足部形态异常 足部常见畸形有如下几种。

（1）足内、外翻 跟骨内旋，前足内收，足纵弓高度增加，站立时足不能踏平，外侧着地，为足内翻，见于脊髓灰质炎后遗症。跟骨外旋，前足外展，足纵弓塌陷，舟骨突出，扁平状，跟腱延长线落在跟骨内侧，为足外翻。见于胫前胫后肌麻痹（图 4-66）。

（2）扁平足 足纵弓塌陷，足跟外翻，前半足外展，形成足旋前畸形，横弓塌陷，前足增宽，足底前部形成胼胝。

（3）马蹄足 踝关节跖屈，前半足着地，常因跟腱挛缩或腓总神经麻痹所致。

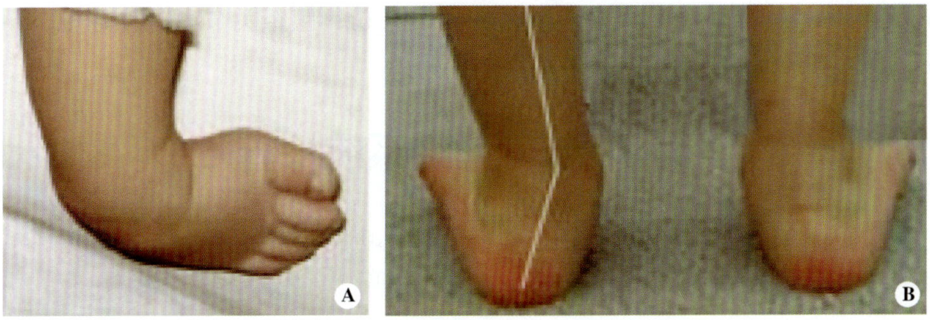

图 4-66 足内翻与足外翻

A. 足内翻；B. 足外翻

（二）四肢与关节运动

正常人四肢关节活动不受限，检查时嘱被检查者主动或被动运动，做屈、伸、内收、外展、旋转等动作，观察关节活动度。各关节活动范围如下。

1. 肩关节　正常情况下，肩关节外展可达 90°，内收 45°，前屈 90°，后伸 35°，旋转 45°。

2. 肘关节　正常肘关节活动时，屈可达 135° ～ 150°，伸达 10°，旋前、旋后（手背向上转动、手背向下转动）均可达 80° ～ 90°。

3. 腕、指关节　腕关节是完成上肢功能的主要部分，包括桡腕关节、腕骨间关节和腕掌关节，日常生活中容易引起损伤。腕关节主要具有屈和伸的功能，也有桡偏和尺偏功能。腕关节及指关节运动范围，见表 4-11。

表 4-11　腕关节及指关节运动范围

关节	背伸	掌屈	内收（桡侧）	外展（尺侧）
腕关节	30° ～ 60°	50° ～ 60°	25° ～ 30°	30° ～ 40°
掌指关节	—	60° ～ 90°	—	—
近端指间关节	—	90°	—	—
远端指间关节	—	60° ～ 90°	—	—
拇指掌拇关节	—	20° ～ 50°	可并拢桡侧示指	—
指间关节	—	90°	可横越手掌	40°

4. 膝关节　膝关节屈曲可达 125° ～ 150°，伸 5° ～ 10°，内旋 10°，外旋 20°。

5. 髋关节　髋关节活动范围检查（嘱患者取仰卧位）方法，见表 4-12。

表 4-12　髋关节活动范围及检查方法

检查内容	检查方法	活动度
屈曲	检查者一手按压被检查者髂嵴，另一手将其屈曲膝关节推向前胸	130° ～ 140°
后伸	检查者一手按压被检查者臀部，另一手握其小腿下端，屈膝 90° 后上提	15° ～ 30°
内收	嘱被检查者双下肢伸直，检查者固定其骨盆，使其一侧下肢自中立位向对称下肢前面交叉内收	20° ～ 30°
外展	嘱被检查者双下肢伸直，检查者固定其骨盆，使其一侧下肢自中立位外展	30° ～ 45°
旋转	嘱被检查者下肢伸直，髌骨及足尖向上，检查者双手放于被检查者大腿下部和膝部旋转大腿；或屈髋屈膝 90°，检查者一手扶被检查者臀部，另一手握其踝部，向相反方向运动，小腿做外展、内收动作时，髋关节则为外旋、内旋	45°

6. 踝关节与足　踝关节背伸 20° ～ 30°，跖屈 40° ～ 50°；跟距关节内、外翻各 30°。跗骨间关节内收 25°，外展 25°；跖趾关节跖屈 30° ～ 40°，背伸 45°。

第 10 节　神经系统检查

神经系统检查包括脑神经检查、运动功能检查、感觉功能检查、神经反射检查和自主神经检查。检查时需被检查者意识清晰、能够配合检查，要注意左右两侧对比。

一、脑神经检查

脑神经共 12 对，检查脑神经对颅脑病变的定位诊断极为重要。检查时应按照顺序进行，以免遗漏，同时注意双侧对比。

（一）嗅神经

嗅神经是第Ⅰ对脑神经。被检查者需鼻孔通畅、无鼻黏膜病变。嘱被检查者闭目，先堵住一侧鼻孔，将被检查者熟悉的、无刺激性气味的物品置于另一侧鼻孔，依次检查双侧嗅觉。根据检查结果可判断被检查者嗅觉功能。嗅觉功能障碍常见于同侧嗅神经损害，如嗅沟病变压迫嗅球、嗅束可引起嗅觉丧失。

（二）视神经

视神经是第Ⅱ对脑神经。视神经检查包括视力、视野检查和眼底检查。

（三）动眼神经、滑车神经、展神经

动眼神经、滑车神经、展神经分别为第Ⅲ、Ⅳ、Ⅵ对脑神经，共同支配眼球运动，称眼球运动神经，可同时检查。检查时需注意睑裂外观、眼球运动、瞳孔及对光反射、调节反射等。

（四）三叉神经

三叉神经是第Ⅴ对脑神经，是混合性神经。感觉神经纤维分布于面部皮肤、眼、鼻、口腔黏膜；运动神经纤维支配咀嚼肌、颞肌和翼状内外肌。

1. 面部感觉　主要检查痛觉、温度觉。如有感觉障碍，需同时确定感觉障碍区域。注意区分周围性与核性感觉障碍，前者为患侧患支（眼支、上颌支、下颌支）分布区各种感觉缺失，后者呈葱皮样感觉障碍。

2. 角膜反射　详见神经反射检查中的浅反射检查。

3. 运动功能　检查者双手触按被检查者颞肌、咀嚼肌，嘱被检查者做咀嚼动作，对比双侧肌力强弱；再嘱被检查者做张口或露齿运动，以上下切牙中缝为标准，观察张口时下颌有无偏斜。当一侧三叉神经运动纤维受损时，患侧咀嚼肌肌力减弱或出现萎缩，张口时由于翼状肌瘫痪，下颌偏向患侧。

（五）面神经

面神经是第Ⅶ对脑神经，主要支配面部表情肌和舌前 2/3 味觉功能。

1. 运动功能　检查面部表情肌时，首先观察双侧额纹、睑裂、鼻唇沟和口角是否对称。然后嘱被检查者做皱额、闭眼、露齿、微笑、鼓腮或吹哨动作。面神经受损可分为周围性和中枢性损害两种：一侧面神经周围性损害时，患侧额纹减少、睑裂增大、鼻唇沟变浅，不能皱额、闭眼，微笑或露齿时口角歪向健侧，鼓腮及吹口哨时患侧漏气。中枢性损害时，由于上半部面肌受双侧皮质运动区的支配，

皱额、闭眼无明显影响，只出现病灶对侧下半部面部表情肌的瘫痪。

2. 味觉检查　检查时，嘱被检查者伸舌，不讲话、缩舌和吞咽，将少量不同味道的物质（食糖、食盐、醋等）以棉签涂于一侧舌面，测试味觉，嘱被检查者用手指指出事先写在纸上的酸、甜、咸、苦四个字之一。先试可疑侧，再试另一侧。测试下一种味觉前，需用水漱口后，再测。面神经损害者则舌前 2/3 味觉丧失。

（六）位听神经

位听神经是第Ⅷ对脑神经，包括前庭及耳蜗两种感觉神经。

1. 听力检查　测定耳蜗神经的功能。

2. 前庭功能检查　询问被检查者有无眩晕、平衡失调，检查有无自发性眼球震颤。通过外耳道灌注冷、热水试验或旋转试验，观察有无前庭功能障碍所致的眼球震颤反应减弱或消失。

（七）舌咽神经、迷走神经

舌咽神经、迷走神经是第Ⅸ、Ⅹ对脑神经，两者在解剖与功能上关系密切，常同时受损。

1. 运动　检查时注意被检查者有无声音嘶哑、鼻音或完全失音，有无呛咳、吞咽困难。观察被检查者张口发“啊”音时腭垂是否居中，两侧软腭上抬是否一致。当一侧神经受损时，该侧软腭上抬减弱，腭垂偏向健侧；双侧神经麻痹时，腭垂虽居中，但双侧软腭上抬受限，甚至完全不能上抬。

2. 咽反射　用压舌板轻触左侧或右侧咽后壁，正常者出现咽部肌肉收缩和舌后缩，并有恶心反应，有神经损害时患侧反射迟钝或消失。

3. 感觉　可用棉签轻触两侧软腭和咽后壁，观察感觉。另外，舌后 1/3 的味觉有舌咽神经支配，检查方法同面神经。

（八）副神经

副神经是第Ⅺ对脑神经，支配胸锁乳突肌及斜方肌。检查时注意肌肉有无萎缩，嘱被检查者做耸肩及转头运动时，检查者给予一定的阻力，比较两侧肌力。副神经受损时，向对侧转头及同侧耸肩无力或不能，同侧胸锁乳突肌及斜方肌萎缩。

（九）舌下神经

舌下神经是第Ⅻ对脑神经。检查时嘱被检查者伸舌，注意观察有无伸舌偏斜、舌肌萎缩及肌束颤动。单侧舌下神经麻痹时伸舌舌尖偏向患侧，如果双侧麻痹则不能伸舌。

二、运动功能检查

运动功能分为随意和不随意运动，锥体束支配随意运动，锥体外束和小脑支配不随意运动。运动功能的检查内容包括肌容积、肌力、肌张力、不自主运动和共济失调。

（一）肌容积

肌容积是指肌肉的体积。检查方法是观察和比较两侧对称部位肌肉有无肌萎缩或假性肥大，可肉眼观察或用软尺测量肢体周径。下运动神经元损害、肌肉疾病、长期失用可致肌肉萎缩。如肌肉外观肥大、触之坚硬、肌力减弱，系肌肉假性肥大，见于进行性肌营养不良患者，尤以腓肠肌和三角肌表现明显。

（二）肌力

肌力是肌肉运动时的最大收缩力。嘱被检查者做肢体的屈伸动作，检查者从相反方向给予阻力，判断被检查者对阻力的克服能力，注意左右两侧的对比。肌力常用 0 ～ 5 级的 6 级分级法（表 4-13）。

表 4-13　肌力分级

级别	临床特点
0 级	完全瘫痪、无肌肉收缩
1 级	肌肉仅产生轻微收缩，不产生动作
2 级	肢体能水平移动，但不能抬离床面
3 级	肢体能抬离床面，但不能对抗阻力
4 级	肢体能对抗阻力，但较正常差
5 级	正常肌力

肌力减退或消失称为瘫痪，临床上按肌力减退的程度不同分为不完全性瘫痪和完全性瘫痪。1 ～ 4 级肌力为不完全性瘫痪，0 级肌力为完全性瘫痪。

按瘫痪的形式分为①单瘫：单一肢体瘫痪，常见于脊髓灰质炎。②偏瘫：一侧肢体瘫痪，多伴有同侧脑神经损害，常见于脑血管意外、颅内病变，如脑出血、脑血栓形成、脑栓塞、脑肿瘤等。③交叉性瘫痪：一侧肢体瘫痪和对侧脑神经损害，常见于脑干病变。④截瘫：多为双下肢瘫痪，常见于脊髓胸腰段横贯性损伤。

（三）肌张力

肌张力是肌肉静止状态下肌肉的紧张度和被动运动时遇到的阻力。检查时嘱被检查者肌肉放松，检查者双手握住被检查者的肢体做被动运动，根据感知的阻力来判断，或者检查者直接用手触摸被检查者的肌肉，通过肌肉的硬度来判断。

肌张力降低者肌肉松弛，被动运动时阻力减退或消失，关节活动范围大，常见于小脑病变、周围神经炎、脊髓前角灰质炎等。

肌张力增加者肌肉坚硬，被动运动阻力增加，关节活动范围缩小。表现为①痉挛状态（折刀现象）：在被动运动开始时阻力较大，后期突感阻力减弱，见于锥体束损害。②铅管样强直：被动运动时伸肌和屈肌的肌张力均增强，见于锥体外系损害。

（四）不自主运动

不自主运动常称不随意运动，是指被检查者在意识清楚的情况下，随意肌不自主收缩产生的无目的异常动作，多见于锥体外系损害。

1. 震颤　为拮抗肌交替收缩引起的有节律性的不自主动作。①静止性震颤：静止时震颤明显，运动时减轻，睡眠时消失，常伴肌张力增高，见于帕金森病等。②动作性震颤：又称意向性震颤，在运动时发生，休息时消失，在动作终末越接近目标时越明显，见于小脑病变。③姿势性震颤：身体在维持某一特定姿势时出现，运动及休息时消失，震颤较静止性震颤细而快。

2. 手足徐动　又称指划运动，为手指或足趾持续性缓慢的伸展扭曲，见于脑瘫、肝豆状核变性等。

3. 舞蹈样运动　为面部肌肉和肢体做快速、不规则、无目的、不对称的不自主运动，睡眠时可减轻或消失，见于儿童期脑风湿性病变，患儿表现为难以维持一定的姿势，时常出现不自主地做鬼脸、转动颈部、耸肩、手指间断性伸屈、伸臂、摆手等舞蹈样动作。有时可与手足徐动并存。

4. 手足搐搦　发作时表现为腕关节、踝关节剧烈屈曲、肌肉痉挛，多见于低钙血症和碱中毒。腕部屈曲、手指伸展、掌指关节屈曲、拇指内收靠近掌心并与小指相对，常称助产士手；踝关节与趾关节皆呈屈曲伸直状，常称芭蕾舞足。

（五）共济运动

人体的任一动作都需要一组肌群协调完成，称为共济运动。共济运动需要小脑、前庭神经、视神经、深感觉和锥体外系的共同参与，当这些结构出现损害时，协调动作出现障碍，称为共济失调。常用的共济运动检查方法如下。

1. 指鼻试验　嘱被检查者伸出示指、手臂外旋、伸直、示指触碰自己的鼻尖，先睁眼再闭眼，由慢到快，反复进行。正常人动作流畅，可准确触碰自己的鼻尖。若睁眼时可完成动作，闭目时不能完成者为感觉性共济失调；睁眼、闭眼均不能者为小脑性共济失调。

2. 闭目难立征　又称罗姆伯格试验。嘱被检查者双足并拢直立、双手平举，先为睁眼状态，观察能否站稳；然后闭眼并重复上述动作。正常人睁眼、闭眼均可平稳站立。若睁眼时能平稳站直，闭眼时摇晃不稳，提示为感觉性共济失调，见于脊髓后索及前庭功能病变；闭眼、睁眼均无法站稳者提示小脑蚓部病变，还可见于脊髓痨。药物毒性作用如抗癫痫药、镇静催眠药、链霉素等，也可出现小脑性或前庭性共济失调。

3. 快速轮替动作　嘱被检查者伸直手掌，两手前臂交替地旋前、旋后，或嘱被检查者用一手的手背及手掌交替地快速轻拍另一手的手背，两侧对比进行。动作不协调、缓慢者，为阳性。

4. 跟膝胫试验　嘱被检查者取平卧位，将一侧的足跟置于对侧膝上，并沿胫骨前缘下移至足背，先睁眼后闭眼反复进行。小脑损害时动作不稳，感觉性共济失调者闭眼时足跟难以寻到膝盖。

三、感觉功能检查

感觉功能检查前须确认被检查者意识清醒。如果患者意识状态欠佳又必须检查时，可粗略观察被检查者对刺激的反应，评估感觉功能的状态。检查前要向被检查者说明感觉功能检查的目的和方法，取得被检查者的充分配合。检查时，嘱被检查者闭目，以避免主观或暗示作用。先检查感觉障碍处，再检查健康处，注意左右对比。

检查内容主要有浅感觉、深感觉、复合感觉。

（一）浅感觉检查

1. 痛觉　用大头针的针尖端和针帽交替均匀地轻刺被检查者的皮肤，询问其感受或观察其表情。检查后用正常、过敏、减退和消失来记录感觉功能的类型。痛觉障碍常见于脊髓丘脑侧束损害。

2. 触觉　用棉签轻触被检查者的皮肤，询问其有无感觉。正常人触觉灵敏，触觉障碍见于脊髓丘脑前束和后索损害。

3. 温度觉　将装有热水（40 ～ 50℃）或冷水（5 ～ 10℃）的试管分别放在被检查者的皮肤上，让其分辨冷热感。温度觉障碍见于脊髓丘脑侧束损害。

（二）深感觉检查

1. 运动觉　检查者轻轻地用手夹住被检查者的手指或足趾两侧，向上或向下移动，让其说出手指或足趾移动的方向。运动觉障碍见于脊髓后索损害。

2. 位置觉　检查者将被检查者的肢体摆成一种姿势，让被检查者描述或用对侧肢体模仿。位置觉障碍见于脊髓后索损害。

3. 振动觉　检查者将振动着的音叉置于被检查者的内外踝、手指、膝盖等骨突出处，让被检查者感觉是否有振动。振动觉障碍见于脊髓后索损害。

（三）复合感觉检查

1. 实体觉　让被检查者用一手触摸常用物品，如水杯、笔等，并说出物品名称。先检查功能差的一侧，再检查另外一侧。实体觉障碍见于皮质损害。

2. 皮肤定位觉　检查者用棉签轻轻地触及被检查者的皮肤，让被检查者说出被触及的部位。定位觉障碍见于皮质损害。

3. 两点辨别觉　用分开的双脚规刺激皮肤的两点，询问被检查者是否能辨别为两点，再逐渐缩小两点的距离，直至被检查者感觉为一点时，测量此时两点间的距离，左右两侧比较。正常人舌尖、鼻端、指尖两点辨别能力最灵敏，四肢近端和躯干处较差。触觉正常而两点辨别觉障碍见于额叶损害。

4. 体表图形觉　在被检查者的皮肤上画常见图形或写简单的字，询问其是否能识别，并两侧对照。体表图形觉障碍见于丘脑水平以上的损害。

四、神经反射检查

神经反射是由感受器、传入神经、神经中枢、传出神经和效应器组成的反射弧完成的。若反射弧中任一环节有损害都会使反射减弱或消失；反射受高级神经中枢控制，当锥体束以上病变时，反射失去抑制而使反射亢进。根据反射改变分为亢进、增强、正常、减弱、消失和异常反射等。

神经反射有生理反射和病理反射，生理反射包括浅反射和深反射两大类。

（一）生理反射

1. 浅反射　是刺激皮肤、黏膜或角膜等引起的反应。

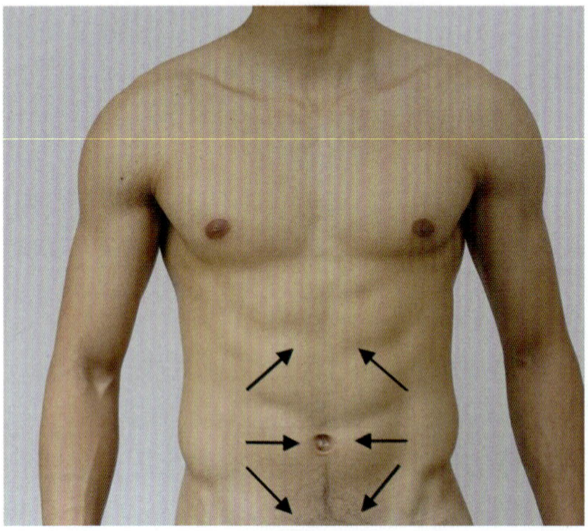

图 4-67　腹壁反射检查

（1）角膜反射　嘱被检查者向内上看，用捻成细束的棉签轻触其外侧角膜。正常反应为被刺激侧迅速闭眼，称为直接角膜反射；未被刺激侧也出现闭眼，称为间接角膜反射。直接反射和间接反射均消失见于三叉神经损害（传入障碍）；直接反射消失、间接反射存在，见于患侧面神经瘫痪（传出障碍）；角膜反射完全消失见于深度昏迷患者。

（2）腹壁反射　嘱被检查者取仰卧位，下肢稍屈曲，用去掉棉花的棉签一端分别沿肋缘下、脐水平和腹股沟上，从外向内轻划腹壁皮肤，分别称为上、中、下腹壁反射。正常反应为受刺激部位的腹壁肌收缩（图 4-67），上、中、下腹壁反射均消失见于昏迷和急性腹膜炎者。两侧上、中、下腹壁反射消失分别见于第 7 ～ 8 节、第 9 ～ 10 节、第 11 ～ 12 节胸髓损害。一侧上、中、下腹壁反射消失见于同侧锥体束损害。经产妇、老年人和肥胖者由于腹壁松弛可引起腹壁反射减弱或消失。

（3）跖反射　嘱被检查者取仰卧位，下肢伸直，检查者握住被检查者的踝部，用叩诊锤尖端或竹签一端划足底外侧，由足跟向前至小趾关节处转向踇趾侧（图 4-68），正常反应为足趾屈曲。反射消失见于第 1 ～ 2 骶髓损害。

（4）提睾反射　检查者用去掉棉花的棉签一端沿被检查者大腿内侧自下向上轻划皮肤，正常反应为同侧提睾肌收缩，睾丸上提。两侧提睾反射均消失见于第 1 ～ 2 节腰髓损害。一侧提睾反射减弱或消失见于锥体束损害。腹股沟疝、阴囊水肿等局部病变也会影响提睾反射。

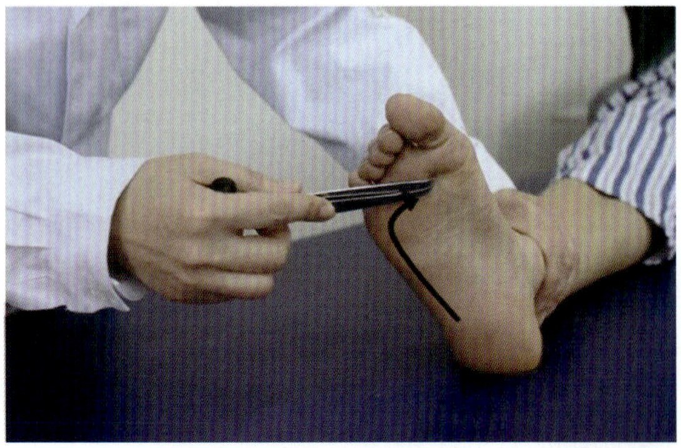

图 4-68　跖反射检查

（5）肛门反射　检查者用棉签轻划或用大头针轻刺被检查者肛门周围会阴部皮肤，可见肛门收缩。若上述反应迟缓或不发生反应，即为肛门反射减弱或消失，可见于双侧锥体束受损或肛尾神经病损。

2. 深反射　是刺激骨膜、肌腱经深部感受器完成的反射，又称腱反射。检查时需被检查者完全放松受检肢体，注意左右两侧对比。

（1）肱二头肌反射　嘱被检查者前臂屈曲，检查者用左手托住其肘部，将左手拇指置于被检查者的右手肱二头肌肌腱上，用右手持叩诊锤叩击自己左手拇指，正常反应为肱二头肌收缩，前臂快速屈曲，用同样的方法检查被检查者的左侧（图 4-69）。反射中枢在第 5 ～ 6 节颈髓。

（2）肱三头肌反射　嘱被检查者肘部屈曲，检查者用左手托起其肘部，用右手持叩诊锤叩击其肱三头肌肌腱，正常反应为肱三头肌收缩，前臂伸展（图 4-70）。反射中枢在第 6 ～ 7 节颈髓。

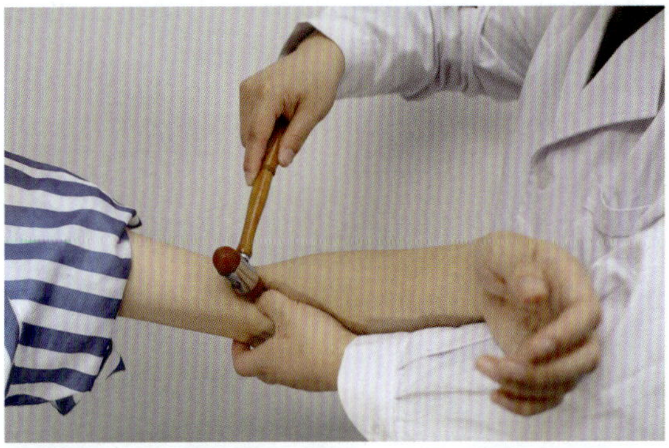

图 4-69　肱二头肌反射检查

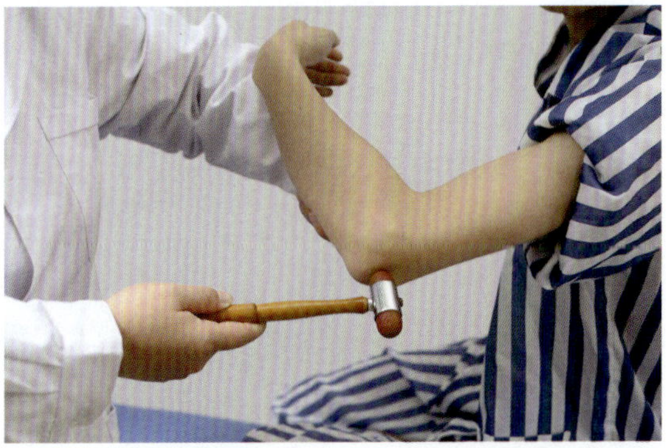

图 4-70　肱三头肌反射检查

（3）桡骨膜反射　嘱被检查者的前臂半屈半旋前位，检查者用左手托起其腕部，用右手持叩诊锤叩击其桡骨茎突，正常反应为肱桡肌收缩，屈肘、前臂旋前（图 4-71）。反射中枢在第 5 ～ 6 节颈髓。

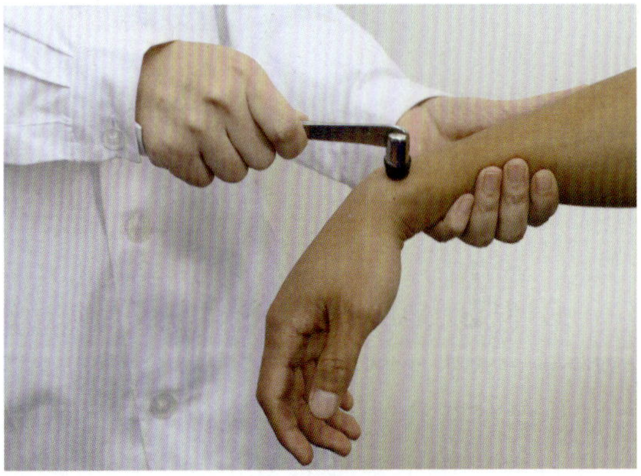

图 4-71　桡骨膜反射检查

（4）膝反射　嘱被检查者取坐位时，小腿完全放松下垂与大腿成直角，取卧位时，检查者用左手托起其膝关节使之稍屈曲，用右手持叩诊锤叩击其股四头肌腱，正常反应为小腿伸展（图 4-72）。反射中枢在第 2 ～ 4 节腰髓。

（5）跟腱反射　嘱被检查者仰卧，髋、膝关节稍屈曲，下肢外旋外展位，检查者用左手托其足掌，使其足呈过伸位，用右手持叩诊锤叩击其跟腱，正常反应为腓肠肌收缩，足向跖面屈曲（图 4-73）。反射中枢在第 1 ～ 2 节骶髓。

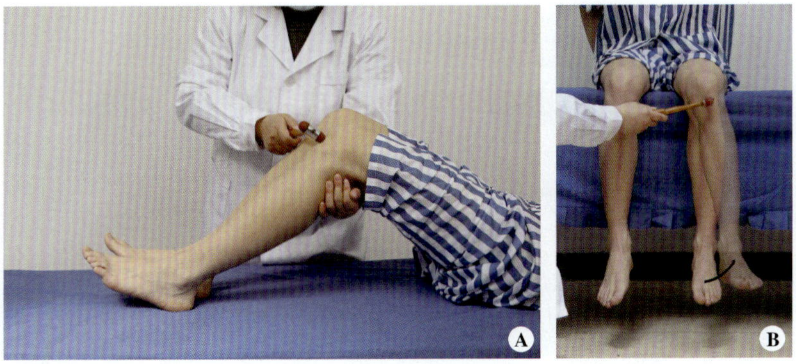

图 4-72　膝反射检查

A. 卧位；B. 坐位

深反射减弱或消失见于：①器质性病变，如末梢神经炎、神经根炎、脊髓前角灰质炎等使反射弧遭受损害所致。②脑或脊髓的急性损伤可发生超限抑制，使低级反射中枢受到影响，深反射可减弱或消失。③骨关节病和肌营养不良症也可使深反射减弱或消失。

深反射亢进多因锥体束以上病变，如上运动神经元瘫痪使反射活动失去抑制所致。

（6）阵挛　深反射亢进时，某些肌肉处于持续紧张状态，这些肌肉可出现节律性收缩，称为阵挛。

1）踝阵挛：嘱被检查者取仰卧位，一侧髋膝关节稍屈曲，检查者用左手将被检查者膝部托起，右手握其足前端，突然用力使其足背屈并持续施压于足底，阳性反应为腓肠肌节律性收缩，使足部呈交替性屈伸动作（图 4-74）。

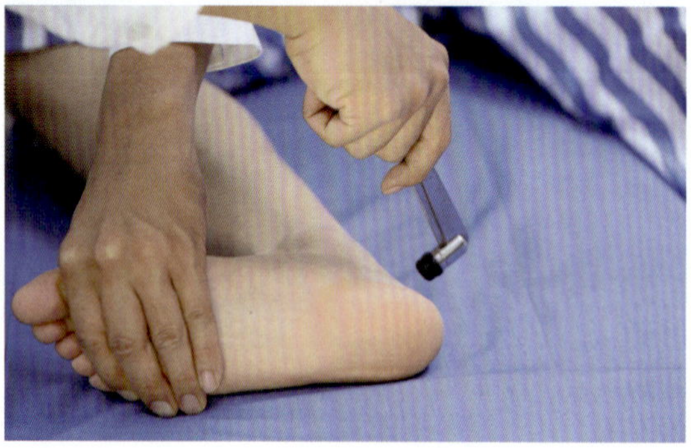

图 4-73　跟腱反射检查

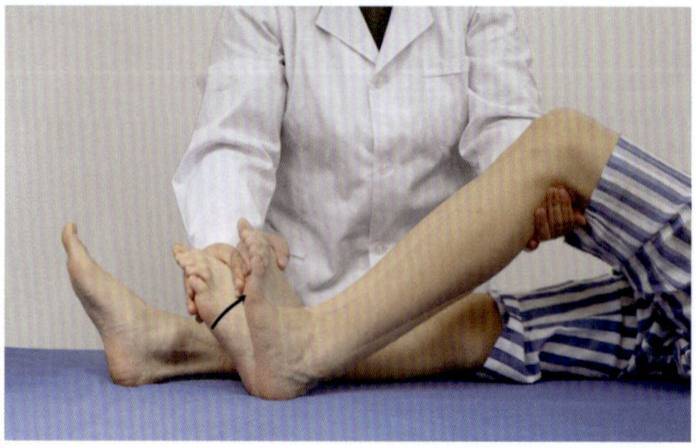

图 4-74　踝阵挛检查

2）髌阵挛：嘱被检查者取仰卧位，下肢伸直，检查者用拇指和示指按住其髌骨上缘，并用力向下快速推动数次，并保持向下的推力。阳性反应为股四头肌节律性收缩，髌骨上下移动（图 4-75）。

（二）病理反射

病理反射是指锥体束受损时，大脑对脑干和脊髓的抑制作用丧失而出现的异常反射。一岁半以内的婴幼儿由于神经系统发育不完善，可出现此类反射，为正常现象。

1. 巴宾斯基（Babinski）征　为最典型且最常做的病理反射。检查方法同跖反射，用叩诊锤尖端或竹签一端沿被检查者足底，由足跟向前至小趾关节处划向踇趾侧（图 4-76）。阳性反应为踇趾背伸，其余四趾呈扇形展开。

2. 奥本海姆（Oppenheim）征　被检查者用拇指和示指沿被检查者的胫骨前缘自上向下用力滑压（图 4-77）。阳性反应同 Babinski 征。

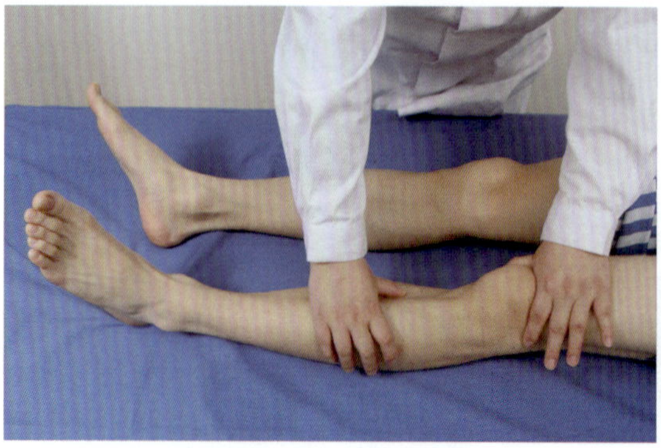

图 4-75　髌阵挛检查

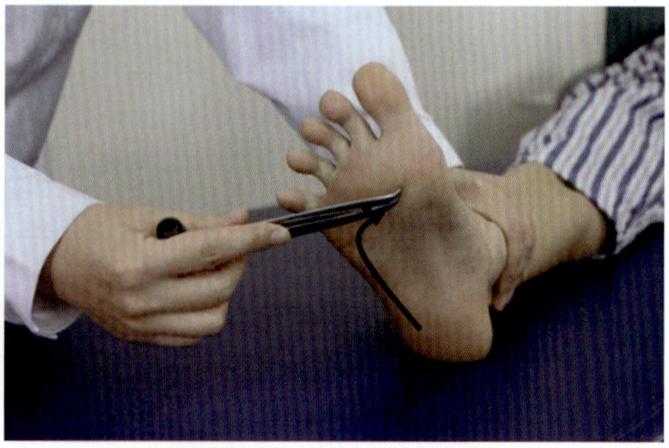

图 4-76　巴宾斯基征检查

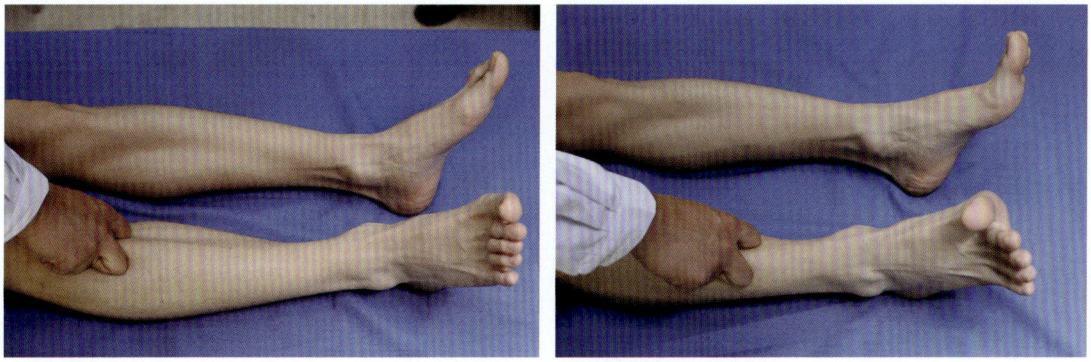

图 4-77　奥本海姆征检查

3. 戈登（Gordon）征　检查者用手以一定力量挤压腓肠肌（图 4-78）。阳性反应同 Babinski 征。

4. 查多克（Chaddock）征　检查者用钝头竹签从被检查者外踝下方向前划至趾跖关节处（图 4-79）。阳性反应同 Babinski 征。

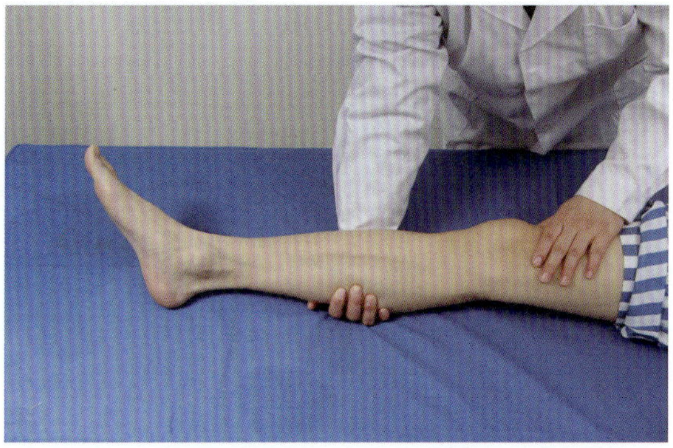

图 4-78　戈登征检查

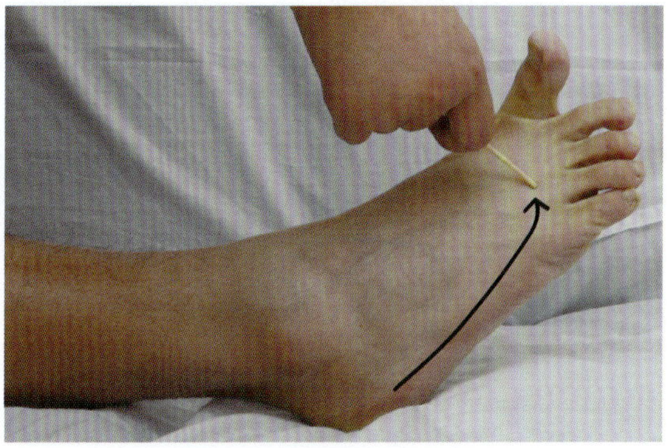

图 4-79　查多克征检查

5. 霍夫曼（Hoffmann）征　检查者用左手托住被检查者腕部上方，以右手中指和示指夹持其中指，稍向上提，使其腕部处于轻度过伸位，然后用拇指迅速弹刮被检查者中指的指甲（图 4-80）。阳性反应为拇指和其他手指掌屈，多见于颈髓病变，为上肢锥体束征。

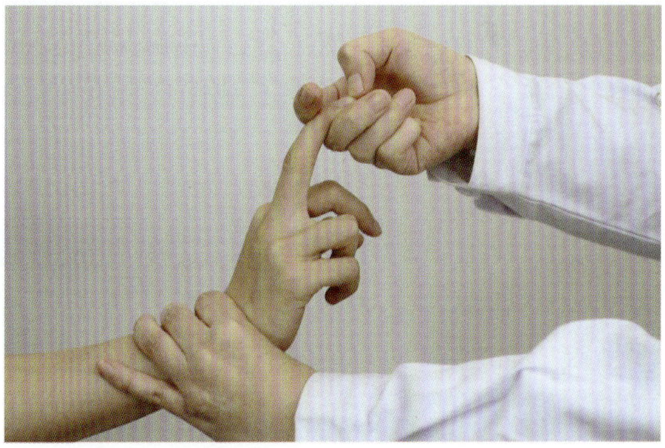

图 4-80　霍夫曼征检查

（三）脑膜刺激征

脑膜刺激征是脑膜受激惹而表现的异常体征，见于颅内压增高、脑膜炎和蛛网膜下隙出血等。脑膜刺激征检查方法如下。

1. 颈强直　嘱被检查者取去枕平卧位，检查者用左手托起被检查者的枕部，右手放于其胸前，做屈颈动作，正常人颈软，若被动屈颈时抵抗力增强，称为颈强直。颈强直也可由颈椎或颈部肌肉局部病变引起。

2. 克尼格（Kernig）征　嘱被检查者取仰卧位，检查者协助其一侧髋关节、膝关节成 90° 屈曲，然后左手固定其膝关节，右手将其小腿抬高伸膝（图 4-81），正常情况下膝关节可伸达 135°。若伸膝受阻且伴有疼痛、屈肌痉挛，称为阳性。

3. 布鲁津斯基（Brudzinski）征　检查方法同颈强直，若被动屈颈时，被检查者的双侧髋、膝关节同时屈曲，称为阳性（图 4-82）。

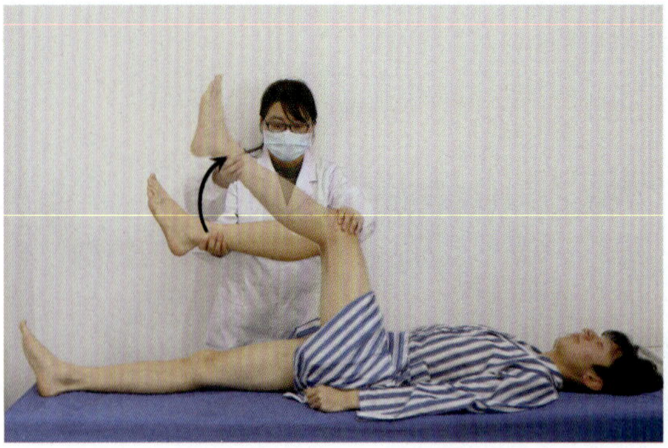

图 4-81　克尼格征检查

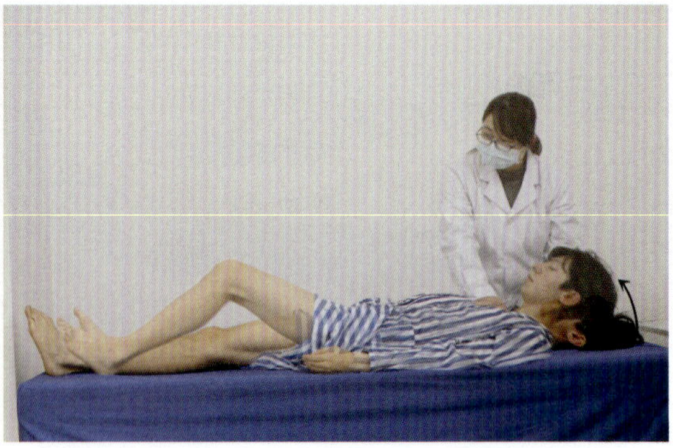

图 4-82　布鲁津斯基征检查

五、自主神经检查

自主神经可分为交感与副交感两个系统，主要功能是调节内脏、血管、竖毛肌与腺体等的活动。大部分内脏受交感和副交感神经纤维的双重支配，在大脑皮质的调节下，协调整个机体内、外环境的平衡。

皮肤与黏膜是反映自主神经功能的重要部位，自主神经检查可通过观察皮肤黏膜颜色及温湿度来初步判断。注意皮肤黏膜色泽有无苍白、潮红、发绀等；有无全身或局部出汗过多、过少或无汗。交感神经短期损害时，表现为血管扩张、充血，局部皮肤潮红，温度升高；而交感神经长期损害时，血管调节功能丧失，血流淤滞，局部皮肤发绀、湿冷、温度降低。

临床常用自主神经检查方法有以下几种。

（一）眼心反射

检查眼心反射时，被检查者取仰卧位，双眼自然闭合，计数并记录此时脉率。然后检查者用左手中指、示指按压被检查者眼球两侧，逐渐加压，以被检查者不痛为限。加压 20 ～ 30 秒后再次计数脉率，正常可减少 10 ～ 12 次 / 分，如减少超过 12 次 / 分提示副交感（迷走）神经功能亢进，迷走神经麻痹则无反应。如压迫后脉率不减慢反而加速，则提示交感神经功能亢进。

（二）皮肤划痕试验

皮肤划痕试验是用钝头竹签在皮肤上适度加压划一条线，因血管收缩，数秒后皮肤先出现高出皮面的白色划痕，之后划痕处发红，属正常现象。如白色划痕持续时间超过 5 分钟，提示交感神经兴奋性增高。如红色划痕迅速出现且持续时间长，明显增宽甚至隆起，则提示副交感神经兴奋性增高或交感神经麻痹。

（三）竖毛反射

竖毛肌由交感神经支配。将冰块置于被检查者颈后或腋窝，正常情况下，数秒后可见竖毛肌收缩，毛囊处隆起，形如鸡皮，俗称鸡皮疙瘩。如没有此反应，称为竖毛反射障碍，可根据没有此反应的部位来判断交感神经功能障碍的范围。

（四）瓦尔萨尔瓦动作（Valsalva maneuver）

检查瓦尔萨尔瓦动作时，嘱被检查者深吸气后，在屏气状态下用力做呼气动作，持续 10 ～ 15 秒。计算此期间最长心搏间期与最短心搏间期的比值，正常人≥ 1.4，如＜ 1.4，则提示压力感受器功能不灵敏或其反射弧的传入纤维或传出纤维损害。

（五）发汗试验

发汗试验常用碘淀粉法检查，将碘 1.5g、蓖麻油 10ml、95% 乙醇 100ml 混合成淡碘酊，涂于皮肤表面（注意避开外阴部和眼睑），待干后再敷以淀粉。之后可通过皮下注射毛果芸香碱 10mg 作用于交感神经节后纤维而引起出汗，出汗处淀粉可变蓝色，无出汗处皮肤颜色不变，可借此协助判断交感神经功能障碍的范围。

（六）卧立试验

检查卧立试验时，先在被检查者平卧位计数脉率，然后嘱其起立站直，再计数脉率。如由卧位到立位脉率增快超过 10 ～ 12 次 / 分提示交感神经兴奋性增强。由立位到卧位，脉率减慢超过 10 ～ 12 次 / 分则为迷走神经兴奋性增强。

目标检测

A_1/A_2 型题

1. 关于嗅诊的描述，错误的是（　　）
   A. 呼气有蒜味见于糖尿病酮症酸中毒
   B. 呕吐物呈酸臭味提示幽门梗阻
   C. 呼气有酒味见于酒精中毒
   D. 痰液具有恶臭见于肺脓肿
   E. 呼气有氨味见于尿毒症
2. 醉酒步态见于（　　）
   A. 佝偻病　　B. 小脑疾病
   C. 脊髓疾病　　D. 脑性瘫痪
   E. 帕金森病
3. 长期应用糖皮质激素的患者可出现的面容是（　　）
   A. 甲状腺功能亢进面容
   B. 满月面容
   C. 病危面容
   D. 急性病容
   E. 慢性病容
4. 强迫仰卧位多见于（　　）
   A. 心绞痛　　B. 胸膜炎
   C. 脊柱疾病　　D. 急性腹膜炎
   E. 心肺功能不全
5. 肥胖是指体重高于标准体重（　　）
   A. 5% 以上　　B. 10% 以上
   C. 15% 以上　　D. 20% 以上
   E. 25% 以上
6. 皮肤弹性减退常见于（　　）
   A. 肥胖　　B. 严重脱水
   C. 尿毒症　　D. 黏液性水肿
   E. 维生素 A 缺乏
7. 皮下出血与出血性皮疹最主要的区别是（　　）
   A. 压之是否退色　　B. 皮肤表面是否隆起
   C. 病变直径大小　　D. 病变部位
   E. 血小板计数是否正常
8. 下列关于蜘蛛痣的描述，不正确的是（　　）
   A. 多出现在上腔静脉分布区域
   B. 见于肝硬化
   C. 与雌激素减少有关
   D. 正常人偶见
   E. 见于慢性肝病
9. 引起全身浅表淋巴结肿大的原因不常见于（　　）
   A. 白血病
   B. 淋巴瘤
   C. 传染性单核细胞增多症
   D. 急性淋巴结炎
   E. 结核病
10. 方颅可见于（　　）
    A. 佝偻病　　B. 囟门早闭
    C. 先天性疾病　　D. 肢端肥大症
    E. 变形性骨炎
11. 两侧瞳孔大小不等，提示（　　）
    A. 阿托品中毒　　B. 视神经萎缩
    C. 有机磷农药中毒　　D. 颅内高压病变
    E. 深昏迷
12. 下列可使气管向患侧移位的是（　　）
    A. 肺不张　　B. 肺气肿
    C. 纵隔肿瘤　　D. 一侧胸腔大量积液
    E. 一侧胸腔大量积气
13. 肿大的甲状腺质地柔软，两侧对称，触及震颤，并有血管杂音，多考虑（　　）
    A. 结节性甲状腺肿　　B. 单纯性甲状腺肿
    C. 甲状腺功能亢进　　D. 慢性淋巴细胞性甲状腺炎
    E. 甲状腺癌
14. 计数前胸壁肋骨和肋间隙最常用、最重要的体表标志是（　　）
    A. 锁骨　　B. 乳头　　C. 胸骨角
    D. 胸骨柄　　E. 肩胛下角

15. 关于乳房检查的叙述，错误的是（　　）
A. 乳房皮肤呈橘皮样多见于乳腺癌
B. 皮肤红、肿、热、痛见于炎症
C. 疑有肿块时用手提起乳房仔细挤压触摸
D. 病变部位按四个象限记录
E. 乳房触诊后应常规检查腋窝、锁骨上窝和颈部淋巴结

16. 慢性阻塞性肺疾病可出现（　　）
A. 气管偏向患侧　B. 一侧胸廓饱满
C. 桶状胸　D. 气管偏向健侧
E. 吸气期明显延长

17. 患者女，45岁。体格检查发现一侧乳房皮肤局部呈橘皮样，乳头内陷，可初步考虑为（　　）
A. 乳腺炎　B. 乳腺小叶增生
C. 乳腺囊肿　D. 乳腺癌
E. 正常乳房

18. 触诊语颤增强可见于（　　）
A. 肺气肿　B. 肺实变
C. 胸腔积液　D. 阻塞性肺不张
E. 胸壁皮下气肿

19. 异常支气管呼吸音最常见于（　　）
A. 大叶性肺炎消散期　B. 大叶性肺炎充血期
C. 大叶性肺炎实变期　D. 支气管肺炎
E. 慢性支气管炎

20. 胸膜摩擦感和心包摩擦感的鉴别要点为（　　）
A. 有无心脏病史
B. 患者体质状态
C. 变动体位时摩擦感是否消失
D. 咳嗽后摩擦感是否消失
E. 屏气时摩擦感是否消失

21. 心脏听诊顺序正确的是（　　）
A. 心尖部→三尖瓣区→主动脉瓣区→肺动脉瓣区→主动脉瓣第二听诊区
B. 心尖部→主动脉瓣区→主动脉瓣第二听诊区→肺动脉瓣区→三尖瓣区
C. 三尖瓣区→主动脉瓣第二听诊区→主动脉瓣区→肺动脉瓣区→心尖部
D. 肺动脉瓣区→心尖部→主动脉瓣区→主动脉瓣第二听诊区→三尖瓣区
E. 心尖部→肺动脉瓣区→主动脉瓣区→主动脉瓣第二听诊区→三尖瓣区

22. 下列属于器质性心血管病特征性体征的是（　　）
A. 心脏杂音　B. 心律失常
C. 心动过速　D. 心脏震颤
E. 心音增强

23. 心脏杂音产生最常见的原因是（　　）
A. 血流加速
B. 瓣膜口狭窄或瓣膜关闭不全
C. 异常血流通道
D. 心腔结构异常
E. 大血管瘤样扩张

24. 患者女，50岁。最近血压波动在（160～170）/（90～95）mmHg，该患者的血压属于
A. 舒张期高血压　B. 收缩期高血压
C. 1级高血压　D. 2级高血压
E. 3级高血压

25. 某男性患者腹部外形呈蛙状腹，最可能的原因是（　　）
A. 心力衰竭　B. 肝硬化
C. 结核性腹膜炎　D. 纤维蛋白性心包炎
E. 腹膜转移瘤

26. 腹部揉面感最多见于（　　）
A. 胃穿孔　B. 腹腔内出血
C. 急性弥漫性腹膜炎　D. 结核性腹膜炎
E. 急性阑尾炎

27. 某患者腹壁静脉曲张，其血流方向均自下而上，最可能的诊断为（　　）
A. 上腔静脉阻塞　B. 下腔静脉阻塞
C. 肝硬化门脉高压　D. 淋巴管阻塞
E. 部分老年人

28. 直肠指检触及坚硬、凹凸不平的包块，应考虑（　　）
A. 直肠息肉　B. 直肠癌
C. 前列腺癌　D. 直肠周围脓肿
E. 肛裂

29. 适用于检查盆腔脏器和病变的体位是（　　）
A. 蹲位　B. 端坐位
C. 膝胸位　D. 左侧卧位
E. 仰卧位或截石位

30. O形腿畸形常发生于（　　）
A. 脊髓灰质炎　B. 急性脊髓炎
C. 下肢静脉曲张　D. 佝偻病
E. 结核病

31. 脊柱姿势性侧凸的原因不包括（　　）
A. 胸廓畸形
B. 代偿性侧凸
C. 坐骨神经性侧凸
D. 脊髓灰质炎后遗症
E. 儿童发育期坐、立姿势不良

32. 手指关节梭形常见于（　　）
A. 风湿性关节炎　B. 指关节外伤
C. 类风湿关节炎　D. 尺神经损伤
E. 正中神经损伤

33. 匙状甲多见于（　　）
A. 肺气肿　B. 肝硬化
C. 缺铁性贫血　D. 肺脓肿
E. 心肌梗死

34. 角膜反射直接反射消失，间接反射存在，提示受损的神经是（　　）
A. 迷走神经　B. 面神经

C. 滑车神经　　D. 副神经
E. 三叉神经

35. 肢体在床面上能水平移动，但不能抬离床面，提示肌力（　　）
A. 1 级　　B. 2 级　　C. 3 级
D. 4 级　　E. 5 级

36. 肌张力增高，呈铅管样强直见于（　　）
A. 锥体束损伤　　B. 锥体外系损伤
C. 周围神经炎　　D. 前角灰质炎
E. 小脑病变

37. 患者闭眼用单手触摸熟悉的物体，如钢笔、钥匙、硬币等，并说出物体的名称，该检查项目为（　　）
A. 皮肤定位觉　　B. 两点辨别觉
C. 实体觉　　D. 体表图形觉
E. 位置觉

38. 检查者用手以一定力量捏压患者腓肠肌，可见其踇趾背伸，余趾呈扇形展开，称为（　　）
A. Babinski 征阳性　　B. Hoffmann 征阳性
C. Oppenheim 征阳性　　D. Gordon 征阳性
E. Brudzinski 征阳性

39. 提示锥体束受损的重要体征是（　　）
A. 颈强直　　B. 腹壁反射消失
C. 膝腱反射亢进　　D. 巴宾斯基征阳性
E. 克尼格征阳性

40. 患者男，患慢性迁延性肝炎数年，近来出现大量腹水，腹部隆起，为判断肝脾肿大情况，选择的检查方法是（　　）
A. 深部滑动触诊法　　B. 深压触诊法
C. 双手触诊法　　D. 浅部触诊法
E. 冲击触诊法

41. 患者女，40 岁，心悸、胸闷、活动后心悸反复发作 4 年，每于劳累后发生。入院查体发现：心率 120 次 / 分，二尖瓣区可闻及收缩期及舒张期杂音，呼吸 28 次 / 分，两肺散在湿啰音。该患者最可能采取的体位是（　　）
A. 强迫仰卧位　　B. 强迫俯卧位
C. 强迫侧卧位　　D. 强迫坐位
E. 强迫蹲位

42. 在某女性患者左锁骨上窝触及一肿大淋巴结，质地坚硬，表面光滑，与周围组织粘连，无压痛，最可能发生了（　　）
A. 淋巴结结核　　B. 淋巴结炎
C. 左肺癌淋巴结转移　　D. 左乳腺癌淋巴结转移
E. 胃癌淋巴结转移

43. 患者女，24 岁，意识不清半小时入院。查体：口腔中可闻及刺激性蒜味，双侧瞳孔直径约 1mm，对光反射迟钝。其可能的诊断是（　　）
A. 脑出血　　B. 阿托品中毒
C. 一氧化碳中毒　　D. 有机磷农药中毒
E. 脑疝

44. 患者女，45 岁，查体时发现气管向右侧移位，左侧胸廓饱满，触诊语颤减弱，叩诊为鼓音，最可能的诊断是（　　）
A. 肺气肿　　B. 左侧气胸
C. 右侧气胸　　D. 左侧胸腔积液
E. 右侧胸腔积液

45. 患者男，72 岁。高血压病史 25 年。上厕所时突然感头晕，随即倒地被送至医院，诊断为脑出血。查体发现患者在有规律呼吸几次后，突然停止呼吸，间隔几秒后又开始呼吸，如此周而复始。该患者的呼吸类型为（　　）
A. 呼吸浅快　　B. 呼吸深慢
C. 抑制性呼吸　　D. 潮式呼吸
E. 间停呼吸

46. 患者男，65 岁。有慢性阻塞性肺疾病病史 15 余年，近日并发上呼吸道感染，咳嗽、咳痰加重，体温 38℃，脉搏 95 次 / 分，呼吸 30 次 / 分，该患者主要发生的呼吸改变为（　　）
A. 呼吸困难　　B. 频率改变
C. 节律改变　　D. 深浅度改变
E. 音响改变

47. 患者男，32 岁。发热 1 周伴胸闷、心悸、气急 3 天入院。吸气时脉搏显著减弱或消失，叩诊心界向两侧增大，并随体位变化而改变，提示（　　）
A. 右心衰竭　　B. 气胸
C. 主动脉瓣关闭不全　　D. 大量心包积液
E. 心房颤动

48. 患者男，45 岁，夜间阵发性呼吸困难 6 个月。查体：口唇轻度发绀，心尖区触及舒张期震颤，叩诊心界呈梨形，心尖区闻及低调、隆隆样舒张中晚期杂音。最可能的诊断是（　　）
A. 二尖瓣狭窄　　B. 二尖瓣关闭不全
C. 主动脉瓣狭窄　　D. 主动脉瓣关闭不全
E. 心包积液

49. 患者男，46 岁，全腹剧烈疼痛 10 小时入院。腹部检查发现腹式呼吸运动减弱，腹部稍隆起，触诊全腹腹肌紧张，压痛和反跳痛。该患者最有可能的诊断是（　　）
A. 急性腹膜炎　　B. 急性阑尾炎
C. 急性胰腺炎　　D. 门静脉性肝硬化
E. 结核性腹膜炎

50. 患者男，60 岁。有胃溃疡病史十余年，近一段时间出现腹胀、恶心、呕吐，呕吐酸腐食物，清晨空腹及餐后 6 ～ 8 小时存在清晰的振水音，提示该患者已出现（　　）
A. 穿孔　　B. 出血　　C. 癌变
D. 幽门梗阻　　E. 急性胃炎

51. 患者男，35 岁。到热带地区工作多年并有患恶性疟疾病史，近来发现脾大，查体显示脾脏在左锁骨中线肋下 4cm，脐水平以上。此脾脏大小属于（　　）

A. 正常　B. 轻度肿大
C. 中度肿大　D. 高度肿大
E. 严重肿大

52. 患者女，30岁，腹部阵发性剧烈绞痛2小时，呕吐3次，非喷射性，为胃内容物。腹部检查：肠鸣音12次/分，伴金属音。可能的诊断是（　）
A. 急性肠胃炎　B. 急性胃肠出血
C. 血管性肠梗阻　D. 机械性肠梗阻
E. 麻痹性肠梗阻

53. 患者男，69岁。因尿频、排尿无力、夜尿增多5年就诊，诊断为良性前列腺增生。检查前列腺时，患者应采取的体位是（　）
A. 仰卧位　B. 俯卧位
C. 膝胸位　D. 右侧卧位
E. 左侧卧位

54. 患者男，34岁。因发现右侧角膜直接反射和间接反射消失入院，其病变神经可能是（　）
A. 左侧面神经　B. 右侧面神经
C. 左侧三叉神经　D. 右侧三叉神经
E. 左侧动眼神经

55. 患者女，10岁，因发热、头痛5天入院。神经系统检查时，让患儿仰卧，一侧下肢髋、膝关节屈成直角，检查者将患儿小腿被动抬高到135°即出现疼痛，患儿的阳性体征为（　）
A. Kernig征阳性　B. 颈项强直
C. Brudzinski征阳性　D. Babinski征阳性
E. Gordon征阳性

56. 患者男，42岁，高血压病史15年，因头部剧烈疼痛、呕吐5小时入院。查体：患者意识模糊，颈强直，克尼格征及布鲁津斯基征均阳性。患者可能发生了（　）
A. 脑出血　B. 中毒性菌痢
C. 病毒性脑膜炎　D. 结核性脑膜炎
E. 流行性脑脊髓膜炎

（刘亚莉　陈云华　王　贞）

第5章 心理评估和社会评估

案例 5-1

患者男，20 岁，初中时曾被同学欺负，并受到孤立，之后变得低调，不苟言笑。高中阶段偶尔受到威胁，无法控制自己回忆过往负面经历且频率增加，很痛苦，情绪低落，感觉活得很累，对生活失去兴趣，有自杀的想法，期待利用某种技术将初中的记忆彻底抹去。

问题：1. 该患者最主要的心理问题是什么？

2. 该患者需要接受哪些治疗？

现代医学模式强调人的健康包括生理、心理、社会 3 个方面，三者密不可分。因此，在现代护理工作中，要做到以患者为中心的系统化整体护理，完整地对患者进行健康评估，既要关注其生理方面的变化，又要从心理、社会等方面对个体进行综合评估。

第 1 节　概　　述

一、概念及功能

心理评估是采用心理学的理论与方法，对人的心理品质及水平进行评估的过程。心理评估在诸多领域有广泛用途，其中为临床治疗所用时，其主要目的是评估患者在疾病发生发展过程中的心理过程，包括认知功能、情绪与情感、应激与应对以及自我概念等，从而发现患者现存或潜在的心理健康问题，为制订心理干预措施提供依据。

社会评估主要目的是评估患者的社会功能状态及所处的社会环境等，包括角色、家庭、文化和环境等，以明确其对患者健康状况的可能影响，为制订相应的护理措施，提升个体的社会适应能力及促进其身心健康提供依据。

二、评估方法

（一）会谈法

会谈法，又称访谈法、交谈法等，是一种通过面对面的谈话方式所进行的评估方法，是心理与社会评估中最常用的一种基本方法。依据在会谈过程中的控制程度不同，会谈法可分为自由式会谈和结构式会谈两种类型。

1. 自由式会谈　是指事先不拟定固定的会谈问题，或不按固定的问题顺序去提问，会谈双方进行自由交谈。自由式会谈是开放式的，气氛比较轻松，容易获得更为真实的资料，但有可能偏离主题，浪费时间。

2. 结构式会谈　是指按照事先设计好的会谈提纲或主题有目的、有计划、有步骤地进行会谈。这种会谈主题明确、效率高、节省时间，但容易限制患者的表述，遗漏信息，甚至会使患者感到拘谨或有例行公事的感觉。

（二）观察法

观察法是一种有目的、有计划地通过对被观察者的行为表现直接或间接地进行考察、记录和分析的方法，包括自然观察法和控制观察法。

1. 自然观察法　指在自然情景中观察和记录被观察者的行为表现。该方法可观察到的行为范围较广，内容多，信息量大，需要观察者具有敏锐的观察能力，以便对其中信息进行筛选和判断。由于所观察的情景是被观察者生活或工作的原本状态，因此，所获得的资料比较真实和客观。

2. 控制观察法　指在预先控制的情境与条件下，观察和记录被观察者对特定刺激的反应。该方法需预先设计，按既定程序进行，每一受试者都接受同样的刺激，又称实验观察法。由于受实验控制过程中人为因素的影响，以及被观察者意识到正在接受实验，其结果的客观性可能会受到干扰。临床护理工作中，以自然观察法为宜。

（三）心理测量学方法

心理测量学方法是依据心理学的原理和技术，利用心理测量工具，如标准化测验或量表，对个体的外显行为进行观察或评定，并将结果按数量或类别加以描述的过程。依据心理测量工具的不同，可分为心理测验法和评定量表法。

1. 心理测验法　是依据心理学理论，使用一定的操作程序，在标准情境下，用统一的测量手段（如仪器）测试个体对测验项目所作出的行为反应的方法。

2. 评定量表法　是指应用量表，即一套预先已标准化的测试项目，对被评估者的某种心理品质进行测量、分析和鉴别的方法。例如，应用焦虑自评量表和住院患者压力评定量表对住院患者的焦虑情绪和压力状况进行评估。

（四）医学检测法

医学检测法主要用于心理评估，包括体格检查和各类实验室检查，如测量体温、脉搏、呼吸、血压，测定血液中肾上腺皮质激素的浓度等。检测结果可为心理评估提供客观依据，并可对通过会谈法、观察法或心理测量学法收集到的资料的真实性和准确性进行验证。

心理及社会评估的方法较多，除以上所介绍的方法外，对环境的评估尤其是物理环境的评估，还应进行实地考察和抽样调查，以了解环境中是否存在有害的因素。注意，各种方法均有其独特的优点，同时也都存在不足或局限性。因此，在心理社会评估过程中，为保证所收集到的资料更为完整、全面，评估结果更为科学、可信，护士可依据不同的评估目标及患者的特点，综合应用多种不同的评估方法。

第2节　心理评估

一、认知功能

（一）概述

认知是人们推测和判断客观事物的心理过程，是在过去的经验及对有关线索进行分析的基础上形成的对信息的理解、分类、归纳、演绎及计算。认知活动包括感知、注意、记忆、思维、语言、定向力等。

1. 感知　是个体将来源于视、听、味、嗅、触等各种感官刺激输入并加以解释和组合，转换为有意义的方式的过程，是客观世界在人脑中的主观印象，是认识客观世界的开始。个体的感知功能主要包括视觉、听觉、味觉、嗅觉及痛觉等。

2. 注意　是心理活动对一定对象的指向和集中。可分为以下两类。①无意注意：是预先没有目的、也不需要意志努力的注意，如寂静的病室突然出现巨大的响声所引起的人们的注意。②有意注意：是预先设有目的并需要意志努力的注意，如请被评估者填写入院记录引起的注意。

3. 记忆　是指在头脑中积累和保持个体经验的心理过程。包括识记、保持、再认和再现（回忆）4个基本过程。按信息在大脑中保存时间的长短，可将记忆分为以下 3 类。①感觉记忆：又称瞬时记忆，是指个体的感觉器官感应到刺激时所引起的短暂的记忆。感觉记忆仅存于感官层面，信息存储的时间极短，为 0.25 ～ 2 秒，稍不注意，转瞬即逝。②短时记忆：是指感觉记忆中经过注意能保存到 1 分钟以内的记忆。③长时记忆：是指能够长期甚至永久保存的记忆。

4. 思维　是人脑对客观现实间接的、概括的反应，是人们认识事物本质特征及其内部规律的理性认知过程，它是人类认知活动的最高形式。思维的基本形式有以下 3 种。①概念：是人脑反映客观事物本质特性的思维形式。②判断：是人们比较和评价客观事物及其相互关系并作出结论的思维形式。③推理是由已知判断推出新判断的思维过程。

5. 语言　是人们进行思维的工具，是思维的物质外壳。思维的抽象与概括总是借助语言得以实现的，因此思维与语言不可分割，共同反映人的认知水平。

6. 定向力　是指个体对时间、地点、人物及自身状态的判断认识能力，包括时间定向、地点定向、空间定向、人物定向等。

（二）认知评估

1. 感知功能评估　需综合应用会谈法、观察法和医学检测法。通过询问“你感觉最近视力有变化吗？”“你觉得最近听力怎么样？”等问题了解患者有无感知觉异常的表现，同时结合观察以及视力、听力等感知觉方面医学检测，相互验证，综合分析、判断患者的感知觉情况。

2. 注意能力评估

（1）无意注意　可通过观察患者对周围环境变化有无反应进行评估，如对所住病室人员的出入、光线的明暗变化等有无反应。

（2）有意注意　可通过让患者完成某项任务进行评估，如让患者填写入院评估表，同时观察其执行任务时的专注程度。对于儿童和老人，应着重观察其能否有意识地将注意力集中于某一具体事物。

3. 记忆能力评估

（1）回忆法　是评估记忆最常用的方法，用于测量短时记忆和长时记忆。评估短时记忆时，可让被评估者重复刚刚说过的话或是一组电话号码；评估长时记忆时可让被评估者叙述昨日活动轨迹或回忆其儿童时代发生的事件等。

（2）再认法　让患者完成试卷中是非题或选择题即属于用再认法测量其已学过的知识。再认法也为评估记忆最常用的方法，可用于记忆的 3 种类型，尤其当回忆法无法使用时，再认法可以弥补其不足。

（3）评定量表测评　上述评估方法大多只考察了记忆的部分种类或部分特征，专门用于检测记忆能力的成套记忆测验则能更全面系统地评估患者的记忆能力。目前国内常用的记忆测验工具有韦氏记忆量表（Wechsler memory scale，WMS）、中国临床记忆量表（clinical memory scale，CMS）等。

4. 思维能力评估　主要针对思维形式和思维内容两方面进行。推理是临床最常用的思维能力评估指标。护士可根据患者的年龄特征和认知特点提出相关问题，如让患者解释一种自然现象的形成过程。也可借用瑞文标准推理测验对患者的推理能力进行系统评估。

此外，还可通过询问患者“周围的人，如你的同事或家人对你的态度怎么样？”“有没有人对你不友好？”等问题评估其思维内容是否正常。

5. 语言能力评估　通过观察、会谈等可对语言能力进行初步判断，如发现语言能力异常，应进一步明确其语言障碍的类型（表 5-1）。

表 5-1 语言障碍的类型及评价

类型	评价
运动性失语	由语言运动中枢病变所致。不能说话，或只能讲一两个简单的字，且用词不当，但对他人的语言和书面文字能理解
感觉性失语	自述流利，但内容不正确，不能理解他人的语言，也不能理解自己所言，发音用词错误，严重时别人完全听不懂
命名性失语	称呼原来熟悉的人名、物品名的能力丧失，但他人告知名称时，能辨别对、错，能说出物品使用方法
失写	能听懂他人语言及认识书面文字，但不能书写或写出的句子有错误，抄写能力尚存
失读	丧失对视觉符号的认识能力，因此不识词句、图画，常与失写同时存在
构音困难	因发音器官病变或结构异常所致，表现为发音不清，但用词准确

6. 定向能力评估　评估时间定向力时，可询问被评估者“现在是几点钟？今天是星期几？今年是哪一年？”。评估地点定向力时，可问“你知道你现在在什么地方吗？”。评估空间定向力时，可问“我在你的左边还是右边？”。评估人物定向力时，可问“你叫什么名字？你知道我是谁吗？”。定向力障碍者不能将自己与时间、空间、地点联系起来。定向力障碍的先后顺序依次为时间、地点、空间和人物。

二、情绪和情感

（一）概述

1. 情绪和情感的定义　情绪和情感是个体对客观事物是否满足自身需要的内心体验与反映。当需要获得满足，就会引起高兴、满意、爱慕等积极肯定的情绪和情感，反之则会引起生气、不满、憎恨等消极否定的情绪和情感。

2. 情绪与情感的关系　情绪是人和动物共有的心理现象，具有较强的情境性、激动性和暂时性，与生理性需求满足与否有关。情感是人类特有的高级心理现象，具有较强的稳定性、深刻性和持久性，与社会性需求满足与否相联系。情绪和情感既有区别又相互联系。情感是在情绪稳定的基础上建立和发展起来的，同时又通过情绪表现出来；反过来，情绪的表现和变化又受已形成的情感的制约。

3. 情绪和情感的分类　分类方法有很多种，总体上分为正性情绪和情感及负性情绪和情感。凡能提高人的工作效能，增强人的体力和精力的积极情绪与情感为正性情绪和情感，如满意、喜悦、快乐、惊奇、兴趣、自信、友爱等；凡能抑制人的活动效能，削弱人的体力和精力的消极情绪与情感为负性情绪和情感，如抑郁、痛苦、悲哀、绝望、轻蔑、厌恶、自卑等。

（二）常见异常情绪

1. 焦虑　是人们感受到威胁或预期即将发生不良后果时的情绪体验。如生存需求得不到保证如疾病困扰、担忧手术、治疗疾病造成的经济负担，家庭和社会责任无法履行等情境因素，只要使人预感到无力避免或应对而感受到严重的、无法摆脱的威胁，就可产生焦虑情绪。焦虑主要表现为生理和心理两方面的变化。生理方面主要有心悸、食欲缺乏、睡眠障碍等；心理方面则表现为注意力不集中、易激惹等。人们常以语言和非语言两种形式表达内心的焦虑。前者为直接诉说忧虑事件和原因；后者有心率、呼吸加快，姿势与面部表情紧张，神经质动作如凝视墙壁、天花板以及肢端颤抖，无法平静等。

2. 抑郁　是在个体失去某种自己重视或追求的东西时产生的情绪体验。处于抑郁状态者可有情感、认知、动机以及生理等多方面的改变。情感方面主要表现为情绪低落、心境悲观、自我感觉低沉、无助感、绝望感；认知方面表现为注意力不集中、思维缓慢、不能作出决定；动机方面表现为过分依赖、生活懒散、逃避现实甚至想自杀；生理方面表现为易疲劳、食欲缺乏、体重下降、睡眠障碍、运动迟缓以及机体其他功能减退。

3. 恐惧　是指面临不利或危险处境时出现的情感反应，常伴有避开不利或危险处境的行为，表现为紧张、害怕，伴有心悸、出汗、四肢发抖，甚至出现排便、排尿失禁等自主神经功能紊乱症状。

4. 情绪高涨　为一种病态的喜悦情感，在连续一段时间中（一般指 1 周以上甚至更长的时间），情绪持续保持在过分满意和愉快的状态。常表现为不分场合的兴奋话多、语音高亢、表情丰富、眉飞色舞，常同时伴有联想奔逸、动作增多等，多见于躁狂症。

5. 易激惹　是指个体存在的各种程度不等的易怒倾向，一般或轻微的刺激即可使其产生剧烈的情绪反应。持续时间一般较短暂，常见于疲劳状态、躁狂症、人格障碍、神经症或偏执性精神病。

6. 情绪不稳　是指情感反应多变、喜怒无常、变化莫测。与外界环境有关的轻度情绪不稳可以是一种性格的表现；与外界环境无关的情绪不稳是精神疾病的表现，常见于器质性精神障碍。

（三）情绪与情感的评估

可通过会谈、观察、医学测量和评定量表测评等多种方法对患者的情绪与情感进行综合评估。

1. 会谈　是评估情绪与情感最常用的方法，主要用于获取主观资料。可询问患者"你近来心情如何？""你如何描述你此时的情绪？""有什么事情让你感到特别高兴或担心甚至沮丧？这样的情绪存在多久了？""你感到生活有意义吗？"等。应注意向患者的家属如父母、配偶或同事、朋友等核实情况。

2. 观察与医学测量　情绪变化时呼吸频率、心率、血压、皮肤颜色和温度、食欲及睡眠状况等可随之发生改变。例如，紧张时皮肤苍白，焦虑和恐惧时多汗，抑郁时食欲缺乏、睡眠障碍等。评估者应熟悉常见的情绪表现，就以上各项目对被评估者进行观察和测量，以获得情绪和情感的客观资料，并对会谈所收集的主观资料进行验证。

3. 评定量表测量　是评估情绪、情感较为客观的方法。常用的量表有 Zung 焦虑自评量表（self-rating anxiety scale，SAS）（表 5-2）、Zung 抑郁自评量表（self-rating depression scale，SDS）、医院焦虑抑郁量表（hospital anxiety and depression scale，HADS）等。此外，对于情绪抑郁者，需特别注意其有无自杀倾向和自伤或自杀的行为。

表 5-2　Zung 焦虑自评量表（SAS）

评定项目	偶尔	有时	经常	持续
1. 我感到比往常更加神经过敏和焦虑	1	2	3	4
2. 我无缘无故感到担心	1	2	3	4
3. 我容易心烦意乱或感到恐慌	1	2	3	4
4. 我感到我的身体好像被分成几块，支离破碎	1	2	3	4
*5. 我感到事事都很顺利，不会有倒霉的事情发生	4	3	2	1
6. 我的四肢抖动和震颤	1	2	3	4
7. 我因头痛、颈痛、背痛而烦恼	1	2	3	4
8. 我感到无力且容易疲劳	1	2	3	4
*9. 我感到很平静，能安静坐下来	4	3	2	1
10. 我感到我的心跳较快	1	2	3	4
11. 我因阵阵的眩晕而不舒服	1	2	3	4
12. 我有阵阵要晕倒的感觉	1	2	3	4
*13. 我呼吸时进气和出气都不费力	4	3	2	1
14. 我的手指和脚趾感到麻木和刺痛	1	2	3	4

续表

评定项目	偶尔	有时	经常	持续
15. 我因胃痛和消化不良而苦恼	1	2	3	4
16. 我必须时常排尿	1	2	3	4
*17. 我的手总是很温暖而干燥	4	3	2	1
18. 我觉得脸发烧发红	1	2	3	4
*19. 我容易入睡，晚上休息很好	4	3	2	1
20. 我做恶梦	1	2	3	4

使用说明：请患者根据最近 1 周的实际情况在相应栏内打“√”。如被评估者文化程度太低以致看不懂问题内容，可由评估者逐项念给被评估者听，然后由被评估者自己作出评定。每一项目按 1、2、3、4 四级评分。注 * 号者，是用正性词陈述的，按 4 ～ 1 顺序反向计分。评定完后将 20 项评分相加，得出总分，然后乘以 1.25，取其整数部分，即得到标准总分。正常总分值为 50 分以下。50 ～ 59 分，轻度焦虑；60 ～ 69 分，中度焦虑；70 ～ 79 分，重度焦虑

三、应激与应对

（一）概述

1. 应激　是指内外环境中的各种刺激作用于机体时所产生的非特异性反应。

2. 应激源　凡能引起机体产生应激的各种因素均为应激源。常见应激源分类，见表 5-3。

表 5-3　常见的应激源

应激源	因素
生理性应激源	包括机体生理功能失调或组织结构残缺，如饥饿、疲劳、失眠、外伤、手术、疾病等
心理性应激源	包括各种心理冲突和心理挫折所导致的焦虑、恐惧、抑郁等
社会文化性应激源	包括战争动乱、经济困难、文化差异、职业压力、角色改变等
环境性应激源	包括炎热、寒冷、噪声、空气污染、环境改变等

3. 应激反应　当应激原作用于机体时，通过激活机体的神经内分泌系统，可唤醒机体的自身防御反应，如心率加快、血压和血糖升高等。但这种防御反应有一定限度，如果应激原持续作用于机体，就会造成机体的适应或抵抗。当机体的抵抗能力或者代偿能力达到极限时，就会产生不良反应，引起机体损伤或死亡。适量的应激反应可以提高人体的免疫能力，如果应激反应过强或持续的时间过长，超出了人体的生理承受范围，就会导致疾病的发生。

4. 应对方式　是指个体解决或减轻应激源对自身影响的过程。常用的应对方式有两种，即情感式应对和问题式应对。①情感式应对：指向应激反应，倾向于采用过度进食、用药、饮酒、远离压力源等行为回避和忽视应激源，用于处理应激所导致的情感问题。②问题式应对：指向应激源，倾向于通过有计划地采取行动，寻求排除或改变应激源所致影响的方法，用于处理导致应激的情境本身。

（二）应激的评估

常用会谈、观察、医学测量和评定量表测评对患者的应激进行综合评估。

1. 会谈　是临床上应激评估的主要方法。重点在于了解被评估者面临的应激源、应激感知、应对方式以及应激缓解情况。

（1）应激源　通过询问了解被评估者近期经历的重大生活事件、日常生活困扰以及过去经历中的重大事件。询问时，除了解被评估者所面临的应激源和数量外，还应了解这些应激源对个体影响的主

要顺序，以指导干预措施的制定。

（2）应激感知　通过询问被评估者对应激事件应对的态度及能否应对，了解被评估者对其所面临的应激源的认知评价，如询问患者："你如何看待你所患的疾病？对你有什么影响？你认为自己能否战胜它？"个体对应激源的认知评价直接影响其应激反应和应对。如果应激源被个体认为是无关或良性刺激，则不会引起应激反应。如果应激源被视为一种挑战，自己有能力应对，比被视为威胁所引起的负性应激反应小，且个体多能采取更为积极有效的应对策略。

（3）应对方式　通过询问被评估者采取怎样的方式缓解紧张与压力，了解被评估者缓解压力的方式。个体的社会支持度可影响其应对方式和应对的有效性，因此应同时询问被评估者在遇到困难时，其家人、亲友和同事中谁能给予帮助，评估其社会支持系统情况。

（4）应激缓解情况　通过询问被评估者能否有效处理目前所面临的应激，了解其应对应激的有效性。

2. 观察与医学检测　主要是观察和检测有无应激所导致的生理功能变化、认知与行为异常等，如血压升高、心率加快、儿茶酚胺水平增高、注意力不集中、记忆力下降等。

3. 评定量表测评　包括①应激源量表：常用的有社会再适应评定量表、生活事件量表、住院患者压力评定量表等。②应对方式量表：常用的有简易应对方式问卷、特质应对方式问卷、医学应对方式问卷等。

四、自我概念

（一）概述

1. 自我概念的定义　自我概念是人们通过对自己内在和外在特征，以及他人对其反应的感知与体验而形成的对自我的认识与评价，是个体在与其所处的心理和社会环境的相互作用过程中形成的动态的、评价性的"自我肖像"。它是个体心理健康与否的重要标志，自我概念紊乱可极大地影响个体维持健康的能力和康复的能力。

2. 自我概念的组成　在护理专业中，自我概念包括个体的身体意象、社会认同、自我认同和自尊等。

（1）身体意象　是指个体对自己身体外形及功能的认识与评价，如高、矮、胖、瘦、柔、弱等。身体意象又分客观身体意象和主观身体意象。前者是人们直接从照片或镜子里所看到的自我形象，后者则指人们通过分析和判断他人对自己的反应而感知到的自我形象。

（2）社会认同　是指个体对自己的社会人口特征，如年龄、性别、职业、社会团体成员资格，以及社会名誉和地位等的认知与感受。

（3）自我认同　是指个体对自己的智力、能力、性情、道德水平等的认知与判断，如我觉得我比别人能干，我感到我没有别人高尚，我有点内向等。

（4）自尊　是个体尊重自己、维护个人尊严和人格，不容他人任意歧视和侮辱的一种心理意识和情感体验。

3. 自我概念的形成和变化　个体的自我概念并非与生俱来，而是个体与他人相互作用的"社会化产物"。自我概念萌芽于婴儿时期，随年龄的增长，个体与周围人交往的增多，逐渐将自己观察和感知到的自我和他人对自己的态度与反应内化到自己的判断中形成自我概念，并因自身认知、周围环境改变等因素影响发生变化。

4. 自我概念的影响因素　自我概念的形成与变化受诸多因素的影响，如早期生活经历、生长发育过程中的正常生理变化、个人健康状况、社会环境等。尤其在临床上，患者健康状况的改变通常影响个体对自我概念的感知，如疾病或外伤所致身体某一部分丧失，生理功能障碍，特殊治疗（如化疗引起脱发、激素疗法引起向心性肥胖等）、精神因素等。

（二）自我概念的评估

一般采用会谈、观察、画人测验（投射法）、评定量表测评等方法对自我概念进行综合评估。通过询问了解被评估者对个体的体像、社会认同、自我认同以及自尊等方面的看法；通过观察被评估者的外表、非语言行为、语言行为、情绪状态等了解其自我概念；对于有会谈障碍者如儿童可采取画自画像并解释的方式了解其内心自我感知；也可采用评定量表对自我概念进行评估。

第3节 社会评估

一、角　　色

（一）概述

1. 角色的定义　角色是指社会所规定的一系列与社会地位相对应的行为模式，以及社会对处于某一特定位置的个体的行为期待。角色规定一个人活动的特定范围和与人的地位相适应的权利、义务与行为规范。不同职业、不同地位、不同行为特征都有与之相对应的角色，如护士、医生、父母、子女等。人的一生中，往往先后或同时扮演多种角色，如一个人在医院里是护士，回到家中又是妻子、母亲和女儿，当她自己生病住院时，又成了患者。

2. 角色的分类　总体上，角色可分为3类，包括第一角色、第二角色、第三角色。

（1）第一角色　也称基本角色。决定个体的主体行为，由个体的年龄和性别所决定，如儿童、青少年、老人、妇女等。

（2）第二角色　也称一般角色。是个体在生长发育的各个阶段所必须承担的或由所处的社会情形和职业所确定的角色，如学生、母亲、医生等。

（3）第三角色　也称独立角色。是个体为完成某些暂时性发展任务而临时承担的角色，如护士长、代理院长等，此类角色大多可自由选择。但有时是不能自由选择的，如患者角色。

上述3种角色的分类是相对的，可在不同情况下相互转化，如患者角色，因疾病是暂时的，可视为第三角色，然而当疾病变成慢性疾病时，患者角色就变成个体的第二角色了。

3. 患者角色　个体患病后就进入了患者角色，会脱离或弱化日常生活中的其他角色，减轻或免除相应的责任与义务。个体对自己的病情没有直接责任，处于一种需要被照顾的状态。

（1）患者角色适应不良　由于患者角色的不可选择性，当个体从其他角色向患者角色过渡时，常发生角色失调。包括：①患者角色冲突，指个体在适应患者角色过程中与其常态的各种角色发生心理冲突和行为矛盾，如一位领导者住院期间仍习惯发号施令，不配合治疗等。②患者角色缺如，指个体患病后没有进入患者角色，不承认自己有病或对患者角色感到厌倦，即不接纳和否认患者角色，以致不能很好地配合治疗和护理。如有的人虽然感到自己身体不适或明知自己患病在身，但因不想影响工作、学习等而不去就医，不承担患者角色。③患者角色强化，指个体已恢复健康，当需要患者角色向日常角色转化时，仍沉溺于患者角色，对自己能力怀疑、失望，对日常承担的角色感到恐惧。④患者角色消退，指某些原因迫使已适应了患者角色的个体转入日常角色，在承担相应的义务与责任时使已具有的患者角色行为退化、甚至消失。

（2）患者角色适应不良的影响因素　年龄、性别、家庭背景、经济状况、环境等对其有重要影响。

（二）角色与角色适应的评估

1. 会谈　重点询问个体所承担的角色、对角色的感知与满意情况、有无角色失调与角色紧张，并注意判断其角色失调的类型。

2. 观察　重点观察有无角色紧张的表现，如疲乏、头痛和失眠等，或焦虑、愤怒和沮丧等表情，以及忽略自己和疾病、缺乏对治疗护理的依从性等。

二、家　　庭

（一）概述

1. 家庭的定义　家庭是由婚姻、血缘或收养关系所组成的社会生活基本单位。

2. 家庭的特征　家庭的主要特征是：①家庭是群体，不是个体，应包括两个或两个以上的成员。②婚姻是建立家庭的基础和依据，是约束夫妻关系及保证家庭相对稳定的基础和依据。③组成家庭的成员应以共同生活，有较密切的经济和情感交往为条件。

3. 家庭的结构　包括人口结构、权利结构、角色结构、沟通过程和价值观。

（1）人口结构　即家庭类型，指家庭的人口组成，家庭的成员数量。按家庭规模和人口特征可分为 7 类（表 5-4）。

表 5-4　家庭人口结构类型

类型	人口特征
核心家庭	夫妻及其婚生或领养的子女
主干家庭	核心家庭成员加上夫妻任何一方的直系亲属，如祖父母、外祖父母
单亲家庭	夫妻任何一方及其婚生或领养的子女
重组家庭	再婚夫妻与前夫和（或）前妻的子女以及其婚生或领养的子女
无子女家庭	仅夫妻俩无子女
同居家庭	无婚姻关系而长期居住在一起的夫妻及其婚生或领养的子女
老年家庭	仅老年夫妇

（2）权利结构　指家庭中夫妻间、父母与子女间在影响力、控制权和支配权方面的相互关系。其基本类型如下。①传统权威型：指由传统习俗继承而来的权威，如父系家庭以父亲为权威人物。②工具权威型：指由养家能力、经济权利决定的权威。③分享权威型：指家庭成员彼此协商，根据各自的能力和兴趣分享权利。④感情权威型：指由感情生活中起决定作用的一方做决定。

（3）角色结构　指家庭对每个占有特定位置的家庭成员所期待的行为和规定的家庭权利、责任与义务。

（4）沟通过程　最能反映家庭成员间的相互作用与关系，也是家庭和睦与家庭功能正常的保证。家庭内部沟通过程良好的特征为：①家庭成员间能进行广泛的情感交流。②家庭成员互相尊重对方的感受和信念。③家庭成员能坦诚地讨论个人和社会问题。④家庭成员间极少有不宜沟通的领域。⑤家庭根据个体的成长发育水平和需求分配权利。家庭内部沟通过程障碍的特征为：①家庭成员自卑。②家庭成员以自我为中心，不能理解他人的需求。③家庭成员在交流时采用间接或掩饰的方式。④家庭内信息的传递是不直接的、含糊的、有矛盾的或防御性的。

（5）价值观　指家庭成员对家庭活动的行为准则与生活目标所持的共同态度和基本信念。

4. 家庭生活周期　是指从家庭单位的产生、发展到解体的整个过程。根据杜瓦尔（Duvall）模式，家庭生活周期可分为 8 个阶段（表 5-5），每个阶段都有特定的家庭任务，需要家庭成员协同完成，否则将在家庭成员中产生相应的健康问题。

表 5-5 Duvall 家庭生活周期模式

发展阶段	定义	主要任务
新婚	男女结合	双方互相沟通、适应，协调性生活及计划生育
有婴幼儿	最大孩子 0 ~ 30 个月	适应父母角色，应对经济和照顾孩子的压力
有学龄前儿童	最大孩子 30 个月至 6 岁	抚育孩子
有学龄儿童	最大孩子 6 ~ 13 岁	教育孩子，确保孩子的身心健康发育
有青少年	最大孩子 13 ~ 20 岁	增进对孩子的了解和沟通
有孩子离家创业	最大孩子离家至最小孩子离家	继续为孩子提供支持，同时逐步调整自己，以适应环境的改变
空巢期	父母独处至退休	巩固婚姻关系，计划退休生活
老年期	退休至死亡	应对疾病的来临及配偶、朋友的丧失

5. 家庭功能　家庭的主要功能是满足家庭成员和社会的需求，主要包括生物功能、经济功能、文化功能、教育功能以及心理功能。

6. 家庭危机　指家庭压力超过家庭资源，导致家庭功能失衡的状态。

家庭压力主要来自：①家庭经济收入低下或减少，如失业、破产。②家庭成员关系的改变与终结，如离婚、分居、丧偶。③家庭成员角色改变，如初为人父（母）、退休、患病等。④家庭成员的行为违背家庭期望或损害家庭荣誉，如酗酒、赌博、犯罪等。⑤家庭成员生病、残障等。

家庭资源是指家庭为了维持其基本功能、应对压力事件或危机状态所需的物质、精神与信息等方面的支持，可分为家庭内部资源和家庭外部资源两种类型。内部资源包括精神与情感支持、经济支持、信息支持和结构支持；外部资源如社会资源、文化资源、医疗资源、宗教资源、经济资源等。

（二）家庭的评估

家庭的评估常用方法有会谈、观察和评定量表测评。

1. 会谈　包括：①可通过与被评估者及其家属交谈以及阅读有关的健康记录如医疗病历等获得家庭成员基本资料。②可通过询问了解被评估者的家庭类型，家庭的主要决策者，家庭成员的角色情况，家庭成员间的沟通方式，家庭成员在健康保健、生活方式及家庭支持等方面的价值观，家庭功能的发挥情况，有无家庭压力及压力事件对身心的影响、如何应对等。

2. 观察　包括：①家庭成员间的沟通方式，有无家庭关系不良。②每个家庭成员的行为方式和对外界干预的感受与反应，以了解家庭价值观。③每个家庭成员的角色行为表现，有无角色冲突、角色负荷不足或过重、角色匹配不当、角色模糊等。

3. 评定量表测评　可采用评定量表对被评估者的家庭功能状况及其从家庭中可获得的支持情况进行测评。常用的有 Smilkstein 家庭功能量表（表 5-6）等。

表 5-6 Smilkstein 家庭功能量表

内容	总是	经常	有时	很少	从不
1. 当我遇到困难时，可从家人处得到满意的帮助	4	3	2	1	0
补充说明：					
2. 我很满意家人与我讨论与分担问题的方式	4	3	2	1	0
补充说明：					
3. 当我从事新活动或希望发展时，家人能接受并给予我支持	4	3	2	1	0
补充说明：					

续表

内容	总是	经常	有时	很少	从不
4. 我很满意家人对我表达情感的方式以及对我情绪（愤怒、悲伤、爱）的反应	4	3	2	1	0
补充说明：					
5. 我很满意家人与我度过时光的方式	4	3	2	1	0
补充说明：					

评价标准：总分为 0 ～ 20 分；总分越高，表示家庭功能越好。15 ～ 20 分，表示家庭功能良好；9 ～ 14 分，表示家庭功能轻度障碍；0 ～ 8 分，表示家庭功能严重障碍。

三、文　　化

（一）概述

护士在护理实践中常需面对各种不同文化背景的人。每个人的价值观、信念、习俗等文化背景不同，对健康和保健的认识也不一样，因此，护士必须了解患者的文化背景，才能客观、正确地对患者进行健康评估，在制订治疗护理计划时才更能符合患者的需求。

1. 文化的定义与特点　文化是一个社会及其成员所特有的物质和精神财富的总和，即特定人群为适应社会环境和物质环境而共有的行为和价值模式。文化包括知识、教育、语言、价值观、信念、习俗、生活方式等，具有民族性、获得性、共享性、继承性和累积性的特点。

2. 文化要素　价值观、信念、习俗是文化的核心要素，并与健康密切相关。

（1）价值观　是人们在长期社会化过程中通过后天学习逐步形成的共有的对于区分事物的好坏、对错、符合或违背人的愿望、可行与否的观点、看法与准则。价值观与健康行为密不可分。价值观可影响人们对健康的认识，左右其对解决健康问题缓急的决策，以及对疾病与治疗的态度。

（2）健康信念　信念是自己认为可以确信的看法。健康信念包括个体对健康的认识程度和健康管理型态、对疾病的认识程度、康复的信心以及对医疗服务的期望等。

（3）习俗　是一个群体的人们在生产、居住、饮食、沟通、婚姻与家庭、丧葬、节日、庆典等物质文化生活上的共同喜好、禁忌。与健康有关的习俗主要有饮食习惯、交流沟通方式以及对求医用药的认识等。

3. 文化休克　是指人们从熟悉的文化环境中迁移至陌生的文化环境中，所产生的生理上的不适和心理上的迷惑与失落的状态。对于住院患者来说，医院就是一个陌生的环境，与家人分离，缺乏沟通，日常生活环境的改变以及对疾病和治疗的恐惧等均可导致住院患者发生文化休克。

（二）文化的评估

会谈是文化评估中较为重要的获得患者资料的方式。

1. 价值观　存在于潜意识中，很难表达，又不易直接观察。对于价值观的评估目前尚无现成的评估工具，评估者一般可通过提问来获取被评估者的价值观资料。例如，“您觉得自己健康吗？”“您怎样看待自己的疾病？”“您认为生活的意义是什么？您的生活信念有哪些？”。

2. 健康信念　对于健康信念的评估以 Kleinman 等提出的健康信念评估模式应用最为广泛，包括以下 10 个问题。

（1）对你来说，健康指什么？不健康又指什么？

（2）通常你在什么情况下才认为自己有病并就医？

（3）你认为导致你健康问题的原因是什么？

（4）你怎样、何时发现你有该健康问题的？

（5）该健康问题对你的身心造成了哪些影响？

（6）严重程度如何？发作时持续时间长还是短？

（7）你认为自己该接受何种治疗？

（8）你希望通过治疗达到哪些效果？

（9）你的病给你带来的主要问题有哪些？

（10）对这种病你最害怕什么？

3. 习俗　可通过询问了解患者的饮食习惯和禁忌、沟通交流方式以及针对所患疾病常采用的民间疗法等。

4. 文化休克　可通过与患者交谈，询问其住院感受，结合观察有无文化休克的表现进行评估。

四、环　境

（一）概述

环境是指人类生存或生活的空间。狭义的环境指环绕个体的区域，如病房、居室；广义的环境指人类赖以生存、发展的社会与物质条件的总和。

医学上将人的环境分为内环境和外环境。人体的内环境又称生理、心理环境，由人的内心世界和各个组织及系统构成。人体的外环境包括自然环境和社会环境。

1. 自然环境　又称物理环境，是一切存在于机体外环境的物理因素的总和。自然环境分为两类：一类是天然形成的原生环境，如空气、水和土壤等；另一类是由于工农业生产和人群聚居等对自然施加的额外影响，引起人类生存条件的改变，所形成的次生环境，如耕地、种植园、人工湖，城市等。各种物理环境因素在适当范围内会对人体健康起积极的促进作用。但若超出一定范围，则可威胁到人类的健康和安全，引起各种疾病。

2. 社会环境　是指人类生存及活动范围内的社会物质、精神条件的总和。它是一个庞大的系统，其中尤以社会政治制度、经济、文化、教育、生活方式、社会关系、社会支持与健康的关系最为密切，是社会环境评估的重点。

（1）社会政治制度　包括立法与社会支持系统、全社会资源分配、就业与劳动制度及劳动强度等。

（2）经济状况　在社会环境因素中，对健康影响最大的是经济，因为经济是保障人们衣、食、住、行基本需要以及享受健康服务的物质基础。

（3）受教育情况　良好的教育有助于人们认识疾病、获取健康保健信息、改变不良传统习惯以及提高卫生服务的有效利用。

（4）生活方式　指人们长期受一定文化、经济、风俗，特别是受家庭影响而形成一系列生活习惯、生活意识。对健康有害的不良生活方式有吸烟、酗酒、吸毒、赌博等。

（5）社会关系和社会支持　社会关系指家庭以外的人际关系情况。个体的社会关系网包括与之有直接或间接关系的所有人或人群，如家人、邻里、朋友、同学、同事、领导、宗教和社会团体以及成员，自救组织等。对住院患者而言，还有同室病友、医生、护士等。个体的社会关系网越健全、人际关系越亲密融洽、越容易得到所需的信息、情感及物质方面的支持。

（二）环境的评估

通常采用会谈、实地考察等方法对环境进行评估。

1. 会谈　通过会谈了解是否存在影响个体健康的物理环境和社会环境因素。

（1）物理环境　包括家庭环境和工作环境的评估。注意询问其个体居所及工作场所是否整洁、明亮，空气是否流通、新鲜，居住及工作环境中有无影响健康的危险因素，是否采用防护措施等。

（2）社会环境　重点评估个体的生活方式是否健康，有无稳定的社会关系，社会支持能否满足需要等。

2. 实地考察　通过实地考察可以了解患者所处工作、家庭或医院环境是否存在健康危险因素，以补充会谈的不足。

（1）家庭环境　患者居住环境和其家庭中是否存在不安全因素，如居室装修的污染。

（2）工作环境　患者工作环境中有无危险因素，有无安全作业条例，是否采用防护措施等。

（3）病室环境　患者所处病室是否光线明亮、温度和湿度适宜、干净、整洁，无尘、无异味、无臭味，噪声控制是否在允许范围内，地面是否干燥、平整、防滑，有无空调或其他降温和取暖设备，电源是否妥善安置及使用安全与否，用氧时有无防火、防油、防震标记，药物储藏是否安全可靠等。

目标检测

A_1/A_2 型题

1. 心理评估最常用的评估方法是（　　）
   A. 会谈法　B. 观察法　C. 心理测量学方法　D. 实地考察法　E. 医学检测法
2. 心理评估的内容不包括（　　）
   A. 自我概念　B. 认知功能　C. 文化特征　D. 情绪和情感　E. 应激与应对
3. 定向力不包括（　　）
   A. 时间定向力　B. 地点定向力　C. 空间定向力　D. 事件定向力　E. 人物定向力
4. 支气管扩张患者出现反复咯血，有窒息的危险，患者最可能的心理反应是（　　）
   A. 抑郁　B. 悲伤　C. 恐惧　D. 愤怒　E. 震惊
5. 个体对自己的性别、职业、社会地位、名誉等的认识与感受是指个体的（　　）
   A. 自尊　B. 身体意象　C. 自我形象　D. 自我认同　E. 社会认同
6. 属于第一角色的是（　　）
   A. 护士　B. 患者　C. 老人　D. 母亲　E. 学生
7. 一位在监护室抢救成功的急性心肌梗死患者，当病情好转需转入普通病室时，患者表现紧张不安，强调自己病情还很不稳定，不愿意搬出监护室。这种现象叫做(　　)
   A. 患者角色强化　B. 患者角色缺如　C. 患者角色冲突　D. 患者角色异常　E. 患者角色消退
8. 良好的社会环境不包括（　　）
   A. 建立良好的医患关系
   B. 病室环境清洁、整齐
   C. 保护患者的隐私权
   D. 老患者对新患者的关心
   E. 家属对患者的关心

A_3/A_4 型题

（9、10 题共用题干）

患者男，50 岁，企业管理人员，在一次意外车祸中，腿部受伤严重被截肢，术后患者情绪非常低落、自卑，不愿意接受单位同事和朋友的探望，有时会无故发脾气，与家人交谈时称“这样子还不如死了好”。食欲及睡眠较差，应答迟钝，言语缓慢。

9. 该患者最可能出现的心理问题是（　　）
   A. 焦虑　B. 恐惧　C. 易激惹　D. 自我概念紊乱　E. 情绪高涨
10. 该患者最重要的护理诊断是（　　）
    A. 身体意象紊乱　B. 保持健康的能力改变　C. 个人应对无效　D. 社交障碍　E. 焦虑

（薛刚霞）

第6章 实验室检查

案例 6-1

患者男，20岁。因发热伴鼻塞、流涕2天入院。查体：T 39.3℃，P 98次/分，R 20次/分，BP112/70mmHg，全身皮肤黏膜无黄染及出血点，咽部充血，两侧扁桃体无肿大，心肺未见异常，腹平软，肝脾未触及。血常规检查：红细胞（RBC）4.8×10^{12}/L，白细胞（WBC）4.7×10^{9}/L，其中中性粒细胞（N）48%，淋巴细胞（L）46%。

问题：1. 该患者实验室检查结果有何异常？

2. 结合病史，该患者可能患有何种疾病？

实验室检查是运用实验室技术和方法，对人体的标本，如血液、体液、分泌物、排泄物及组织细胞等进行检查分析，其结果结合临床表现可反映机体的病理或功能改变，对疾病的诊断、治疗和预防有指导意义，为护士观察患者病情变化提供客观依据。

第1节 血液检测

一、血液标本采集

1. 标本的类型　包括全血、血浆和血清。全血用于细胞成分计数检查等；血浆用于凝血因子相关检查等；血清用于大部分临床生化、免疫学检查。

2. 采集部位

（1）毛细血管采血　主要用于床边和急诊项目，成人首选手指，婴幼儿可选择足跟处。采血时穿刺深度要适宜，不可用力挤压。

（2）静脉采血　用于需血量较多时，成人首选臂肘前曲静脉，优先顺序依次为正中静脉、头静脉及贵要静脉；幼儿可选颈外静脉。采血时注射器和容器必须干燥，避免产生大量气泡；采血后应先拔除针头，将血液沿管壁徐徐注入容器。

（3）动脉采血　主要用于血气分析，多选择肱动脉、桡动脉或股动脉。血液标本必须与空气隔绝，采血后要立即送检。

3. 采集时间　包括空腹、特定时间以及急诊采血。空腹采血常用于血生化检查，一般要求禁食至少8小时，以12～14小时为宜，晨起餐前采血；特定时间采血常用于口服葡萄糖耐量试验、激素测定、血药浓度测定等；急诊采血不受时间限制。

二、血液一般检测

血液一般检测是临床常用的实验室检查项目之一，主要包括血常规检测、网织红细胞检测、红细胞沉降率检测。血常规检测包括红细胞计数、血红蛋白测定、红细胞平均值测定和红细胞形态检测、白细胞计数及其分类计数、血小板计数、血小板平均值测定和血小板形态检测。

（一）红细胞及血红蛋白测定

1. 参考值　健康人群血红蛋白和红细胞数参考值，见表 6-1。

表 6-1　正常红细胞和血红蛋白的参考值

人群	红细胞数（$\times 10^{12}$/L）	血红蛋白（g/L）
成年男性	4.0 ～ 5.5	120 ～ 160
成年女性	3.5 ～ 5.0	110 ～ 150
新生儿	6.0 ～ 7.0	170 ～ 200

2. 临床意义

（1）红细胞及血红蛋白增多　指单位容积血液内红细胞数及血红蛋白含量高于参考值的上限。可分为相对性增多和绝对性增多两类。

1）相对性增多：见于严重呕吐、腹泻、大面积烧伤、大量出汗、尿崩症、甲状腺危象、糖尿病酮症酸中毒等。

2）绝对性增多：按病因可分为继发性和原发性两类。①继发性红细胞增多，主要是血液中红细胞生成素代偿性增加所致。见于胎儿、新生儿、高原地区居民、发绀型先天性心脏病、慢性阻塞性肺疾病、慢性肺源性心脏病等。②原发性红细胞增多，是一种原因不明的红细胞增多为主的骨髓增殖性肿瘤，可能与多能造血干细胞分化异常有关，全身总血容量增加，白细胞和血小板也不同程度增多。

（2）红细胞及血红蛋白减少　指单位容积血液内红细胞数及血红蛋白含量低于参考值的下限。

1）生理性减少：见于婴幼儿、儿童、老年人、妊娠中晚期妇女等。

2）病理性减少：见于各种贫血。根据产生的病因和发病机制不同，可将贫血分为 3 类：①红细胞生成减少，见于再生障碍性贫血、缺铁性贫血、巨幼细胞贫血等。②红细胞破坏增多，见于遗传性球形细胞增多症、葡萄糖 -6- 磷酸脱氢酶（G-6-PD）缺陷症、阵发性睡眠性血红蛋白尿症、自身免疫性溶血性贫血等。③红细胞丢失过多，见于急、慢性失血性贫血。

（二）网织红细胞计数

网织红细胞是晚幼红细胞脱核后到完全成熟红细胞之间的过渡细胞。

1. 参考值

成人：0.005 ～ 0.015（0.5% ～ 1.5%）；绝对值（24 ～ 84）$\times 10^9$/L。

新生儿：0.03 ～ 0.06（3% ～ 6%）。

2. 临床意义

（1）网织红细胞增多　提示骨髓红细胞系增生旺盛，常见于溶血性贫血、急性大量溶血、急性失血；缺铁性贫血、巨幼细胞贫血及某些贫血患者有效治疗后，如补充铁剂或维生素 B_{12} 及叶酸后，网织红细胞数为判断贫血治疗疗效的指标之一。

（2）网织红细胞减少　提示骨髓造血功能减低，常见于再生障碍性贫血、急性白血病，化疗、放疗和某些化学药物也可引起骨髓造血功能抑制，导致网织红细胞减少。

（三）红细胞沉降率测定

红细胞沉降率（erythrocyte sedimentation rate，ESR）是指红细胞在一定条件下沉降的速率，简称血沉。

1. 参考值　男性 0 ～ 15mm/h；女性 0 ～ 20mm/h。

2. 临床意义

（1）生理性增快　12 岁以下儿童、老年人、妇女月经期、妊娠 3 个月以上者，血沉可加快，可能与生理性贫血或纤维蛋白原含量增加有关。

（2）病理性增快

1）炎症性疾病：见于急性细菌性炎症，风湿热、结核病活动期。

2）组织损伤及坏死：较大组织的损伤，如急性心肌梗死、肺梗死时血沉增快，心绞痛时则无改变，可作为心肌梗死与心绞痛鉴别指标之一。

3）恶性肿瘤：增长迅速的恶性肿瘤血沉增快，可能与肿瘤组织坏死、肿瘤细胞分泌糖蛋白、继发感染或贫血等有关。

4）各种原因引起的高球蛋白血症：见于慢性肾炎、肝硬化、多发性骨髓瘤、淋巴瘤、系统性红斑狼疮等。

5）其他：贫血、动脉粥样硬化、糖尿病、肾病综合征、高胆固醇血症等。

（四）血细胞比容测定和红细胞有关参数的应用

1. 血细胞比容测定　血细胞比容（hematocrit，HCT）又称红细胞压积，是指将一定量的抗凝全血离心沉淀，下沉的红细胞在血液中所占容积的比值。

（1）参考值　男 0.40 ～ 0.50L/L，平均 0.45L/L；

女 0.37 ～ 0.48L/L，平均 0.40L/L。

（2）临床意义　血细胞比容增高见于各种原因所致的血液浓缩；血细胞比容减低见于各种贫血。

2. 红细胞平均指数　红细胞平均指数包括平均红细胞容积（mean corpuscular volume，MCV）、平均红细胞血红蛋白含量（mean corpuscular hemoglobin，MCH）、平均红细胞血红蛋白浓度（mean corpuscular hemoglobin concentration，MCHC）。根据上述 3 项红细胞平均值可进行贫血的形态学分类，见表 6-2。

表 6-2　贫血的形态学分类

形态学分类	MCV（fl）	MCH（pg）	MCHC（g/L）	常见病因
正常细胞性贫血	80 ～ 100	27 ～ 34	320 ～ 360	急性失血性贫血、再生障碍性贫血、获得性溶血性贫血等
大细胞性贫血	＞ 100	＞ 34	320 ～ 360	巨幼红细胞贫血、恶性贫血等
小细胞低色素性贫血	＜ 80	＜ 27	＜ 320	缺血性贫血、铁粒幼细胞性贫血、珠蛋白生成障碍性贫血等
单纯小细胞性贫血	＜ 80	＜ 27	320 ～ 360	慢性感染、炎症、尿毒症、肝病、恶性肿瘤等所致的贫血

3. 红细胞体积分布宽度（red cell volume distribution width，RDW）　是反映外周血中红细胞体积异质性的参数，由血细胞分析仪测量而获得。多数仪器用所测红细胞体积大小的变异系数（coefficient of variability），即 RDW-CV 来表示。

（1）参考值　RDW-CV 11.5% ～ 14.5%。

（2）临床意义　MCV、RDW 两项参数的变化，可用于贫血新的形态学分类（表 6-3），对贫血的鉴别诊断有一定的参考价值。

表 6-3　根据 MCV 及 RDW 的贫血形态学分类

MCV	RDW	贫血类型	常见疾病
增高	正常	大细胞均一性贫血	部分再生障碍性贫血
	增高	大细胞非均一性贫血	巨幼红细胞贫血、恶性贫血
正常	正常	正常细胞均一性贫血	急性失血性贫血、再生障碍性贫血
	增高	正常细胞非均一性贫血	PNH、G-6-PD 缺乏症
减低	正常	小细胞均一性贫血	珠蛋白生成障碍性贫血
	增高	小细胞非均一性贫血	缺铁性贫血

（五）白细胞计数及其分类计数

1. 参考值

（1）白细胞计数　成人（4 ～ 10）$\times 10^9$/L；新生儿（15 ～ 20）$\times 10^9$/L；6 个月至 2 岁（11 ～ 12）$\times 10^9$/L。

（2）白细胞分类计数　见表 6-4。

表 6-4　正常白细胞分类计数参考值

名称	百分数（%）	绝对值（$\times 10^9$/L）
中性粒细胞（N）		
杆状核（st）	0 ～ 5	0.04 ～ 0.5
分叶核（sg）	50 ～ 70	2 ～ 7
嗜酸性粒细胞（E）	0.5 ～ 5	0.05 ～ 0.5
嗜碱性粒细胞（B）	0 ～ 1	0 ～ 0.1
淋巴细胞（L）	20 ～ 40	0.8 ～ 4
单核细胞（M）	3 ～ 8	0.12 ～ 0.8

2. 临床意义　白细胞总数的增多或减少主要受中性粒细胞数量的影响，淋巴细胞等数量上的较大改变也会引起白细胞总数的变化，因此白细胞总数改变的临床意义应依据白细胞分类计数改变而不同。

（1）中性粒细胞

1）中性粒细胞增多：生理性增多见于新生儿、妊娠后期、分娩、饱餐、剧烈运动、高温或严寒等。病理性增多的常见原因如下。①急性感染，化脓性细菌感染最常见。其增多程度与感染的严重程度、微生物的种类、患者的反应能力等有关。②严重的组织损伤或大量血细胞破坏，如严重外伤、大面积烧伤、大手术后及急性心肌梗死等。③急性大出血，见于消化道大出血、脾破裂等，可作为早期诊断内出血的重要指标。④急性中毒，如糖尿病酮症酸中毒、尿毒症、妊娠中毒症、急性铅中毒、镇静催眠药中毒、蛇毒等。⑤骨髓增殖性疾病及恶性肿瘤，原发性血小板增多症，真性红细胞增多症和骨髓纤维化等骨髓增殖性疾病均可有中性粒细胞增多。各类恶性肿瘤可产生促粒细胞生成因子或其肿瘤组织坏死的分解产物促使骨髓释放粒细胞，而引起白细胞及中性粒细胞增多。急性或慢性髓系白血病时，白细胞计数可达数万甚至数十万，以中性粒细胞为主，并伴外周血中细胞质量改变。

2）中性粒细胞减少：①感染性疾病，如病毒性肝炎、流感、水痘、疟疾等。②血液系统疾病，如再生障碍性贫血、缺铁性贫血、巨幼红细胞贫血等。③理化因素损伤，长期接触放射线和化学物质如苯、铅、汞等，以及化学药物如氯霉素、磺胺类药、抗肿瘤药及抗甲状腺药物等。④单核吞噬细胞系统功能亢进，各种原因引起的脾大及其功能亢进，如门脉性肝硬化、淋巴瘤等，白细胞及中性粒细胞常减少。⑤自身免疫性疾病，如系统性红斑狼疮，产生自身抗体而致白细胞及中性粒细胞减少。

3）中性粒细胞的核象变化：病理情况下，可出现核左移或核右移核象变化（图 6-1）。①核左移：周围血中杆状核粒细胞和（或）晚幼粒、中幼粒或早幼粒细胞等不分叶核细胞增多，超过 5%，称为核左移。常见于感染，特别是急性化脓性感染、急性失血、急性中毒及急性溶血反应等。②核右移：周围血中若中性粒细胞核出现 5 叶或更多分叶，超过 3%，称为核右移。主要见于巨幼细胞贫血、恶性贫血、应用抗代谢药物等。

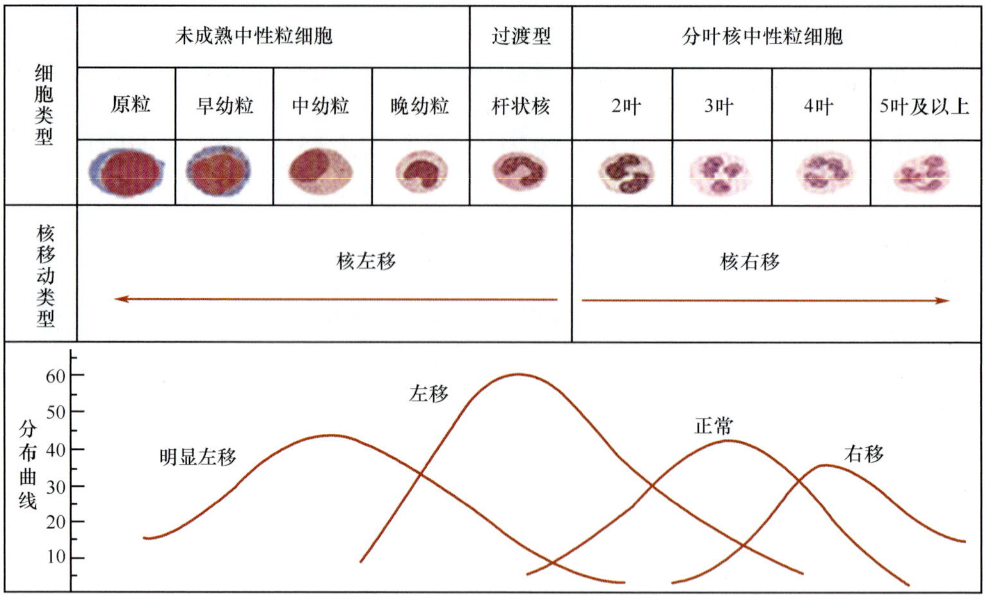

图 6-1 中性粒细胞的核象变化

4）中性粒细胞的中毒性改变：化脓性感染、败血症、严重传染性疾病、中毒及大面积烧伤等病理情况，均可使中性粒细胞发生以下中毒性变化，如细胞大小不均、中毒颗粒、空泡形成、杜勒小体、核变性。

（2）嗜酸性粒细胞

1）嗜酸性粒细胞增多：①寄生虫病，如血吸虫病、蛔虫病、钩虫病等。②过敏性疾病，如支气管哮喘、食物及药物过敏、荨麻疹、血管神经性水肿等。③皮肤病，如湿疹、剥脱性皮炎、银屑病等。④血液病，如慢性髓系白血病、嗜酸性粒细胞白血病、恶性淋巴瘤、多发性骨髓瘤等。⑤其他，如肺癌、猩红热、风湿性疾病、肾上腺皮质功能减退、脑垂体功能减退等。

2）嗜酸性粒细胞减少：常见于伤寒、副伤寒初期，大手术、烧伤等应激状态及长期使用肾上腺皮质激素等。

（3）嗜碱性粒细胞

1）嗜碱性粒细胞增多：①过敏性疾病，如药物、食物、吸入物引起的超敏反应，过敏性结肠炎、类风湿关节炎。②血液病，如慢性髓系白血病、嗜碱性粒细胞白血病及骨髓纤维化等。③其他，如恶性肿瘤、糖尿病及某些传染病如水痘、流行性感冒、结核病等。

2）嗜碱性粒细胞减少：常无临床意义。

（4）淋巴细胞

1）淋巴细胞增多：淋巴细胞生理性增多见于儿童期。病理性增多常见原因如下：①感染性疾病，主要为病毒感染，如麻疹、风疹、水痘、传染性单核细胞增多症、流行性腮腺炎、流行性出血热、病毒性肝炎等。也可见于百日咳杆菌、结核分枝杆菌、梅毒螺旋体等的感染。②肿瘤性疾病，常见于急性和慢性淋巴细胞白血病、淋巴瘤。③器官移植排斥反应。④再生障碍性贫血。

2）淋巴细胞减少：主要见于应用肾上腺皮质激素、烷化剂、抗淋巴细胞球蛋白等治疗，以及长期接触放射线、丙种球蛋白缺乏症、免疫缺陷性疾病等。

（5）单核细胞

1）单核细胞增多：生理性增多见于婴幼儿及儿童。病理性增多常见原因如下：①某些感染，如疟疾、黑热病、感染性心内膜炎、肺结核活动期、急性感染的恢复期等。②某些血液病，如单核细胞白血病、恶性组织细胞病、淋巴瘤、多发性骨髓瘤、骨髓增生异常综合征等。

2）单核细胞减少：无临床意义。

（六）血小板计数

血小板计数（platelet count，PLT）是指单位容积外周血液中血小板的数量，目前多用自动化血细胞分析仪检测。

1. 参考值　（100 ～ 300）$\times 10^9$/L。

2. 临床意义

（1）血小板减少

1）血小板生成障碍：见于再生障碍性贫血、放射性损伤、急性白血病、巨幼红细胞贫血、骨髓纤维化晚期等。

2）血小板破坏或消耗增多：见于特发性血小板减少性紫癜、新生儿血小板减少症、系统性红斑狼疮、弥散性血管内凝血、输血后血小板减少症等。

3）血小板分布异常：如脾大、血液被稀释等。

（2）血小板增多　①原发性增多，见于骨髓增生性疾病，如真性红细胞增多症、慢性髓系白血病、特发性血小板增多症及骨髓纤维化早期等。②反应性增多，见于急性感染、急性溶血、类风湿关节炎及恶性肿瘤等。

三、血型鉴定与交叉配血试验

血型是人体血液成分的遗传多态性标记，是指存在于血液中各种成分的特异性同种抗原。血液成分包括红细胞、白细胞、血小板及某些血浆蛋白在个体之间均具有抗原成分的差异，受独立的遗传基因控制。血型检查在输血、器官移植、骨髓移植等临床实践中发挥着重要作用。由相互关联的抗原抗体组成的血型体系，称为血型系统。在目前已识别的血型系统中，以红细胞 ABO 和 Rh 血型系统最为重要，本节重点叙述这两种红细胞血型系统。

（一）ABO 血型系统

1. ABO 血型系统分型　根据红细胞表面是否有 A 或 B 抗原，血清中是否存在抗 A 或抗 B 抗体，ABO 血型系统可分为 A、B、O、AB 4 型（表 6-5）。

表 6-5　ABO 血型系统分型

血型	红细胞表面的抗原	血清中的抗体
A	A	抗 B
B	B	抗 A
AB	AB	无抗体 A 和 B
O	无抗原 A 和 B	抗 A 及抗 B

由于 A 抗原中有 A_1、A_2 两种主要亚型，故 AB 型中也有 A_1B 和 A_2B 两种主要亚型。

2. ABO 血型鉴定和交叉配血试验

（1）ABO 血型鉴定　ABO 血型抗体能在生理盐水介质中与相应红细胞抗原结合而发生凝集反应。进行 ABO 血型鉴定包括正向定型和反向定型。前者是采用标准的抗 A 及抗 B 血清以鉴定红细胞上的抗原，后者是用标准的 A 型及 B 型红细胞鉴定被检查者血清中的抗体。两种试验同时进行，只有被检查者红细胞上的抗原鉴定和血清中的抗体鉴定所得结果完全相符时，才能肯定其血型类别。用标准血清及标准红细胞鉴定 ABO 血型，见表 6-6。

表 6-6 红细胞 ABO 血型鉴定

标准血清 + 被检查者红细胞			标准红细胞 + 被检查者血清			血型
抗 A 血清	抗 B 血清	抗 AB 血清	A 型红细胞	B 型红细胞	O 型红细胞	
+	−	+	−	+	−	A 型
−	+	+	+	−	−	B 型
+	+	+	−	−	−	AB 型
−	−	−	+	+	−	O 型

注："+"表示凝集；"−"表示不凝集

（2）交叉配血试验　输血前必须进行交叉配血试验，以避免输血后引发严重溶血反应。交叉配血试验常采用试管法进行，其做法是受血者血清加供血者红细胞反应（主侧），供血者血清加受血者红细胞反应（次侧），两者合称为交叉配血。主侧管与次侧管均无凝集、无溶血，才可以同型输血；不论何种原因导致主侧管有凝集、溶血时，则绝对不可输用。在紧急情况下，若需采用异型输血时（指供血者系 O 型，受血者为 A 型或 B 型），如主侧管无凝集，而次侧管凝集较弱，可以试输少量 O 型血液。

3. ABO 血型系统的临床意义

（1）输血　每个人都具有 ABO 血型系统中的某种抗原或抗体，只有选择同型血液，并经过交叉配血试验，证明完全相配才能输血，若输入异型血，则可能引发严重的溶血反应。

（2）新生儿同种免疫溶血病　是母亲与胎儿血型不合而引起的一种溶血疾病。多发生在母亲为 O 型而胎儿为 A 型或 B 型者，可导致新生儿溶血病或流产。

（3）器官移植　供体与受体 ABO 血型不合可加速移植排斥反应。

（4）其他　如亲缘鉴定等。

（二）Rh 血型系统

Rh 血型系统是应用较广泛的另一种血型系统。

1. Rh 血型系统的抗原和抗体　Rh 抗原主要有 5 种，这 5 种抗原的抗原性强弱依次为 D、E、C、c、e，其中以 D 抗原性最强，其临床意义更为重要。若仅用抗 D 抗体做 Rh 系统血型鉴定，则将含 D 抗原的红细胞称为 Rh 阳性，不含 D 抗原的称为 Rh 阴性。我国汉族人中 Rh 阴性率＜ 1%。

Rh 血型形成的天然抗体极少，主要是由于 Rh 血型不合输血或通过妊娠所产生的免疫性抗体。Rh 血型系统抗体主要有 5 种，即抗 D、抗 E、抗 C、抗 c 及抗 e 抗体，其中抗 D 抗体是 Rh 系统中最常见的抗体。Rh 抗体有完全抗体和不完全抗体两种。完全抗体一般属 IgM 型，在机体受抗原刺激初期出现，机体继续受抗原刺激，则出现不完全抗体，属 IgG 型，可以引起新生儿溶血症和溶血性输血反应。

2. Rh 血型系统的临床意义

（1）溶血性输血反应　Rh 阴性的受血者接受了 Rh 阳性血液输入则可产生抗 Rh 抗体，如再次输入 Rh 阳性血液，即可出现溶血性输血反应。

（2）新生儿 Rh 溶血病　母亲与胎儿 Rh 血型不合，胎儿一定数量红细胞经胎盘进入母体，则可刺激母体产生抗 Rh 抗体，此抗体进入胎儿体内，即可引起胎儿溶血。

四、血栓与止血检测

（一）血管壁检测

1. 出血时间测定　将皮肤毛细血管刺破后，让血液自然流出到血液自然停止所需的时间称为出血时间（BT）。出血时间的长短主要反映血小板的数量、功能以及毛细血管壁通透性、脆性的变化。

（1）参考值　用出血时间测定器法测定，参考值为（6.9±2.1）分钟。

（2）临床意义　BT 延长常见于原发性和继发性血小板减少性紫癜、血小板无力症、血管性血友病、弥散性血管内凝血、遗传性出血性毛细血管扩张症及应用阿司匹林、肝素等。BT 缩短可见于严重的高凝状态或血栓形成，如弥散性血管凝血（DIC）的高凝期等。

2. 毛细血管脆性试验　又称束臂试验或毛细血管抵抗力试验。给手臂局部加压（标准压力）持续 8 分钟后，观察被检查者前臂屈侧皮肤在直径 5cm 圆圈内新的出血点数目，以判断毛细血管壁的通透性和脆性。

（1）参考值　成年男性＜ 5 个，成年女性和儿童＜ 10 个。

（2）临床意义　新的出血点超过正常值为阳性。常见于①血管壁缺陷，如遗传性出血性毛细血管扩张症、过敏性紫癜、单纯性紫癜等。②血小板异常，如原发性和继发性血小板减少症、血小板增多症以及遗传性和获得性血小板功能缺陷症等。③血管性血友病。④其他，如败血症、维生素 C 缺乏症等。

（二）血小板检测

1. 血块收缩试验　血块收缩试验（clot retraction test，CRT）是向血浆中加入 Ca^{2+} 和凝血酶，使血浆凝固形成凝块。血小板收缩蛋白使血小板伸出伪足，伪足前端连接到纤维蛋白束上，当伪足向心性收缩时，纤维蛋白网眼缩小，检测析出血清的体积可反映血小板血块收缩功能。

（1）参考值　血块收缩率为 65.8%±11.0%（凝块法）。

（2）临床意义　① CRT 减低常见于特发性血小板减少性紫癜、血小板增多症、血小板无力症、低（无）纤维蛋白原血症、多发性骨髓瘤、红细胞增多症、原发性巨球蛋白血症等。② CRT 增高常见于先天性和获得性因子 XⅢ 缺陷症等。

2. 血小板抗体测定　血小板抗体（platelet antibody，PA）是引起免疫性血小板减少的致病因素，常用酶联免疫吸附实验（ELISA）法测定。

（1）参考值　用 ELISA 法测定，PAIgG 为 0 ～ 78.8ng/10^7 血小板；PAIgM 为 0 ～ 7.0ng/10^7 血小板；PAIgA 为 0 ～ 2.0ng/10^7 血小板；PAC_3 为 0 ～ 129ng/10^7 血小板。

（2）临床意义　血小板抗体是免疫性血小板减少性紫癜诊断和预后判断的指标；也可见于恶性淋巴瘤、慢性活动性肝炎、系统性红斑狼疮、多发性骨髓瘤等。

（三）凝血功能测定

1. 凝血时间测定　凝血时间（clotting time，CT）是将静脉血离体放入试管中，测定自采血开始至血液凝固所需的时间。

（1）参考值　①试管法，4 ～ 12 分钟。②硅管法，15 ～ 32 分钟。③塑料管法，10 ～ 19 分钟。

（2）临床意义

1）CT 延长：常见于因子Ⅷ、Ⅸ、Ⅺ明显减少引起的血友病 A、B 和因子Ⅺ缺乏症；凝血酶原、因子Ⅴ、因子Ⅹ和纤维蛋白原等严重减少，如严重肝病、新生儿出血症、纤维蛋白减少症、DIC 等；血循环抗凝物质增加，如抗因子Ⅷ、Ⅸ抗体和应用肝素、口服抗凝药物等；纤溶亢进使纤维蛋白原降解产物增加等。

2）CT 缩短：常见于高凝状态，如血栓前状态、血栓性疾病和 DIC 的高凝期。

2. 血浆凝血酶原时间测定　血浆凝血酶原时间（prothrombin time，PT）是指在被检者血浆中加入组织因子（TF 或组织凝血活酶）和 Ca^{2+}，观测血浆凝固所需的时间，是外源凝血系统较灵敏和常用的筛选试验之一。

（1）参考值

1）平均值：12 秒。不同方法、不同试剂检测的结果有较大差异，本试验需设正常对照值，超过正常对照值 3 秒以上为异常。

（2）临床意义

1）PT 延长：常见于先天性凝血因子Ⅱ、Ⅴ、Ⅶ、Ⅹ及纤维蛋白原缺乏；继发性凝血因子缺乏，如维生素 K 缺乏、严重肝病、纤溶亢进、DIC、使用抗凝药物等。

2）PT 缩短：常见于血液高凝状态，如 DIC 早期、脑血栓形成、急性心肌梗死、深静脉血栓形成、多发性骨髓瘤等。

3）口服抗凝剂的监测：凝血酶原时间比值和国际标准化比值是临床抗凝治疗的首选指标，凝血酶原时间比值 1.0 ～ 2.0，国际正常化比值在 2.0 ～ 2.5 为宜。

3. 活化部分凝血活酶时间测定　活化部分凝血活酶时间（activated partial thromboplastin time，APTT）是指在受检者血浆中加入部分凝血活酶和 Ca^{2+}后，观察血浆凝固所需要的时间。它是内源凝血系统较灵敏和最常用的筛选试验。

（1）参考值　31 ～ 43 秒。本试验需设正常对照值，测定值超过正常对照值 10 秒以上为异常。

（2）临床意义　与凝血时间相同。

4. 血浆纤维蛋白原测定　纤维蛋白原的测定是指在受检者血浆中加入一定量凝血酶，使血浆中的纤维蛋白原转变为纤维蛋白，通过比浊原理测定其含量。

（1）参考值　凝血酶比浊法 2 ～ 4g/L。

（2）临床意义

1）纤维蛋白原增高：常见于急性心肌梗死、糖尿病、妊娠高血压综合征、急性感染、急性肾小球肾炎、肾病综合征、大面积烧伤、多发性骨髓瘤、恶性肿瘤、休克、大手术后以及血栓前状态等。

2）纤维蛋白原减低：见于重症肝炎、肝硬化、DIC、原发性纤溶症和低（无）纤维蛋白原血症等。

（四）抗凝系统检测

1. 血浆凝血酶时间测定　凝血酶时间（thrombin time，TT）是指在受检者血浆中加入标准凝血酶溶液，将纤维蛋白原转变为纤维蛋白，测定开始凝固所需的时间。

（1）参考值　16 ～ 18 秒。本试验需设正常对照值，TT 值延长超过正常对照值 3 秒以上为延长。

（2）临床意义　TT 延长常见于低（无）纤维蛋白原血症和异常纤维蛋白原血症；肝素或肝素样物质增多 [如肝素治疗中、严重肝病、系统性红斑狼疮（SLE）等]；血中纤维蛋白（原）降解产物增高；异常球蛋白增多（如多发性骨髓瘤等）。

2. 血浆抗凝血酶Ⅲ活性测定　抗凝血酶Ⅲ（AT-Ⅲ）是抗凝血酶中最重要的一种，能抑制凝血酶、Ⅸ a、Ⅹ a 等活性而达到抗凝目的。人体内存在一定量的 AT-Ⅲ，对防止血栓形成有重要意义。

（1）参考值　80% ～ 120%。

（2）临床意义　AT-Ⅲ增高常见于血友病、再生障碍性贫血、口服抗凝药。AT-Ⅲ减低常见于先天性 AT 缺陷症和获得性 AT 缺陷症，如肝病、肾病综合征、血栓性疾病等。

3. 血浆蛋白 C 活性测定　血浆蛋白 C（PC）是维生素 K 依赖性蛋白酶原。在凝血酶（T）与凝血酶调节蛋白（TM）复合物（T-TM）的作用下，PC 活化为蛋白 C（APc），有灭活因子Ⅷ a、Ⅴ a 的作用。

（1）参考值　70% ～ 140%。

（2）临床意义　PC 活性减低常见于先天性或获得性 PC 缺陷症，后者主要见于 DIC、肝病、手术后、口服抗凝剂等。PC 活性增高常见于肾病综合征、糖尿病等。

（五）纤溶活性检测

1. 优球蛋白溶解时间　血浆优球蛋白组分中包括纤维蛋白原、纤溶酶原和纤溶酶原激活剂等，但不含纤溶酶抑制物。将受检血浆置于乙酸溶液中，使优球蛋白沉淀，经离心除去纤溶抑制物，将沉淀物（优球蛋白）溶于缓冲液中，再加适量钙溶液（加钙法）或凝血酶（加凝血酶法），使其凝固，观察凝块完全溶解所需时间，即优球蛋白溶解时间（ELT）。

（1）参考值　①加钙法，（129.8±41.1）分钟。②加凝血酶法，（157.0±59.1）分钟。

（2）临床意义　本试验敏感性低，特异性高。① ELT 缩短（＜ 70 分钟）：表明纤溶活性增强，见于原发性和继发性纤溶亢进，如 DIC、应用溶血栓药物、手术、应激状态、创伤、休克等。② ELT 延长（＞ 120 分钟）：表明纤溶活性减低，见于血栓前状态、血栓性疾病等。

2. 血浆 D- 二聚体定性试验　D- 二聚体（D-D）是交联纤维蛋白降解产物之一，为继发性纤溶特有的代谢物，对继发性纤溶的诊断具有特异性。

（1）参考值　正常人为阴性，乳胶颗粒比阴性对照明显粗大者为阳性。

（2）临床意义　① D-D 阳性，常见于 DIC，并以此与原发性纤溶鉴别；也可见于深静脉血栓、肺梗死、急性心肌梗死、重症肝炎、外科手术等；溶血栓治疗有效的观察指标。② D-D 阴性，是排除深静脉血栓和肺血栓栓塞的重要试验指标。

3. 血浆纤维蛋白（原）降解产物试验　血浆纤维蛋白（原）降解产物（FDPs）定性试验是纤溶活性的筛选检查。

（1）参考值　正常人为阴性（胶乳凝集法）。

（2）临床意义　FDPs 阳性或增高见于原发性纤溶和继发性纤溶，后者如 DIC、肺梗死、深静脉血栓形成、白血病、肾脏疾病、肝脏疾病、恶性肿瘤、器官移植的排斥反应、溶栓治疗等。

第 2 节　骨髓细胞形态学检测

骨髓是人体出生后主要的造血器官，通过骨髓细胞形态学、组织化学、病理学、免疫学、细胞遗传学、分子生物学等多种检查，对来源于血液和造血组织的原发性血液病及非血液病所致的继发性血液学改变进行诊断、治疗监测等具有重要意义。

一、骨髓标本采集

骨髓标本采集需进行骨髓穿刺，一般由医生完成，穿刺前应书面告知患者检查的目的，充分解释骨髓穿刺前局部麻醉、穿刺时和穿刺后可能发生的意外情况，签署手术同意书。穿刺一般约需 20 分钟，要求患者配合穿刺。严格消毒穿刺部位，采集所需骨髓液并及时床边制备骨髓片。穿刺后局部伤口无菌性止血至少 24 小时，防止感染，卧床休息 30 ～ 60 分钟。有任何异常或感染征象时应及时报告。

二、骨髓细胞形态学检测

制作骨髓片，经染色后，依据造血细胞各发育阶段的形态特征，在显微镜下进行分类计数，同时观察细胞形态学是否有异常，这也是进行其他骨髓检查的基础。

1. 估计骨髓有核细胞增生程度　在显微镜下观察，骨髓中成熟红细胞与所有有核细胞的大致比例，即为骨髓增生程度，见表 6-7。

表 6-7　骨髓有核细胞增生程度分级

增生程度	成熟红细胞：有核细胞	有核细胞均数 / 视野	临床意义
增生极度活跃	1 ：1	＞ 100	急、慢性白血病
增生明显活跃	10 ：1	50 ～ 100	急、慢性白血病，增生性贫血
增生活跃	20 ：1	20 ～ 50	正常骨髓象、增生性贫血
增生减低	50 ：1	5 ～ 10	再生障碍性贫血
增生极度减低	200 ：1	＜ 5	再生障碍性贫血

2. 计数巨核细胞数目　在低倍镜下计数全片巨核细胞数目，然后在油镜下确定其发育阶段，巨

核细胞多分布在涂片的边缘和尾端。

3. 特殊细胞　注意观察有无体积较大的特殊细胞，如转移瘤细胞、戈谢细胞、尼曼 - 皮克细胞等，同时注意观察有无寄生虫，如疟原虫。

4. 油浸镜检查　观察 200 ～ 500 个细胞，按细胞的种类、发育阶段分别计算，并计算它们各自的百分率；仔细观察各系统的增生程度和各阶段细胞数量和质量的变化。

5. 骨髓象的分析与报告　骨髓象的分析与报告包括骨髓有核细胞增生程度、粒细胞与有核红细胞比例、粒系统细胞改变、红系统细胞改变、巨核系统细胞改变、淋巴系统细胞改变、单核系统细胞改变和其他血细胞改变。巨核细胞单独计数并描述血小板分布状态。

三、骨髓细胞学检测的临床应用

1. 诊断造血系统疾病　对下列疾病有决定性诊断意义，如各种类型白血病、恶性组织细胞病、多发性骨髓瘤、再生障碍性贫血、巨幼细胞贫血等。这些疾病也常通过复查骨髓象来评价疗效或判断预后。

2. 辅助诊断某些疾病　如各种恶性肿瘤的骨髓转移、淋巴瘤的骨髓浸润、骨髓增生异常综合征、骨髓增生性疾病、缺铁性贫血、溶血性贫血、脾功能亢进和原发性血小板减少性紫癜。

3. 化疗和放疗监测　观察骨髓对治疗的反应。

第 3 节　尿液检测

尿液是机体所产生的终末代谢产物，其组成和性状可反映机体的代谢状况，并受机体各系统尤其是泌尿系统功能状态的影响。因此，尿液检查对泌尿系统疾病及其他系统疾病的诊断、治疗、预后有重要意义，也可用于对某些有肾损害药物的用药监测。

一、尿液标本的分类与保存

（一）尿液标本分类

常用尿液标本的种类、特点及用途，见表 6-8。

表 6-8　常用尿液标本的种类、特点及用途

种类	特点	用途
晨尿	清晨起床、未进早餐和做运动之前第一次排出的尿液。其浓缩、酸化，有形成分、化学成分浓度高	适用于有形成分、化学成分和早孕检查
随机尿	可随时留取的尿液标本。其采集方便，标本易得；但影响因素多	用于有形成分、化学成分等检查
24 小时尿	晨 8 时排空膀胱并弃去此次尿液，采集此后直至次日晨 8 时的全部尿液	化学成分定量检查
餐后尿	午餐后 2 小时的尿液标本	检查病理性尿蛋白、尿糖和尿胆原
清洁中段尿	清洗外阴后，不间断排尿，弃去前、后时段的尿液，用无菌容器采集中间时段的尿液	微生物培养

（二）尿液标本保存

1. 冷藏法　尿液标本如 2 小时内不能完成检测，需置于 2 ～ 8℃冰箱冷藏，但必须在 6 小时内完成检验。

2. 化学防腐　根据检测内容加入防腐剂。①盐酸：适用于尿儿茶酚胺等化学成分定量测定。

②甲苯：适用于尿肌酐、尿糖、蛋白质、酮体等生化项目测定。③甲醛：适用于细胞和管型检查。

二、尿液一般性状检测

（一）尿量

参考值：1000 ～ 2000ml/24h 成人。

1. 多尿　24 小时尿量超过 2500ml 称为多尿。常见原因有：①暂时性多尿，如水摄入过多，过多饮茶、咖啡等，应用利尿剂或脱水剂等。②内分泌疾病，如糖尿病、尿崩症。③肾疾病，如慢性肾盂肾炎、急性肾衰竭多尿期、慢性肾衰竭早期等。

2. 少尿或无尿　尿量低于 400ml/24h 或 17ml/h 称为少尿；低于 100ml/24h 则称为无尿。原因包括：①肾前性，见于有效血容量减少如休克、心力衰竭、脱水等。②肾性，见于各种肾脏实质性病变，如急性肾炎、慢性肾炎急性发作、急性肾衰竭少尿期等。③肾后性，见于因压迫引起尿路梗阻或排尿功能障碍，如结石、肿瘤压迫。

（二）尿液外观

正常新鲜尿液为淡黄色或橘黄色透明液体，但尿液颜色可受食物、药物等影响。

1. 无色　见于尿量增多，如因饮水，输液过多或病理情况下的尿崩症、糖尿病等。

2. 血尿　每升尿液中含血量超过 1ml，外观呈洗肉水样或淡红色血样，称肉眼血尿。血尿多见于肾小球肾炎、泌尿系统结石及肿瘤、肾结核、外伤等，也可见于出血性疾病。

3. 血红蛋白尿　尿中出现血红蛋白时，尿液呈浓茶色、酱油色或红葡萄酒色。临床主要见于严重的血管内溶血，如血型不合的输血反应、溶血性贫血、阵发性睡眠性血红蛋白尿等。

4. 肌红蛋白尿　尿中出现大量的肌红蛋白，呈粉红色、暗褐色。见于挤压综合征、缺血性肌坏死。

5. 脓尿和菌尿　当尿内含有大量的脓细胞、炎性渗出物或细菌时，新鲜尿液呈白色浑浊或云雾状。见于尿路感染如肾盂肾炎、膀胱炎等。

6. 胆红素尿　尿内含有大量的结合胆红素，呈深黄色，振荡后出现黄色泡沫且不易消失。多见于胆汁淤积性黄疸和肝细胞性黄疸。

7. 乳糜尿　淋巴液逆流入尿中，外观呈乳白色称为乳糜尿，若同时混有血液，称为乳糜血尿。乳糜尿和乳糜血尿，可见于丝虫病及肾周围淋巴循环受阻。

（三）气味

正常尿液的气味来自尿中挥发性的酸性物质。尿液久置后，尿素分解可出现氨臭味。若排出的新鲜尿液即有氨味，多见于慢性膀胱炎及尿潴留等；糖尿病酮症酸中毒或饥饿时尿呈烂苹果味；有机磷农药中毒者，尿呈蒜臭味；苯丙酮尿症者尿有鼠臭味。

（四）尿比重

尿比重是指在同一温度下尿液与同体积水的质量之比，可粗略反映肾小管的浓缩稀释功能。

1. 参考值　正常尿比重在 1.015 ～ 1.025，一般大于 1.020；婴幼儿尿比重偏低。

2. 临床意义　①尿比重增高见于血容量不足引起的肾前性少尿（脱水、周围循环衰竭）、糖尿病、急性肾小球肾炎、肾病综合征等。②尿比重降低见于大量饮水、慢性肾小球肾炎、慢性肾衰竭、肾小管间质疾病、尿崩症等。

三、尿液化学检测

（一）尿 pH

1. 参考值　正常人尿液多呈弱酸性，晨尿 pH 5.5 ～ 6.5，随机尿 pH 为 4.5 ～ 8.0。但尿液的酸碱度受食物、药物等因素的影响。

2. 临床意义　① pH 降低见于高热、糖尿病、痛风、酸中毒及口服氯化铵、维生素 C 等酸性药物。② pH 增高见于碱中毒、尿潴留、膀胱炎、应用利尿剂等。③药物干预：尿 pH 可作为用药的一个指标，用氯化铵酸化尿液，可促使碱性药物中毒时药物从尿中排出，而用碳酸氢钠碱化尿液，可促使酸性药物中毒时药物从尿中排出。

（二）尿蛋白

1. 参考值　正常尿蛋白定性试验阴性；定量试验 0 ～ 80mg/24h 尿。

2. 临床意义　若尿蛋白定性试验阳性或定量试验超过 150mg/24h 尿时，称蛋白尿。如果尿蛋白含量≥ 3.5g/24h 尿，称为大量蛋白尿。蛋白尿的类型、特点及临床意义，见表 6-9。

表 6-9　蛋白尿的分类、特点及临床意义

蛋白尿类型	特点	临床意义
生理性蛋白尿	泌尿系统无器质性病变，尿内暂时出现蛋白质，诱因解除后可消失	剧烈运动、发热、寒冷、精神紧张、交感神经兴奋
肾小球性蛋白尿	为肾小球滤过膜机械和电荷屏障受损所致，尿蛋白≥ 1.0g/24h 尿，多为大中分子蛋白质，以清蛋白为主	原发性肾小球肾炎，肾病综合征 继发性如糖尿病、高血压、系统性红斑狼疮、妊娠高血压疾病
肾小管性蛋白尿	为近曲肾小管对低分子量蛋白质重吸收减少所致蛋白排出量过多	肾盂肾炎、间质性肾炎、肾小管酸中毒等
溢出性蛋白尿	血浆中的低分子量蛋白质超过了肾小管的重吸收能力	溶血性贫血、挤压伤综合征，多发骨髓瘤
组织性蛋白尿	为低分子量蛋白尿	肾小管受炎症或药物刺激等
假性蛋白尿	尿中混有大量的脓、血、黏液等	肾无损害，见于膀胱炎、尿道炎、尿道出血等

（三）尿糖

1. 参考值　正常人尿糖定性试验阴性，定量为 0.56 ～ 5.0mmol/24h 尿。

2. 临床意义　当血中葡萄糖浓度超过肾糖阈（8.88mmol/L）时或血糖虽未升高但肾糖阈值降低，尿糖定性呈阳性的尿液，称为糖尿。

（1）血糖增高性糖尿　其种类和临床意义，见表 6-10。

表 6-10　血糖增高性糖尿的种类和临床意义

种类	临床意义
代谢性糖尿	糖尿病
应激性糖尿	在颅脑外伤、脑出血、急性心肌梗死、情绪激动等时，延髓血糖中枢受刺激，导致肾上腺素、胰高血糖素分泌过多，可出现暂时性糖尿
摄入性糖尿	大量进食碳水化合物或静脉输注大量葡萄糖后可一时性出现尿糖阳性
内分泌性糖尿	又称继发性高血糖性糖尿（糖皮质激素、生长激素、肾上腺素等分泌过多所致），见于皮质醇增多症、甲状腺功能亢进、嗜铬细胞瘤等

（2）血糖正常性糖尿 又称肾性糖尿。血糖正常，由于肾小管病变导致对葡萄糖的重吸收能力下降所致，见于慢性肾炎、肾病综合征、间质性肾炎和家族性糖尿等。

（3）暂时性糖尿 可见于饮食性糖尿、精神性糖尿、妊娠期糖尿、药物性糖尿、应激性糖尿和新生儿糖尿等。

（4）其他 当进食过多乳糖、半乳糖、果糖及一些戊糖等时或体内代谢紊乱使血中浓度升高时，可出现相应的糖尿。

（5）假性糖尿 若尿中含有某些还原性物质如维生素 C、尿酸等以及一些随尿排出的药物如阿司匹林、水杨酸、异烟肼等可使尿糖定性试验出现假阳性反应。

（四）尿酮体

尿酮体是乙酰乙酸、β- 羟丁酸和丙酮的总称，是体内脂肪代谢的中间产物。

1. 参考值 阴性。

2. 临床意义 当机体糖分解代谢不足而脂肪分解活跃但氧化不完全时，可产生大量酮体，从尿中排出形成酮尿。

（1）糖尿病性酮尿 由于机体的糖代谢障碍所致，酮尿是糖尿病性昏迷的前期指标，常伴有酮症酸中毒，并伴有高糖血症和糖尿。

（2）非糖尿病性酮尿 当高热、严重呕吐、腹泻、禁食、过分节食、妊娠剧吐、肝硬化等时，因糖代谢障碍而出现酮尿。

（3）中毒 氯仿、乙醚麻醉后和磷中毒时尿中也可出现酮体。

（4）药物影响 服用降糖药的患者，药物抑制细胞呼吸，也可出现尿酮体阳性。

（五）尿胆红素与尿胆原

尿胆红素与尿胆原主要用于黄疸的鉴别，其变化特点见表 6-11。

表 6-11 不同类型黄疸患者尿胆红素与尿胆原的变化特点

指标	健康人	溶血性黄疸	肝细胞性黄疸	胆汁淤积性黄疸
尿液颜色	浅黄	深黄	深黄	深黄
尿胆红素	阴性	阴性	阳性	阳性
尿胆原	弱阳 / 阴性	强阳	阳性	阴性
尿胆素	阴性	阳性	阳性	阴性

（六）尿亚硝酸盐

1. 参考值 阴性。

2. 临床意义 主要用于尿路感染的筛查。当尿液中存在能产生硝酸盐还原酶的细菌（如大肠埃希菌）时，可呈阳性。阳性结果需结合尿白细胞及临床资料综合分析。阴性结果并不能排除泌尿系统感染。

四、尿液显微镜检测

尿液有形成分包括细胞（图 6-2）、管型、结晶、微生物等。可通过显微镜或尿液有形成分分析仪检查尿液沉渣（离心或不离心）中成分的数量和形态。

（一）参考值

红细胞：玻片法 0 ～ 3 个 / HPF，定量检查 0 ～ 5 个 /μl。

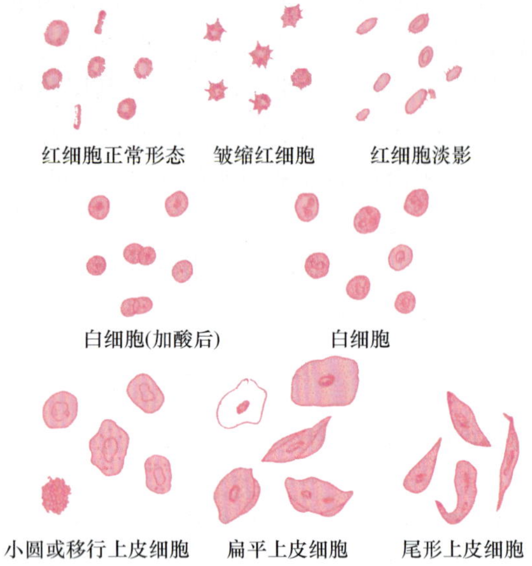

图 6-2 尿内常见的各种细胞形态

白细胞：玻片法 0 ～ 5 个 /HPF，定量检查 0 ～ 10 个 /μl。

肾小管上皮细胞：无。

移行上皮细胞：无或偶见。

鳞状上皮细胞：男性偶见，女性为 3 ～ 5 个 /HPF。

透明管型：0 ～ 1 个 /LPF。

病理管型：无。

结晶：可见磷酸盐、草酸钙、尿酸等生理性结晶。

（二）临床意义

1. 红细胞　当尿沉渣镜检红细胞＞ 3 个 /HPF，称为镜下血尿。由肾小球滤出的红细胞呈多形性改变，多形性红细胞＞ 80% 时，称肾小球源性血尿，常见于急慢性肾小球肾炎、狼疮性肾炎等。多形性红细胞＜ 50% 时，称非肾小球源性血尿，常见于泌尿系统结石和肿瘤、肾盂肾炎、急性膀胱炎等。

2. 白细胞和脓细胞　脓细胞指在炎症过程中破坏或死亡的中性粒细胞。当尿沉渣镜检白细胞＞ 5 个 /HPF，称为白细胞尿，主要见于泌尿系统感染如肾盂肾炎、膀胱炎或尿道炎等。

3. 上皮细胞　肾小管上皮细胞如在尿中出现，常提示肾小管病变，如肾小管间质性炎症、急性肾小管坏死等，并对观察肾移植术后有无排斥反应有一定价值。移行上皮细胞增多提示肾盂、输尿管、膀胱、尿道有炎症，大量出现应警惕移行上皮细胞癌。鳞状上皮细胞在尿中大量出现或片状脱落且伴有白细胞、脓细胞，见于尿道炎。

4. 管型　是蛋白质、细胞等在肾小管、集合管中凝固而成的圆柱形蛋白聚体。尿中常见的管型（图 6-3）及临床意义如下。

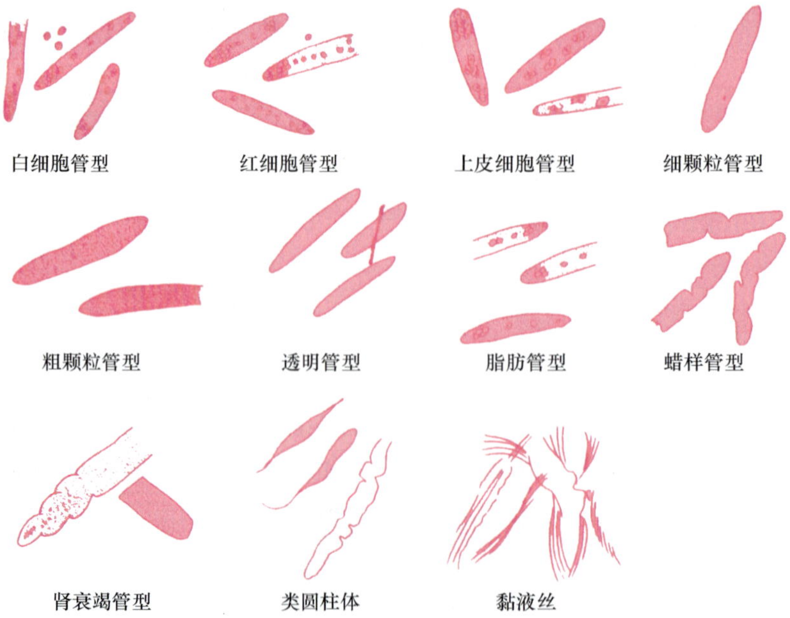

图 6-3 尿内常见的管型和类似管型样物质

（1）透明管型　主要由管型基质构成，为无色透明、内部结构均匀的圆柱状体。老年人清晨浓缩尿中偶可见到；增多多见于肾实质性病变。

（2）细胞管型　是指细胞含量超过管型总体积的 1/3。按其所含细胞种类不同分类如下。①红细胞管型：常见于急性肾小球肾炎、慢性肾小球肾炎发作期、急性肾小球坏死、肾移植后急性排斥反应。②白细胞管型：常提示肾实质有细菌感染性病变，见于肾盂肾炎、间质性肾炎等。③肾小管上皮细胞管型：见于各种原因所致的肾小管损伤。④混合管型：同时含有上皮细胞、红细胞、白细胞和颗粒物质的管型，可见于各种肾小球疾病。

（3）颗粒管型　细胞碎片、血浆蛋白崩解的颗粒等凝聚于透明管型中，颗粒总量超过管型体积的 1/3。见于慢性肾炎、肾盂肾炎或药物中毒等。

（4）蜡样管型　由颗粒管型、细胞管型在肾小管内长期停留或直接由淀粉样变性的上皮细胞溶解后形成。增多提示有严重的肾小管变性坏死，预后不良。见于慢性肾炎的晚期、肾衰竭、肾淀粉样变性等。

（5）脂肪管型　管型中含有大小不一、折光性强的椭圆形脂肪小球。见于慢性肾炎急性发作、肾病综合征及其他肾小管损伤性疾病。

5. 结晶体　尿中结晶主要来自食物代谢和药物，常见结晶体有磷酸盐、草酸钙、尿酸及尿酸盐等，一般无意义。新鲜尿中常出现结晶并伴有较多红细胞应疑有肾结石的可能。磺胺及其他药物结晶见于大量服用磺胺类药物、解热镇痛药及使用造影剂等。

第 4 节　粪便检测

粪便是食物在体内被消化吸收营养成分后剩余的产物，粪便成分主要有：①未被消化的食物残渣，如肉类纤维、淀粉颗粒、植物纤维等。②已被消化但未被吸收的食糜。③消化道分泌物，如胆色素、酶、黏液和无机盐等。④分解产物如粪臭素、脂肪酸等。⑤肠壁脱落的上皮细胞。⑥细菌，如大肠埃希菌和肠球菌等。

粪便检查对于了解消化道及通向肠道的肝、胆、胰腺等器官有无病变，间接判断胃肠、胰腺、肝胆系统的功能状况有重要价值。

一、粪便标本采集

1. 容器　常规检查标本选用清洁、干燥、不透水的一次性容器。若做细菌培养则应使用经灭菌后封口的容器。

2. 采集方法　一般采用自然排便法采集标本，无粪便而必须检查时可用肛门指检或采便管采集标本，不可用灌肠后的粪便。

3. 采集量　一般留取 5 ～ 10g 粪便送检。

4. 采集部位　粪便有脓血等病理性成分时，应挑选含黏液、脓血等异常成分的大便，但不可只取黏液、脓血。

5. 避免污染　粪便标本不应混入尿液、消毒剂等。

6. 送检时间　便常规标本采集后应尽早送检，一般不应超过 1 小时。

7. 化学法粪便隐血试验标本　用化学方法检测隐血试验时，试验前 3 天内应嘱患者禁食瘦肉、动物血、动物内脏、富含叶绿素的食物，停服铁剂、铋剂和维生素 C，勿咽下口咽部的出血，以免出现假阳性结果。

8. 寄生虫及虫卵检查标本　寄生虫及虫卵检查，留取标本时注意：①血吸虫毛蚴孵化应留取不少于 30g 粪便或全部粪便。②蛲虫卵检查须用透明薄膜拭子或玻璃纸拭子于深夜 12 时或清晨排便前自肛门周围的皱襞处拭取标本立即送检。③检查阿米巴滋养体，标本应 25℃保温并立即送检。④如第一次未查到寄生虫和虫卵时，应连续送检 3 天。

二、粪便一般性状检测

（一）量

粪便的量与进食量、食物种类及消化器官的功能状态有关。正常人每日排便1次，为100～300g。当胃肠、胰腺有病变或功能紊乱时，粪便的量可增多或减少。

（二）颜色与性状

正常人为黄褐色圆柱形软便，婴儿粪便呈黄色或金黄色糊状便。病理情况下可见以下改变。

1. 稀糊状或水样便　常见于各种感染性和非感染性腹泻，尤其是急性肠炎。小儿肠炎时可见绿色稀糊状；假膜性肠炎可见大量黄绿色稀汁样便并含有膜状物；艾滋病患者伴发肠道隐孢子虫感染时，可见大量稀水样粪便。

2. 鲜血便　常见于肠道下部出血，如痔、肛裂、结直肠肿瘤和息肉等。痔出血常表现为便后滴血，其他疾病则多见于鲜血附着于粪便表面。

3. 黏液及脓血便　常见于肠道下段有病变，如痢疾、溃疡性结肠炎、局限性肠炎、结肠或直肠癌、克罗恩（Crohn）病等。阿米巴痢疾以血为主，血中带脓，呈暗红色稀果酱样，细菌性痢疾则以黏液及脓为主，脓中带血。

4. 白陶土样便　常见于各种原因引起的胆道阻塞患者。钡餐胃肠造影术后也可呈白色或黄白色。

5. 米泔样便　粪便呈白色淘米水样，内含有黏液片块，量大、稀水样，见于重症霍乱、副霍乱患者。

6. 柏油样便　粪便呈稀薄黏稠、漆黑发亮，形似柏油，称柏油样便。见于上消化道出血，且出血量在50～70ml以上。服用活性炭、铋剂和食用较多动物血、肝或口服铁剂等也可排出黑色粪便，但粪便无光泽且粪便隐血试验为阴性。

7. 变形便　细条状便提示直肠狭窄，多见于直肠癌。球形且偏硬的大便见于习惯性便秘、老年人无力排便等。

8. 乳凝块便　常见于婴儿消化不良、婴儿腹泻。

（三）气味

正常粪便有臭味，食素者臭味较轻，食肉者臭味较重。慢性肠炎、胰腺疾病、结肠或直肠癌溃烂等患者，粪便呈恶臭味；阿米巴痢疾患者粪便呈血腥臭味；脂肪及糖类消化不良患者粪便呈酸臭味。

（四）寄生虫体

正常粪便中无寄生虫虫体。病理情况下，肉眼可见的寄生虫虫体或片段有蛔虫、蛲虫及绦虫等。钩虫虫体需将粪便冲洗过筛方可见到。服用驱虫剂后应常规行寄生虫检查。

三、粪便隐血试验

肉眼及显微镜均不能发现的消化道出血称隐血，检查隐血的方法称隐血试验。粪便隐血试验方法分为化学法和免疫法，前者受饮食影响可出现假阳性或假阴性，后者特异性强，试验前无需限制饮食。

1. 参考值　阴性。

2. 临床意义　消化道出血5ml以上即可呈阳性。阳性见于消化性溃疡、消化道恶性肿瘤、急性胃黏膜病变等。消化性溃疡伴出血时呈间断阳性，而消化道恶性肿瘤时呈持续性阳性，因此隐血试验可作为溃疡与恶性肿瘤的一种鉴别方法。另外，隐血试验常作为消化道恶性肿瘤的筛查试验。

四、粪便显微镜检测

（一）细胞和微生物

1. 白细胞　正常粪便无或偶见白细胞。肠炎时白细胞轻度增加；细菌性痢疾及溃疡性结肠炎时白细胞明显增多；过敏性肠炎、肠道寄生虫病时可见较多嗜酸性粒细胞。

2. 红细胞　正常粪便无红细胞。下消化道出血、痢疾、溃疡性结肠炎、结肠和直肠癌等可见红细胞。细菌性痢疾时红细胞少于白细胞；阿米巴痢疾时红细胞多于白细胞。

3. 巨噬细胞　细菌性痢疾和溃疡性结肠炎可见巨噬细胞。巨噬细胞是诊断急性细菌性痢疾的主要依据之一。

4. 肠黏膜上皮细胞　正常粪便中无肠黏膜上皮细胞，结肠炎、假膜性肠炎等可见。

5. 肿瘤细胞　见于结肠癌、直肠癌患者。

6. 微生物　正常粪便中可见大量细菌，为正常菌群，正常粪便中的菌量和菌谱处于相对平衡状态。正常粪便中一般无真菌，病理粪便中出现的真菌以白色假丝酵母菌最为多见，常见于长期使用广谱抗生素、激素、免疫抑制剂和放化疗之后。

（二）食物残渣

正常粪便中的食物残渣已消化成无定形细小颗粒，仅可偶见淀粉颗粒和脂肪小滴等。淀粉颗粒增多见于腹泻、慢性胰腺炎等；脂肪小滴增多见于急慢性胰腺炎、胰头癌、腹泻、消化不良综合征等；肠蠕动亢进腹泻时，肌肉纤维、植物细胞及植物纤维增多。

（三）寄生虫和寄生虫卵

正常粪便中无寄生虫卵。肠道寄生虫病时，可见蛔虫卵、血吸虫卵、钩虫卵、蛲虫卵等。肠道寄生原虫主要有阿米巴滋养体和包囊等。粪便中查到寄生原虫或虫卵是诊断寄生虫感染的最直接、最可靠依据。

五、粪便细菌学检测

大肠埃希菌、厌氧杆菌、肠球菌为成人粪便中的主要细菌；而产气杆菌、变形杆菌、铜绿假单胞菌等多为过路菌，可成为致病菌或条件致病菌；双歧杆菌、拟杆菌、葡萄球菌和肠杆菌为婴儿粪便中的主要细菌。

正常粪便中的菌量和菌谱处于相对稳定状态，保持着与宿主间的生态平衡。若正常菌群消失或比例失调，称为肠道菌群失调症。

肠道致病菌检查主要通过粪便直接涂片镜检和细菌培养。①假膜性肠炎时，粪便涂片革兰氏染色镜检可见葡萄球菌、念珠菌或梭杆菌增多。②霍乱、副霍乱时，可做悬滴试验，涂片可见其特有的形态及运动方式。③某些腹泻患者稀汁样粪便涂片可见人体酵母菌。④肠结核可行粪便抗酸染色涂片查找分枝杆菌，粪便结核分枝杆菌培养有助于确诊。

第 5 节　常用肾脏功能实验室检测

肾脏是人体的重要器官之一，具有生成尿液，排泄体内代谢废物，维持机体水、电解质、酸碱平衡的功能，同时还兼有内分泌功能，如产生肾素、红细胞生成素、活性维生素 D 等。

一、肾小球功能检测

（一）内生肌酐清除率测定

肌酐是肌肉在人体内代谢的产物。人体血液中肌酐的来源包括内源性、外源性两种。内源性肌酐主要是由肌肉中磷酸肌酸代谢产生，外源性肌酐主要是鱼、肉等食物经消化道吸收形成。肌酐主要从肾小球滤过，在肾小管不被重吸收。如在严格控制饮食和肌肉活动相对稳定，排除外源性肌酐干扰的情况下，血肌酐的生成量和尿的排出量较恒定，其含量的变化主要受内源性肌酐的影响。临床上将单位时间内肾把若干毫升血浆中的内生肌酐全部清除出去，称为内生肌酐清除率（endogenous creatinine clearance rate，Ccr），是目前检测肾小球滤过功能最常用的方法。

1. 检查方法

（1）嘱患者连续 3 天进低蛋白饮食（＜ 40g/d），并禁食肉类（无肌酐饮食），避免剧烈运动。

（2）第 4 天晨 8 时将尿液排净，然后收集记录 24 小时尿量（第 5 日晨 8 时尿必须留下），并加入甲苯 4 ～ 5ml 防腐。取静脉血 2 ～ 3ml，与 24 小时尿同时送检。

（3）测定尿及血中肌酐浓度。

（4）计算内生肌酐清除率

Ccr（ml/min）= 尿肌酐浓度（μmol/L）× 每分钟尿量（ml/min）/ 血肌酐浓度（μmol/L）。

2. 参考值　成人 80 ～ 120ml/min，新生儿 40 ～ 65ml/min，老年人随年龄增长，有自然下降趋势。

3. 临床意义

（1）是判断肾小球损害的敏感指标　当肾小球滤过率（glomerular filtration rate，GFR）降低到正常值的 50% 时，Ccr 可低至 50ml/min，因肾脏有强大的储备能力，此时血肌酐、尿素氮测定仍可在正常范围，故 Ccr 是较早反映肾小球滤过率的敏感指标。

（2）评估肾功能损害程度　根据 Ccr 可将肾功能分为 4 期。肾衰竭代偿期 Ccr 为 51 ～ 80ml/min；肾衰竭失代偿期 Ccr 为 20 ～ 50ml/min；肾衰竭期 Ccr 为 10 ～ 19ml/min；尿毒症期或终末期肾衰竭期 Ccr ＜ 10ml/min。另一种分类方法是：轻度损害 Ccr 为 51 ～ 70ml/min；中度损害 Ccr 在 31 ～ 50ml/min；重度损害 Ccr ＜ 30ml/min。

（3）指导临床治疗　Ccr ＜ 30 ～ 40ml/min，应限制蛋白质摄入；Ccr ＜ 30ml/min，用噻嗪类利尿药治疗常无效；Ccr ＜ 10ml/min，对袢利尿剂反应已极差，应结合临床进行肾替代治疗。此外，肾衰竭时凡由肾代谢或肾排出的药物也可根据 Ccr 减低的程度来调节用药剂量和用药的时间间隔。

（二）血清肌酐测定（Scr）

1. 标本采集　抽取空腹静脉血 2ml，注入干燥试管中送检。

2. 参考值　成年男性 53 ～ 106μmol/L，成年女性 44 ～ 97μmol/L。

3. 临床意义　肾的储备能力很大，当肾小球滤过率降低至正常的 50% 时，血肌酐仍正常，当降低至 1/3 时，血肌酐明显上升，提示肾脏病变严重。血肌酐增高见于：①各种原因引起的肾小球滤过功能减退，如急、慢性肾衰竭。②可鉴别肾前性和肾实质性少尿。器质性肾衰竭引起的肾实质性少尿，血肌酐常超过 200μmol/L，心力衰竭、脱水、肾病综合征等引起的肾前性少尿，血肌酐上升多不超过 200μmol/L。

（三）血尿素氮测定（BUN）

1. 标本采集　抽取空腹静脉血 2ml，注入干燥试管中送检。

2. 参考值　成人 3.2 ～ 7.1mmol/L；儿童 1.8 ～ 6.5mmol/L。

3. 临床意义　血尿素氮增高见于：①器质性肾功能损害，当肾小球滤过率降低至正常的 50% 以下时，血尿素氮浓度迅速增高，故 BUN 为肾小球损害的中晚期指标。可见于各种病因所致的慢性肾衰竭，此时血尿素氮增高程度与其病情的严重程度一致。②蛋白质分解或摄入过多，如上消化道出血、大面积烧伤、高蛋白饮食等。③肾前性少尿，如严重脱水，大量腹水、心力衰竭、休克等致肾血流量灌注不足，引起少尿，尿素排出减少，血中浓度增高。

二、肾小管功能检测

肾小管具有强大的重吸收、分泌、排泄、浓缩和稀释功能。

（一）远端肾小管功能检测

1. 昼夜尿比重试验　又称莫氏试验（Mosenthal test），通过测定正常 24 小时尿量、昼夜尿量之比及尿比重，了解远端肾小管和集合管对水的调节作用。

（1）标本采集　试验日正常饮食，每餐饮水量不宜超过 500 ～ 600ml，除正常进餐外不再另外进食和饮水，上午 8 时排尿弃去，分别在 10 时、12 时、14 时、16 时、18 时、20 时及次晨 8 时各留尿 1 次，分别准确测定尿量及尿比重。

（2）参考值　成人尿量 1000 ～ 2000ml/24h，其中夜尿量＜ 750ml，昼尿量（晨 8 时至 20 时的 6 次尿量之和）和夜尿量（20 时至次晨 8 时）比值一般为（3 ～ 4）：1；夜尿或昼尿中至少 1 次尿比重＞ 1.018，昼尿中最高与最低尿比重差值＞ 0.009。

（3）临床意义

1）夜尿＞ 750ml 或昼夜尿量比值降低是肾浓缩功能受损的早期改变，见于慢性肾小球肾炎和痛风性肾病早期主要损害肾小管时；若同时伴有夜尿增多及尿最高比重不大于 1.018 或昼夜尿比重差值小于 0.009，提示浓缩–稀释功能严重受损；若每次尿比重降低或尿比重固定在 1.010 ～ 1.012，称为等渗尿，表明肾脏只有滤过功能而稀释浓缩功能完全丧失。

2）尿量少而尿比重增高，固定在 1.018 左右（差值＜ 0.009），多见于急性肾小球肾炎及其他肾小球滤过率减少的情况。

3）尿量明显增多（＞ 4L/24h）而尿比重低于 1.006，为尿崩症的典型表现。

2. 尿渗量测定　尿渗量系指尿内具有渗透活性的全部溶质的微粒总浓度，尿比重和尿渗量都能反映尿中溶质的含量，但尿渗量不受溶质微粒大小和分子量大小的影响，更能准确反映肾浓缩和稀释功能。

（1）标本采集　晚餐后禁饮 8 ～ 12 小时。留取晨尿 100ml，同时采集肝素抗凝静脉血 2ml 一并送检。

（2）参考值　尿渗量为 600 ～ 1000mOsm/（kg·H_2O），平均为 800mOsm/（kg·H_2O）；血浆渗量 275 ～ 305mOsm/（kg·H_2O），平均为 300mOsm/（kg·H_2O）；尿 / 血浆渗量值为（3 ～ 4.5）：1。

（3）临床意义　禁饮后尿渗量在 300mOsm/（kg·H_2O）左右，称为等渗尿；＜ 300mOsm/（kg·H_2O），称为低渗尿。正常人禁水 8 小时后尿渗量＜ 600mOsm/（kg·H_2O），尿 / 血浆渗量值≤ 1，提示肾浓缩功能障碍。常见于慢性肾盂肾炎、多囊肾、尿酸性肾病等慢性间质性病变。

（二）近端肾小管功能检测

1. 尿 β_2- 微球蛋白测定　尿 β_2- 微球蛋白（β_2-MG）广泛存在于体内组织细胞，正常人 β_2-MG 生成量较恒定，分子量小并且不与血浆蛋白结合，可自由经肾小球滤入原尿，但原尿中 99.9% 的 β_2-MG 在近端肾小管被重吸收，并在肾小管上皮细胞中分解破坏，仅微量 β_2-MG 自尿中排出。

（1）参考范围　成人尿中 β_2-MG 低于 0.3mg/L。

（2）临床意义　根据 β_2-MG 的肾排泄过程，尿 β_2-MG 增多较敏感地反映近端肾小管重吸收功能受损，如肾小管 - 间质性疾病、药物或毒物所致早期肾小管损伤，以及肾移植后急性排斥反应早期。

肾移植后均使用可抑制 β_2-MG 生成的免疫抑制剂，若仍出现尿 β_2-MG 增多，表明排斥反应未能有效控制。

2. α_1- 微球蛋白测定　α_1- 微球蛋白（α_1-MG）为肝细胞和淋巴细胞产生的一种糖蛋白。血浆中

α_1-MG 可以游离或以与 IgG、清蛋白结合两种形式存在。游离 α_1-MG 可自由透过肾小球，但原尿中 α_1-MG 约 99% 被近曲小管上皮细胞以胞饮方式重吸收并分解，故仅微量 α_1-MG 从尿中排泄。

（1）参考范围　成人尿 α_1-MG ＜ 15mg/24h；血清游离 α_1-MG 为 10 ～ 30mg/L。

（2）临床意义

1）近端肾小管功能损害：尿 α_1-MG 升高，是反映各种原因包括肾移植后排斥反应所致早期近端肾小管功能损伤的特异性、敏感性指标。

2）评估肾小球滤过功能：血清 α_1-MG 升高提示 GFR 降低，其比血 Cr 和 β_2-MG 检测更灵敏，在 Ccr ＜ 100ml/min 时，血清 α_1-MG 即出现升高，血清和尿中 α_1-MG 均升高，表明肾小球滤过功能和肾小管重吸收功能均受损。

3）血清 α_1-MG 降低见于严重肝实质性病变所致生成减少，如重症肝炎、肝坏死等。

综上所述，在评估各种原因所致的肾小球和近端肾小管功能特别是早期损伤时，β_2-MG 和 α_1-MG 均是较理想的指标，尤以 α_1-MG 为佳，有取代 β_2-MG 的趋势。

第 6 节　肝脏病常用实验室检测

肝脏最主要功能是物质代谢，它在体内蛋白质、氨基酸、糖、脂类、维生素、激素等物质代谢中起着重要作用；同时肝脏还有分泌、排泄、生物转化及胆红素、胆汁酸代谢等方面的功能。

一、蛋白质代谢功能检测

（一）血清总蛋白、清蛋白和球蛋白及比值测定

血清总蛋白（STP）是血清中所含各种蛋白质的总称，是清蛋白（A）和球蛋白（G）的总和。全部的血清清蛋白和 90% 以上的血清总蛋白均由肝脏合成，因此血清总蛋白和清蛋白含量是反映肝脏功能的重要指标。球蛋白是多种蛋白质的混合物，包括免疫球蛋白和补体、多种糖蛋白、脂蛋白、金属结合蛋白和酶类等。球蛋白与机体免疫功能与血浆黏度密切相关。

1. 标本采集　抽取空腹静脉血 2ml，注入干燥不抗凝试管中送检。

2. 参考值　正常成人血清总蛋白 60 ～ 80g/L，清蛋白 40 ～ 55g/L，球蛋白 20 ～ 30g/L，A/G 为（1.5 ～ 2.5）：1。

3. 临床意义　血清总蛋白和清蛋白检测主要反映慢性肝损害。在急性或局灶性肝损害时，总蛋白和清蛋白多正常。总蛋白减低常与清蛋白减低相平行，总蛋白增高常伴有球蛋白增高。

（1）血清总蛋白及清蛋白增高　见于各种原因引起的血液浓缩或蛋白质合成增加，如各种原因导致的血液浓缩（严重脱水、休克等）、肾上腺皮质功能减退等。

（2）血清总蛋白及清蛋白降低　①合成不足，见于慢性肝炎、肝癌、亚急性重症肝炎等。血清总蛋白＜ 60g/L 或清蛋白＜ 25g/L 时称为低蛋白血症，临床上常出现严重水肿及胸腔积液、腹水。②摄取不良，如蛋白质摄入不足或消化吸收不良。③蛋白质丢失过多，见于肾病综合征、大量胸腔积液及腹水、严重烧伤、急性大失血等。④消耗增加，见于慢性消耗性疾病，如甲状腺功能亢进及恶性肿瘤等。

（3）血清总蛋白及球蛋白增高　主要是球蛋白增高，其中又以 γ 球蛋白增高为主。主要见于：①慢性肝脏疾病，如慢性活动性肝炎、肝硬化、慢性酒精性肝病、原发性胆汁性肝硬化等。② M 球蛋白血症，如多发性骨髓瘤、淋巴瘤等。③自身免疫性疾病，如系统性红斑狼疮、风湿热、类风湿关节炎等。④慢性炎症与感染，如结核病、疟疾、黑热病等。

（4）血清球蛋白浓度降低　主要由于合成减少，常见于婴幼儿生理性减少、长期应用肾上腺糖皮质激素或免疫抑制剂等。

（5）A/G 倒置　常见于严重肝功能损伤及 M 蛋白血症，如慢性持续性肝炎、肝硬化、原发性肝癌、多发性骨髓瘤及原发性巨球蛋白血症等。

二、胆红素代谢检测

衰老的红细胞在肝、脾、骨髓的单核吞噬细胞系统中分解和破坏，形成非结合胆红素（unconjugated bilirubin，UCB）。非结合胆红素为脂溶性，不能从肾小球滤过，其随血流进入肝脏并被肝细胞摄取，与葡萄糖醛酸结合形成结合胆红素（conjugated bilirubin，CB）。结合胆红素为水溶性，可经肾小球滤过出现在尿液中。结合胆红素随胆汁排入肠道，经肠内细菌的脱氢作用还原为尿胆原。大部分尿胆原在肠道进一步氧化为尿胆素从粪便中排出，称粪胆素。小部分尿胆原在肠内被重吸收，经门静脉回到肝脏，其中大部分再转变为结合胆红素，又随胆汁排入肠道，形成胆红素的肠肝循环，被吸收回肝脏的小部分尿胆原经体循环由肾脏排出体外。血清非结合胆红素与结合胆红素的总和即为血清总胆红素（serum total bilirubin，STB）。

1. 标本采集　抽取空腹静脉血 2ml，注入干燥不抗凝试管中，容器应避光，标本勿溶血。

2. 参考值　STB：3.4 ～ 17.1μmol/L；CB：0 ～ 6.8μmol/L；UCB：1.7 ～ 10.2μmol/L。

3. 临床意义

（1）判断有无黄疸及黄疸程度　STB17.1 ～ 34.2μmol/L 为隐性黄疸；STB34.2 ～ 171μmol/L 为轻度黄疸；STB 171 ～ 342μmol/L 为中度黄疸；STB ＞ 342μmol/L 为重度黄疸。

（2）判断黄疸病因及类型　不同类型的黄疸血清胆红素检查结果，见表 6-12。

表 6-12　3 种类型黄疸血清胆红素的检查结果

黄疸类型	总胆红素（μmol/L）（STB）	非结合胆红素（UCB）	结合胆红素（CB）	结合胆红素 / 非结合胆红素（CB/UCB）
溶血性黄疸	＜ 85.5	明显增高	轻度增高	＜ 0.2
胆汁淤积性黄疸	不完全梗阻：171 ～ 265 完全梗阻：＞ 342	轻度增高	明显增高	＞ 0.5
肝细胞性黄疸	17.1 ～ 171	中度增高	中度增高	0.2 ～ 0.5

三、血清酶学检测

当肝细胞发生变性及坏死等损伤后，可导致血清酶学指标发生变化，如丙氨酸氨基转移酶（alanine amin-otransferase，ALT，谷丙转氨酶）、天冬氨酸氨基转移酶（aspartate aminotransferase，AST，谷草转氨酶）等。在肝细胞中，ALT 主要存在于非线粒体中，而大约 80% 的 AST 存在于线粒体内。当肝实质受损时，肝细胞破裂释放酶入血，使血清中这些酶的活性增高。但因 ALT 存在于非线粒体，且半衰期较 AST 长，故 ALT 反映肝细胞损伤的灵敏度比 AST 高。

胆道阻塞时，胆小管膜上的某些酶解离下来并反流入血使血清中酶活性增高，如碱性磷酸酶（alkaline phosphatase，ALP 或 AKP）和 γ- 谷氨酰转移酶（γ-glutamyl transferase，γ-GT 或 GGT）等。

（一）参考值

1. 血清氨基转移酶　① ALT 5 ～ 40U/L（速率法，37 ℃）；② AST 8 ～ 40U/L（速率法，37℃）；③ DeRitis 比值（AST/ALT）为 1.15。

2. ALP　①男性 45 ～ 125U/L；②女性 20 ～ 49 岁 30 ～ 100U/L，50 ～ 79 岁 50 ～ 135U/L。

3. γ-GT　①男性 11 ～ 50U/L；②女性 7 ～ 32U/L。

（二）临床意义

1. 肝实质损害

（1）病毒性肝炎　①急性病毒性肝炎患者 ALT、AST 与 γ-GT 均可增高，以 ALT 增高更明显，多为 ALT ＞ AST ＞ γ-GT。在肝炎病毒感染后 1 ～ 2 周，氨基转移酶达高峰，第 3 ～ 5 周逐渐下降，AST/ALT 趋于正常。②急性肝炎恢复期如血清氨基转移酶活性不能降至正常或下降后又上升，提示转为慢性。③急性重症肝炎时，病程初期即表现出 AST 和 ALT 同时升高，AST 比 ALT 升高更明显，说明肝细胞损伤严重（有线粒体损伤）；如出现胆红素明显升高，但氨基转移酶却下降，即出现胆酶分离现象，提示肝细胞严重坏死，预后不良。

（2）肝硬化、肝癌　ALT、AST、ALP 和 γ-GT 均可增高，但 AST ＞ ALT，且增高程度不如急性肝病。肝癌时以 γ-GT 增高为著，肝硬化时若 γ-GT 持续增高，为病情不稳定或有恶化趋势。

（3）其他　如酒精性肝病、药物性肝炎、脂肪肝等，氨基转移酶轻度升高或正常，且 AST/ALT 均大于 1。γ-GT 显著升高是酒精性肝病的重要特征。

2. 胆道梗阻性疾病

（1）反映胆汁排泄受阻　各种肝内外胆管阻塞性疾病如胰头癌、胆道结石所致的胆管阻塞、原发性胆汁性肝硬化、硬化性胆管炎等，ALP 和 γ-GT 明显增高，且与血清胆红素升高相平行。

（2）鉴别黄疸病因　梗阻性黄疸，ALP 和 STB 明显增高，ALT 轻度增高；肝内局限性胆道阻塞，ALP、γ-GT 明显增高，STB 正常，ALT 正常或轻度增高；肝细胞性黄疸，ALT 明显增高，STB、γ-GT 中度增高，ALP 正常或轻度增高。

3. 反映肝外疾病　急性心肌梗死时 ALT、AST 增高，AST ＞ ALT；AST 增高程度与心肌坏死的范围和程度有关；骨骼系统疾病如骨折早期、成骨细胞瘤等 ALP 增高。

四、病毒性肝炎血清标志物检测

病毒性肝炎的病原体目前已经明确的主要有以下 7 种。

（一）甲型肝炎病毒标志物检测

甲型肝炎病毒（hepatitis A virus，HAV）属微小 RNA 病毒科。现临床常用的病毒标志物有抗 HAV-IgM 和抗 HAV-IgG。

1. 参考值　阴性。IgG 阳性见于感染后的人群。

2. 临床意义

（1）抗 HAV-IgM 阳性　发病后 1 ～ 2 周出现，3 个月后滴度下降，6 个月后不易检出。所以，抗 HAV-IgM 阳性是早期诊断甲型肝炎的特异性指标。

（2）抗 HAV-IgG 阳性　出现于恢复期且持久存在，是一种保护性抗体，提示既往感染，可作为流行病学调查的指标。

（二）乙型肝炎病毒标志物检测

乙型肝炎病毒（hepatitis B virus，HBV）是一种嗜肝脱氧核糖核酸病毒，属于包膜病毒。现用于临床的病毒标志物有乙型肝炎病毒表面抗原（HBsAg）、乙型肝炎病毒表面抗体（抗 -HBs）、乙型肝炎病毒 e 抗原（HBeAg）、乙型肝炎病毒 e 抗体（抗 -HBe）、乙型肝炎病毒核心抗原（HBcAg）、乙型肝炎病毒核心抗体（抗 -HBc）、乙型肝炎病毒 DNA。

1. 参考值　乙型肝炎病毒表面抗体可为阳性，其余均为阴性。

2. 临床意义

（1）HBsAg 阳性　感染 HBV 后 1 ～ 2 个月血清中出现 HBsAg，可维持数周、数月至数年，也可能长期存在。见于急性乙型肝炎的潜伏期、慢性迁延性乙型肝炎、慢性活动性乙型肝炎、肝硬化、肝癌及 HBsAg 携带者。

（2）抗 -HBs 是保护性抗体，抗 -HBs 阳性提示机体对 HBV 有一定程度的免疫力。抗 -HBs 一般在 HBsAg 转阴后出现，可持续多年。注射过乙型肝炎疫苗或抗 -HBs 免疫球蛋白者，抗 -HBs 可呈现阳性反应。

（3）HBeAg 阳性 表明乙型肝炎处于活动期，并有较强的传染性。HBeAg 持续阳性者，易转为慢性乙型肝炎或肝硬化。孕妇阳性可引起垂直传播。

（4）抗 -HBe 是 HBeAg 的对应抗体，但不是中和抗体。抗 -HBe 阳性表示大部分 HBV 被消除，复制减少，传染性降低。

（5）抗 -HBc 是 HBcAg 的对应抗体，可分为 IgM、IgG 和 IgA 3 型。目前常用的方法是检测抗 -HBc 总抗体，也可分别检测抗 -HBc 的 IgM、IgG 或 IgA。阳性表明 HBV 含量较多，提示病毒复制活跃，传染性强。

（6）HBcAg 是 HBV 的核心部位，主要存在于受感染的肝细胞核内，不游离于血清中，检测较难，临床上不做常规检查。

（7）HBV-DNA 是 HBV 的基因物质，是乙型肝炎的诊断证据之一，表明 HBV 复制，有传染性。

HBV 血清学标志物检测与临床意义，见表 6-13。

表 6-13 HBV 血清学标志物检测与临床意义

HBsAg	HBeAg	抗 -HBc	抗 HBc-IgM	抗 -HBe	抗 -HBs	临床意义
+	+	−	−	−	−	急性 HBV 感染早期，HBV 复制活跃
+	+	+	+	−	−	急性或慢性乙型肝炎，HBV 复制活跃
+	−	+	+	−	−	急性或慢性乙型肝炎，HBV 复制减弱
+	−	+	+	+	−	急性或慢性乙型肝炎，HBV 复制减弱
+	−	+	−	+	−	HBV 复制停止
−	−	+	+	−	−	HBsAg/ 抗 -HBs 空白期，可能 HBV 处于平静携带中
−	−	+	−	−	−	既往 HBV 感染，未产生抗 -HBs
−	−	+	+	+	−	抗 -HBs 出现前阶段，HBV 低度复制
−	−	+	−	+	+	HBV 感染恢复阶段
−	−	+	−	−	+	HBV 感染恢复阶段
+	+	+	+	−	+	不同亚型（变异型）HBV 再感染
+	−	−	−	−	−	HBV-DNA 处于整合状态
−	−	−	−	−	+	病后或接种 HBV 疫苗后获得性免疫
−	+	+	−	−	−	HBsAg 变异的结果
+	−	−	−	+	+	表面抗原、e 抗原变异

（三）丙型肝炎病毒标志物检测

丙型肝炎病毒（hepatitis C virus，HCV）为单链正股 RNA 病毒。临床上诊断 HCV 感染的主要标志物为抗 -HCV IgM、抗 -HCV IgG 和 HCV-RNA 测定。

1. 参考值 均为阴性。

2. 临床意义

（1）抗 -HCV 是非保护性抗体，阳性是诊断 HCV 感染的重要依据。

（2）抗 -HCV IgM 阳性提示病变活动和有传染性，是诊断丙型肝炎的早期敏感指标。

（3）抗 -HCV IgG　阳性表明体内有 HCV 感染。

（4）HCV-RNA　阳性是 HCV 感染最直接、最灵敏和最特异的检测指标，提示 HCV 复制活跃，传染性强。也可作为丙型肝炎的预后判断和药物疗效的评价指标。

（四）丁型肝炎病毒标志物检测

丁型肝炎病毒（hepatitis D virus，HDV）是 HBV 的共生体，需有 HBV 存在方能复制和传播。

1. 标本采集　抽取静脉血 2ml，注入干燥试管中，不抗凝。

2. 参考值　HDVAg、抗 HDV 和 HDV-RNA 均为阴性。

3. 临床意义

（1）HDVAg 阳性，是诊断的直接证据。

（2）抗 HDV-IgM 阳性提示急性感染；抗 HDV-IgG 阳性提示慢性感染。

（3）HDV-RNA 阳性是确诊和疗效观察的指标，HBV 与 HDV 重叠感染易迅速发展为肝癌或肝硬化。

（五）戊型肝炎病毒标志物检测

针对戊型肝炎病毒（hepatitis E virus，HEV）抗原可产生 HEV-IgG 和 HEV-IgM 两种抗体。

1. 参考值　均阴性。

2. 临床意义　抗 HEV-IgM 阳性提示近期感染，可用于早期诊断；抗 HEV-IgG 可在感染后较早出现。二者均阳性可提高诊断准确率。

（六）庚型肝炎病毒标志物检测

庚型肝炎病毒（hepatitis G virus，HGV）属黄病毒属，颗粒直径为 50 ～ 100nm。HGV 的检查包括抗 -HGV 和 HGV RNA。

1. 参考值　HGV RNA（–）、抗 -HGV（–）。

2. 临床意义　HGV RNA 阳性表明有 HGV 存在；抗 -HGV 阳性提示曾感染过 HGV。多见于输血后肝炎或使用血液制品引起 HGV 合并 HCV 感染的患者。

（七）输血传播病毒标志物检测

输血传播病毒（transfusion transmitted virus，TTV）是 1997 年发现的非囊膜的单股环状 DNA 病毒。

1. 参考值　TTV DNA 阴性。

2. 临床意义　TTV DNA 阳性表明有 TTV 存在，但普通人群阳性率较高，无症状携带者较多。

五、血清甲胎蛋白测定

甲胎蛋白（alpha fetoprotein，AFP）是胎儿早期由肝脏和卵黄囊合成的一种血清糖蛋白，出生一年后维持低水平。AFP 浓度检测，对诊断原发性肝细胞癌及滋养细胞恶性肿瘤有重要的临床价值。

1. 标本采集　抽取空腹静脉血 3ml，注入干燥试管中，采血前避免剧烈运动。

2. 参考值　＜ 25μg/L。

3. 临床意义

（1）原发性肝细胞癌　大多数患者 AFP ＞ 300μg/L，但也有少数原发性肝癌患者 AFP 不升高。

（2）病毒性肝炎、肝硬化　AFP 有不同程度的升高，但通常＜ 300μg/L。

（3）生殖腺胚胎肿瘤、胃癌或胰腺癌　血中 AFP 含量也可升高。

（4）妊娠　妊娠 3 ～ 4 个月 AFP 开始升高，妊娠 7 ～ 8 个月达高峰，但多低于 400μg/L，分娩后 3 周恢复正常。

第 7 节　临床常用血液生化检测

一、血糖及其代谢产物的检测

（一）空腹血糖检测

空腹血糖（FBG）是诊断糖代谢紊乱最常用和最重要的指标。

1. 标本采集　清晨空腹静脉血 2ml，注入抗凝试管内，立即送检，避免振荡。

2. 参考值　3.9 ～ 6.1mmol/L。

3. 临床意义　血糖检测是目前诊断糖尿病的主要依据，也是判断糖尿病病情和控制程度的主要指标。

（1）FBG 增高　FBG 增高而又未达到诊断糖尿病标准时，称为空腹血糖调节受损（IFG）；FBG 增高超过 7.0mmol/L 时称为高糖血症。

1）生理性增高：餐后 1 ～ 2 小时、高糖饮食、剧烈运动、情绪激动后等。

2）病理性增高：见于①糖尿病。②内分泌疾病，如甲状腺功能亢进、巨人症、皮质醇增多症和胰高血糖素瘤等。③应激性高血糖，如颅内压增高、颅脑损伤、急性脑血管病、急性心肌梗死、大面积烧伤等。④药物影响，如噻嗪类利尿剂、泼尼松、口服避孕药等。⑤肝脏和胰腺疾病，如严重的肝病、坏死性胰腺炎等血糖可升高，可能与生长激素和胰高血糖素升高有关。⑥其他，如高热、脱水、呕吐、腹泻、麻醉和缺氧等。

（2）FBG 减低　FBG 低于 3.9mmol/L 时为空腹血糖减低，当 FBG 低于 2.8mmol/L 时称为低血糖。

1）生理性减低：饥饿、长期剧烈运动、妊娠期等。

2）病理性减低：①胰岛素过多，如胰岛素用量过大、口服降糖药等。②对抗胰岛素的激素分泌不足，如慢性肾上腺皮质功能减退、甲状腺功能减退等。③肝糖原储存缺乏，严重肝病等。④急性酒精中毒。⑤先天性糖原代谢酶缺乏，如Ⅰ、Ⅲ型糖原贮积病等。⑥消耗性疾病，如严重营养不良、恶病质等。⑦特发性低血糖。

（二）口服葡萄糖耐量试验

正常人口服一定量的葡萄糖后，暂时升高的血糖导致了胰岛素分泌增加，使血糖在短时间内降至空腹水平，此为耐糖现象。当糖代谢紊乱时，口服一定量的葡萄糖后血糖急剧升高，或升高不明显，但短时间内不能降至空腹水平（或原来水平），此为糖耐量异常或糖耐量降低（IGT）。葡萄糖耐量试验（GTT）是检测葡萄糖代谢功能的试验，主要用于症状不典型或血糖升高不明显的疑似糖尿病患者。

1. 标本采集

（1）停用影响糖代谢的药物，试验前 3 天正常进食及活动，试验前 1 天正常晚餐后不再进食。

（2）试验日将 75g 葡萄糖（儿童按 1.75g/kg，总量不超过 75g）溶于 300ml 水中空腹口服（5 分钟内服完），分别检测服糖前及服糖后 0.5 小时、1 小时、2 小时、3 小时的血糖和尿糖。

2. 参考值　①空腹血糖 3.9 ～ 6.1mmol/L。② 2h 血糖（2hPG）＜ 7.8mmol/L。

3. 临床意义

（1）诊断糖尿病　具有糖尿病症状，空腹血糖≥ 7.0mmol/L；2hPG ≥ 11.1mmol/L 或具有临床症状；随机血糖≥ 11.1mmol/L。临床症状不典型者，需要另 1 天重复检查确诊。

（2）判断糖耐量异常

1）糖耐量降低（IGT）：空腹血糖＜ 7.0mmol/L，2hPG 浓度在 7.8 ～ 11.1mmol/L（表 6-14），且血糖到达高峰的时间延长至 1 小时后，血糖恢复正常的时间延长至 2 ～ 3 小时后，且伴有尿糖阳性者。IGT 常见于 2 型糖尿病、肢端肥大症、甲状腺功能亢进、肥胖症及皮质醇增多症等。

表 6-14 糖尿病及其他类型高血糖的诊断标准

糖代谢状态	空腹血糖（mmol/L）	服糖后 2hPG（mmol/L）
正常	3.9 ～ 6.1	＜ 7.8
空腹血糖调节受损	6.1 ～ 7.0	＜ 7.8
糖耐量降低	＜ 7.0	7.8 ～ 11.1
糖尿病	≥ 7.0	≥ 11.1

2）糖耐量增高：指空腹血糖降低，服糖后血糖上升较慢，2 小时后仍处于低水平。常见于胰岛 β 细胞瘤、腺垂体功能减退、肾上腺皮质功能减退等。

（3）鉴别低血糖　①功能性低血糖，FBG 正常，服糖后出现高峰时间及峰值均正常，但 2 ～ 3 小时后出现低血糖，见于特发性餐后低血糖症。②肝源性低血糖，FBG 低于正常，服糖后血糖高峰提前并高于正常，但 2hPG 仍处于高水平，且尿糖阳性，常见于严重肝病等。

（三）糖化血红蛋白检测

糖化血红蛋白（GHb）是在红细胞生存期间，血红蛋白 A（HbA）与己糖（主要是葡萄糖）缓慢、连续的非酶促反应的产物。HbA 中 HbA1c 含量最高（占 60% ～ 80%），目前广泛应用于临床。由于糖化过程非常缓慢，一旦生成则不再解离，且不受血糖暂时性升高的影响。因此，HbA1c 对高血糖，特别是血糖和尿糖波动较大时有特殊诊断价值。

1. 参考值　HbA1c4% ～ 6%。

2. 临床意义　HbA1c 水平取决于血糖水平、高血糖持续时间，其生成量与血糖浓度成正比。HbA1c 的代谢周期与红细胞的寿命基本一致，故 HbA1c 水平反映了近 2 ～ 3 个月的平均血糖水平，但并不能提供每天血糖的动态变化或低血糖异常发生的频率。

（1）评价糖尿病控制程度　HbA1c ＜ 7% 说明糖尿病控制良好，HbA1c 增高提示近 2 ～ 3 个月的糖尿病控制不良，HbA1c 越高，血糖水平越高，病情越重。故 HbA1c 可作为糖尿病长期控制的良好观察指标。糖尿病控制良好者，每年检测 2 次，控制欠佳者应每 3 个月检测 1 次，以便调整用药剂量。

（2）筛检和预测糖尿病　HbA1c ≥ 6.5% 为糖尿病的诊断标准之一。HbA1c 水平在 5.7% ～ 6.4% 为糖尿病高危人群，预示进展到糖尿病前期阶段。

（3）预测血管并发症　由于 HbA1c 与氧的亲和力强，可导致组织缺氧，故长期 HbA1c 增高，可引起组织缺氧而发生血管并发症。HbA1c ＞ 10%，提示并发症严重，预后较差。

（4）鉴别高血糖　糖尿病高血糖的 HbA1c 水平增高，应激性高血糖的 HbA1c 水平则正常。

二、血清脂质和脂蛋白检测

血清脂质主要包括胆固醇、三酰甘油、磷脂和游离脂肪酸。脂蛋白是血脂在血液中存在、转运及代谢的形式。根据脂蛋白密度不同将脂蛋白分为乳糜微粒、极低密度脂蛋白、中密度脂蛋白、低密度脂蛋白和高密度脂蛋白五类。目前最常用的血清脂质和脂蛋白检测指标主要包括血清总胆固醇（TC）、三酰甘油（TG）、低密度脂蛋白胆固醇（LDL-C）、高密度脂蛋白胆固醇（HDL-C）等。

血脂测定标本采集方法是要求素食或低脂饮食 3 天，抽取空腹（禁食 12 小时以上）静脉血 2ml，注入干燥试管中送检，不抗凝。

（一）参考值

常用的血清脂质和脂蛋白检测参考范围，见表 6-15。

表 6-15 血脂分层标准

指标	正常范围（mmol/L）	边缘升高（mmol/L）	危险水平（升高或降低）
TC	＜ 5.2	5.2 ～ 6.2	＞ 6.2
TG	＜ 1.7	1.7 ～ 2.3	＞ 2.3
LDL-C	＜ 3.4	3.4 ～ 4.1	＞ 4.1
HDL-C	＞ 1.04		降低，＜ 1.0

（二）临床意义

1. TC 异常

（1）TC 增高 见于动脉粥样硬化性心脑血管疾病、原发性高脂蛋白血症、糖尿病、肾病综合征、甲状腺功能减退等。

（2）TC 降低 可见于甲状腺功能亢进、严重肝病、再生障碍性贫血、营养不良、恶性肿瘤等。

2. TG 异常

（1）TG 增高 见于冠心病、肥胖症、原发性高脂血症、糖尿病、肾病综合征、甲状腺功能减退等。

（2）TG 降低 见于甲状腺功能亢进、严重肝病、吸收不良、肾上腺皮质功能减退等。

3. LDL-C 异常

（1）LDL-C 增高 LDL-C 为动脉粥样硬化因子，其含量与冠心病的发病呈正相关。LDL 水平增高还可见于遗传性高脂蛋白血症、肾病综合征、胆汁淤积性黄疸、甲状腺功能减退、肥胖症以及应用雄激素、β 受体阻滞剂、糖皮质激素等。

（2）LDL-C 减低 常见于无 β- 脂蛋白血症、甲状腺功能亢进、吸收不良、肝硬化以及低脂饮食等。

4. HDL-C 异常

（1）HDL 增高 HDL 对防止动脉粥样硬化、预防冠心病的发生有重要作用，与心血管疾病的发病呈负相关。HDL 增高还可见于慢性肝炎、原发性胆汁性肝硬化等。

（2）HDL 减低 常见于动脉粥样硬化、急性感染、糖尿病、肾病综合征以及应用雄激素、β 受体阻滞剂和孕酮等药物。

三、血清电解质检测

血清中的电解质主要包括钾、钠、氯、钙、镁、磷、碳酸氢盐等，是机体不可缺少的组成部分，在维持体液渗透压、酸碱平衡及神经肌肉正常兴奋性等方面起着重要作用。

（一）标本采集

空腹抽取静脉血 3ml，注入干燥试管，不抗凝，勿溶血。采血前避免大量饮水和剧烈运动。

（二）参考值

血钾（K^+）3.5 ～ 5.5mmol/L；

血钠（Na^+）135 ～ 145mmol/L；

血清氯化物（Cl^-）95 ～ 105mmol/L；

血清钙：总钙 2.25 ～ 2.58mmol/L；离子钙（Ca^{2+}）1.10 ～ 1.34mmol/L。

（三）临床意义

主要介绍血清中钾、钠、氯化物改变的临床意义。

1. 血钾　钾是细胞内液的主要阳离子，参与蛋白质和糖代谢，在维持心肌和神经肌肉正常的应激性及维持酸碱平衡等方面起重要作用。

（1）血钾增高　血钾超过 5.5mmol/L 时为高钾血症，常见的原因见表 6-16。

（2）血钾减低　血钾低于 3.5mmol/L 时为低钾血症，常见的原因见表 6-17。

表 6-16　血钾增高的发生机制和原因

发生机制	原因
摄入过多	高钾饮食、静脉输注大量钾盐、输入大量库存血液等
排出减少	①急性肾衰竭少尿期、肾上腺皮质功能减退，导致肾小球排钾减少 ②长期使用螺内酯（安体舒通）、氨苯蝶啶等潴钾利尿剂 ③远端肾小管上皮细胞泌钾障碍，如系统性红斑狼疮、肾移植术
细胞内钾外移增多	①组织损伤和血细胞破坏，如严重溶血、大面积烧伤、挤压综合征等 ②缺氧和酸中毒 ③β 受体阻滞剂、洋地黄类药物可抑制 Na^+，K^+-ATP 酶，使细胞内钾外移 ④家族性高血钾性麻痹 ⑤血浆晶体渗透压增高，如应用甘露醇、高渗葡萄糖盐水等静脉输液，可使细胞内脱水，导致细胞内钾外移增多
假性高钾	①采血时上臂压迫时间过久（几分钟）、间歇性握拳产生的酸中毒，引起细胞内钾释放 ②血管外溶血 ③白细胞增多症：WBC ＞ 500×10^9/L，若标本放置后可因凝集而释放钾 ④血小板增多症：PLT ＞ 600×10^9/L，可引起高钾血症

表 6-17　血钾减低的发生机制和原因

发生机制	原因
分布异常	①细胞外钾内移，如应用大量胰岛素、低钾性周期性瘫痪、碱中毒等 ②细胞外液稀释，如心功能不全、肾性水肿或大量输入无钾盐液体等
丢失过多	①频繁呕吐、长期腹泻、胃肠引流等 ②肾衰竭多尿期、肾小管性酸中毒、肾上腺皮质功能亢进、醛固酮增多症等使钾丢失过多 ③长期应用呋塞米（速尿）、依他尼酸（利尿酸）和噻嗪类利尿剂等排钾利尿剂
摄入不足	①长期低钾饮食、禁食和厌食等 ②饥饿、营养不良、吸收障碍等
假性低钾	血标本未能在 1 小时内处理，WBC ＞ 100×10^9/L，白细胞可从血浆中摄取钾

2. 血钠　钠是细胞外液的主要阳离子，其主要功能是维持体液的正常渗透压及酸碱平衡，并具有维持肌肉、神经正常应激性的作用。

（1）血钠增高　血钠超过 145mmol/L 为高钠血症，发生机制和原因见表 6-18。

表 6-18　血钠增高的发生机制和原因

发生机制	原因
水分摄入不足	水源断绝、进食困难、昏迷等
水分丢失过多	大量出汗、烧伤、长期腹泻、呕吐、糖尿病性多尿、胃肠引流等
内分泌病变	肾上腺皮质功能亢进、原发性或继发性醛固酮增多症，肾小管保钠排钾
摄入过多	进食过量钠盐或输注大量高渗盐水；心脏复苏时输入过多的碳酸氢钠等

（2）血钠减低　血钠低于 135mmol/L 为低钠血症，发生机制和原因见表 6-19。

表 6-19　血钠减低的发生机制和原因

发生机制	原因
丢失过多	①肾性丢失：慢性肾衰竭多尿期和大量应用利尿剂 ②皮肤黏膜性丢失：大量出汗、大面烧伤时血浆外渗，丢失钠过多 ③医源性丢失：浆膜腔穿刺丢失大量液体等 ④胃肠道丢失：严重的呕吐、反复腹泻和胃肠引流等
细胞外液稀释	常见于水钠潴留 ①饮水过多而导致血液稀释，如精神性烦渴等 ②慢性肾衰竭、肝硬化失代偿期、急性或慢性肾衰竭少尿期 ③尿崩症、剧烈疼痛、肾上腺皮质功能减退等的抗利尿激素分泌过多 ④高血糖或使用甘露醇，细胞外液高渗，使细胞内液外漏，导致血钠减低
消耗性低钠或摄入不足	①肺结核、肿瘤、肝硬化等慢性消耗性疾病，由于细胞内蛋白质分解消耗，细胞内液渗透压降低，水分从细胞内渗到细胞外，导致血钠减低 ②饥饿、营养不良、长期低钠饮食及不恰当的输液等

3. 血氯　氯是细胞外液的主要阴离子。氯的主要生理功能是调节机体的酸碱性、渗透压及水、电解质平衡；参与胃液中胃酸的形成。

（1）血氯增高　血氯超过 105mmol/L 为高氯血症，发生机制和原因见表 6-20。

表 6-20　血氯增高的发生机制和原因

发生机制	原因
排出减少	急性或慢性肾衰竭的少尿期、尿道或输尿管梗阻、心功能不全等
血液浓缩	频繁呕吐、反复腹泻、大量出汗等导致水分丧失、血液浓缩
吸收增加	肾上腺皮质功能亢进如长期应用糖皮质激素等，使肾小管对 NaCl 吸收增加
代偿性增高	呼吸性碱中毒过度呼吸，使 CO_2 排出增多，HCO_3^- 减少，血氯代偿性增高
低蛋白血症	肾脏疾病时的尿蛋白排出增加，血浆蛋白质减少，使血氯增加，以补充血浆阴离子
摄入过多	食入或静脉补充大量的 NaCl、$CaCl_2$、NH_4Cl 溶液等

（2）血氯减低　血氯低于 95mmol/L 为低氯血症。常见原因：①摄入不足，如饥饿、营养不良、低盐治疗等。②丢失过多，如严重呕吐、腹泻、胃肠引流等，胃液、胰液和胆汁大量丢失，致使氯的丢失大于钠和 HCO_3^- 的丢失；糖尿病以及应用噻嗪类利尿剂，使氯由尿液排出增多。③慢性肾上腺皮质功能不全，因醛固酮分泌不足，氯随钠丢失增加。④呼吸性酸中毒，血 HCO_3^- 增高，使氯的重吸收减少。

四、心肌酶和心肌蛋白检测

心肌缺血损伤时的生物化学指标变化较多，如心肌酶和心肌蛋白等，其是急性缺血性心脏病诊断依据之一，尤其对缺乏心电图典型改变的急性心肌梗死（AMI），心肌损伤所致的生物化学改变对诊断尤为重要。

标本采集方法是取空腹静脉血 2ml，注入干燥试管，勿溶血，及时送检。

（一）肌酸激酶及其同工酶测定

肌酸激酶（CK）也称为肌酸磷酸激酶（CPK），CK 主要存在于胞质和线粒体中，以骨骼肌、心肌含量最多，其次是脑组织和平滑肌。CK 有 3 个不同的亚型，即 CK-MM（主要存在于骨骼肌和心肌）、CK-MB（主要存在于心肌）和 CK-BB（主要存在于脑、前列腺、肺、肠等）。检测 CK 的不同亚型对鉴别 CK 增高的原因有重要价值。

1. 参考值　速率法：男性 50 ～ 310U/L，女性 40 ～ 200U/L。CK-MB 含量占 CK 含量＜ 5%。

2. 临床意义

（1）CK 增高　常见于急性心肌梗死（AMI）、心肌炎和肌肉疾病、手术后等。

（2）CK-MB　对 AMI 早期诊断的灵敏度明显高于总 CK，且具有高度的特异性。CK-MB 一般在发病后 3 ～ 8 小时开始增高，9 ～ 30 小时达高峰，48 ～ 72 小时恢复至正常水平，对心肌再梗死的诊断有重要价值。且 CK-MB 高峰出现早者较出现晚者预后好，因此对判断预后也有帮助。

（二）心肌肌钙蛋白测定

心肌肌钙蛋白（cTn）是肌肉收缩的调节蛋白，由 3 个亚基即肌钙蛋白 C（TnC）、肌钙蛋白 T（TnT）和肌钙蛋白 I（TnI）组成，其中 TnT 和 TnI 是特异性存在于心肌细胞内的。

1. 参考值　cTnT 0.02 ～ 0.13μg/L；cTnI ＜ 0.2μg/L。

2. 临床意义　在 AMI 后，心肌肌钙蛋白释放入血，3 ～ 6 小时开始升高，持续时间长达 6 ～ 10 天，是诊断 AMI 最佳的特异性标志物。并对不稳定型心绞痛、微小心肌损伤等的诊断有重要价值。

（三）肌红蛋白测定

肌红蛋白（Mb）是一种存在于骨骼肌和心肌中的含氧结合蛋白，当心肌或骨骼肌损伤时，血液中的 Mb 水平升高，对诊断 AMI 和骨骼肌损害有一定价值。

1. 参考值　①定性：阴性；②定量：ELISA 法 50 ～ 85μg/L，RIA 法 6 ～ 85μg/L，＞ 75μg/L 为临界值。

2. 临床意义

（1）诊断 AMI　AMI 发病后 0.5 ～ 2 小时即可升高，5 ～ 12 小时达到高峰，18 ～ 30 小时恢复正常，所以 Mb 可作为早期诊断 AMI 的指标。

（2）判断 AMI 病情　AMI 发生后血清中增高的 Mb 很快从肾脏清除，发病后一般 18 ～ 30 小时血清 Mb 即可恢复正常。如果 Mb 此时还持续增高或反复波动，提示心肌梗死持续存在，或再次发生梗死以及梗死范围扩展等。

（3）其他　增高还可见于骨骼肌损伤和某些肌病、休克、肾衰竭等。

五、其他血清酶学检测

（一）淀粉酶及其同工酶检查

淀粉酶（AMY）主要来自胰腺和腮腺。少部分来自其他组织，如心脏、肝脏、肺脏、甲状腺、卵巢、脾脏等。来自胰腺的为淀粉酶同工酶 P（P-AMY），来自腮腺的为淀粉酶同工酶 S（S-AMY）。

1. 标本采集　静脉血 3ml，避免饮酒，禁食 2 小时采血，注入干燥试管，不抗凝。

2. 参考值　①血液 AMY35 ～ 135U/L。② 24 小时尿液 AMY ＜ 1000U/L。

3. 临床意义

（1）活性增高　见于①胰腺炎：急性胰腺炎是 AMY 增高最常见的原因。一般于发病 6 ～ 12 小时开始增高，12 ～ 72 小时达到峰值，3 ～ 5 天恢复正常。慢性胰腺炎急性发作、胰腺囊肿、胰腺管阻塞时 AMY 也可增高。②胰腺癌：胰腺癌早期 AMY 增高。③其他：腮腺炎时增高的 AMY 主要为 S-AMY，S-AMY/P-AMY ＞ 3，借此可与急性胰腺炎相鉴别；消化性溃疡穿孔、上腹部手术后、胆管梗阻、机械性肠梗阻、急性胆囊炎等 AMY 也增高；服用镇静剂，如吗啡等，AMY 也增高，但以 S-AMY 增高为主；乙醇中毒患者 S-AMY 和（或）P-AMY 增高；肾衰竭时因肾脏排出的 AMY 减少，AMY 也增高。

（2）活性减低　见于①慢性胰腺炎：由于胰腺组织严重破坏，导致胰腺分泌功能障碍所致。②胰腺癌：因肿瘤压迫时间过久导致腺体组织纤维化，导致分泌功能降低所致。

（二）脂肪酶检查

脂肪酶（LPS）主要由胰腺分泌，胃和小肠也能产生少量的LPS。LPS经肾小球滤过，并被肾小管全部回收，所以尿液中无LPS。

1. 标本采集　空腹静脉血2ml，注入干燥试管，不抗凝。

2. 参考值　比色法：LPS＜79U/L。滴度法：LPS＜1500U/L。

3. 临床意义

（1）LPS增高　见于①胰腺疾病：最常见于急性胰腺炎，发病后4～8小时LPS开始升高，24小时达到峰值，可持续10～15天，与淀粉酶相比，有时其增高的时间更早，持续时间更长，增高的程度更明显；慢性胰腺炎LPS也可增高，但增高的程度较急性胰腺炎低。②其他：消化性溃疡穿孔、肠梗阻、急性胆囊炎等LPS也可增高。

（2）LPS减低　见于胰腺癌或胰腺结石所致的胰腺导管阻塞、胰腺囊性纤维化。

第8节　其他常用实验室检测

一、痰液检测

痰液是肺泡、支气管和气管所产生的分泌物。通过痰液检测可协助或确定某些呼吸道疾病的诊断。

（一）标本采集

1. 一般采集清晨第一口痰。采集前应先漱口，然后用力咳出气管深部痰液送检。

2. 作细菌培养前应先用灭菌水漱口，然后咳痰于灭菌容器内送检。

3. 作细胞学检查，每次咳痰5～6口，定量约5ml，或收集上午9～10时的新鲜痰液送检。

4. 昏迷患者痰液采集可先清理口腔，然后用负压吸引法吸取痰液；幼儿不会咳痰者，可用消毒棉拭子刺激喉部引起咳嗽反射，用棉拭子刮取标本；采用纤维支气管镜检查者，可直接从病灶处采集标本，质量最佳。

（二）一般性状检查

1. 量　正常人无痰或仅咳少量泡沫或黏液样痰。当呼吸道有病变时痰量可增多，见于慢性支气管炎、支气管扩张、肺脓肿、肺结核等。在病程中如痰量逐渐减少，表示病情好转；反之，则表示病情有所发展。痰量突然增多并呈脓性见于肺脓肿或脓胸破入支气管腔。

2. 颜色　在病理情况下痰液颜色可发生改变，但缺乏特异度。痰液颜色改变的常见原因及临床意义，见表6-21。

表6-21　痰液颜色改变的常见原因及临床意义

颜色	常见原因	临床意义
黄色、黄绿色	脓细胞增多	肺炎、慢性支气管炎、支气管扩张、肺脓肿、肺结核
红色、棕红色	出血	肺癌、肺结核、支气管扩张
铁锈色	血红蛋白变性	急性肺水肿、大叶性肺炎、肺梗死
粉红色泡沫样	肺淤血、肺水肿	左心衰竭
烂桃样灰黄色	肺组织坏死	肺吸虫病
棕褐色	红细胞破坏	阿米巴肺脓肿、肺吸虫病

续表

颜色	常见原因	临床意义
灰色、灰黑色	吸入粉尘、烟雾	煤矿工人、锅炉工人、长期吸烟者
无色（大量）	支气管黏液溢出	肺泡细胞癌

3. 性状

（1）黏液性痰　痰液黏稠，外观呈灰白色，见于支气管哮喘、支气管炎和肺炎早期等。

（2）浆液性痰　痰液稀薄而有泡沫，是肺水肿的特征。

（3）脓性痰　见于呼吸系统化脓性感染，如支气管扩张、肺脓肿及脓胸向肺组织溃破等。

（4）血性痰　痰中混有血丝或血块。见于肺结核、支气管扩张、肺癌、肺吸虫病等，也可见于二尖瓣狭窄患者。

4. 气味　正常痰液无特殊气味，血性痰可带有血腥味，见于各种原因所致的呼吸道出血。肺脓肿、支气管扩张合并厌氧菌感染时痰液有恶臭，肺癌患者晚期的痰液有特殊臭味。

（三）显微镜检查

1. 直接涂片检查　正常痰液可有少量白细胞及上皮细胞。在玻片上滴加等渗盐水一滴，挑取少许新鲜的可疑痰液混合制成薄厚适宜的镜检涂片。

（1）白细胞　嗜酸性粒细胞增多，常见于支气管哮喘、过敏性支气管炎、肺吸虫病等；淋巴细胞增多见于肺结核患者；中性粒细胞增多，常见于呼吸道化脓性炎症或有混合感染。

（2）红细胞　常见于各种原因所致的呼吸道感染及出血性疾病。

（3）上皮细胞　常见于急性咽炎、喉炎、支气管炎、肺炎等。

（4）结晶　常见于支气管哮喘及肺吸虫病。

（5）线菌块　肉眼可见的黄色小颗粒，将其放在载玻片上压平，镜下检查中心部位可见菌丝放射状排列呈菊花形，为放线菌，见于放线菌病患者。

（6）寄生虫及虫卵　肺吸虫病、阿米巴肺脓肿或阿米巴肝脓肿穿破入肺、肺包虫病等。

2. 染色涂片

（1）脱落细胞检测　肺癌患者痰中可带有脱落的癌细胞，如取材适当，检查方法正确，阳性率较高，对肺癌有较大诊断价值。

（2）细菌学检测　革兰氏染色用来检测细菌和真菌；抗酸染色用于检测结核分枝杆菌感染；荧光染色用于检测真菌和支原体等。

二、浆膜腔穿刺液检测

人体的胸腔、腹腔、心包腔及关节腔统称为浆膜腔，在生理状态下，浆膜腔内有少量液体，主要起润滑作用。病理情况下，腔内液体潴留增多，称为浆膜腔积液。临床上根据浆膜腔积液的产生原因及特点不同，将其分为漏出液和渗出液两大类。漏出液多为非炎症性积液，常为双侧性，渗出液多为炎症性，常为单侧性。漏出液与渗出液产生的机制与原因，见表 6-22。

表 6-22　漏出液与渗出液产生的机制与原因

类型	发生机制	原因
漏出液	血浆胶体渗透压降低	肝硬化、肾病综合征等血浆清蛋白明显减少的各种疾病
	毛细血管内流体静压升高	静脉回流受阻、充血性心力衰竭
	淋巴回流受阻	丝虫病、肿瘤压迫
	水钠潴留	充血性心力衰竭、肝硬化、肾病综合征

续表

类型	发生机制	原因
渗出液	微生物毒素 化学物质刺激、外伤 癌细胞浸润	细菌和结核性感染 血液、尿素、胰液、胆汁和胃液等刺激，外伤 转移性肺癌、淋巴瘤、卵巢癌、乳腺癌

（一）一般性状检查

1. 颜色　漏出液多为淡黄色，渗出液的颜色因病因不同而变化，如红色积液，见于恶性肿瘤、急性结核性胸、腹膜炎及出血性疾病、外伤等；乳白色积液系乳糜、胆固醇或积脓；淡黄色脓性积液见于化脓菌感染；绿色积液可能系铜绿假单胞菌感染所致；黑色积液为霉菌感染所致。

2. 透明度　漏出液多为清晰透明，渗出液因含有大量细胞、细菌而呈不同程度浑浊。

3. 相对密度　漏出液相对密度多在 1.018 以下，渗出液相对密度多高于 1.018。

4. 凝固性　漏出液一般不易凝固，渗出液因含有纤维蛋白原等凝血因子、细菌和细胞裂解后释放的凝血活酶，往往自行凝固或有凝块出现。

（二）化学检查

1. 黏蛋白定性试验　浆膜上皮细胞受炎症刺激分泌大量黏蛋白，渗出液中因含有大量黏蛋白，多呈阳性反应，漏出液因黏蛋白含量很少，多为阴性反应。

2. 蛋白定量试验　总蛋白是鉴别渗出液和漏出液的最佳指标。漏出液蛋白常小于 25g/L，而渗出液蛋白常在 30g/L 以上。蛋白质如为 25 ～ 30g/L，则难以判明其性质。

3. 葡萄糖测定　渗出液中葡萄糖常因细菌或细胞酶的分解而减少；漏出液中葡萄糖含量与血糖相似。

4. 乳酸测定　乳酸含量＞ 10mmol/L 以上时，提示为细菌感染；而风湿性、心功能不全及恶性肿瘤引起的积液中乳酸含量可见轻度增高。

5. 乳酸脱氢酶（LDH）　LDH 测定有助于漏出液与渗出液的鉴别诊断，化脓性胸膜炎 LDH 活性显著升高，可达正常血清的 30 倍；癌性积液中度增高；结核性积液略高于正常。

（三）显微镜检查

1. 细胞计数　一般情况下，渗出液白细胞计数＞ 500×10^6/L，漏出液白细胞计数＜ 100×10^6/L。

2. 细胞分类　漏出液中细胞主要为淋巴细胞和间皮细胞。渗出液中各种细胞增多的临床意义不同：以中性粒细胞增多为主，常见于化脓性积液及结核性积液的早期；以淋巴细胞增多为主，常见于结核、梅毒、肿瘤以及结缔组织病引起的积液；以嗜酸性粒细胞增多为主，常见于过敏性疾病或寄生虫病所致的积液；以红细胞增多为主，常见于恶性肿瘤、创伤等。

3. 脱落细胞检测　在浆膜腔积液中检出恶性肿瘤细胞是诊断恶性肿瘤的重要依据。

4. 寄生虫及虫卵检测　乳糜液离心沉淀后检查有无微丝蚴；阿米巴病的积液中可以找到阿米巴滋养体。

（四）细菌学检查

若肯定为漏出液，一般不需作细菌学检查。若肯定或疑为渗出液，则应经无菌操作离心沉淀，取沉淀物涂片染色后镜检，查找病原菌，必要时可进行细菌培养。培养出细菌后再作药物敏感试验以供临床用药参考。

（五）漏出液与渗出液鉴别诊断

漏出液与渗出液鉴别诊断，见表 6-23。

表 6-23　漏出液与渗出液的鉴别

鉴别项目	漏出液	渗出液
原因	非炎症性	炎症、肿瘤、化学或物理刺激
外观	淡黄色、浆液性、透明或微浑浊	血性、脓性、乳糜性等、多浑浊
相对密度	＜1.018	＞1.018
黏蛋白定性	阴性	阳性
蛋白定量	＜25g/L	＞30g/L
葡萄糖定量	与血糖相近	常低于血糖
细胞计数	$<100\times10^6$/L	$>500\times10^6$/L
细胞分类	以淋巴细胞、间皮细胞为主	急性炎症积液以中性粒细胞为主；慢性炎症积液以淋巴细胞为主；恶性肿瘤积液以淋巴细胞为主
细菌	无	可有
LDH	＜200U/L	＞200U/L
积液 / 血清总蛋白	＜0.5	＞0.5
积液 / 血清 LDH	＜0.6	＞0.6

三、脑脊液检测

脑脊液（cerebrospinal fluid，CSF）是充满各脑室、蛛网膜下隙和脊髓中央管内的无色透明液体。健康成人脑脊液的总量为 90 ～ 150ml，新生儿为 10 ～ 60ml。

脑脊液的生理作用：①调节颅内压力的变化。②保护脑和脊髓免受外力的震荡损伤。③参与脑组织的物质代谢。④供给脑、脊髓营养物质和排出代谢产物。⑤调节神经系统碱储量，维持正常 pH 等。

（一）标本采集

脑脊液标本一般通过腰椎穿刺术采集，必要时可采用小脑延髓池或脑室穿刺术。穿刺后先做压力测定，若压力低于正常低限可做动力试验，以了解蛛网膜下隙有无阻塞。然后将脑脊液分别收集于 3 只无菌试管内，每管 1 ～ 2ml。第 1 管做细菌学检查，第 2 管做化学和免疫学检查，第 3 管做细胞计数和分类，如疑为恶性肿瘤，再留一管做脱落细胞学检查。标本收集后应立即送检。

（二）一般性状检查

1. 参考值　脑脊液一般性状检查的指标与参考值，见表 6-24。

表 6-24　脑脊液一般性状检查的指标与参考值

指标	参考值
颜色	无色或淡黄色
透明度	清澈透明
凝固性	无凝块、无沉淀（放置 24 小时不形成薄膜）
相对密度（腰椎穿刺）	1.006 ～ 1.008
压力	卧位：成人为 80 ～ 180mmH_2O，儿童为 40 ～ 100mmH_2O

2. 临床意义

（1）颜色　病理状态下脑脊液颜色可发生以下改变。

1）红色：常因出血引起，主要见于穿刺损伤、蛛网膜下隙或脑室出血。留取 3 管标本时，若第 1 管为血性，第 2、3 管颜色逐渐变浅，离心后上清液无色透明的为穿刺损伤。若 3 管呈均匀血性，离心后上清液为淡红色或黄色的为蛛网膜下隙或脑室出血。

2）黄色：常见于陈旧性蛛网膜下隙出血，椎管阻塞（如髓外肿瘤）、脑膜炎和重症黄疸等。

3）乳白色：多因白细胞增多，常见于化脓性脑膜炎。

4）微绿色：见于铜绿假单胞菌、肺炎链球菌、甲型链球菌感染的脑膜炎等。

5）褐色或黑色：见于脑膜黑色素瘤等。

（2）透明度　正常脑脊液清晰透明。毛玻璃样浑浊主要见于结核性脑膜炎；白色浑浊见于化脓性脑膜炎；病毒性脑膜炎、流行性乙型脑膜炎等脑脊液可透明或微浊。

（3）凝固物　正常脑脊液不含有纤维蛋白原，放置 24 小时后不会形成薄膜及凝块。但当有炎症渗出时，因纤维蛋白原及细胞数增加，使脑脊液形成薄膜及凝块。蛛网膜下隙阻塞时，远端脑脊液蛋白质含量高，脑脊液呈黄色胶胨状；急性化脓性脑膜炎时，脑脊液静置 1 ～ 2 小时可出现凝块或沉淀物；结核性脑膜炎的脑脊液静置 12 ～ 24 小时后，可在液面形成纤细的薄膜。

（三）化学检查

1. 参考值　脑脊液化学检查的指标与参考值，见表 6-25。

表 6-25　脑脊液化学检查的指标与参考值

指标	参考值
蛋白质	①定性：阴性或弱阳性。②定量：腰椎穿刺为 0.2 ～ 0.4g/L
葡萄糖	腰椎穿刺：2.5 ～ 4.4mmol/L
氯化物	成人：120 ～ 130mmol/L；儿童：111 ～ 123mmol/L
乳酸脱氢酶	8 ～ 32U
氨基转移酶	AST 5 ～ 20U，ALT 5 ～ 15U

2. 临床意义

（1）蛋白质测定　蛋白质含量增加见于：①脑神经系统病变使血脑屏障通透性增加，如化脓性脑膜炎时蛋白质显著增加，结核性脑膜炎时蛋白质中度增加，病毒性脑膜炎时蛋白质轻度增加等。②脑脊液循环障碍，如脑肿瘤、脊髓肿瘤、蛛网膜下隙粘连等。③其他：慢性炎症性脱髓鞘性多发性神经根病、胶原性疾病、肝硬化等。

（2）葡萄糖测定　脑脊液中葡萄糖来自血糖，受血糖浓度、血脑屏障通透性及脑脊液中糖酵解速度的影响。

1）含量减低：常见于化脓性脑膜炎、结核性脑膜炎、脑膜白血病、梅毒性脑膜炎、风湿性脑膜炎、低血糖等。

2）含量增高：主要见于病毒性神经系统感染、脑出血、下丘脑损害、糖尿病等。

（3）氯化物测定　正常脑脊液中氯化物的含量较血浆约高 20%。病理情况下脑脊液中氯化物含量可发生变化。

1）含量减低：结核性脑膜炎、化脓性脑膜炎时氯化物含量减少。病毒性脑炎、脑脓肿时则多属正常；其他情况如大量呕吐、腹泻、脱水等造成血液中氯化物含量降低时，脑脊液中氯化物含量亦可减少。

2）含量增高：主要见于慢性肾功能不全、尿毒症、呼吸性碱中毒等。

（4）酶学测定　正常脑脊液中含有谷草转氨酶、肌酸激酶、乳酸脱氢酶等多种酶，正常情况下绝大多数酶不能通过血脑屏障。在炎症、肿瘤、脑血管疾病时，由于脑组织破坏或血脑屏障通透性增加，脑脊液中酶含量增高。

1）乳酸脱氢酶（LDH）及其同工酶测定：细菌性脑膜炎、脑血管病、脑瘤、脱髓鞘病时 LDH 明显增高，病毒性感染时 LDH 活性多正常。

2）谷草转氨酶（AST）测定：脑脊液中 AST 活性增高见于脑血管病、中毒性脑病、脑肿瘤、中枢神经系统感染、脱髓鞘病、颅脑外伤等。

3）其他：脑脊液中还含有其他酶。①肌酸激酶（CK）及其同工酶（脑脊液中主要成分是 CK-BB）：CK 增高主要见于化脓性脑膜炎、结核性脑膜炎、脑血管病及肿瘤。病毒性脑膜炎 CK-BB 正常或轻度增高。②腺苷脱氨酶（ADA）：结核性脑膜炎明显增高，常用于该病的诊断及其与其他脑膜炎的鉴别诊断。③溶菌酶（LZM）：在结核性脑膜炎时，脑脊液中 LZM 活性多显著增高，可达正常时的 30 倍。用于该病的诊断及其与其他脑膜炎的鉴别诊断。

（四）显微镜检查

1. 参考值　脑脊液显微镜检查的指标与参考值，见表 6-26。

表 6-26　脑脊液显微镜检查的指标与参考值

指标	参考值
红细胞	无
白细胞	成人：（0～8）×10^6/L；儿童：（0～15）×10^6/L
有核细胞分类	多为淋巴细胞及单核细胞（7∶3），偶见内皮细胞
病原生物学	阴性

2. 临床意义

（1）中枢神经系统感染　化脓性脑膜炎细胞数显著增加，白细胞总数常在 1000×10^6/L 以上，以中性粒细胞为主；结核性脑膜炎细胞中度增加，但多不超过 500×10^6/L，早期以中性粒细胞为主，数日后变为以淋巴细胞为主，中性粒细胞、淋巴细胞及浆细胞同时存在是本病的特征；病毒性脑炎、脑膜炎脑脊液细胞数仅轻度增加，以淋巴细胞为主；新型隐球菌性脑膜炎细胞数中度增加，以淋巴细胞为主。

（2）中枢神经系统肿瘤　细胞数可正常或稍高，以淋巴细胞为主，脑脊液中可见肿瘤细胞。脑脊液中找到白血病细胞，可诊断为脑膜白血病。

（3）脑寄生虫病　脑脊液中细胞数可升高，以嗜酸性粒细胞为主。

（4）中枢神经系统出血　脑室和蛛网膜下腔出血为均匀血性脑脊液，红细胞数明显增加，白细胞中以中性粒细胞为主，出血 2～3 天后还可发现含有红细胞或含铁血黄素的吞噬细胞。

（五）细菌学检查

细菌学检查可用直接涂片法或离心沉淀后取沉淀物制成薄涂片。疑为化脓性脑膜炎时，应行革兰氏染色后镜检；疑为隐球菌脑膜炎时，应行印度墨汁染色；疑为结核性脑膜炎时，应行抗酸染色镜检。

目标检测

A_1/A_2 型题

1. 根据血红蛋白量，成人贫血的诊断标准为（　　）

A. 男性＜140g/L，女性＜130g/L

B. 男性＜130g/L，女性＜120g/L

C. 男性＜120g/L，女性＜110g/L

D. 男性＜110g/L，女性＜100g/L

E. 男性＜ 100g/L，女性＜ 90g/L

2. 引起红细胞及血红蛋白增多的原因，除外（　　）

A. 大面积烧伤　B. 高原地区居民

C. 严重呕吐、腹泻　D. 严重的慢性心肺疾病

E. 妊娠中后期孕妇

3. 下列属小细胞低色素性贫血的是（　　）

A. 缺铁性贫血　B. 溶血性贫血

C. 急性失血性贫血　D. 巨幼细胞性贫血

E. 再生障碍性贫血

4. 网织红细胞减少的病因是（　　）

A. 缺铁性贫血　B. 巨幼细胞性贫血

C. 再生障碍性贫血　D. 溶血性贫血

E. 失血性贫血

5. 判断贫血治疗有效的早期指标是（　　）

A. 红细胞增高　B. 血红蛋白增高

C. 血细胞比容增高　D. 网织红细胞增高

E. 红细胞平均体积增高

6. 中性粒细胞增多最常见的原因是（　　）

A. 急性溶血　B. 大面积烧伤

C. 急性感染　D. 恶性肿瘤

E. 急性中毒

7. 中性粒细胞核左移常见于（　　）

A. 粒细胞性白血病　B. 脾功能亢进

C. 急性化脓性感染　D. 病毒性感染

E. 放射线损伤

8. 急性化脓菌感染时，如白细胞明显增多，并伴有明显核左移，提示（　　）

A. 感染局限，机体反应性良好

B. 感染局限，机体反应性较差

C. 感染严重，机体反应性良好

D. 感染严重，机体反应性较差

E. 感染严重，机体反应性极差

9. 嗜酸性粒细胞增多见于（　　）

A. 肺结核　B. 支气管哮喘

C. 肺癌　D. 上呼吸道病毒感染

E. 长期使用糖皮质激素

10. 临床常用于观察风湿热及结核有无活动的参考指标是（　　）

A. 血压明显增高　B. 血小板减少

C. 血沉增快　D. 白细胞增多

E. 血红蛋白降低

11. 引起红细胞沉降率增快的原因不包括（　　）

A. 肺结核活动期　B. 风湿活动

C. 恶性肿瘤　D. 心绞痛发作

E. 急性心肌梗死

12. 出血时间正常的疾病是（　　）

A. 白血病　B. 过敏性紫癜

C. 血小板无力症　D. 再生障碍性贫血

E. 弥散性血管内凝血

13. 患者男，44 岁。胸闷、心前区持续性疼痛 5 小时。查血常规 WBC12×10^9/L。N 85%。可考虑的诊断是(　　)

A. 脾功能亢进　B. 病毒性肝炎

C. 伤寒　D. 再生障碍性贫血

E. 急性心肌梗死

14. 患者女，20 岁，反复出现皮肤瘀斑，并有鼻出血，月经量增多。血小板 60×10^9/L，应考虑（　　）

A. 过敏性紫癜　B. 特发性血小板减少性紫癜

C. 急性感染　D. 急性大出血

E. 缺铁性贫血

15. 骨髓增生极度活跃最多见于（　　）

A. 急性白血病　B. 失血性贫血

C. 溶血性贫血　D. 缺铁性贫血

E. 慢性髓系白血病

16. 患者女，66 岁，诊断为尿毒症，精神不振，下腹无胀满，24 小时尿量为 80ml。护士判断该患者的排尿情况属于（　　）

A. 蛋白尿　B. 无尿

C. 少尿　D. 尿量偏多

E. 尿量偏少

17. 留取 24 小时尿液进行尿蛋白或尿糖定量检查时，尿标本中应添加的防腐剂是（　　）

A. 甲苯　B. 甲醛　C. 甲醇

D. 乙醇　E. 盐酸

18 镜下血尿是指尿沉渣镜检时红细胞（　　）

A. 平均＞ 3 个 /HPF　B. 平均＞ 4 个 /HPF

C. 平均＞ 5 个 /HPF　D. 平均＞ 10 个 /HPF

E. 完全满布视野

19. 患者女，60 岁，昏睡 2 小时入院。既往有糖尿病病史 10 年。初步考虑为糖尿病酮症酸中毒，有诊断价值的尿液检查结果是（　　）

A. 尿糖（++）　B. 尿酮体（+++）

C. 尿蛋白（++）　D. 尿红细胞增多

E. 尿白细胞增多

20. 尿液呈浓茶色或酱油色，常见于（　　）

A. 肾盂肾炎　B. 泌尿系结石

C. 急性肾炎　D. 肝细胞性黄疸

E. 急性溶血

21. 蛋白尿是指尿蛋白定性试验阳性，尿蛋白定量检测超过（　　）

A. 50mg/24 小时尿　B. 150mg/24 小时尿

C. 100mg/24 小时尿　D. 300mg/24 小时尿

E. 400mg/24 小时尿

22. 血红蛋白尿见于（　　）

A. 急性肾小球肾炎　B. 急性肾盂肾炎

C. 肾结石　D. 肾结核

E. 急性溶血

23. 尿中出现蜡样管型提示（　　）

A. 急性肾小管损害　B. 急性肾盂肾炎

C. 急性肾炎　D. 慢性肾炎晚期
E. 慢性肾炎早期

24. 稀糊样便见于（　　）
A. 细菌性痢疾　B. 急性肠炎
C. 阿米巴痢疾　D. 肠道出血
E. 霍乱

25. 导致粪便颜色变黑的原因，除外的是（　　）
A. 进食较多动物血　B. 服用硫酸亚铁
C. 服用铋剂　D. 服用活性炭
E. 服用维生素 C

26. 患者男，30 岁。腹痛、腹泻、里急后重 1 天，大便量少伴脓血，大便常规，红细胞（++），白细胞（++），见到巨噬细胞。患者可能为（　　）
A. 急性肠炎　B. 急性阿米巴痢疾
C. 食物中毒　D. 急性细菌性痢疾
E. 直肠癌

27. 测定内生肌酐清除率标本采集错误的是（　　）
A. 试验前连续低蛋白饮食并禁食肉类 3 天
B. 试验前 1 天晨 8 时排净尿液弃去
C. 试验当天取静脉血 2 ～ 3ml 送检
D. 收集当天 8 小时尿液送检
E. 将抽取的静脉血与收集的尿液同时送检

28. 内生肌酐清除率测定反映（　　）
A. 近端肾小管排泌功能
B. 肾小球滤过功能
C. 远端肾小管排泌功能
D. 肾脏浓缩稀释功能
E. 肾血流量

29. 属于检测肾小管功能的试验是（　　）
A. 内生肌酐清除率测定
B. 浓缩 - 稀释试验
C. 血液尿素氮测定
D. 血液肌酐测定
E. 尿管型检测

30. 对诊断肝硬化有价值的检验结果是（　　）
A. 血清 ALT 增高　B. 血清 AST 增高
C. A/G 倒置　D. 乳酸脱氢酶增高
E. 碱性磷酸酶增高

31. 肝细胞性黄疸常可出现（　　）
A. 总胆红素增高
B. 总胆红素和非结合胆红素增高
C. 尿胆红素和尿胆原增高
D. 总胆红素、结合胆红素增高
E. 总胆红素、结合胆红素和非结合胆红素均增高

32. 具有抗动脉粥样硬化作用的是（　　）
A. 总胆固醇增高　B. 甘油三酯增高
C. 高密度脂蛋白增高　D. 低密度脂蛋白增高
E. 脂蛋白 a 增高

33. 可导致高钾血症的是（　　）
A. 胃肠功能紊乱　B. 频繁呕吐
C. 长期使用强利尿剂　D. 严重溶血
E. 碱中毒

34. 下列可致血糖增高的是（　　）
A. 大剂量使用肾上腺素糖皮质激素
B. 胰岛素过多
C. 重症肝炎
D. 缺乏肾上腺皮质激素
E. 长期营养不良

35. 下列可引起总胆固醇增高的是（　　）
A. 肝硬化　B. 再生障碍性贫血
C. 溶血性贫血　D. 糖尿病
E. 营养不良

36. 患者男，28 岁。诉晚餐后上腹部突发剧烈疼痛，伴有恶心、呕吐，临床怀疑急性胰腺炎，为明确诊断应选择（　　）
A. 血清淀粉酶测定　B. 尿淀粉酶测定
C. 血清脂肪酶测定　D. 血钙测定
E. 血糖测定

37. 某患者测得空腹血糖为 6.7mmol/L，无任何不适，为确定病情，首先应考虑的检测是（　　）
A. 血常规检测　B. 血电解质测定
C. OGTT 试验　D. 血脂测定
E. 血气分析

38. 患者血清中 HBsAg、HBeAg 阳性时，提示患者（　　）
A. 无传染性
B. 病情比较稳定
C. 曾感染乙型肝炎病毒
D. 具有免疫力
E. 具有较大传染性

39. 原发性肝癌最敏感的实验室检查指标是（　　）
A. 谷丙转氨酶　B. 甲胎蛋白
C. 碱性磷酸酶　D. 谷草转氨酶
E. 乳酸脱氢酶

40. 漏出液常见的原因为（　　）
A. 门静脉性肝硬化　B. 肺癌
C. 外伤　D. 尿毒症性胸膜炎
E. 细菌感染

（刘　平　史志春）

第7章 心电图检查

案例 7-1

患者女，84 岁。因胸痛 1 天入院。患者于 1 天前无明显诱因下出现胸痛不适，以心前区为主，呈压榨性疼痛，可放射至左肩。高血压史 6 年余。查体：体温 36.7℃，脉搏 87 次 / 分，呼吸 19 次 / 分，血压 164/92mmHg，肺部未闻及干湿啰音，心界不大，心率 87 次 / 分，律齐，心音低钝，各瓣膜听诊区未闻及杂音，腹平软，肝脾未触及，下肢无水肿。心电图示：$V_1 \sim V_3$ ST 段抬高，$V_1 \sim V_3$ QRS 波群呈 Qr 型，T 波高尖。

问题：1. 为判断该患者有无心肌梗死，首选的辅助检查是什么？

2. 该患者若发生了心肌梗死，其典型的心电图改变有哪些？

第 1 节　心电图的基本知识

心脏在机械性收缩之前先产生电激动。心脏电激动产生的微小电流可经人体组织传导至体表。心电图（electrocardiogram，ECG）是利用心电图机从体表记录心脏每一心动周期所产生电活动变化所形成的曲线图形。

一、心电图产生的原理

心电图反映的是整个心脏电活动的综合过程，其基础是单个心肌细胞的电活动。单个心肌细胞的电活动过程包括 3 个阶段：极化、除极和复极（图 7-1）。

1. 极化阶段　在静息状态下，心肌细胞细胞膜外排列着阳离子带正电荷，细胞膜内排列着等量的阴离子带负电荷，称为极化状态，不产生电位变化。

2. 除极阶段　当心肌细胞某个部位受到一定强度的刺激时，该部位的细胞膜对离子的选择通透性改变，使细胞膜内外的正、负离子分布改变，膜电位由极化状态下的外正内负转为内正外负的状态，这一过程称为心肌细胞的除极过程。由于已除极的部位细胞膜外带负电荷，邻近尚未除极的部位细胞膜外仍带正电荷，两者之间形成一对电偶。沿着除极的方向，电偶的电源（正电荷）在前，电穴（负电荷）在后，电流从电源流向电穴，并沿一定方向迅速扩展，直至整个心肌细胞除极完毕。

3. 复极阶段　心肌细胞除极结束后，细胞膜内外的正、负离子分布逐渐恢复至极化状态，即由除极状态的外负内正转变为外正内负，这一过程称为复极。复极过程与除极一致，先除极的部位先开始复极，但复极是电穴（负电荷）在前，电源（正电荷）在后，缓慢向前推进，直至整个细胞复极完毕。

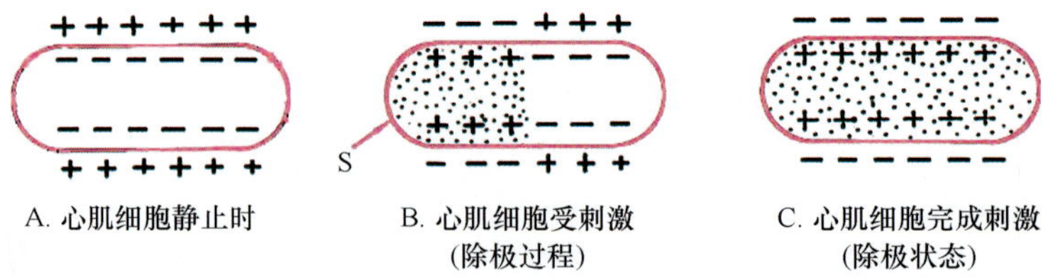

图 7-1 心肌细胞的除极和复极及细胞膜内外电位变化

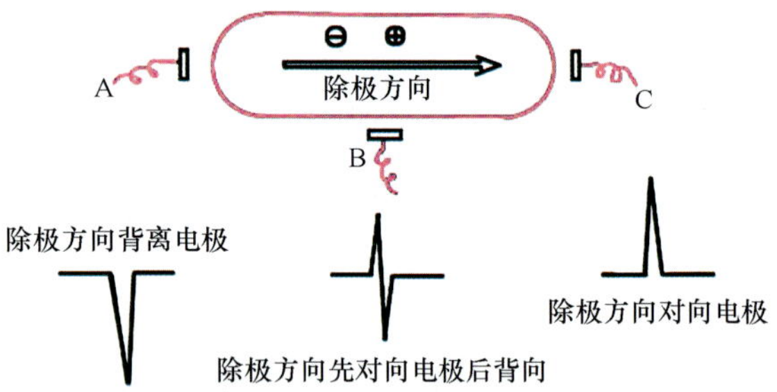

图 7-2 单个心肌细胞探测电极位置与除极、复极波形方向的关系

单个心肌细胞除极时，探测电极面对除极方向产生向上的波形，背离除极方向产生向下的波形，在细胞中部可记录到双向波形。复极过程是电穴在前，电源在后，因而记录到的复极波方向与除极波方向相反（图 7-2）。

在正常人的心电图中，记录到的复极波方向常与除极波方向一致，这与单个心肌细胞不同。这是因为正常人心室除极是从心内膜往心外膜的方向进行，而心室复极是从心外膜开始，向心内膜方向推进，其确切机制尚未完全清楚。

二、心电图的导联体系

在人体表面的不同部位放置电极，通过导联线分别与心电图机正、负极连接形成电路，即可描记出心电波形，这种记录心电图的连接方法称为心电图导联。目前临床上应用最普遍的是常规 12 导联体系。

（一）肢体导联

肢体导联包括标准导联Ⅰ、Ⅱ、Ⅲ和加压肢体导联 aVR、aVL、aVF。肢体导联的电极放置在右上肢（R）、左上肢（L）、左下肢（F），通过不同的连接方式组成 6 个肢体导联，连接方法见表 7-1。

表 7-1 肢体导联的连接方法

导联名称	正极（探查电极）	负极
Ⅰ	左上肢	右上肢
Ⅱ	左下肢	右上肢
Ⅲ	左下肢	左上肢
aVR	右上肢	左上肢 + 左下肢
aVL	左上肢	右上肢 + 左下肢
aVF	左下肢	左上肢 + 右上肢

1. 标准导联　亦称双极肢体导联，反映两个肢体之间的电位差，连接方法见图 7-3。

2. 加压肢体导联　属单极导联，基本上代表的是正极（探查电极）所置部位的电位变化，其负极为连接其余两个肢体的电极各串联 5000Ω 电阻后并联起来构成的中心电端或无干电极，连接方法见图 7-4。

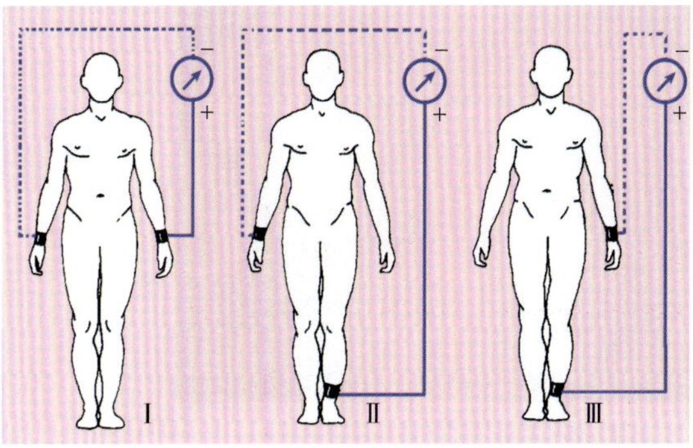

图 7-3　标准导联的连接方式

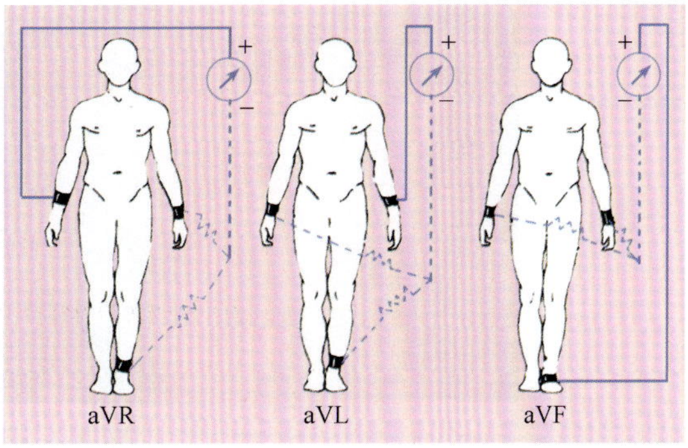

图 7-4　加压肢体导联的连接方式

（二）胸导联

胸导联也称心前区导联，反映检测部位的电位变化。常用的有 V_1 ～ V_6 导联，胸导联将探查电极（正极）分别放置于胸壁规定的位置，负极与中心电端连接。胸导联的连接方式及探查电极的安放位置见表 7-2 及图 7-5，图 7-6。

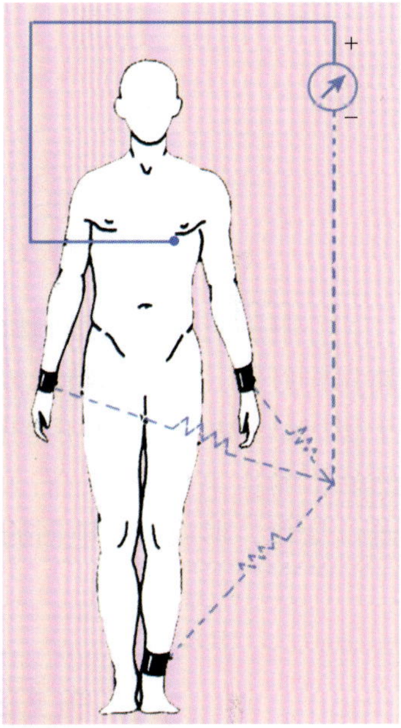

图 7-5　胸导联连接方式示意图

表 7-2　胸导联探查电极的安放位置

导联名称	正极（探查电极）	负极
V_1	胸骨右缘第 4 肋间	中心电端
V_2	胸骨左缘第 4 肋间	中心电端
V_3	V_2 与 V_4 连线中点	中心电端
V_4	左锁骨中线平第 5 肋间	中心电端
V_5	左腋前线与 V_4 同一水平	中心电端
V_6	左腋中线与 V_4 同一水平	中心电端

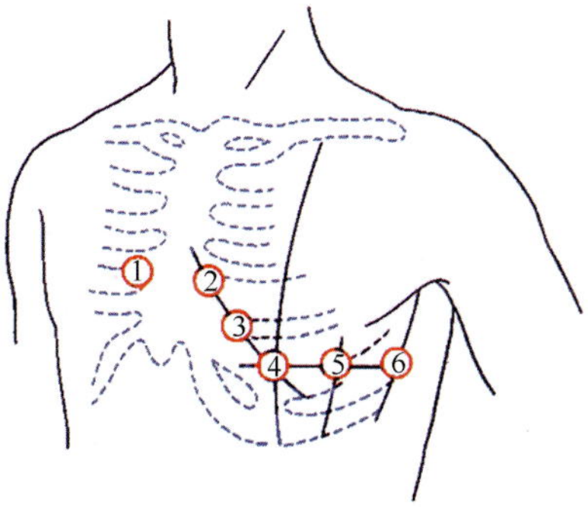

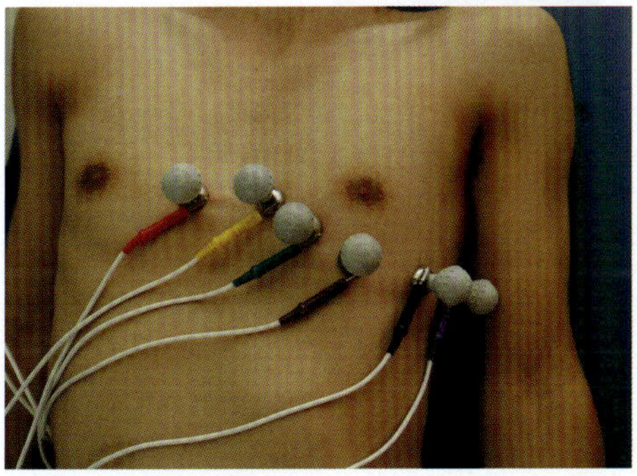

图 7-6　胸导联探查电极的位置

（三）导联轴

在导联的正负极之间可画出一条假想的联线，称为该导联的导联轴，方向由负极指向正极。6 个肢体导联就可获得 6 个方向各异的导联轴。将右上肢、左上肢和左下肢设想为一个以心脏为核心的等边三角形的 3 个顶点，中心电端位于三角形的中心，即 Einthoven 三角。为便于表明 6 个导联轴之间的方向关系，将Ⅰ、Ⅱ、Ⅲ导联的导联轴平行移动，与 aVR、aVL、aVF 导联的导联轴一并通过 Einthoven 三角的中心点，即组成额面六轴系统（图 7-7）。

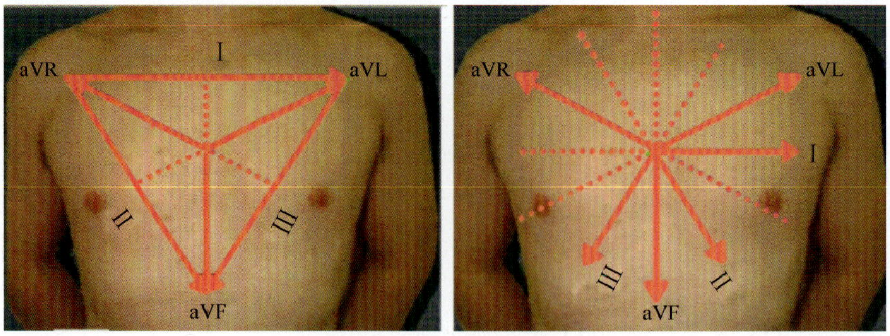

图 7-7　额面六轴系统

第 2 节　正常心电图

一、心电图的组成与命名

（一）心脏传导系统

心脏的特殊心肌细胞构成心脏的传导系统，包括窦房结、结间束、房室结、希氏束、左右束支和浦肯野纤维。心脏的特殊传导系统与每一心动周期顺序出现的心电变化密切相关。正常心脏激动起源于窦房结，激动兴奋心房的同时沿结间束传至房室结（对激动的传导起延搁作用，延迟 0.05 ～ 0.07 秒），然后沿希氏束传至左、右束支再至浦肯野纤维，兴奋心室。这种先后有序的电激动传导，引起一系列电位变化，形成了心电图的相应波段（图 7-8，图 7-9）。

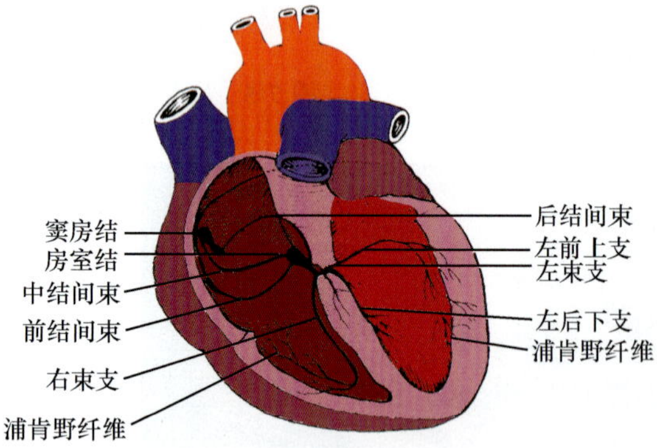

图 7-8　心脏传导系统示意图

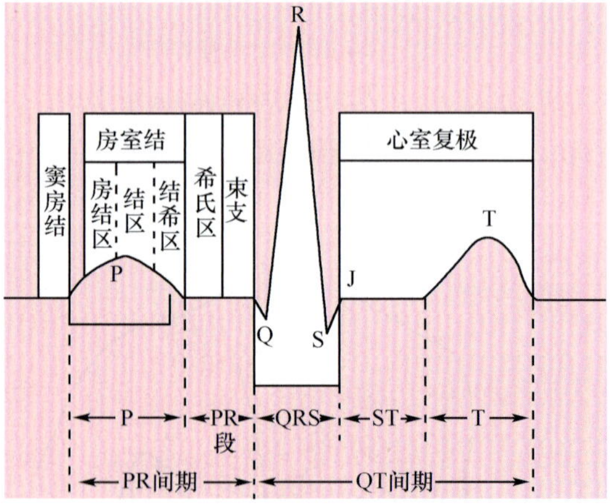

图 7-9　心电图各波段组成

（二）心电图各波段组成及命名

每一心动周期心电图包括一系列波段，临床心电学对这些波段进行了统一命名。

1. P 波　最早出现的幅度较小的波，反映左右心房除极的时间和电位变化，其起始部分反映右心房除极，中间部分反映右、左心房同时除极，终末部分反映左心房除极。

2. PR 段　自 P 波终点至 QRS 波群之间的线段，反映心房复极过程及房室结、希氏束、左右束支的电活动。

3. PR 间期　自 P 波起点至 QRS 波群起点，包括 P 波和 PR 段，反映心房除极开始至心室除极开始的时间。

4. QRS 波群　反映左右心室除极过程的时间和电位变化。QRS 波群由 3 个相连的波组成，因探查电极放置的位置不同可呈现多种形态，其命名原则如下：在参考水平线以上第一个出现的正向波称为 R 波，R 波之前的负向波称为 Q 波，R 波之后的负向波称为 S 波，S 波之后又出现的正向波称为 R′ 波，R′ 波之后出现的负向波称为 S′ 波；如果 QRS 波群只有一个负向波，则称为 QS 波。各波的大小以大小写形式来表示：波形大（波幅≥ 0.5mV），用 Q、R、S 表示；波形小（波幅＜ 0.5mV），用 q、r、s 表示；同一导联中，若波幅小于最高波幅的 1/2，也用小写字母表示，见图 7-10。

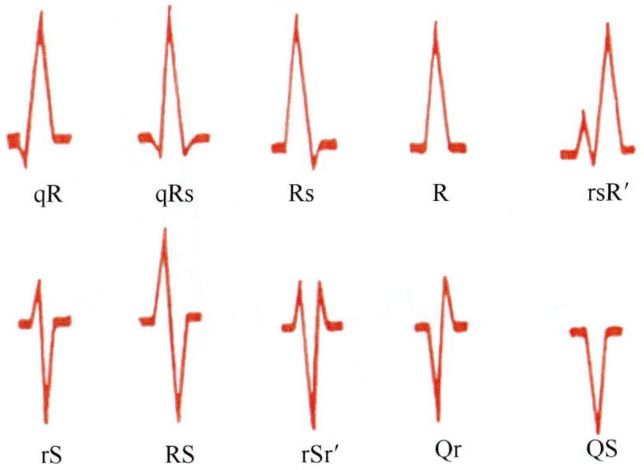

图 7-10 QRS 波群命名示意图

5. J 点 QRS 波群与 ST 段的交点，用于 ST 段偏移的测量。

6. ST 段 从 QRS 波群终点到 T 波起点的线段，反映心室早期缓慢复极过程的电位变化。

7. T 波 反映心室晚期快速复极时的电位变化。

8. QT 间期 自 QRS 波群起点至 T 波终点，反映心室开始除极至复极结束全过程的总时间。

9. u 波 为 T 波之后 0.02 ～ 0.04 秒出现的振幅很小的波，反映心室后继电位，其产生机制目前尚不清楚，近年认为其形成可能与心室肌舒张的机械作用有关。

二、心电图的测量

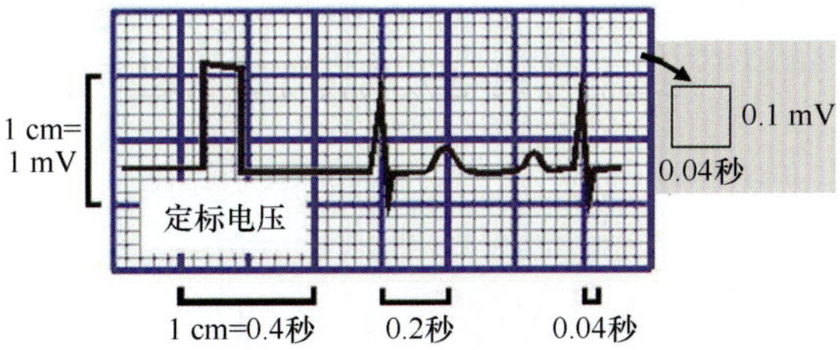

图 7-11 心电图记录纸示意图

心电图记录纸是由许多纵线和横线交织而成的小方格纸组成，小方格的边长均为 1mm。横线距离代表时间，当心电图走纸速度为 25mm/s 时，每一小格代表 0.04 秒，每一个大方格代表 0.20 秒。纵线距离代表电压（mV），当输入定准电压为 1mV 使曲线移位 10mm 时，每一小格代表 0.1mV，每一个大方格代表电压 0.5mV。见图 7-11。

（一）心电图各波段振幅及时间的测量

1. 各波段时间的测量 测量各波时间应选择波形比较清晰的导联。从波形的起始部内缘测量至波形终末部分的内缘。12 导联同步心电图仪记录的心电图，测量 P 波和 QRS 波时间，应分别从 12 导联同步记录中最早的 P 波起点测量至最晚的 P 波终点以及最早的 QRS 波起点测量至最晚的 QRS 波终点；PR 间期应从最早的 P 波起点测量至最早的 QRS 波起点，QT 间期应测量最早的 QRS 波起点至最晚的 T 波终点的距离。各波段时间的测量，见图 7-12。

2. 各波段振幅的测量 测量正向波的振幅，应从参考水平线的上缘垂直测量至该波的顶点；测量负向波的振幅，应从参考水平线的下缘垂直测量至该波的底端。若为双向波，则分别测量上下振幅，两者绝对值之和即为该波的振幅。测量 P 波的振幅应以 P 波起始前的水平线作为参考水平线，QRS 波群、T 波及 U 波振幅的测量统一以 QRS 波群起始部作为参考水平线。各波段振幅的测量，见图 7-13。

（二）心率的计算

1. 心律规则时，测定任意 PP 或 RR 间隔的时间，计算公式为：心率 =60/PP 间期或 RR 间期（秒）。例如，PP 间期为 0.8 秒，则心率 =60/0.8=75 次 / 分（图 7-14）。亦可使用心率测量尺或按 RR/PP 间距查表获得。

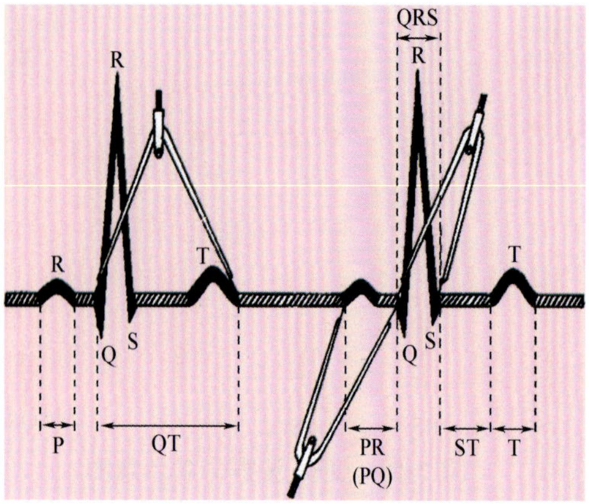

图 7-12　各波段时间的测量示意图

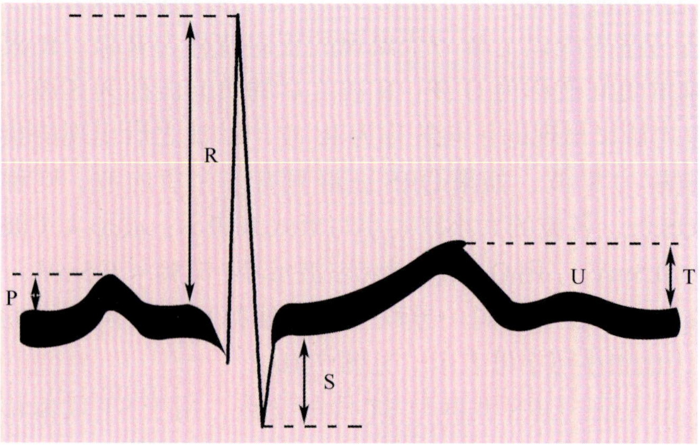

图 7-13　各波段振幅的测量示意图

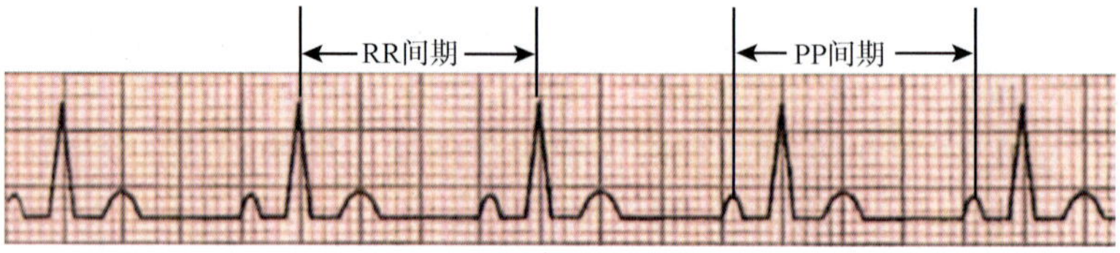

图 7-14　心律规则

2. 心律不规则时，测量连续 5 个以上 RR 或 PP 间距的秒数，求出平均值，然后按公式心率 =60/PP 或 RR 平均值，可较准确求得每分钟心房率或心室率；或计数 30 大格相当于 6 秒钟距离中 P 波或 QRS 波群的数目，乘以 10（图 7-15）。

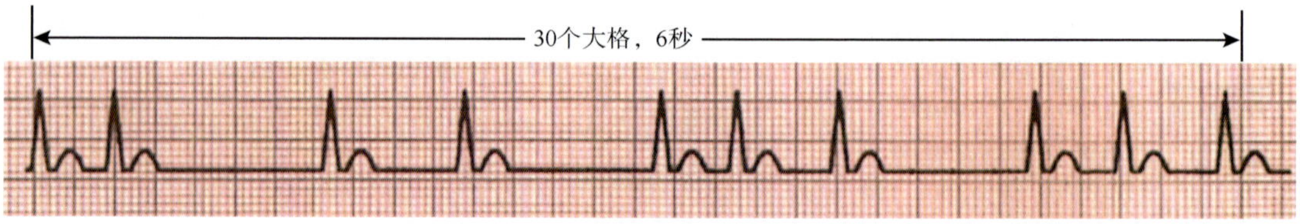

图 7-15　心律不规则

（三）平均心电轴的测量

1. 概念　平均心电轴常指平均 QRS 电轴，是心室除极过程中全部瞬间向量的综合。心电轴是空间性的，心电图学上所指的心电轴是指平均 QRS 电轴在额面上的投影。

2. 测量方法　常用的测量心电轴的方法有目测法、振幅法和查表法。

（1）目测法　通过观察Ⅰ与Ⅲ导联 QRS 波群的主波方向，大致估计心电轴的偏移情况。Ⅰ和Ⅲ导联的主波都向上，表示电轴正常（不偏）；Ⅰ导联的主波向上，Ⅲ导联的主波向下，为电轴左偏；Ⅰ导联的主波向下，Ⅲ导联的主波向上，为电轴右偏；Ⅰ和Ⅲ导联的主波都向下，则为不确定电轴或电轴极度右偏（图 7-16）。

（2）振幅法　先测出Ⅰ导联 QRS 波群的振幅，R 为正，Q 与 S 为负，计算出 QRS 振幅的代数和，再以同样的方法计算出Ⅲ导联 QRS 振幅的代数和。然后将Ⅰ导联 QRS 振幅数值画在Ⅰ导联轴上，作一垂线；将Ⅲ导联 QRS 振幅数值画在Ⅲ导联轴上，也作一垂线；两垂线相交于 A 点，将电偶中心 O 点与 A 点相连，OA 即为所求的心电轴，OA 与Ⅰ导联轴正侧的夹角即为心电轴的度数（图 7-17）。

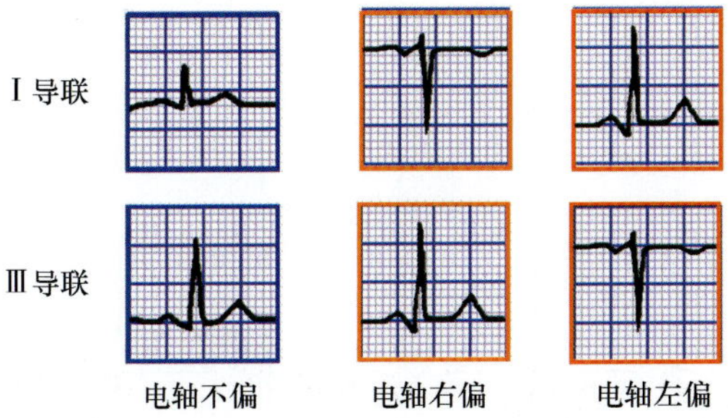

图 7-16　平均心电轴目测法

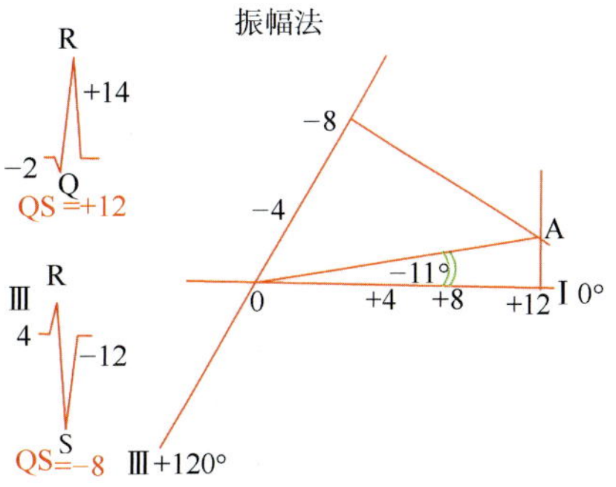

图 7-17　振幅法测心电轴

（3）查表法　分别计算出Ⅰ和Ⅲ导联的 QRS 波群振幅的代数和，然后直接查表求得心电轴。

3. 临床意义　正常心电轴的范围在 –30° ～ +90°。电轴在 –30° ～ –90° 为电轴左偏；电轴在 +90° ～ +180° 为电轴右偏；电轴在 –90° ～ –180° 为不确定电轴（图 7-18）。心电轴的偏移一般受心脏在胸腔内的解剖位置、两侧心室的质量比例、心室内传导系统的功能、激动在室内传导状态以及体型、年龄等多种因素影响。电轴左偏见于左心室肥厚、左前分支阻滞等；电轴右偏见于右心室肥厚和左后分支阻滞等；不确定电轴可见于正常人（正常变异）或某些病理情况如冠心病、高血压、肺源性心脏病等。

（四）心脏钟向转位

心脏钟向转位是指心脏沿其长轴（自心尖部向心底部方向观察）发生顺钟向或逆钟向的转动，可通过心前区导联中过渡区波形（R/S ≈ 1 的波形）出现的位置来判断。正常时，过渡区波形出现于 V_3 或 V_4 导联。当过渡区波形从 V_3 或 V_4 导联转向左心室方向，出现在 V_5、V_6 导联，提示为顺钟向转位。当过渡区波形从 V_3 或 V_4 导联转向右心室方向，出现在 V_1、V_2 导联，提示为逆钟向转位。顺钟向转位可见于右心室肥厚，逆钟向转位可见于左心室肥厚。心电图上的转位图形也可见于正常人，提示转位图形有时为心电位的变化，并非都是心脏在解剖上转位的结果（图 7-19）。

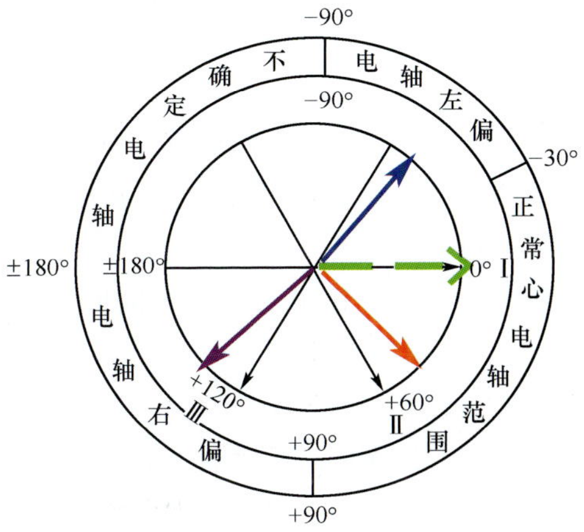

图 7-18　正常心电轴及其偏移

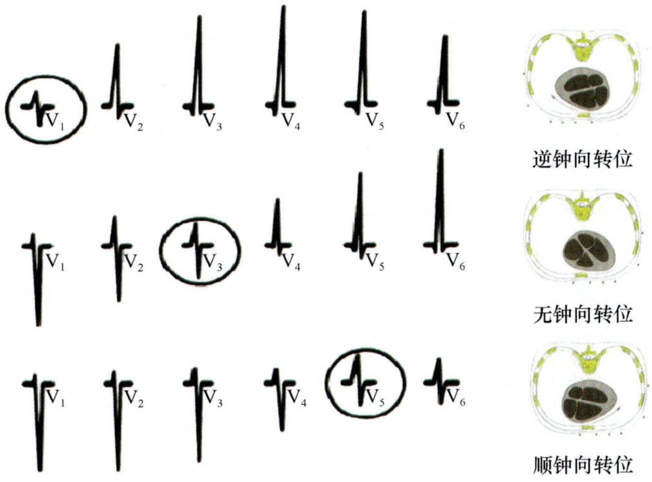

图 7-19　心脏钟向转位示意图

三、正常心电图波形特点和正常范围

正常 12 导联心电图波形特点，见图 7-20。

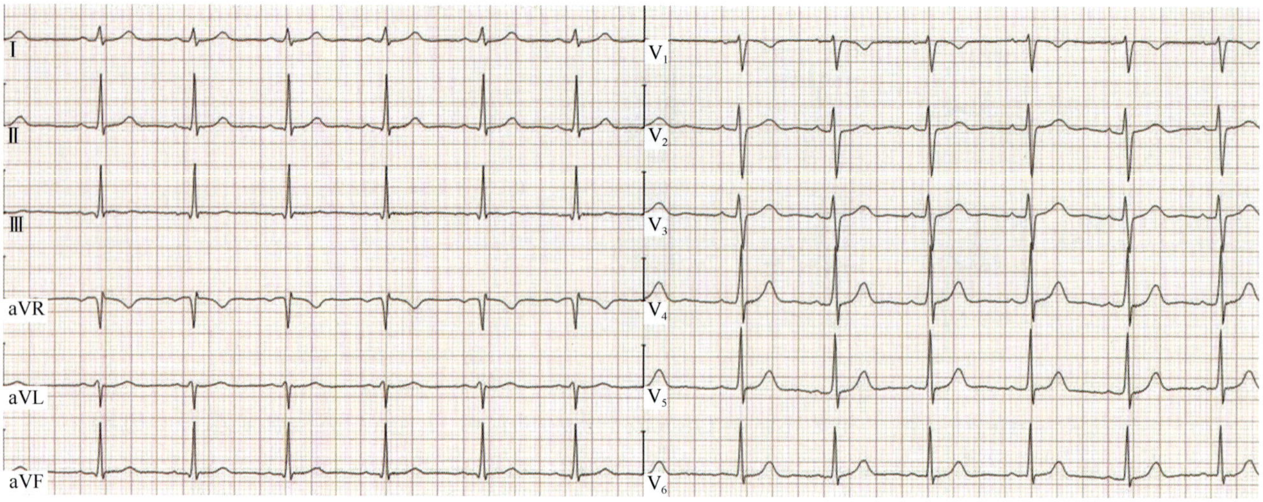

图 7-20 正常心电图

（一）P 波

1. 形态 P 波在大部分导联呈钝圆形，可有轻度切迹或呈双峰，双峰间距＜ 0.04 秒。P 波方向在Ⅰ、Ⅱ、aVF、V_4 ～ V_6 直立，在 aVR 导联倒置，其余导联可呈直立、倒置、双向或低平。

2. 时间 一般小于 0.12 秒。

3. 振幅 P 波振幅在肢体导联一般小于 0.25mV，胸导联不超过 0.2mV。

（二）PR 间期

在正常心率范围内，成人 PR 间期 0.12 ～ 0.20 秒，与年龄及心率快慢有关。

（三）QRS 波群

1. 形态

（1）肢体导联 一般在Ⅰ、Ⅱ导联的 QRS 波群主波向上，aVR 导联的 QRS 波群主波向下，呈 Qr、rS、QS 或 rSr′ 型。Ⅲ导联的 QRS 波群主波方向多变，aVL、aVF 导联的 QRS 波群可呈 Rs、R、qR 或 rS 型。

（2）胸导联 从 V_1 至 V_5 的移形规律是 R 波逐渐增高，V_6 导联的 R 波一般低于 V_5 导联的 R 波。通常 V_2 导联的 S 波较深，V_2 至 V_6 导联 S 波逐渐变浅。正常人 V_1、V_2 导联多呈 rS 型，R/S ＜ 1；V_5、V_6 导联可呈 qR、qRs、Rs 或 R 型，R/S ＞ 1；V_3、V_4 导联多呈过渡区波形，R/S ≈ 1。

2. 时间 正常成年人 QRS 波群时间一般不超过 0.11 秒，多数为 0.06 ～ 0.10 秒。R 峰时间即室壁激动时间，反映心室激动自心内膜到达心外膜所需时间。

3. 振幅

（1）肢体导联 R 波在Ⅰ导联一般不超过 1.5mV，aVL 导联不超过 1.2mV，aVF 导联不超过 2.0mV，aVR 导联不超过 0.5mV，$R_{Ⅰ}+R_{Ⅲ} \leqslant 2.5mV$。

（2）胸导联 V_1 导联的 R 波一般不超过 1.0mV，$R_{V_1}+S_{V_5} \leqslant 1.2mV$；$V_5$ 导联的 R 波不超过 2.5mV，$R_{V_5}+S_{V_1} \leqslant 4.0mV$（男性）或 3.5mV（女性）。

若 6 个肢体导联的每个 QRS 波群振幅（正向波与负向波振幅的绝对值相加）都小于 0.5mV 或 6 个胸导联 QRS 波群振幅的绝对值都小于 0.8mV，称为低电压，常见于心包积液、肺气肿、甲状腺功能减退和肥胖者。

4. Q 波 除Ⅲ和 aVR 导联外，正常人 Q 波时间不超过 0.03 秒，Ⅲ导联 Q 波宽度可达 0.04 秒；aVR 导联可呈 QS 或 Qr 型。正常情况下，Q 波振幅小于同导联 R 波的 1/4，V_1、V_2 导联不应有 Q 波，但偶尔可呈 QS 型，V_5、V_6 导联经常可见到正常范围的 q 波。超过正常时间或电压范围的 Q 波，称为异常 Q 波。

5. J 点　QRS 波群的终末部分与 ST 段起始的交接点，称为 J 点。J 点大多在等电位线上，通常随 ST 段偏移而发生移位。

（四）ST 段

正常的 ST 段大多为一等电位线，但可有轻度向上或向下偏移。在任何导联上，ST 段下移不应超过 0.05mV；ST 段抬高在 V_1、V_2 导联不超过 0.3mV，V_3 不应超过 0.5mV，在 V_4 ～ V_6 导联及肢体导联不应超过 0.1mV。

（五）T 波

1. 形态　正常 T 波形态两支不对称，前支缓而长，后支陡而短。T 波的方向多与 QRS 波群的主波方向一致，在Ⅰ、Ⅱ、V_4 ～ V_6 导联直立，aVR 导联倒置。其余导联可以直立，双向或倒置，但若 V_1 导联 T 波直立，则 V_2 ～ V_6 导联就不应倒置。

2. 振幅　除Ⅲ、aVL、aVF、V_1 ～ V_3 导联外，其他导联 T 波振幅不应低于同导联 R 波的 1/10。T 波在胸导联有时可高达 1.2 ～ 1.5mV。

（六）QT 间期

QT 间期指 QRS 波群的起点至 T 波终点的距离，代表心室肌除极和复极全过程所需的时间。QT 间期的长短与心率的快慢有密切关系，心率越快，QT 间期越短，反之则越长。心率在 60 ～ 100 次 / 分时，QT 间期一般为 0.32 ～ 0.44 秒。由于 QT 间期受心率的影响很大，所以常用校正的 QT 间期（QTc），通常采用 Bazett 公式计算：$QTc=QT/\sqrt{RR}$。QTc 是 RR 间期为 1 秒（心率 60 次 / 分）时的 QT 间期。传统的 QTc 正常上限值设定为 0.44 秒，超过此上限值即为 QT 间期延长。一般女性的 QT 间期略长于男性。近年推荐的 QT 间期延长的标准为：男性 QTc ≥ 0.45 秒，女性 QTc ≥ 0.46 秒。

（七）u 波

u 波是在 T 波后 0.02 ～ 0.04 秒出现的小波，正常 u 波的形态为前半部分斜度较陡，后半部分斜度较平缓，与 T 波相反。u 波方向一般与 T 波一致，振幅很小，不应高于同导联 T 波。在心前区导联 V_2 ～ V_4 比较清楚，振幅可高达 0.2 ～ 0.3mV。u 波振幅的大小与心率快慢有关，心率增快时 u 波振幅降低或消失，心率减慢时 u 波振幅增高。u 波明显增高常见于血钾过低。u 波倒置可见于高血压和冠心病。

第 3 节　常见异常心电图

一、心房肥大

心房肥大多表现为心房的扩大而较少表现为心房肌肥厚。因心房肌纤维增长、增粗、房室传导束被牵拉和损伤，导致心房除极向量增大、方向改变、时间延长。其心电图的主要表现是 P 波的电压增高、时间延长和形态的改变。心房扩大越明显，P 波改变也越明显。

（一）右心房肥大

当右心房肥大时，其除极时间延长，与后除极的左心房时间重叠，因此心房除极的总时间并不延长，心电图主要表现为心房除极波振幅增高。

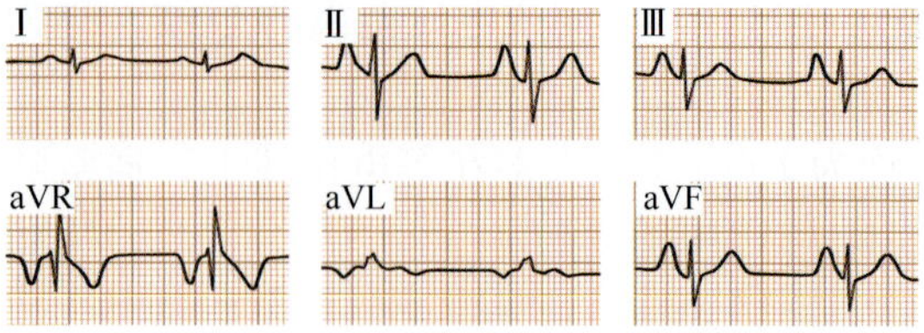

图 7-21 右心房肥大心电图

1. 心电图特征 ① P 波高而尖，尤其在Ⅱ、Ⅲ、aVF 导联，振幅 ≥ 0.25mV。② V_1、V_2 导联 P 波直立 ≥ 0.15mV，如 P 波呈双向时，其振幅的算术和 ≥ 0.20mV。③ P 波时间正常，< 0.12 秒（图 7-21）。

2. 病因 常见于慢性肺源性心脏病，故称为肺型 P 波，也可见于房间隔缺损、肺动脉高压等。

（二）左心房肥大

左心房肥大时，心电图主要表现为心房除极波时间延长。

1. 心电图特征 ① P 波增宽、时间≥ 0.12 秒，其顶端常呈双峰型，第二峰高于第一峰，峰间距≥ 0.04 秒。② P 波在 V_1 导联常呈现先正后负双向波，其负向部分明显加深加宽（图 7-22）。

2. 病因 常见于二尖瓣狭窄，故又称二尖瓣型 P 波，也可见于扩张型心肌病、高血压、慢性左心衰竭等引起的左心房增大。

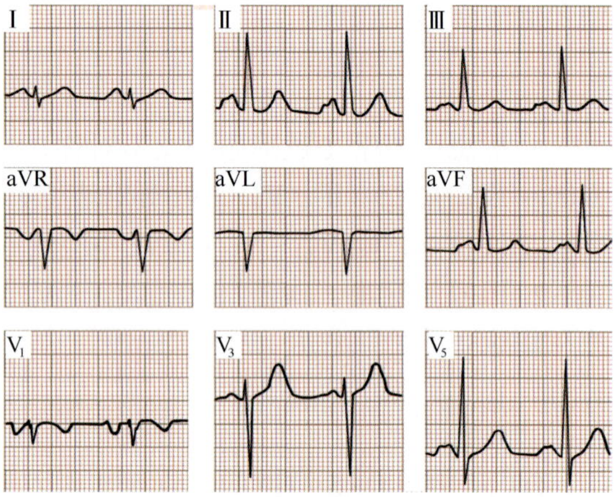

图 7-22 左心房肥大心电图

（三）双心房肥大

1. 心电图特征 ① P 波时间增宽≥ 0.12 秒，呈双峰，峰间距≥ 0.04 秒；肢体导联振幅≥ 0.25mV，胸导联振幅≥ 0.20mV。② V_1 导联 P 波高大双向，上下振幅均超过正常范围。

2. 病因 常见于严重的先天性心脏病。

二、心室肥大

心室肥大是器质性心脏病的常见后果，是由心室收缩期和（或）舒张期负荷过重所致。当心室肥大达到一定程度时，即可引起心电图变化。诊断心室肥大需结合临床资料及其他辅助检查结果，进行综合分析，方可得出正确结论。

（一）左心室肥大

左心室肥厚时，引起面向左心室的导联（Ⅰ、aVL、V_5、V_6）R 波振幅增加，而面向右心室的导联（V_1、V_2）出现较深的 S 波（图 7-23）。

1. 心电图特征

（1）左心室 QRS 波群高电压的表现：①肢体导联 $R_{Ⅰ} > 1.5mV$，$R_{aVL} \geq 1.2mV$，$R_{aVF} > 2.0mV$，$R_{Ⅰ}+S_{Ⅲ} > 2.5mV$。②胸导联 R_{V_5} 或 $R_{V_6} > 2.5mV$，$R_{V_5}+S_{V_1} > 3.5mV$（女性）或 4.0mV（男性）。

（2）QRS 心电轴左偏。

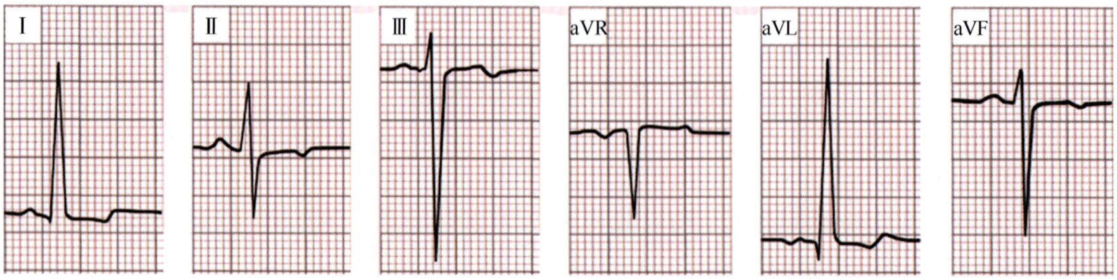

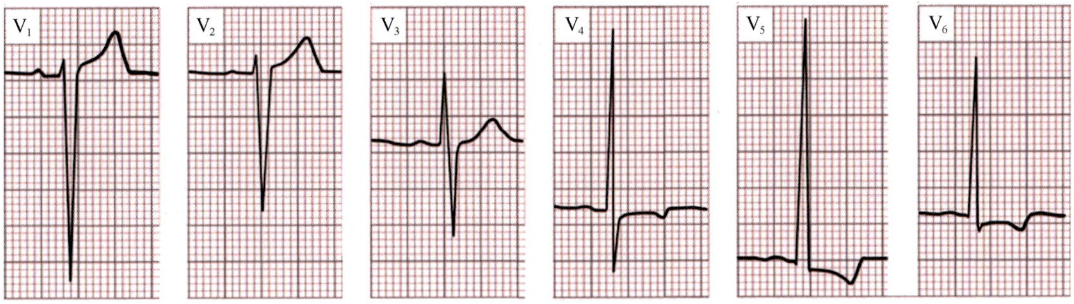

图 7-23　左心室肥大心电图

（3）QRS 波时间延长，可达 0.10 ～ 0.11 秒，V_5 室壁激动时间（VAT）＞ 0.05 秒。

（4）ST-T 波改变：在以 R 波为主的导联（如 V_5、V_6）ST 段下斜型压低超过 0.05mV 以上，T 波低平、双向或倒置。在以 S 波为主的导联（V_1）反而可见直立的 T 波。此类 ST-T 变化多为继发性改变，也可能同时伴有心肌缺血。

QRS 波群电压增高是左心室肥大的一个重要特征，其中以胸导联的改变更有意义。如仅有 QRS 波群电压增高一项而无其他阳性指标者应诊断左心室高电压。QRS 波群电压增高伴有 ST-T 改变者，称为左心室肥厚伴心肌劳损。

2. 病因　常由高血压、冠心病、肥厚型心肌病、二尖瓣关闭不全、主动脉瓣狭窄或关闭不全等疾病引起。

（二）右心室肥大

当右心室肥厚到一定程度，导致右心室面的导联（V_1、aVR）的 R 波电压增高，左心室面的导联（Ⅰ、aVL、V_5）的 S 波变深（图 7-24）。

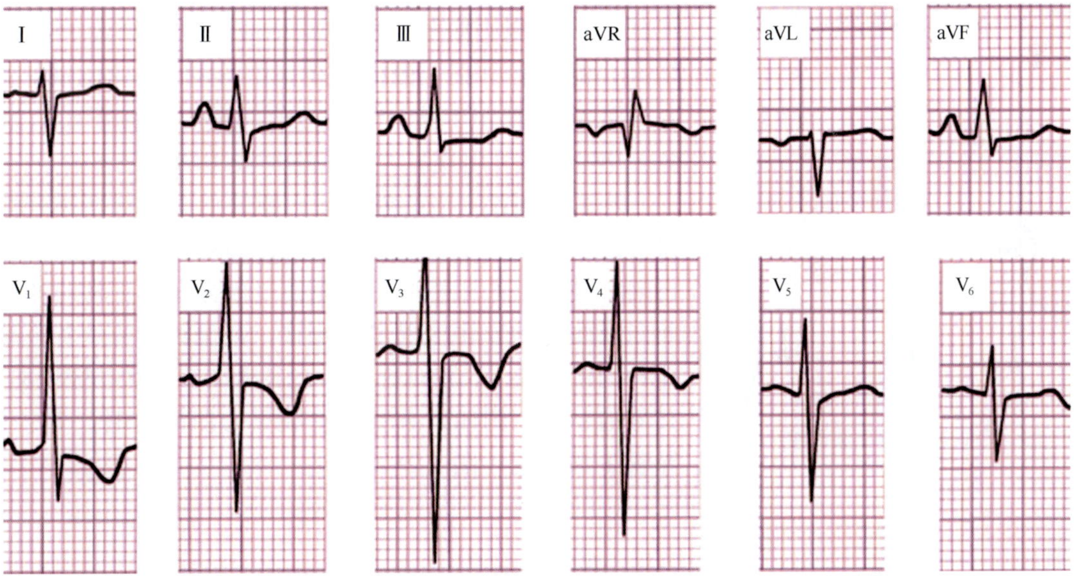

图 7-24　右心室肥大心电图

1. 心电图特点

（1）QRS 波群电压改变或右心室高电压：① V_1 导联 R/S ≥ 1，呈 Rs 型或 R 型，重度右心室肥厚可使 V_1 导联呈 qR 型（排除心肌梗死）；V_5 导联 R/S ≤ 1 或 S 波比正常加深；aVR 导联以 R 波为主，呈 qR 型或 Rs 型。② R_{aVR} ＞ 0.5mV（或 aVR 导联 R/S ＞ 1），R_{V_1} ＞ 1.0mV，$R_{V_1}+S_{V_5}$ ＞ 1.05mV（重症＞ 1.2mV）。

（2）心电轴右偏≥ +90°，重症≥ +110°。

（3）QRS 波群时限多正常，V_1 的室壁激动时间＞ 0.03 秒。

（4）ST-T 改变，V_1、V_2 导联的 ST 压低伴 T 波倒置，为继发性 ST-T 改变。右心室高电压同时伴有 ST-T 改变者，称为右心室增大伴劳损。

2. 病因　可见于慢性肺源性心脏病、二尖瓣狭窄、房间隔缺损、室间隔缺损等疾病。

（三）双侧心室肥大

双侧心室肥大时，其心电图可出现以下 3 种表现。

1. 大致正常心电图　由于两侧心室的电压同时增高，互相抵消所致，有时仅有 QRS 波的增宽，切迹及 T 波低平。

2. 单侧心室肥大心电图　只表现一侧心室肥厚的特征而另一侧心室肥厚常被掩盖。由于左心室壁远比右心室壁厚，故双侧心室肥厚时仅显示左室肥厚者为多。

3. 双侧心室肥大心电图　既有右心室肥大的心电图特征（如 V_1 导联以 R 波为主，电轴右偏等），又有左心室肥大表现（如 V_5 导联 R/S ＞ 1，R 波振幅增高等）。

三、心肌缺血

心肌缺血是指冠状动脉供血不能满足心肌代谢需要，主要发生在冠状动脉粥样硬化的基础上。当某一部分心肌缺血时，可影响心室的正常复极，心电图的主要表现为缺血区相关导联的 ST 段和 T 波发生改变。

（一）心肌缺血的心电图类型

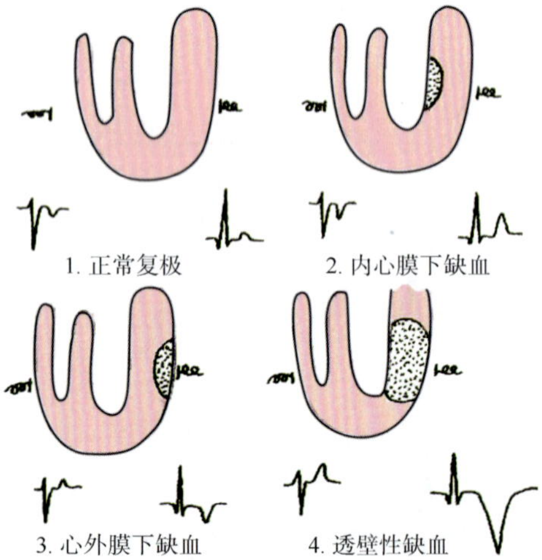

图 7-25　心肌缺血与 T 波改变

1. T 波高大直立　当心内膜下心肌缺血时，心内膜侧的心肌复极较正常时延迟，使原来存在的与心外膜复极向量方向相反的心内膜侧心肌复极向量减小或消失，导致 T 波向量幅度增大，此时心电图上面向缺血区的导联出现与 QRS 主波方向一致的高大直立 T 波。例如，前间壁心内膜下心肌缺血时，V_1 ～ V_3 导联可出现高大直立的 T 波（图 7-25）。

2. T 波倒置　当心外膜下心肌缺血时（包括透壁性心肌缺血），引起心肌复极顺序的逆转，即心内膜下心肌开始复极，再向心外膜下心肌扩展，从而使复极方向与正常时相反，此时面向缺血区的导联出现 T 波倒置，甚至对称或倒置逐渐加深。这种倒置深尖、双肢对称的 T 波多出现在冠状动脉供血不足时，又称冠状 T。例如，下壁心外膜下心肌缺血时，Ⅱ、Ⅲ、aVF 导联 T 波倒置（图 7-25）。

（二）心肌损伤的心电图类型

当持续心肌缺血时，心肌细胞出现损伤，心电图出现损伤型改变。心肌损伤时，除极速度减慢，除极尚未结束而复极已经开始，心电图表现为 ST 段移位。由于损伤部位不同，ST 段移位的方向亦不同。

1. ST 段压低　心内膜下心肌损伤时，ST 向量指向心内膜，位于心外膜面的导联出现 ST 段压低（图 7-26A）。

2. ST 段抬高　当心外膜下心肌损伤时（包括透壁性心肌缺血），ST 向量指向心外膜，位于心外膜面的导联 ST 段抬高（图 7-26B）。

（三）心肌缺血心电图图形的临床意义

心肌缺血的心电图可仅仅表现为 ST 段改变或者 T 波改变，也可同时出现 ST-T 改变。临床上发现约 50% 的冠心病患者未发作心绞痛时，心电图可以正常，而仅于心绞痛发作时记录到 ST-T 的动态改变。约 10% 的冠心病患者在心肌缺血发作时心电图可以正常或仅有轻度 ST-T 改变。

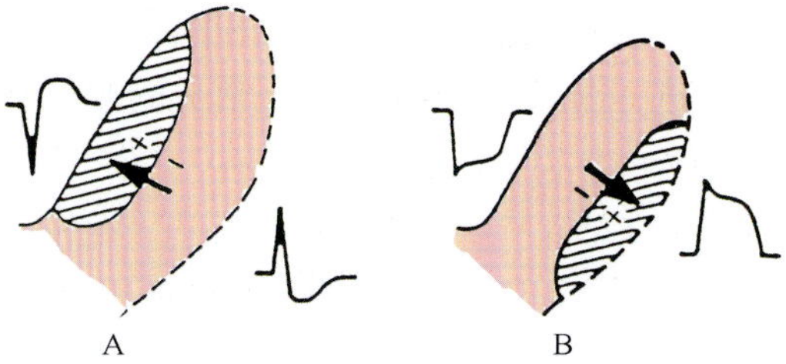

图 7-26　心肌损伤与 ST 偏移

箭头示 ST 向量方向

A. 心内膜损伤；B. 心外膜损伤

典型的心肌缺血发作时，面向缺血部位的导联常显示缺血型 ST 段压低（水平型或下斜型下移≥ 0.1mV）和（或）T 波倒置（图 7-27）。慢性冠状动脉供血不足时，心电图可呈持续性 ST 改变（水平型或下斜型下移≥ 0.05mV）和（或）T 波低平、负正双向和倒置，而于心绞痛发作时出现 ST-T 改变加重或伪性改善。

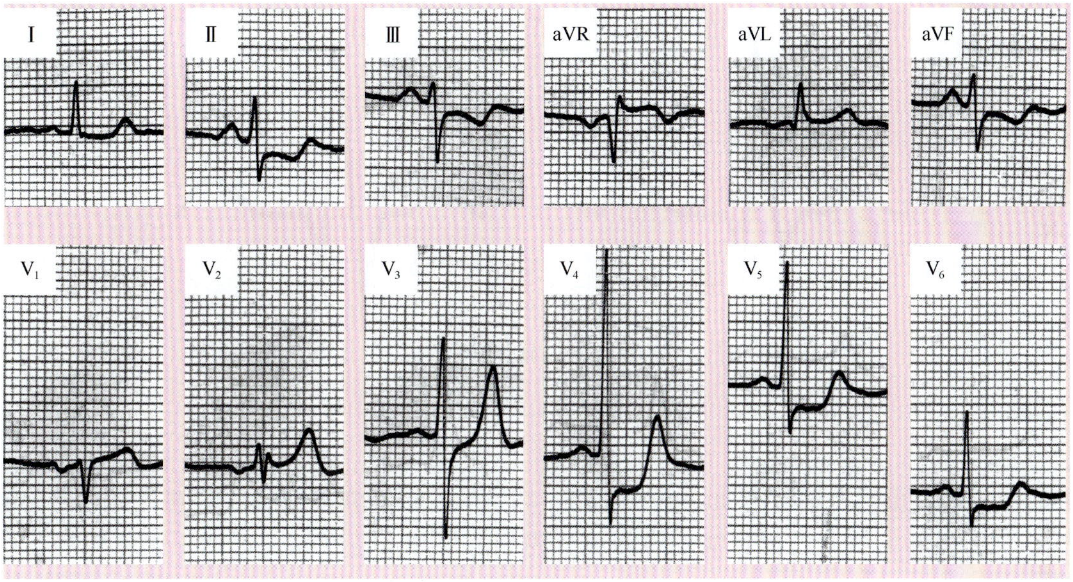

图 7-27　典型心肌缺血发作时心电图

四、心 肌 梗 死

心肌梗死是在冠状动脉粥样硬化的基础上发生完全性或不完全性闭塞所致，属于冠心病的严重类型。心电图的特征性改变及其演变对心肌梗死的诊断、治疗及判断病情和预后有重要作用。

（一）心肌梗死的基本图形

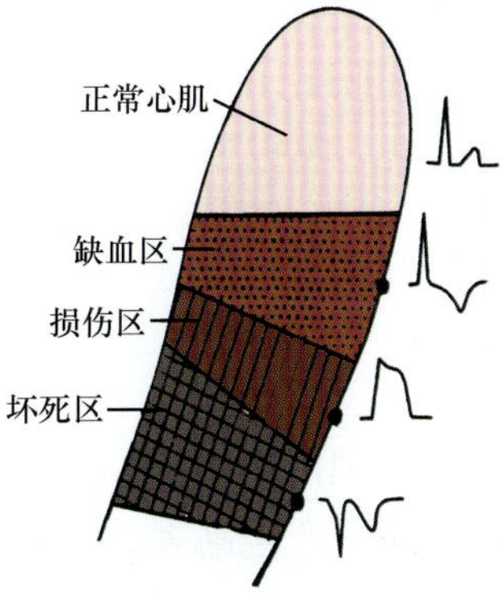

图 7-28　心肌梗死部位及相对应的缺血、损伤和坏死区心电图

冠状动脉发生闭塞后，随着时间的推移，心肌出现缺血、损伤甚至坏死，在心电图上可出现缺血、损伤和坏死 3 种类型的图形改变（图 7-28）。各部分心肌接受不同冠状动脉分支的血液供应，因此图形改变常具有明显的区域特点。

1. 缺血型改变　冠状动脉急性闭塞后，立即产生心肌缺血。心电图的主要改变为 T 波改变。①心肌缺血最早出现于心内膜，因此面向缺血区域的导联，T 波高耸，基底部较窄，两肢对称，电压增高，称高尖 T 波。②心外膜下心肌缺血时，面向缺血区的导联出现 T 波对称性倒置，称冠状 T 波。这是急性心肌梗死最早期的表现。

2. 损伤型改变　随着缺血时间延长，缺血程度进一步加重，就会出现损伤型图形改变，主要表现为面向损伤心肌的导联出现 ST 段抬高，并与高尖的T波融合，ST段凸面向上弓背状抬高形成单向曲线。损伤改变一般不会持久，可恢复或进一步发生心肌坏死。常见的损伤型ST段抬高的几种形态，见图7-29。

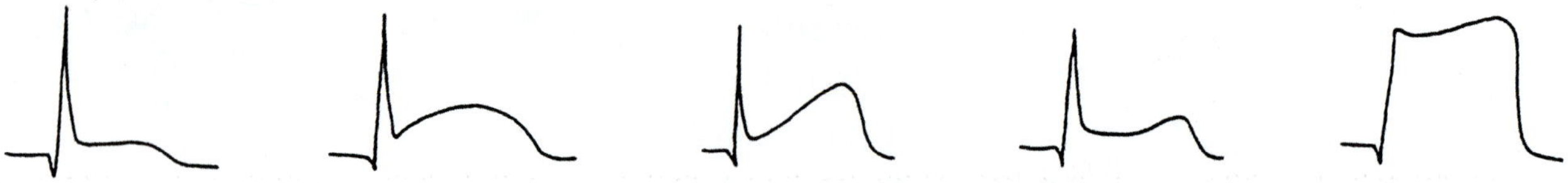

图7-29 常见的损伤型ST段抬高的几种形态

A. 平抬型；B. 弓背型；C. 上斜型；D. 凹面向上型；E. 单向曲线

3. 坏死型改变 更进一步的缺血导致细胞变性、坏死。心电图的主要表现为面向坏死区的导联出现异常Q波，Q波时限≥0.03秒，振幅≥1/4R（图7-30）。如坏死层穿透整个室壁，可表现为异常QS波。

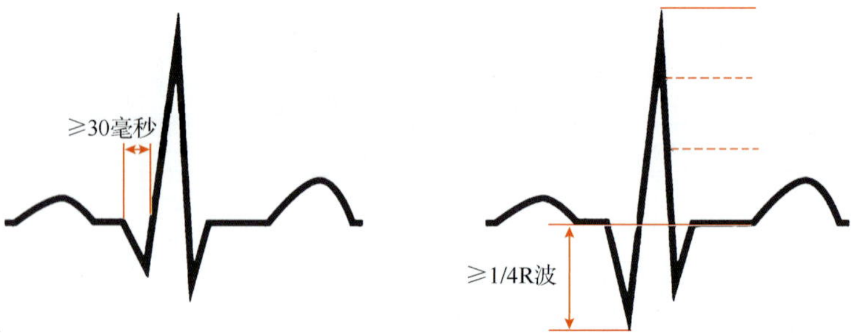

图7-30 异常Q波

（二）心肌梗死图形的演变及分期

急性心肌梗死发生后，随着心肌缺血、损伤、坏死的发展和恢复，心电图的变化呈现一定演变规律。根据心电图图形的演变过程和演变时间可分为超急性期、急性期、近期（亚急性期）和陈旧期（图7-31）。

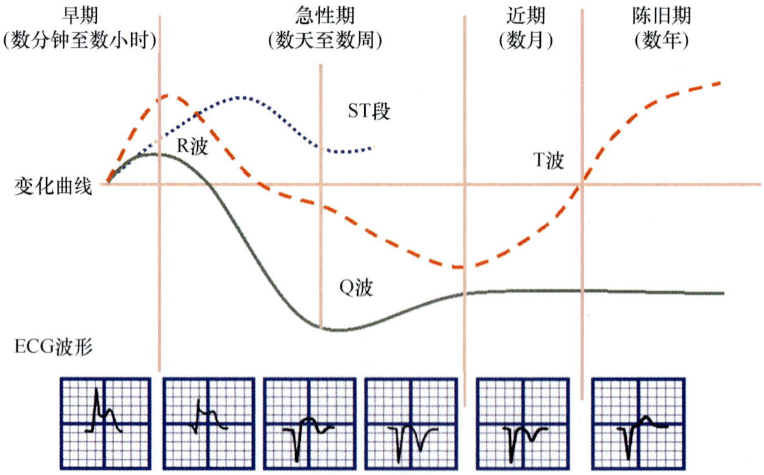

图7-31 典型心肌梗死图形的演变及分期

1. 超急性期（亦称超急性损伤期） 心肌梗死后数分钟或数小时内，心肌组织尚未坏死，仅出现心肌缺血型和损伤型的心电图改变。首先出现短暂的心内膜下心肌缺血，心电图上产生高大的T波，以后迅速出现ST段上斜型或弓背向上型抬高，与高耸直立T波相连。由于急性损伤性阻滞，可见QRS振幅增高，并轻度增宽，但尚未出现异常Q波。此期如能及时有效治疗，有可能避免发展为心肌梗死或使已发生梗死的范围缩小。

2. 急性期　此期开始于梗死后数小时或数日，可持续到数周，心电图呈动态演变。ST 段呈弓背向上抬高，抬高显著者可形成单向曲线，继而逐渐下降；心肌坏死导致面向坏死区导联的 R 波振幅降低或丢失，出现异常 Q 波或 QS 波；T 波由直立开始倒置，并逐渐加深。坏死型的 Q 波、损伤型的 ST 段抬高和缺血型的 T 波倒置在此期内可同时并存。

3. 亚急性期（近期）　出现于梗死后数周至数月，此期以坏死及缺血图形为主要特征。坏死型 Q 波持续存在，抬高的 ST 段恢复至基线，缺血型 T 波由倒置较深逐渐变浅或趋于恒定不变。

4. 陈旧期　急性心肌梗死数月之后，ST 段和 T 波恢复正常或 T 波持续倒置、低平，趋于恒定不变，残留下坏死型的 Q 波。理论上坏死型的 Q 波将持续存在，但随着瘢痕组织的缩小和周围心肌的代偿性肥大，其范围在数年后有可能明显缩小。小范围梗死的图形改变有可能变得很不典型，异常的 Q 波甚至可消失。

（三）心肌梗死的定位诊断及梗死相关血管的判断

心肌梗死部位主要根据心电图坏死型图形（异常 Q 波或 QS 波）出现的导联判断。发生心肌梗死的部位多与冠状动脉分支的供血区域相关（表 7-3）。

表 7-3　心肌梗死的定位及梗死相关的血管

心肌梗死部位	出现异常 Q 波或 QS 波的导联	梗死相关的血管
前间壁	V_1、V_2、V_3	左前降支
前壁	V_3、V_4、V_5	左前降支
广泛前壁	V_1、V_2、V_3、V_4、V_5、V_6	左前降支
侧壁	Ⅰ、aVL、V_5、V_6	左回旋支
前侧壁	V_5、V_6	左前降支或左回旋支
高侧壁	Ⅰ、aVL	左前降支或左回旋支
下壁	Ⅱ、Ⅲ、aVF	右冠脉或左回旋支
后壁	V_7、V_8、V_9	右冠脉
右室	V_{3R}、V_{4R}、V_{5R}	右冠脉

除常用的 12 导联外，可增加 V_7、V_8、V_9、V_{3R}、V_{4R}、V_{5R} 导联，进行综合分析，有利于更全面的定位（图 7-32～图 7-34）。

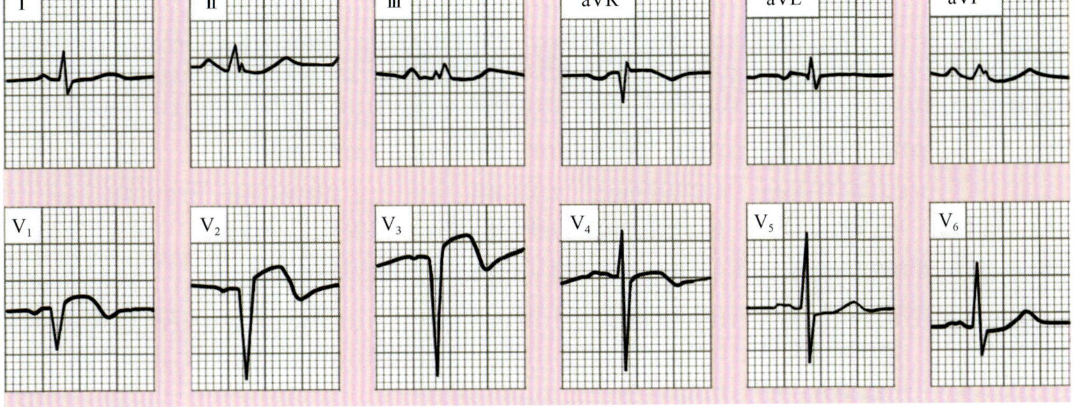

图 7-32　急性前间壁心肌梗死

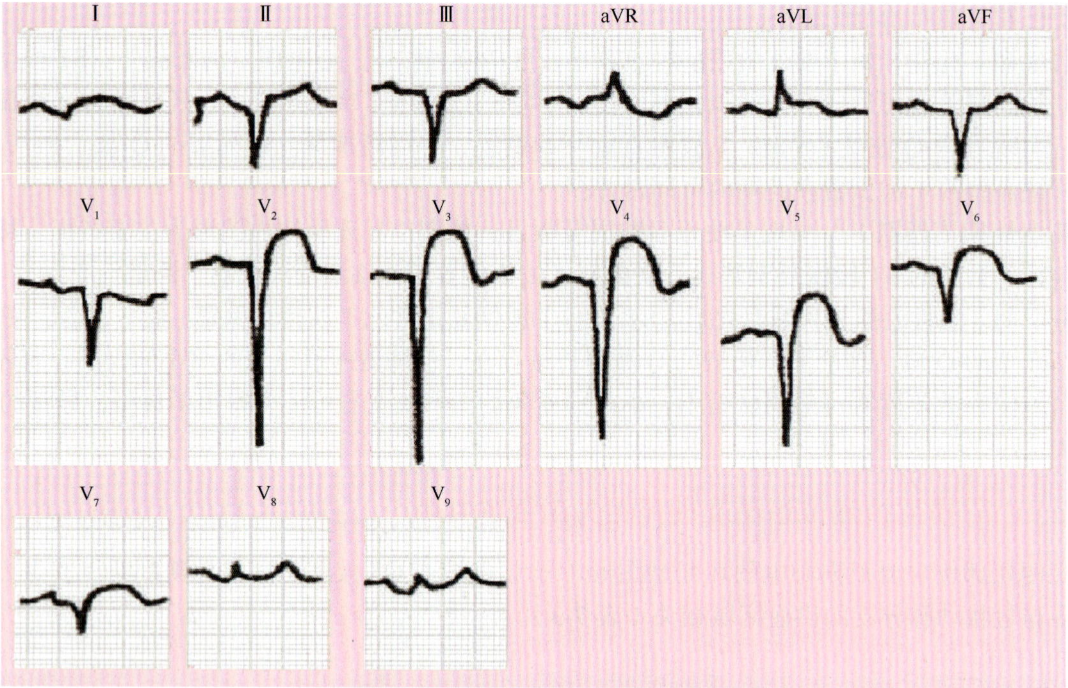

图 7-33　急性广泛前壁心肌梗死

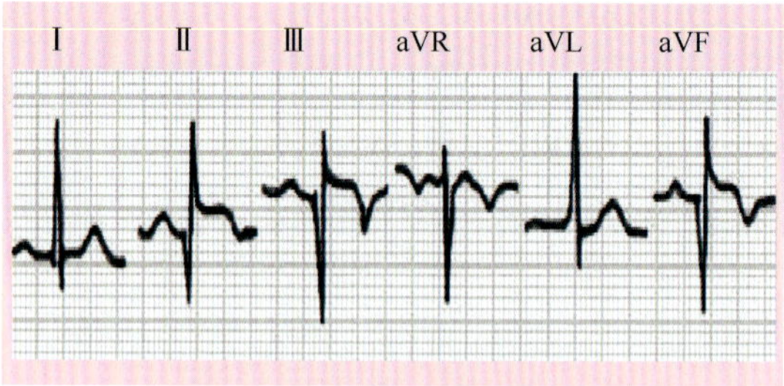

图 7-34　急性下壁心肌梗死

五、常见心律失常

正常心脏的冲动起源于窦房结，窦房结发出的冲动按正常传导系统顺序激动心房和心室。如果心脏激动的起源异常和（或）传导异常，称为心律失常。根据其发生机制，心律失常可归纳为三大类（表 7-4）。

表 7-4　心律失常发生机制和分类

发生机制	分类
激动起源异常	窦性心律失常：窦性心动过速、窦性心动过缓、窦性心律不齐、窦性停搏等
	异位心律：①主动性，期前收缩（房性、房室交界性、室性）、心动过速（房性、房室交界性、室性）、扑动与颤动（房性、室性）；②被动性，逸搏与逸搏心律（房性、房室交界性、室性）
激动传导异常	生理性传导障碍：干扰与脱节（包括心脏各个部位）、窦房阻滞、房内阻滞
	病理性传导阻滞：房室阻滞（一度、二度Ⅰ型和Ⅱ型、三度）、室内阻滞（左、右束支阻滞、左束支分支阻滞）、意外传导
	传导途径异常：预激综合征
激动起源和传导异常	并行心律最常见

（一）窦性心律与窦性心律失常

1. 窦性心律　凡起源于窦房结的心律称为窦性心律。窦性心律属于正常节律。心电图的特征：① P 波呈钝圆形，Ⅰ、Ⅱ、aVF、V_4 ～ V_6 导联直立、aVR 导联倒置。② P 波规律出现，频率 60 ～ 100 次 / 分，在同一导联上 PP 间距之差≤ 0.12 秒。③ PR 间期 0.12 ～ 0.20 秒（图 7-35）。男性静息心率的正常范围为 50 ～ 95 次 / 分，女性为 55 ～ 95 次 / 分。

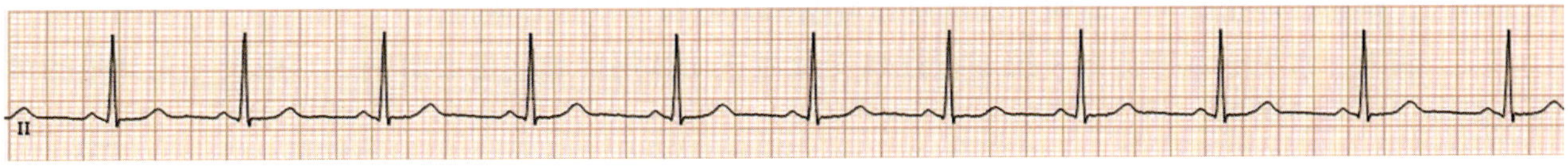

图 7-35　正常窦性心律

2. 窦性心动过速　成人安静状态下，窦性心律的频率大于 100 次 / 分，称为窦性心动过速。

（1）心电图特征　①具有窦性心律的特点。②心率＞ 100 次 / 分，一般不超过 160 次 / 分。③ PR 间期、QRS 波群及 QT 时限可相应缩短，可伴有继发性 ST 段轻度压低和 T 波振幅偏低（图 7-36）。

（2）病因　正常人运动或情绪激动、过量的烟、酒、浓茶及咖啡均可引起窦性心动过速。病理情况见于发热、贫血、甲状腺功能亢进、心力衰竭、心肌炎、休克或应用肾上腺素、阿托品、硝酸甘油等药物后。

3. 窦性心动过缓　成人安静状态下，窦性心律的频率＜ 60 次 / 分，称为窦性心动过缓。

（1）心电图特征　具有窦性心律的特点；心率＜ 60 次 / 分（图 7-37）。

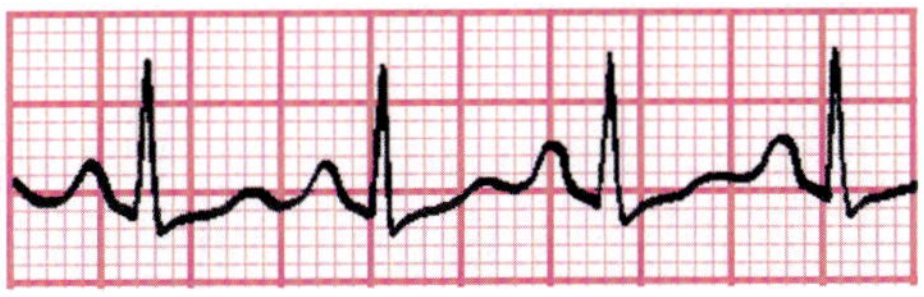

图 7-36　窦性心动过速

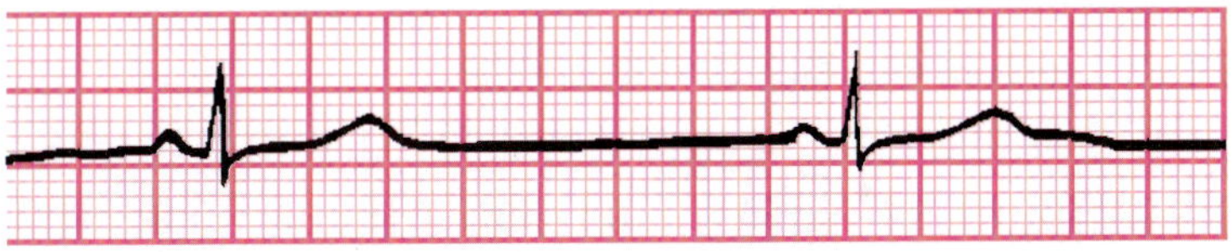

图 7-37　窦性心动过缓

（2）病因　窦性心动过缓是由于迷走神经兴奋性增高或窦房结受抑制所致。常见于低温麻醉、运动员、老年人、胆汁淤积性黄疸、垂体或甲状腺功能减退、颅内压增高、洋地黄过量及应用 β 受体阻滞剂等。

4. 窦性心律不齐

（1）心电图特征　具有窦性心律的特点；同一导联上 PP 间距之差＞ 0.12 秒（图 7-38）。窦性心律不齐常与窦性心动过缓同时存在。

（2）病因　多与呼吸周期有关，吸气时稍快，呼气时相对稍慢。见于青少年、感染后恢复期及自主神经功能不稳定的人。

5. 窦性停搏或窦性静止　窦房结在一段时间内不能产生冲动，使心房或整个心脏暂停活动，称为窦性停搏。

（1）心电图特征　①具有窦性心律的特点。②规则的 PP 间距中突然出现 P 波脱落，形成较长的 PP 间距，且长 PP 间距与正常 PP 间距不成倍数关系。③窦性停搏后可出现房性、交界性、室性逸搏或逸搏心律（图 7-39）。

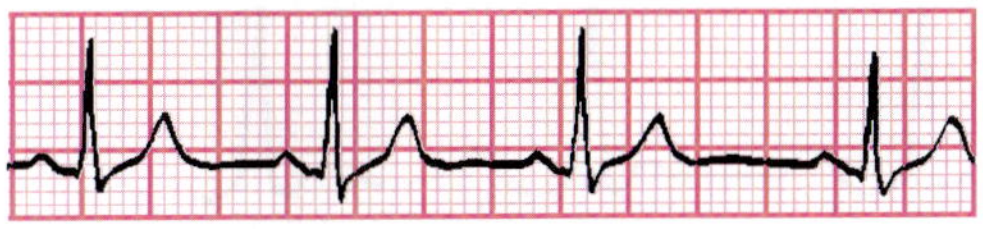

图 7-38　窦性心律不齐

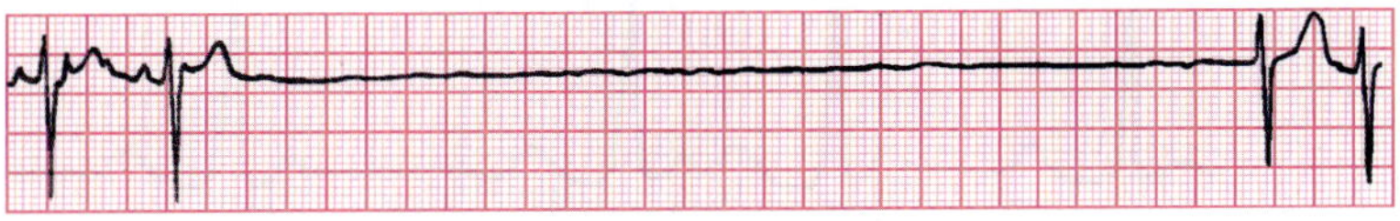

图 7-39　窦性停搏

（2）病因　生理情况可见于迷走神经张力亢进、颈动脉窦过敏等。病理情况可见于急性心肌梗死、急性心肌炎、心肌病等器质性心脏病或洋地黄、奎尼丁等药物使用过量。

6. 病态窦房结综合征　由各种病因累及窦房结及其周围组织而产生的一系列缓慢性心律失常，并引起头晕、黑矇、晕厥等临床表现。

（1）心电图特征　①持续的窦性心动过缓，心率< 50 次 / 分，并且不易用阿托品等药物纠正。②多发的窦性停搏或严重的窦房结阻滞。③慢 - 快综合征：在窦性心动过缓、窦性停搏的基础上，反复出现室上性快速心律失常，如心房扑动、心房颤动等（图 7-40）。④双结病变：如病变同时累及房室交界区，则窦性停搏时可长时间不出现交界性逸搏或伴有房室传导阻滞。

（2）病因　常见于起搏传导系统退行性病变及冠状动脉粥样硬化性心脏病、心肌炎（尤其是病毒性心肌炎）、心肌病等。

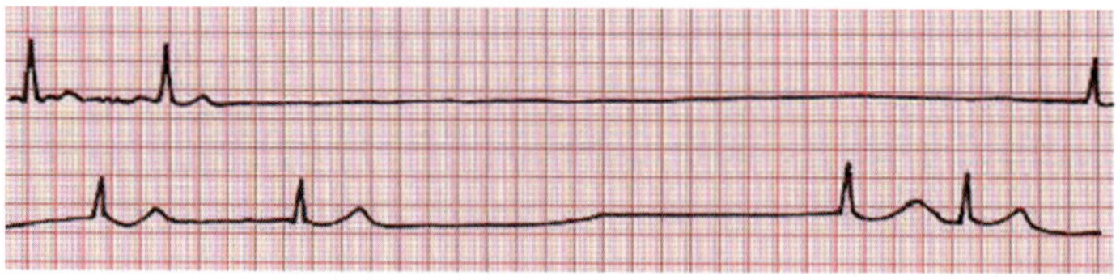

图 7-40　病态窦房结综合征

（二）期前收缩

窦房结以外的异位起搏点提前发出激动，称为期前收缩，又称过早搏动，是临床上最常见的心律失常。期前收缩按起源部位的不同可分为房性、交界性及室性 3 种，以室性最常见，房性次之。期前收缩≤ 5 次 / 分，称偶发性期前收缩；期前收缩> 5 次 / 分，称频发性期前收缩。期前收缩来自两个或两个以上的起搏点，称多源性期前收缩。

1. 室性期前收缩　心电图的特征为：①提前出现 QRS 波群及 T 波，其前无 P 波。②提前出现的 QRS 波群宽大畸形，时间为> 0.12 秒，T 波方向与 QRS 波的主波方向相反。③多为完全性代偿间歇，即期前收缩前后的两个窦性 P 波间距等于正常 PP 间距的 2 倍。如每次正常窦性搏动后均出现一个室性期前收缩，称为室性期前收缩二联律；如每两次正常窦性搏动后出现一个室性期前收缩，称为室性期前收缩三联律（图 7-41）。

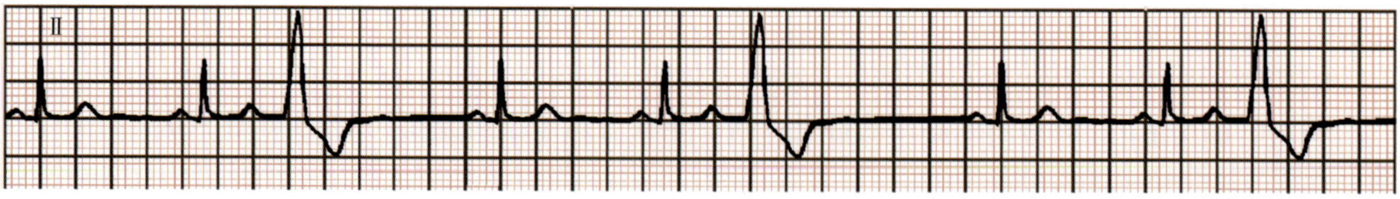

图 7-41　室性期前收缩三联律

2. 房性期前收缩　心电图的特征为：①提前出现 P′ 波，其形态与窦性 P 波稍有差异。② P′R 间期> 0.12 秒。③ P′ 波后的 QRS 波群多正常，部分期前收缩 P 波之后无 QRS 波，且与前面的 T 波相融合而不易辨认，称为房性期前收缩未下传，P′R 可以延长，P′ 波所引起的 QRS 波可增宽变形，称房性期前收缩伴室内差异性传导。④多为不完全性代偿间歇（图 7-42）。

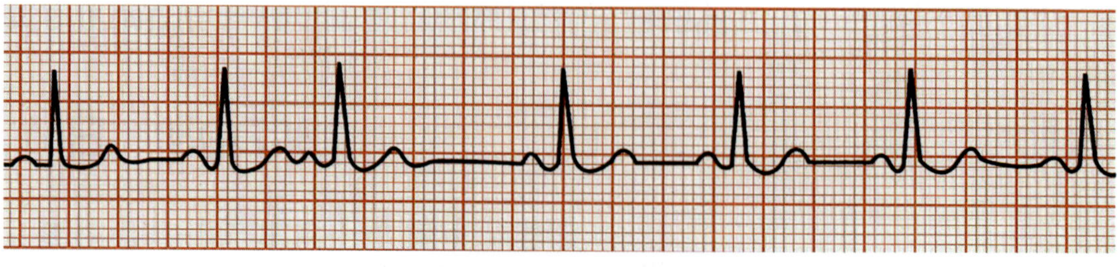

图 7-42　房性期前收缩

3. 交界性期前收缩　心电图特征：①提前出现的 QRS-T 波群，其形状与窦性心律中的 QRS 波形基本相同。②出现逆行 P′ 波（P′ 波在 Ⅱ、Ⅲ、aVF 导联倒置，aVR 导联直立），可发生在 QRS 波之前（P′R ＜ 0.12 秒）、QRS 波之后（RP′ ＜ 0.20 秒）、可与 QRS 波重叠（无 P′R 间期）（图 7-43）。③多具有完全性代偿间歇（图 7-44）。

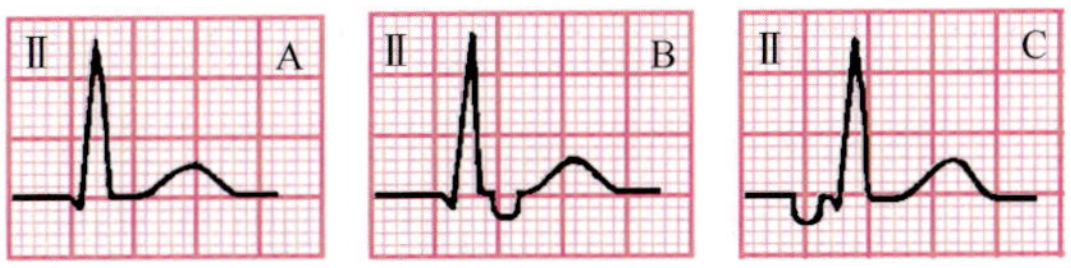

图 7-43　交界性期前收缩逆行 P′ 波位置

A. QRS 波之中；B. QRS 波之后；C. QRS 波之前

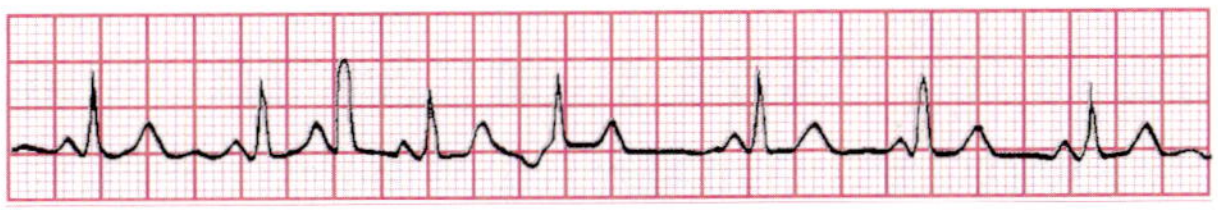

图 7-44　交界性期前收缩

期前收缩可见于情绪激动、体力过劳、饱餐、吸烟、过量饮酒等生理情况，但多见于器质性心脏病如急性心肌梗死、心肌炎、风湿性心瓣膜病等病理情况。此外，急性感染、心脏手术、麻醉、低血钾、洋地黄中毒等情况也可见到。

（三）异位性心动过速

异位性心动过速是指异位节律点兴奋性增高或折返激动引起的快速异位心律（期前收缩连续出现 3 次及以上）。根据异位节律起源部位分为房性、交界性和室性心动过速 3 种。因房性和交界性阵发性心动过速 P′ 波难以辨认，而且异位起搏点均位于房室束以上，故统称阵发性室上性心动过速。

1. 阵发性室上性心动过速

（1）心电图特征　①连续出现 3 个及以上快速匀齐的 QRS 波群，形态和时限正常，当伴有束支传导阻滞或因差异传导时可增宽变形。② P′ 波往往不易辨认。③发作时心率为 160 ～ 250 次 / 分，节律绝对规则。④常伴有 ST-T 段的改变（图 7-45）。

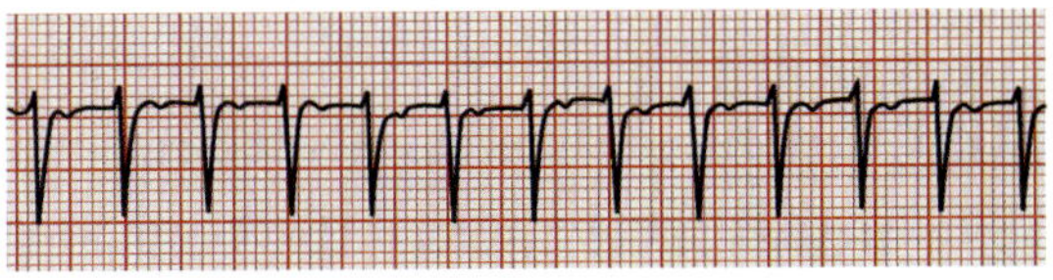

图 7-45　阵发性室上性心动过速

（2）病因　常见于无明显器质性心脏病的儿童和青年人；也可见于风湿性心瓣膜病、冠状动脉粥样硬化性心脏病，特别是急性心肌梗死的患者；还可见于肺源性心脏病、心肌炎、心肌病等；也可发生于电解质紊乱和洋地黄中毒等。

2. 阵发性室性心动过速

（1）心电图特征　①连续出现 3 个及以上宽大、畸形的 QRS 波群，QRS 时限常大于 0.12 秒。②心率为 140 ～ 200 次 / 分，节律可稍不规则。③一般无 P 波，如发现 P 波，其频率慢于 QRS 波频率，且 PR 间期不固定，形成房室分离，可明确诊断。④偶见心房激动夺获心室或发生室性融合波，也可诊断（图 7-46）。

（2）病因　多见于严重的器质性心脏病患者，尤其是急性心肌梗死；也可见于心肌病、心肌炎和风湿性心瓣膜病、药物作用等；少数见于正常人。

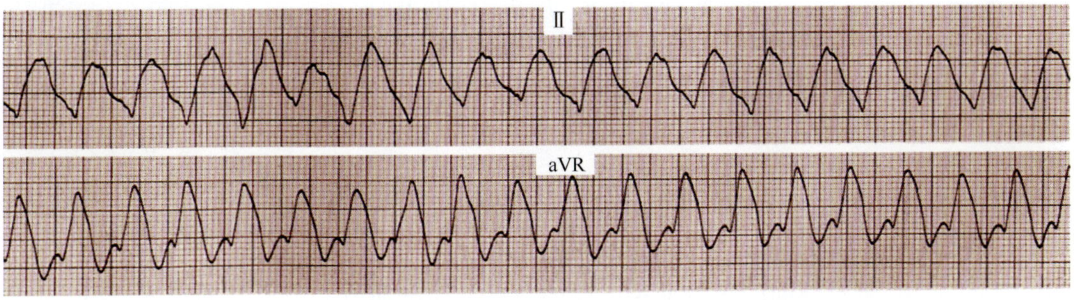

图 7-46　阵发性室性心动过速

（四）扑动与颤动

扑动与颤动可发生于心房或者心室。当心肌的兴奋性增高，不应期缩短，同时伴有一定的传导障碍，即在心房或心室内形成环形激动或多发微折返激动时，心房或心室一部分心肌连续地进行除极及复极活动，形成扑动或颤动。扑动是一种快速匀齐的节律，颤动是一种快速、细小而零乱的节律，两者之间可相互转化。

1. 心房扑动　与心房内大折返激动有关。心电图特征：①正常P波消失，代之连续的锯齿状扑动波（F波），多数在Ⅱ、Ⅲ、aVF导联上清晰可见，F波间无等电位线，波幅大小一致，频率250～350次/分，节律匀齐。②房室传导比例多为2∶1、3∶1、4∶1，心室律规则（若传导比例不固定，此时心室律可不规则）。③QRS波群形态和时限正常（图7-47）。

2. 心房颤动　是临床上很常见的心律失常。心电图特征：①正常P波消失，代以大小不等、形状各异的颤动波（f波），通常以V_1导联最明显；房颤波的频率为350～600次/分。②RR间距绝对不等，但合并完全性房室传导阻滞时，心室律变为慢而匀齐。③QRS波群形态和时限正常，当出现室内差异性传导时可见QRS波群增宽（图7-48）。

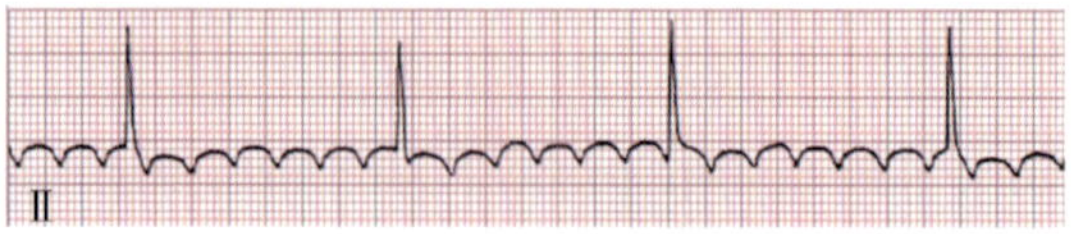

图7-47　心房扑动

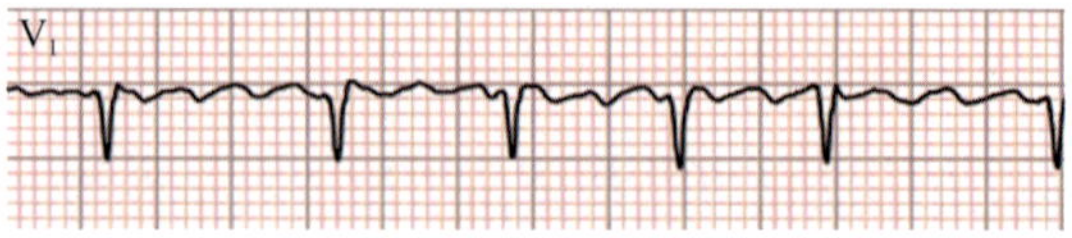

图7-48　心房颤动

心房扑动和心房颤动可使心排血量下降而影响心功能，主要见于器质性心脏病如风湿性心脏病二尖瓣狭窄、冠心病、甲状腺功能亢进等。

3. 心室扑动　是心室肌产生环形激动的结果。心电图特征是无正常P-QRS-T波，代之以连续快速而相对规则的大振幅波动，频率为200～250次/分（图7-49），心脏失去排血功能。心室扑动常不能持久，若不能很快恢复，则转为心室颤动而导致死亡。

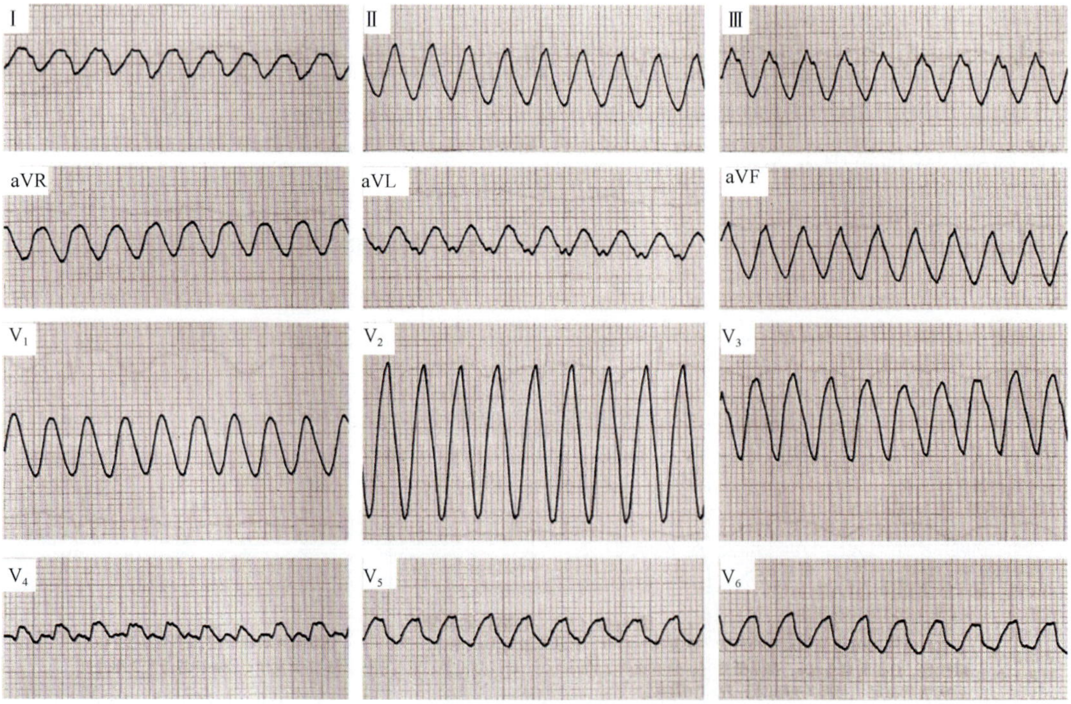

图7-49　心室扑动

4. 心室颤动　是心脏停搏前的短暂征象，或因急性心肌缺血或心电紊乱而发生。由于心脏出现多灶性局部兴奋，以致完全失去排血功能。心电图上 P-QRS-T 波完全消失，出现大小不等、极不匀齐的低小波，频率为 200 ～ 500 次 / 分（图 7-50）。

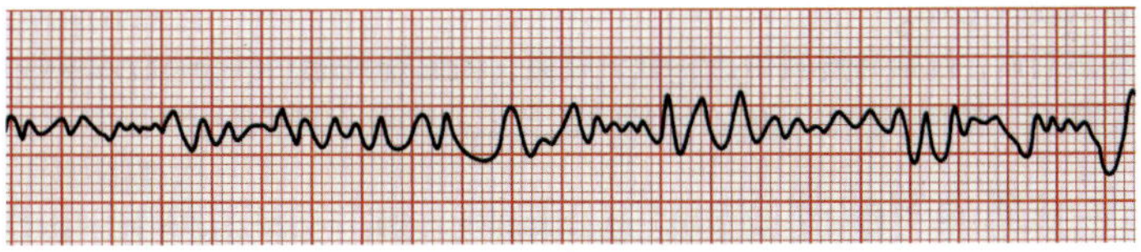

图 7-50　心室颤动

心室的扑动与颤动使心室完全失去排血功能，是极严重的致死性心律失常，应立即抢救。心室颤动时，心室完全失去收缩能力，相当于心室停搏，患者迅速出现意识丧失、呼吸停止、心音及大动脉搏动消失、血压测不到，多见于严重的心肺功能障碍、药物中毒、电解质紊乱、各种疾病的终末期等。

（五）房室传导阻滞

房室传导阻滞是指激动自心房向心室传导的过程中发生障碍，造成房室传导迟缓或阻断，是最常见的一种心脏传导障碍。其阻滞部位可发生在房室结、希氏束以及束支。房室阻滞可以是一过性、间歇性或持久性的。持久性房室阻滞一般是器质性病变或损伤所致。按阻滞的程度可分为一度、二度、三度房室传导阻滞。

1. 一度房室传导阻滞　由于房室交界区的相对不应期延长，引起房室传导时间延长，但每次心房激动都能下传至心室。心电图特征：①成人 PR 间期＞ 0.20 秒（老年人 PR 间期＞ 0.22 秒）。②每个 P 波之后有一个相关的 QRS 波群，无 QRS 波群脱落现象。③或对比 2 次检测结果，心率没有明显改变而 PR 间期延长超过 0.04 秒（图 7-51）。

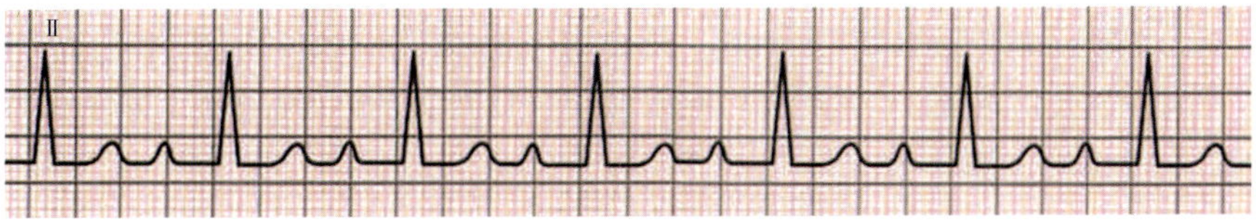

图 7-51　一度房室传导阻滞

2. 二度房室传导阻滞　主要表现为部分 P 波后 QRS 波群脱漏，分为两种类型。①二度Ⅰ型房室传导阻滞：亦称莫氏Ⅰ型。心电图特征为 P 波规律出现，PR 间期逐渐延长，直至 P 波不能传入心室，发生心室漏搏一次，脱漏一个 QRS 波群；心室漏搏后房室阻滞得到一定程度改善，PR 间期又趋于缩短，以后又逐渐延长，这种周而复始的 PR 间期延长现象称为文氏现象。PR 间期逐渐延长时，通常每次延长的绝对值均递减，因此出现了 RR 间隔逐渐缩短的规律性变化；通常以 P 波数与 P 波下传数的比例来表示房室阻滞的程度，如 4 个 P 波有 3 个下传心室，有 1 个 P 波不能下传可表示为 4 ∶ 3 传导（图 7-52）。②二度Ⅱ型房室传导阻滞：亦称莫氏Ⅱ型。心电图特征为 P 波规则出现，PR 间期固定（正常或延长），部分 P 波后 QRS 波群脱漏，传导比例可为 5 ∶ 4、4 ∶ 3、3 ∶ 2、2 ∶ 1 等（图 7-53）。连续出现 2 次或 2 次以上的 QRS 波群脱漏者（例如，呈 3 ∶ 1、4 ∶ 1 传导的房室阻滞）称为高度传导阻滞（图 7-54）。

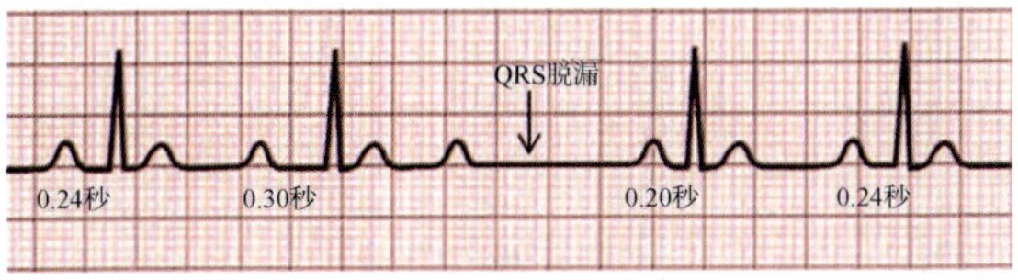

图 7-52　二度房室传导阻滞（Ⅰ型）

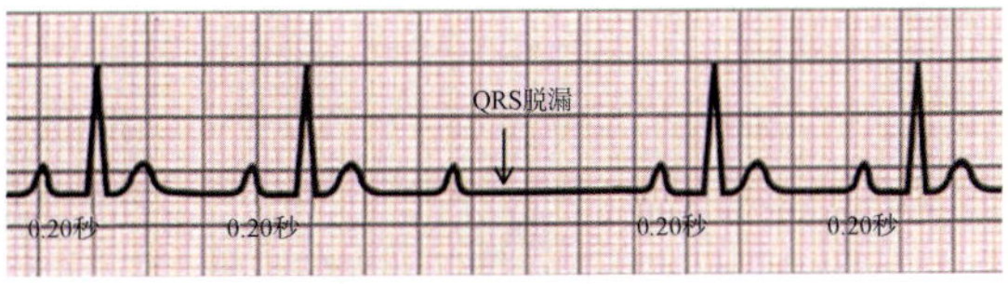

图 7-53　二度房室传导阻滞（Ⅱ型）

二度Ⅰ型房室传导阻滞较Ⅱ型和高度房室传导阻滞常见。Ⅰ型多为功能性或病变位于房室结或希氏束的近端，预后较好。Ⅱ型多属器质性损害，病变大多位于希氏束的远端或束支部位，易发展为完全性房室传导阻滞，预后较差。

3. 三度房室传导阻滞　又称完全房室传导阻滞。来自房室交界区以上的激动完全不能下传至心室，在阻滞部位以下的潜在起搏点就会发起激动，出现交界性逸搏节律（QRS波群形态正常，频率常在40～60次/分）或室性逸搏心律（QRS波群呈宽大畸形，频率常在20～40次/分以下）。出现交界性逸搏心律提示阻滞部位较高；如为室性逸搏心律，提示发生阻滞部位较低。异位起搏点位置越低，稳定性越差，危险性越高。心电图的特征为：P波、QRS波群分别规律出现，两者之间无固定关系（PR间期不固定），心房率快于心室率（图7-55）。

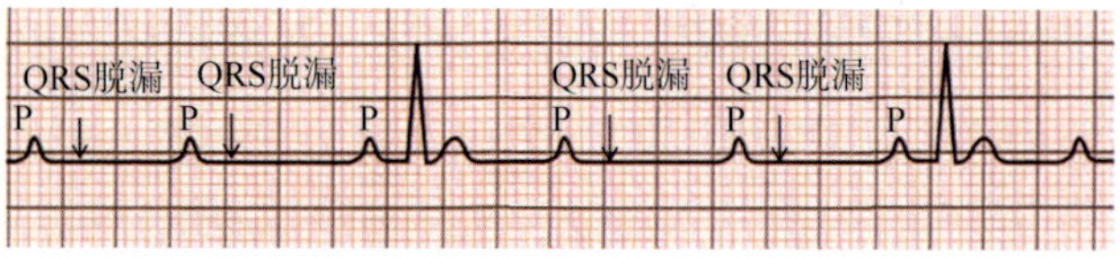

图7-54　高度房室传导阻滞

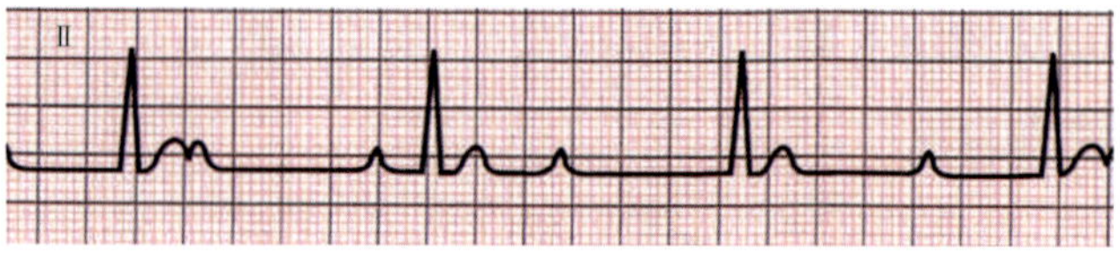

图7-55　三度房室传导阻滞

一般情况下，一度或二度Ⅰ型房室传导阻滞与迷走神经张力增高有关，可见于正常人。二度Ⅱ型或三度房室传导阻滞多见于病理情况，如心肌病变、急性心肌梗死、冠心病、药物中毒及传导系统退行性病变等。

（六）预激综合征

预激综合征属传导途径异常，是指在正常的房室结传导途径之外，心脏激动沿房室环周围还存在附加的房室传导束（旁路）提前到达心室，使部分（或全部）心室肌提前激动。预激综合征有以下类型。

1. WPW综合征　又称经典型预激综合征，其心电图特征为：①PR间期缩短＜0.12秒。②QRS波增宽≥0.12秒。③QRS波起始部有预激波（delta波）。④PJ间期一般正常。⑤伴有继发性ST-T改变，T波方向与delta波方向相反（图7-56）。

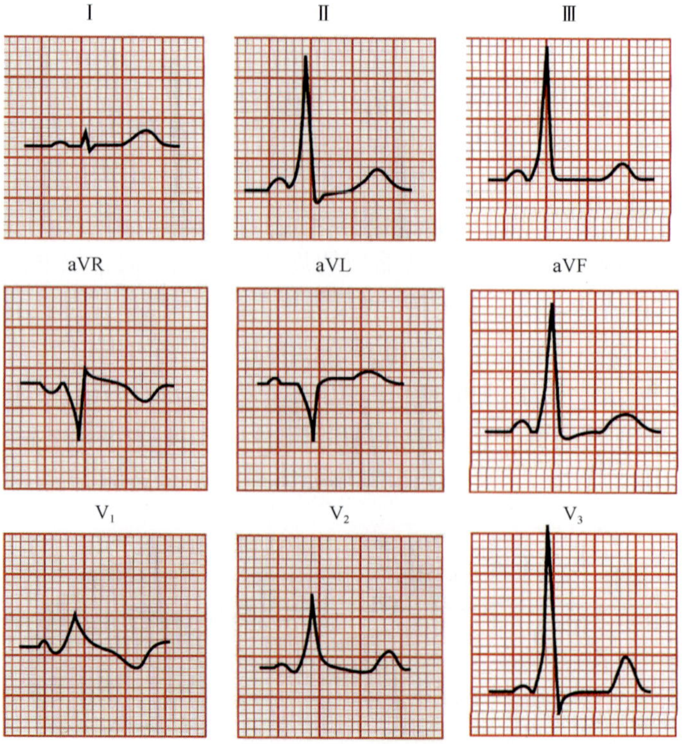

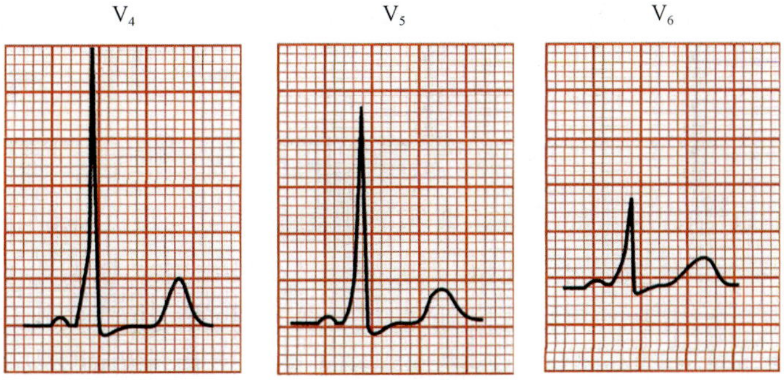

图 7-56　WPW 综合征（A 型）

根据预激波及 QRS 波方向不同可分为三型。A 型：预激部位在左室或右室后底部，V_1 ～ V_6 主波均向上。B 型：预激部位在右室前侧壁，V_1 ～ V_2 导联主波向下，V_5 ～ V_6 导联主波向上。C 型：预激部位在左室外侧壁，V_1 ～ V_2 导联主波向上，V_5 ～ V_6 导联主波向下。

2. LGL 综合征　又称短 P-R 综合征。心电图上表现为 P-R 间期＜ 0.12 秒，但 QRS 起始部无预激波。

第 4 节　心电图的分析方法与临床应用

一、心电图的分析方法

1. 检查心电图的描记质量　确认走纸速度和定标电压，检查各导联是否均已正确描记并准确标记，判断有无伪差和干扰等。

2. 确定主导心律　寻找并分析 P 波，根据其形态特征及出现的规律确定主导心律是否为窦性。若不是窦性，则进一步分析是何种异位心律。

3. 计算心率　确定心律是否规则，然后测量 PP 间期或 RR 间期，计算出心房率或心室率。

4. 判断心电轴和有无钟向转位　通过目测法判断心电轴的偏移情况；分析过渡波形在心前区导联出现的位置，判断有无钟向转位及其类型。

5. 测量分析心电图各波段　包括：① P 波的形态、方向、振幅和时间有无异常。②各导联 QRS 波群形态、时间、振幅，有无异常 Q 波及其出现的导联。③ ST 段有无移位、移位的程度、形态及出现的导联。④ T 波的形态、方向、振幅及其与 QRS 的关系。⑤ u 波的方向与振幅。

6. 测量 PR 间期和 QT 间期　一般选择有 P 波的导联如Ⅱ或 V_1 进行测量。PR 间期不固定者选最短的 PR 间期为参照标准。PR 间期及 QT 间期要参考年龄和心率进行分析。

7. 得出结论　在得出结论时，至少从心律、传导、房室肥大和心肌 4 个方面考虑心电图有无异常，然后结合临床资料，做出明确的心电图诊断。

二、心电图的临床应用

随着心电图学的研究进展及其广泛应用，其对临床某些疾病的诊断和治疗起到了越来越重要的作用。

1. 对各种心律失常和传导障碍具有决定性的诊断价值。

2. 为心肌梗死的定性、定位诊断提供可靠依据，对其动态演变过程观察有实用价值。

3. 对房室肥大、心肌炎、心包炎、电解质紊乱、洋地黄或奎尼丁药物中毒可提供诊断依据。

4. 对急慢性肺源性心脏病、慢性冠状动脉供血不足等疾病有一定的辅助诊断价值。

值得注意的是，心电图并不能反映心脏功能状态及瓣膜情况；某些较轻的心脏病或疾病早期，心电图并无异常，故正常的心电图并不能排除心脏病变的存在；心电图的某些改变并无特异性，同样的心电图改变可见于不同的心脏疾病，应结合临床资料综合判断。

第5节 心电监护

一、心电监护的方法

心电监护是监测心脏电活动的一种手段。普通心电图只能简单观察描记心电图当时短暂的心电活动情况。心电监护是通过显示屏连续观察监测心脏电活动情况的一种无创的监测方法，可适时观察病情，提供可靠的有价值的心电活动指标，并指导实时处理。在了解心电图的基础上学习和掌握心电监护基础知识，对拓展延伸护理学科知识及技能、全面提高护士素质，具有重要意义。

（一）心电监护的种类

目前在临床应用比较广泛的心电监护仪有床边心电监测仪、中央心电监测系统和无线遥控心电图监测仪 3 种。

1. 床边心电监测仪　通过导联线直接从人体表面引入心电信号并在显示器上显示，设备简单，但不适用于大量患者使用，医护人员只能到床边进行心电观察，见图 7-57。

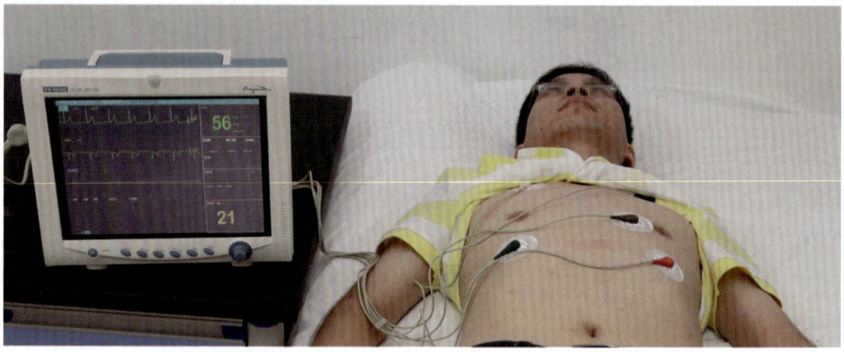

图 7-57　床旁心电监护仪

2. 中央心电监测系统　是目前各医院 ICU/CCU 内配备的一种心电监护设备，由一台中央监测仪和 4～8 台床边监测仪组成。床边监测仪分别置于不同患者床边，其电信号通过导线遥控输入中央监测仪，中央监测仪一般放置在医生办公室或者护士站，可同时分别显示不同监测仪的心电信号。

3. 无线遥控心电监测仪　通过给患者佩戴无线电发射器，将患者心电活动信号发射到心电监测仪的无线电遥控器上。因不需要导线与心电监测仪相连，患者可在一定遥控距离（30～100m）内自由活动。

（二）常用心电监护导联连接方法

监护导联又称监测导联，其电极安放位置应避开心脏听诊及必要治疗位置。临床上有 3 导联和 5 导联心电导线的心电监护仪，其连接方法见表 7-5 和图 7-58。

表 7-5　心电监护导联连接方法

导联符号	位置
RA（右上）	右锁骨中线锁骨下
LA（左上）	左锁骨中线锁骨下
C（中间）	胸骨左缘第 4 肋间
RL（右下）	右锁骨中线肋缘下
LL（左下）	左锁骨中线肋缘下

3 导联心电导线颜色标记为红、黄、绿或白、黑、红，连接导联为 RA、LA 和 LL，此连接方式只能获得Ⅰ、Ⅱ、Ⅲ导联心电图。5 导联心电导线颜色标记为白、黑、红、绿、棕，连接导联为 RA、LA、RL、LL 和 C，此连接方式可获得Ⅰ、Ⅱ、Ⅲ、aVR、aVL、aVF 和一个胸导联心电图。因目前对于心电监测心电图波形缺乏统一的参数标准，所以任何心电监测导联都不能取代常规 12 导联心电图，但不同心电监测导联其临床监测目的有所区别。

（三）心电监护仪的操作流程

1. 物品准备　心电监护仪、心电血压插件连接导线、电极片、75% 乙醇或生理盐水棉球、配套的血压袖带、血氧饱和度监测仪红外线探头，必要时准备备皮包。

2. 连接设备　连接心电监护仪电源，打开主开关；患者取平卧位或半卧位，用 75% 乙醇或生理盐水擦拭患者胸部贴电极处皮肤；按表 7-5 所示将电极片正确安放于相应位置上；连接心电导联线，屏幕上心电示波出现；将袖带绑在肘窝上两横指处；将血氧饱和度监测仪红外线探头固定在患者指（趾）端，感应区对准指（趾）甲。

3. 调试参数　主机显示屏上选择合适导联调节到标准心电图波形振幅，根据患者心率、血压等调节报警上、下限。

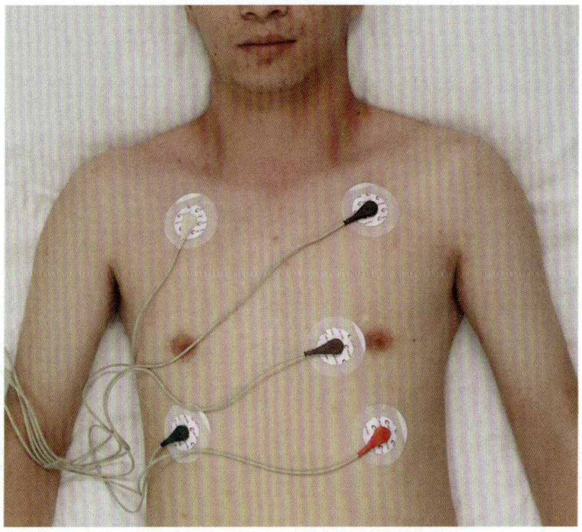

图 7-58　心电监护导联连接方法

（四）心电监护的图像分析

1. 按照心电图的正常范围值对照心电监护图像首先做出大致判断，判断心电图图像是否正常。

2. 观察心率、心律，分析各波段形态、振幅、时间等，确定有无心律失常。

3. 密切监测有无心室颤动、心室扑动、三度房室传导阻滞等致命性心律失常的发生。

4. 观察有无 ST 段及 T 波改变，及时发现心肌缺血、低血钾、高血钾、洋地黄中毒等情况。

5. 注意观察有无异常 Q 波，及时发现急性心肌梗死等。

6. 注意鉴别干扰，如基线不稳、肌肉震颤引起各波段均有毛刺状颤动波等。

二、心电监护的临床应用

1. 各种急危重症监护　急性心肌梗死、心肌炎、心肌病、心力衰竭、休克、多器官功能衰竭等；对接受了某些有心肌毒性或影响心脏传导系统药物治疗的患者，亦应进行心电监护。

2. 心律失常高危患者　许多疾病在疾病发展过程中可发生致命性心律失常。心电监护是发现严重心律失常、预防猝死和指导治疗的重要方法。

3. 心肺复苏　心肺复苏过程中的心电监护有助于分析心搏骤停的原因和指导治疗（如除颤）等；可及时发现心律失常；复苏成功后应监测心律、心率变化，直至稳定为止。

4. 某些诊断、治疗操作　如气管插管、心导管检查、心包穿刺、安装心脏起搏器时，均可发生心律失常，导致猝死，必须进行心电监护。

5. 麻醉、大手术、电解质紊乱患者的监测。

目标检测

A_1/A_2 型题

1. 心脏的电冲动起源于（　　）
   A. 窦房结　B. 房室结　C. 房室束　D. 室间隔　E. 希氏束

2. 正常人心电轴的范围为（　　）
   A. 0° ～ 30°　B. 0° ～ 90°

C. –30° ～ +90° D. +90° ～ +110°
E. ＞ +110°

3. 患者男，70 岁。慢性咳嗽、咳痰 20 余年，近 5 年出现气促，偶尔双下肢水肿。心电图检查示 P 波高尖，电压超过 0.25mV。患者可能发生了（ ）
A. 左心房肥大 B. 右心房肥大
C. 右心室肥大 D. 左心室肥大
E. 双侧心房肥大

4. 患者女，56 岁，诊断为急性心肌梗死，其心电图表现为巨大高耸 T 波，随后出现 ST 段及缺血型 T 波改变，该患者可能处于心肌梗死的（ ）
A. 超急性期 B. 急性期
C. 近期 D. 陈旧期
E. 亚急性期

5. 患者女，19 岁，上呼吸道感染后 2 周出现心悸、心前区不适和胸闷，心电图检查为窦性心律，心率 108 次 / 分，PR 间期 0.22 秒，可能诊断为（ ）
A. 窦性心动过速
B. 窦性心律不齐
C. 一度房室传导阻滞
D. 窦性心动过速合并一度房室传导阻滞
E. 二度房室传导阻滞

6. 患者女，66 岁，一个月来胸闷伴头晕，有一过性黑矇现象，近一周来晕厥 3 次，行心电图检查：P 波频率为 73 次 / 分，R 波频率为 38 次 / 分，呈宽大畸形，时间为 0.16 秒，P 波与 QRS 波无关，最可能的诊断为（ ）
A. 心房纤颤
B. 一度房室传导阻滞
C. 二度Ⅰ型房室传导阻滞
D. 二度Ⅱ型房室传导阻滞
E. 三度房室传导阻滞

7. 患者女，45 岁，近日来工作劳累，睡眠差，时感胸闷、心悸。近来月经开始失去原有周期规律。心电图检查结果如图所示，请作出心电图诊断（ ）

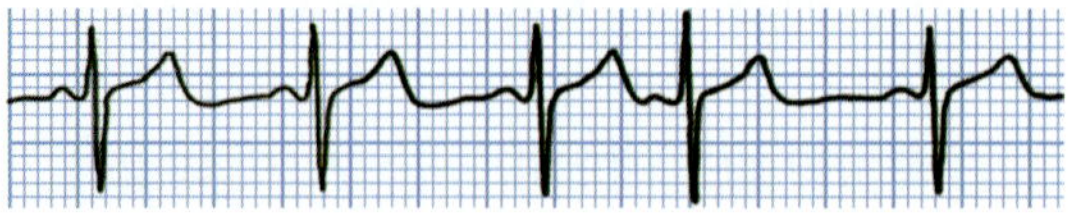

A. 室性期前收缩 B. 房性期前收缩
C. 交界性期前收缩 D. 心肌损害
E. 窦性心律不齐

8. 患者男，32 岁。突发心悸，心电图示心率 180 次 / 分，QRS 波时间 0.10 秒，RR 间期绝对整齐，P′ 波不易辨认，应考虑为（ ）
A. 房室交界性逸搏节律
B. 阵发性室上性心动过速
C. 阵发性室性心动过速
D. 窦性心动过速
E. 心房扑动

9. 患者女，20 岁。期末考试前出现睡眠较少、心悸。以往体健。心电图检查结果如图所示，请作出心电图诊断（ ）

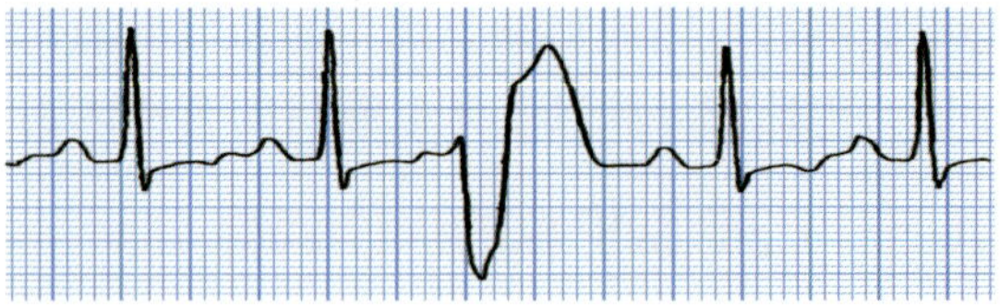

A. 窦性心律不齐 B. 室性期前收缩
C. 房性期前收缩 D. 房室交界性期前收缩
E. 室内差异传导

10. 患者男，60 岁。突发心前区疼痛半小时，难以忍受，伴有胸闷、憋气就诊。既往有胃溃疡 15 年。经检查诊断为前间壁心肌梗死，特征性心电图变化出现在（ ）
A. V_1 ～ V_4 导联
B. V_1 ～ V_3 导联
C. V_3 ～ V_5 导联
D. V_6、Ⅰ、aVL 导联
E. V_1 ～ V_6 及Ⅰ、aVL 导联

11. 患者男，肺癌晚期，突然出现意识丧失，心电图的基本图形及等电位线消失，QRS-T 波被波形一致且宽大整齐的大正弦波替代，频率 200 ～ 250 次 / 分，应考虑（ ）
A. 心房颤动 B. 心房扑动
C. 心室扑动 D. 心室颤动
E. 心搏骤停

12. 患者男，60 岁。慢性肺源性心脏病 5 年，心电图诊断为心房颤动。心房颤动的心电图特征是（ ）
A. P 波消失，出现 f 波，房率 350 ～ 600 次 / 分
B. P 波消失，出现 f 波，房率 200 ～ 500 次 / 分
C. P 波消失，出现 F 波，房率 250 ～ 350 次分
D. 心室律绝对规则
E. QRS 波形态和时限不正常

13. 患者男，65 岁，因咳嗽、咳痰 5 天就诊，行心电图检查提示：RR 间距为 3 个大格。该患者的心率为（ ）
A. 60 次 / 分 B. 70 次 / 分
C. 80 次 / 分 D. 90 次 / 分
E. 100 次 / 分

14. 患者男，56 岁。突然感到心悸，胸闷，心率 170 次 / 分，心尖部第一心音强弱不等，心电图提示 P 波与 QRS 波无关，房率慢于室率，QRS 时间 0.12 秒，可见室性融合波。心电图诊断是（ ）
A. 窦性心动过速
B. 心室颤动
C. 阵发性室上性心动过速
D. 阵发性室性心动过速
E. 心房颤动

15. 患者男，60 岁，近日来胸闷、呼吸困难，心电图检

查示 PR 间期固定，PR 间期 0.22 秒，部分 P 波后无 QRS-T 波群，P 波频率为 75 次 / 分，最可能的诊断为（　　）

A. 一度房室传导阻滞
B. 二度Ⅰ型房室传导阻滞
C. 二度Ⅱ型房室传导阻滞
D. 三度房室传导阻滞
E. 预激综合征

16. 患者男，43 岁，体检时行心电图检查示：心率 62 次 / 分，额面心电轴为 –25°，V_5 导联 R 波振幅 3.0mV，T 波呈双向伴 ST 段压低 0.10mV，该心电图诊断为（　　）

A. 正常心电图　　B. 左心室肥大
C. 右心室肥大　　D. 双心室肥大
E. 左心房肥大

A_3/A_4 型题

（17、18 题共用题干）

患者男，65 岁。因反复阵发性胸痛 5 天就诊。医生接诊后，考虑不排除心绞痛，安排值班护士给予心电图检查。

17. 常规胸导联包括（　　）

A. Ⅰ、Ⅱ、Ⅲ导联　　B. $V_1 \sim V_6$ 导联
C. $V_7 \sim V_9$ 导联　　D. $V_{3R} \sim V_{5R}$
E. aVR、aVL、aVF

18. 心电图检查对下列疾病诊断价值最小的是（　　）

A. 急性心肌梗死　　B. 心律失常
C. 心房肥大　　D. 慢性心肌缺血
E. 心功能不全

（19、20 题共用题干）

患者女，22 岁，学生，既往体健。健康体检做心电图检查发现 1 个宽大畸形的 QRS 波群。

19. 此宽大畸形的 QRS 波群为（　　）

A. 室性期前收缩　　B. 房性期前收缩
C. 交界性期前收缩　　D. 室性期前收缩二联律
E. 室性期前收缩三联律

20. 该患者出现宽大畸形的 QRS 波群的原因可能是（　　）

A. 高血压　　B. 冠心病
C. 急性心肌梗死　　D. 心肌病
E. 正常

（庞珊珊）

第8章 医学影像学检查

案例 8-1

患者男，65 岁。间断咳嗽、咳痰 5 年，加重伴咯血 2 个月入院。患者于 5 年前受凉后低热、咳嗽、咳白色黏液痰，给予抗生素及祛痰治疗无效，体重逐渐下降。2 个月前咳嗽加重，少量咯血伴低热、盗汗、胸闷、乏力。查体：T37.5℃，P96 次 / 分，R22 次 / 分，BP130/80mmHg。化验：血 Hb 115g/L，WBC 4.5×10^9/L，N 54%，L44%，PLT 220×10^9/L，ESR 35mm/h。

问题：1. 患者行 X 线检查前需做哪些准备？

2. 针对 X 线辐射的有害性，护士应如何对患者进行健康指导？

医学影像学是以影像方式显示人体内部结构的形态与功能信息及实施以影像导向的介入性治疗的科学。目前，医学影像学从传统的放射诊断学发展成具有超声成像、计算机体层成像、磁共振成像、核素检查、介入放射学等诸多门类的学科，在临床医疗工作中发挥着重要的作用。

第 1 节 X 线检查

1895 年，德国物理学家伦琴发现 X 线，X 线很快就被应用于医学领域并逐步形成放射诊断学，奠定了医学影像学的基础。X 线检查是医学影像学中最常用的一种方法，护理专业人员应熟悉 X 线的特性、检查前准备和检查方法，了解各类基本病变的 X 线表现特点。

一、X 线的特性及其成像原理

（一）X 线的特性

X 线是由真空管内高速运行的自由电子束撞击某一特定物质后被突然阻止所产生的一种波长很短的电磁波。X 线的特性包括以下几个方面。

1. 穿透性　因 X 线的波长很短（用于诊断的 X 线波长为 0.008 ～ 0.031nm），光子能量很大，所以具有很强的穿透性，能穿透一般可见光所不能穿透的物体，包括人体，其穿透力与被穿透物质的密度和厚度相关。穿透性是 X 线成像的基础。

2. 荧光效应　X 线作用于某些化学物质如钨酸钙、硫化锌镉等时，能使波长很短的 X 线转换成波长较长的可见荧光，这种转换称为荧光效应。荧光效应是 X 线透视检查的基础。

3. 感光效应　X 线能使多种物质发生光化学反应。当 X 线照射涂有溴化银的胶片时，可使银离子释放出来，感光而形成潜影，经显影和定影处理后，银离子被还原成金属银，并沉积于胶片的胶膜内，在胶片上呈黑色。未感光的溴化银在定影和冲洗过程中被清除，显示出胶片透明本色。感光效应是 X 线摄片的基础。

4. 电离效应　X 线通过任何物质时，均可使之电离，即产生电离效应。X 线通过空气时，空气的电离程度与空气所吸收的 X 线量成正比，此为 X 线安全剂量测定的基础。

机体受到 X 线照射时，同样会产生电离作用，引起体液和组织细胞发生一系列生物化学变化，使组织细胞的生长受到抑制或破坏，即生物学效应。其损害程度与受 X 线照射的量和照射时间的长短相关。微量照射不产生明显的影响，但达到一定剂量时可引起明显改变，而且具有累积性，过量照射则导致严重的不可恢复的损伤，这是 X 线放射治疗的基础。

（二）X 线成像的基本原理

1. 自然对比　X 线能使人体组织在荧光屏或胶片上成像是基于以下两个基本条件：首先，X 线具有穿透性、荧光效应和感光效应等特性。其次，人体组织结构之间存在着密度和厚度的差异。当 X 线穿透人体不同组织结构时，密度高、组织厚的部分吸收的 X 线量多；密度低、组织薄的部分吸收的 X 线量少；到达荧光屏或胶片上的 X 线量便出现差异，因而形成明亮或者黑白不同的影像，这种利用人体组织器官自然存在的密度差从而形成对比的影像称为自然对比（表 8-1）。

表 8-1　人体组织密度与 X 线影像的关系

人体组织结构	密度	X 线影像	
		透视	摄片
骨骼、钙化组织	高	暗	白
软组织、体液	中	较暗	灰白
脂肪组织	较低	较亮	灰黑
含气组织	低	亮	黑

2. 人工对比　人体内许多组织或器官由于密度差异小、相互重叠或厚度相近等因素导致不能形成自然对比，如腹腔各脏器、肌肉、软骨、血管等。此时，可人为地将高密度或低密度物质引入组织器官内部或其周围，造成密度差异，使之产生明显对比而显示解剖结构，称为人工对比。这种检查方法称为造影检查，引入的对比剂称为造影剂。人工对比可使用阳性对比剂即高密度物质如钡剂、碘剂，阴性对比剂即低密度物质如空气等，亦可两者同时使用如消化道气钡双重造影。

二、X 线检查方法及防护

（一）X 线检查方法

1. 普通检查　包括荧光透视和 X 线摄片。方法简单易行，应用最广泛，是 X 线诊断的基本方法。

（1）荧光透视　简称透视。是利用荧光效应对被检查部位进行直接观察的 X 线检查方法，胸部透视已很少应用，现多用于胃肠道钡餐检查。也是临床最常用的 X 线检查方法。其优点为：①操作方便，可通过转动患者体位，改变方向来观察。②可了解器官的功能状态如心脏、大血管搏动，胃肠蠕动等。③费用较低。④能较快得出结论。缺点为：①对比度和清晰度不高，细微结构不易显示。②不能留有图像记录，不利于复查对比。③接受 X 线照射时间较长，机体发生损害可能性较大。常用于胸部如肺、胸膜、心脏、膈肌病变的检查，也可用于四肢骨折、软组织异物、膈下游离气体的观察等。

（2）X 线摄片　简称摄片。是利用感光效应使被检查部位在胶片上形成影像的一种检查方法，也是临床应用最广泛的检查方法，常用于胸部、腹部、头颅、骨盆及脊椎的检查。其优点是影像对比度和清晰度较好，可作为客观记录保存，便于分析对比、集体讨论和复查比较，接受 X 线照射时间短，机体发生损害可能性小。缺点是检查范围受胶片大小限制，是单方位、瞬时影像，难以了解动态功能的改变，操作较复杂，费用较高且不能立即得出结论。

2. 特殊检查　包括软线摄影、放大摄影、体层摄影及荧光摄影等。随着计算机体层成像和磁共振成像的广泛运用，除软线摄影外，其余特殊检查在临床中的运用越来越少。软线摄影是指采用能发射软X线，即长波长的钼靶X线管的检查技术，主要用于乳腺检查。

3. 造影检查　是将造影剂引入器官内或其周围间隙，产生人工对比，借以成像。

（1）造影剂　按密度高低分为两类。①高密度造影剂：包括钡剂、碘剂。钡剂为医用硫酸钡粉末，加入水和胶，配成不同浓度的混悬液，多用于消化道造影。碘剂分为有机碘和无机碘，无机碘已基本不用。水溶性有机碘多用于心血管造影、胆道造影和静脉尿路造影等，碘剂能引起毒性反应，故应用时要注意。②低密度造影剂：包括氧气、空气和二氧化碳，用于腹腔、关节腔、脑室造影等。现已少用。

（2）造影方法　根据造影剂引入机体途径不同，将造影检查方法分为两种。①直接引入法：包括口服法、灌注法、穿刺注入法，是通过人体自然孔道、窦道或体表穿刺等途径将造影剂注入人体内的造影方法，如胃肠、支气管、子宫、输卵管造影等。②间接引入法：将造影剂经口服或静脉注射等方式引入体内后，利用造影剂具有选择性地经某一器官排泄或聚积、浓缩的特点，从而使该器官显影的方法，如口服胆囊造影、静脉肾盂造影等。

（二）X线检查的防护

X线穿透人体将产生一定的生物效应。若接触的X线量过多，超过容许曝射量，就可能产生放射反应，甚至产生一定程度的放射损害。因此，要控制X线检查中的曝射量并采取有效的防护措施，安全合理地使用X线检查，尽可能避免不必要的X线曝射，保护患者和工作人员的健康。

1. 屏蔽防护　使用原子序数较高的物质，常用铅或含铅的物质作为屏蔽。

2. 距离防护　利用X线曝射量与距离平方成反比这一原理，通过增加X线源与人体间距离以减少曝射量。

3. 患者的防护　应选择恰当的X线检查方法，设计正确的检查程序。控制检查次数，每次X线检查的曝射次数不宜过多，也不宜在短期内做多次重复检查。在投射时，应当注意投照位置、范围及曝射条件的准确性。对照射野相邻的性腺，应用铅橡皮加以遮盖。

4. 工作人员的防护　应遵照国家有关放射防护卫生标准的规定，制定必要的防护措施，正确进行X线检查的操作，认真执行保健条例，定期监测射线工作者所接受的剂量。注意加强自我保护。

三、X线检查的临床应用

X线检查是影像诊断学的一个主要组成部分。具有成像清晰、经济、简便等优点，尤其在骨关节、胃肠道疾病的影像学检查中起着重要作用，并不能被其他先进的影像检查技术如CT、MRI完全取代。因此，X线诊断仍然是影像诊断中最常用和最基本的方法。

（一）呼吸系统

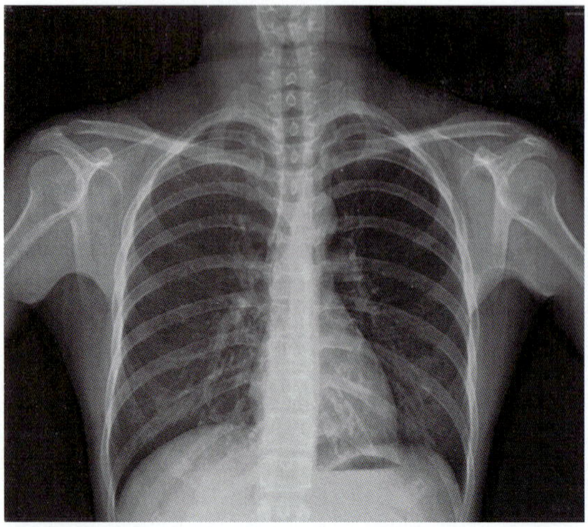

图8-1　正常男性胸部后前位X线

1. 正常X线表现

（1）胸廓　由软组织（包括皮肤、脂肪和肌肉）和骨骼组成。正常胸部X线影像是胸腔内、外各种组织、器官相互重叠的综合投影（图8-1）。

1）胸壁软组织：①胸锁乳突肌及锁骨上皮肤皱襞：胸锁乳突肌在两肺尖内侧与颈根部软组织形成外缘锐利、均匀致密的影像。锁骨上皮肤皱襞为与锁骨上缘平行的薄层软组织影，是锁骨上皮肤和皮下组织的投影，宽度为3～5mm，与胸锁乳突肌影相连。当锁骨上窝淋巴结肿大或有肿块时，该阴影模糊或消失。②胸大肌：两侧胸大肌影重叠于两肺中野外带，呈均匀致密的扇形影，下缘锐利，呈一斜线与腋前皮肤皱襞相连续，一般右侧较明显，常见于胸大肌发达的男性。③乳房及乳头：女性乳房重叠于两肺下野，形成下缘清楚、上缘不清且密度逐渐变淡的半圆形致密影，其下缘向外与腋部皮肤续连。乳头在两肺下野相当于第 5 前肋间处，呈边缘清楚的小圆形致密影，两侧对称，多见于年龄较大、较瘦的妇女，也可见于男性。其阴影若一侧较明显，则易被误诊为肺内结节性病灶，必要时可透视下转动体位以确诊。

2）骨骼：①胸椎，胸椎的横突可突出于纵隔影之外，与肺门重叠时应与肿大淋巴结相鉴别。②肋骨，起于胸椎两侧，后段呈水平向外走行，前段自外上向内下斜行。同一肋骨前后端不在同一水平，一般第 6 肋骨前端相当于第 10 肋骨后端的高度。由于肋软骨不显影，因此 X 线平片上肋骨前段游离，成人肋骨钙化，表现为断续的片状、条状或颗粒状钙化影，易误诊为肺内病变。肋骨有多种先天变异，如颈肋、杈状肋以及肋骨联合。③胸骨，胸骨由胸骨柄、胸骨体及剑突构成。正位 X 线胸片上，胸骨与纵隔影重叠，仅胸骨柄两侧外上角可突出于纵隔影之外，易误诊认为骨质破坏。④锁骨，两侧胸锁关节至中线距离应相等，否则为投照位置不正。锁骨的内端下缘有时呈半月形凹陷，称为锁骨菱形窝，为菱形韧带附着处，边缘不规则，易误诊为骨质破坏。⑤肩胛骨：其内缘可与肺野外带相重叠，易误诊为胸膜增厚。青春期肩胛骨下角可出现二次骨化中心，易误诊为骨折。

（2）胸膜　包括脏层胸膜和壁层胸膜。包绕于肺表面的称脏层胸膜，衬于胸壁内面、膈面及纵隔面的称壁层胸膜，两层胸膜之间的潜在腔隙称胸膜腔。胸膜腔内呈负压，以保持肺脏呈膨胀状态。正常胸膜腔内有少量液体，起润滑作用。正常胸膜菲薄，在 X 线上不显影，只有在胸膜反折处 X 线与胸膜走行方向平行时才能显影，为薄层状或线状致密影。

（3）纵隔　位于胸骨之后，胸椎之前，两肺之间，上为胸廓入口，下为膈，两侧为纵隔胸膜和肺门。包含心、大血管、气管、食管、主支气管、淋巴组织、胸腺、神经及脂肪等组织和器官。纵隔的宽度受体位和呼吸的影响，卧位及呼气时宽而短，站立位及吸气时窄而长，小儿尤为明显。

（4）肺　包括以下几个部分。

1）肺野：充满气体的两肺在胸片上所显示的均匀一致较为透明的区域称为肺野。为了便于描述病变位置，可人为地将两侧肺野划分为九个区域，即沿胸廓自内向外纵行分为三等份，分别称为内、中、外带，于第 2、4 肋前端下缘各画一水平线，又将其分成上、中、下野（图 8-2）。

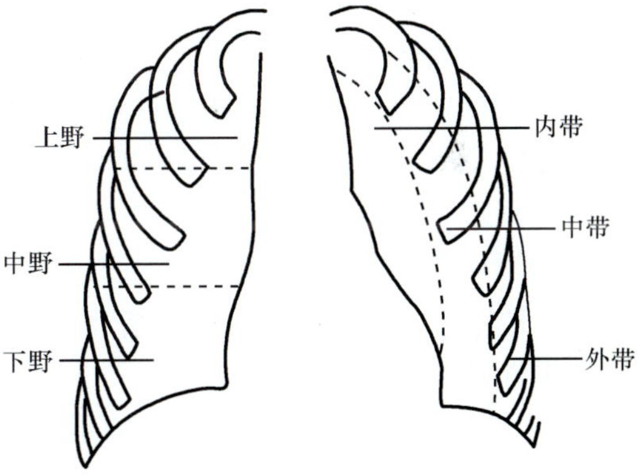

图 8-2　肺野分区示意图

2）肺门：肺门影即解剖学上肺根部的投影。由肺动脉、肺静脉、支气管及淋巴组织构成。正位 X 线胸片上，肺门位于两肺中野内带，左侧比右侧高 1 ～ 2cm。两侧肺门可分为上下两部，左肺门主要由左肺动脉及其分支和上肺静脉及其属支构成；右肺门上部由上肺静脉、上肺动脉及下肺动脉干后回归支组成，下部由右下肺动脉干构成，正常成人宽度不超过 15mm，右肺门上下两部之间的夹角称肺门角。

3）肺纹理：在充满气体的肺野，可见自肺门向外呈放射分布的树枝状影，称为肺纹理。由支气管、肺动脉分支、肺静脉属支、淋巴管及少量间质组织构成，主要成分是肺动脉分支。在正位胸片上，肺纹理自肺门向肺野中、外带延伸，逐渐变细。下肺野纹理较上肺野多而粗，右下肺纹理较左下肺纹理多而粗。

4）肺叶、肺段、肺小叶：①肺叶，由叶间胸膜分隔而成，右肺有水平裂与斜裂，将肺分为上叶、中叶与下叶。左肺只有斜裂，其前上方为上叶，后下方为下叶。②肺段，每个肺叶由 2 ～ 5 个肺段构成，各有其单独的支气管，肺段的名称与相应的支气管一致。正常情况下，X 线检查不能显示肺段的界线，但可确定其大致位置。③肺小叶，每个肺段由许多肺小叶组成，其直径约 6mm，是肺部病理改变的基本单位。

（5）膈　由薄层肌腱组织构成，分左右两叶，介于胸、腹腔之间，呈圆顶型，右膈比左膈高

1 ～ 2cm。周边附着于肋骨、胸骨和腰椎，其上、下面各为胸膜和腹膜所覆盖。膈在外侧及前、后方与胸壁相交形成肋膈角，在内侧与心形成心膈角。后外肋膈角深而锐利。平静呼吸时，膈运动幅度为 1 ～ 2.5cm，深呼吸时可达 3 ～ 6cm，两侧大致对称。

2. 常见病变 X 线表现

（1）支气管阻塞性改变

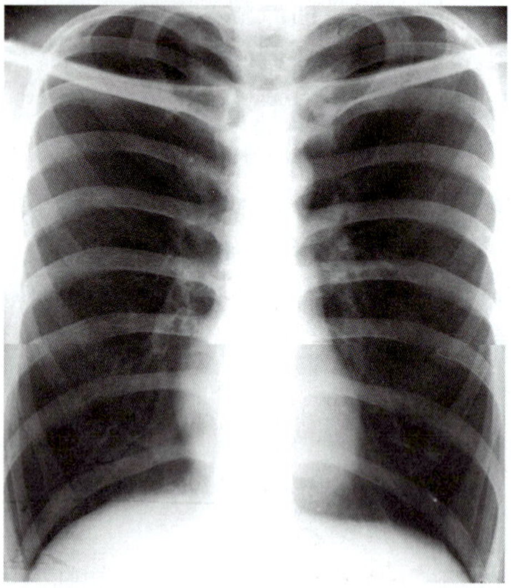
图 8-3 阻塞性肺气肿

1）阻塞性肺气肿：是指终末细支气管以远的含气腔隙过度充气、异常扩大，可伴有不可逆性肺泡壁的破坏。分为局限性和弥漫性两种。其 X 线表现为：①局限性阻塞性肺气肿：肺野局限性透亮度增加，肺纹理稀疏，纵隔移向健侧，患侧膈下降。②弥漫性阻塞性肺气肿：两肺野透亮度增加，肺纹理稀疏，心影狭长，肋间隙增宽，肋骨走向水平，膈位置降低，常伴有肺大疱等（图 8-3）。

2）阻塞性肺不张：为支气管腔内完全阻塞、腔外压迫或肺内瘢痕组织收缩引起，以支气管阻塞最为多见。其 X 线表现为：①一侧肺不张，患侧肺野均匀致密，肋间隙变窄，纵隔向患侧移位，膈升高。健侧为代偿性肺气肿表现。②肺叶不张，为肺叶支气管完全阻塞所致。不同肺叶不张的 X 线表现不同，其共同特点是相应肺叶缩小，密度均匀增高。相邻肺组织可出现代偿性肺气肿。③肺段不张，较少见，正位 X 线胸片一般呈三角形致密阴影，基底向外，尖端指向肺门，肺段缩小。④小叶不张，为多数终末细支气管被黏液阻塞所致，X 线表现为多处小斑片状致密影，与邻近的炎症不易区分，多见于支气管肺炎。

（2）肺部病变

1）渗出与实变：渗出是急性炎症的主要表现。X 线表现为密度略高、较均匀的云絮状影，边缘模糊。肺实变指终末细支气管以远的含气腔隙内的空气被病理的液体、细胞或组织所替代，X 线表现为片状致密影。渗出与实变见于大叶性肺炎、支气管肺炎、浸润型肺结核等。

2）增殖：肺的慢性炎症在肺组织内形成肉芽组织，为增殖性病变。病变与周围正常肺组织分界清楚。病灶一般不大，可为腺泡大小的结节，密度较高、边缘较清楚，无融合趋势。增殖性病变常见于肺结核、各种慢性肺炎及肉芽肿性肺炎。

3）纤维化：肺的纤维化分为局限性和弥漫性。X 线表现为局限性条索状影，密度高，走行僵直、紊乱，其形态和分布与正常肺纹理不同。见于肺炎、肺脓肿和肺结核等（图 8-4）。弥漫性纤维化表现为紊乱的条索状、网状或蜂窝状阴影。多见于弥漫性间质肺炎、肺尘埃沉着病（尘肺）、特发性肺间质纤维化、放射性肺炎及结缔组织病等。

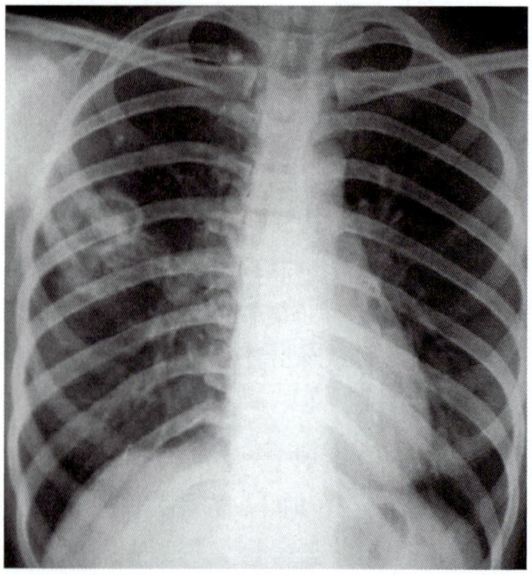
图 8-4 慢性纤维空洞型肺结核

4）钙化：一般发生于退行性病变或坏死的组织内。其 X 线表现为密度很高、边缘清晰锐利、大小形状不一的阴影，可为斑点状、块状或球形，呈局限或弥散分布，见于肺结核钙化、硅沉着病（矽肺）钙化等。

5）结节与肿块：直径≤ 3cm 者称结节，＞ 3cm 者称肿块。良性肿瘤多有包膜，X 线表现为密度高、边缘光滑锐利的球形块状影（图 8-5）。恶性肿瘤多无包膜，呈浸润性生长，X 线表现呈分叶状，边缘不规则，有细毛刺特征的块状影。

6）空洞与空腔：空洞为肺内病变组织发生坏死后经引流支气管排出所形成。空洞壁可由坏死组织、肉芽组织、纤维组织或肿瘤组织形成。根据病理变化可分为 3 种：①虫蚀样空洞，即无壁空洞，是大片坏死组织的空洞，形状不一、呈虫蚀状。多见于干酪性肺炎。②薄壁空洞，洞壁薄（≤ 3mm），境界清晰，内壁光滑，呈圆形、椭圆形或不规则形，常无液平面，周围少有大片状阴影，但可有斑片状阴影，多见于肺结核（图 8-6）。③厚壁空洞，空洞壁＞ 3mm，多在 5mm 以上；形状不规则，空洞周围有高密度实变区，内壁光滑或凹凸不平，多见于肺脓肿、肺结核及周围型肺癌。空腔是肺内生理腔隙的病理性扩大，壁薄，厚度多＜ 1mm，周围无实变，一般无合并感染时，则腔内无液体。肺大疱、含气肺囊肿及肺气囊等都属于空腔。

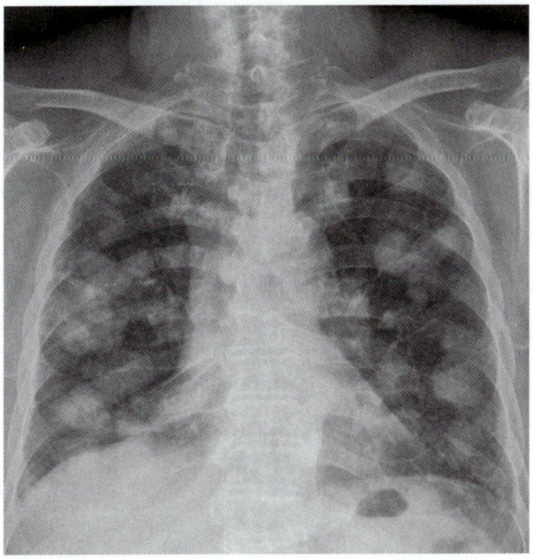

图 8-5　多发转移性肺癌（肿块）

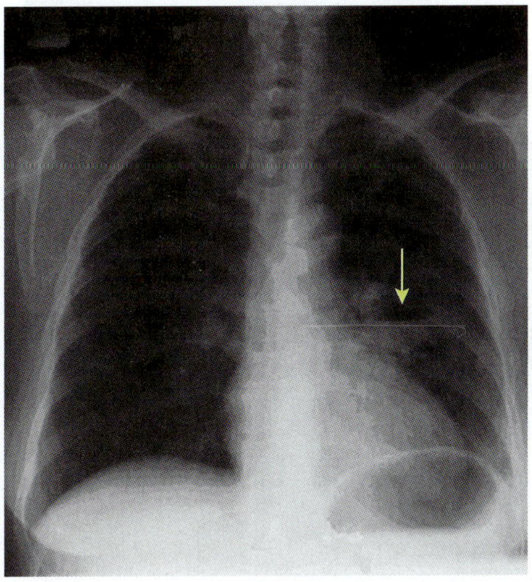

图 8-6　空洞

（3）胸膜病变

1）胸腔积液：任何原因使胸膜腔内液体形成过快或吸收过缓，即可产生胸腔积液，不同的病因可产生不同性质的积液。X 线检查能明确积液的存在，但不能区分积液的性质。①游离性胸腔积液：少量积液首先积聚于位置最低的后肋膈角，站立后前位检查难以发现。当液体量近 250ml 时，后前位可见肋膈角变钝、变浅。随液体量增加可依次填塞外侧肋膈角，掩盖膈顶，呈外高内低的弧形致密影，其上缘在第 4 肋前端以下（图 8-7）。中等量积液上缘在第 4 肋前端平面以上，第 2 肋前端平面以下，中下肺野呈大片致密影。大量积液上缘达第 2 肋前端以上，患侧肺野呈大片致密影，仅在肺尖部可见透明影。常伴有纵隔向健侧移位、肋间隙增宽、横膈下移等。②局限性胸腔积液：包裹性胸腔积液多发生在胸下部侧后胸壁，偶发于前胸壁及肺尖。切线位时表现为自胸壁向肺野突出的半圆形或扁丘状阴影，其上下缘与胸壁的夹角呈钝角，密度均匀，边缘清楚，常见于结核性胸膜炎。叶间积液为局限于水平裂或斜裂的积液，表现为叶间裂部位的边缘清楚、密度均匀的梭形阴影。③肺底积液：为位于肺底与横膈之间的胸腔积液，以右侧多见。被肺底积液向上推挤的肺下缘呈圆顶形，易误诊为横膈升高。

2）气胸与液气胸：气胸是各种原因造成脏层或壁层胸膜破裂，空气进入胸膜腔内所致。液气胸是指胸膜腔内液体与气体同时存在。X 线表现为：①气胸，肺与胸壁之间出现透亮区，无肺纹理。被压缩的肺组织向肺门萎缩，边缘呈细线状致密影，纵隔向健侧移位，肋间隙增宽。见于自发性气胸、创伤性气胸等（图 8-8）。②液气胸，立位胸片可见气液平面，严重时气液平面横贯胸腔，如脏、壁层胸膜粘连，也可形成局限性或多房性液气胸。

3. 常见疾病 X 线表现

（1）肺炎　为肺部常见病、多发病。按病变的解剖分布分为大叶性、小叶性和间质性肺炎。

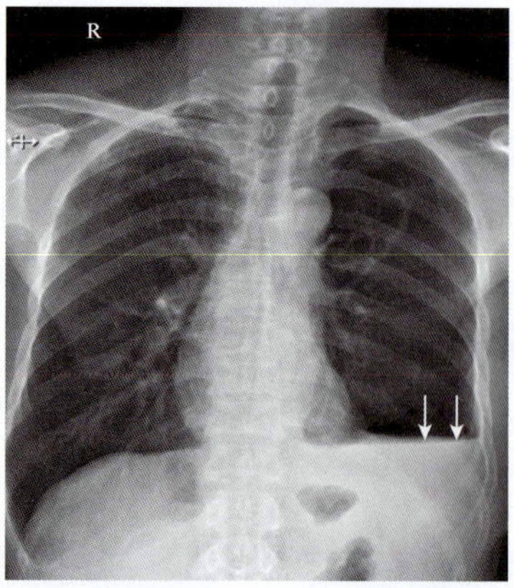

图 8-7 胸腔积液

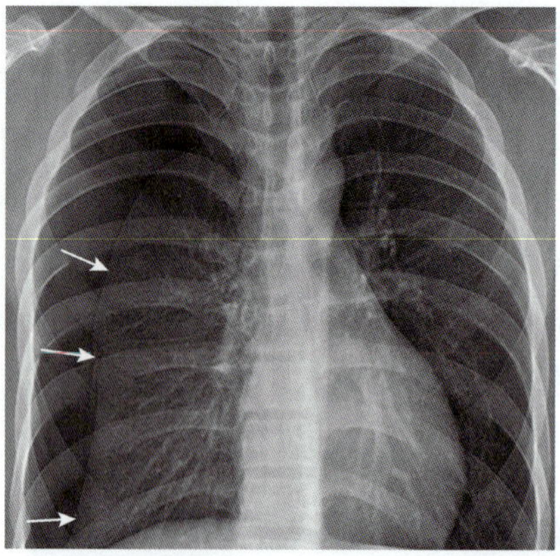

图 8-8 气胸

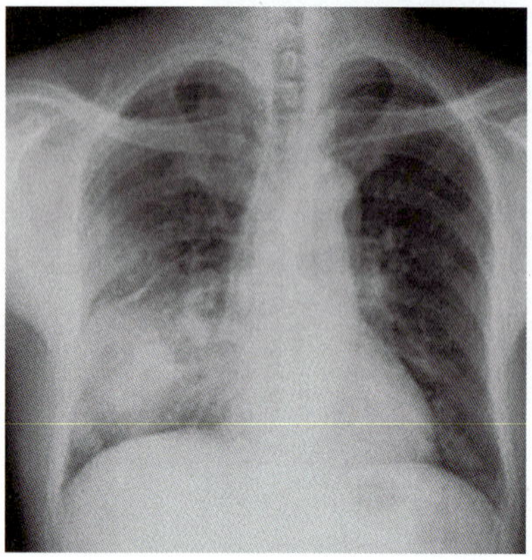

图 8-9 大叶性肺炎

1）大叶性肺炎：多由肺炎链球菌感染引起，好发于冬春季，多见于青壮年。病理上分充血期、红色肝变期、灰色肝变期、消散期。X 线表现如下。①充血期，可无阳性发现，或只表现为病变区肺纹理增多，透亮度减低或呈密度稍高的模糊影。②红色和灰色肝变期，表现为密度均匀的致密影。炎症累及肺段表现为片状或三角形致密阴影，如累及肺叶的大部或全部则呈大片均匀的致密影，以叶间裂为界，边缘清楚，其形状及范围与肺叶的轮廓一致。有时在实变区中可见树枝状透亮的含气支气管影（图 8-9）。③消散期，表现为散在、大小不等和分布不均的斑片状影。炎症进一步吸收，仅遗留少量条索状影或完全恢复正常。

2）小叶性肺炎：又称支气管肺炎。多见于婴幼儿、老年人及极度衰弱的患者或为手术后并发症。致病菌常为溶血性链球菌、葡萄球菌等。病理变化为支气管周围的肺实质炎症，以小叶支气管为中心，经过终末细支气管延及肺泡，在支气管和肺泡内产生炎性渗出物。病变范围是小叶性的，呈散在性两侧分布，可融合成大片状。X 线表现为病变多位于两肺中、下野的内、中带，形成散在的斑片状影，边缘模糊不清，并可融合成较大的片状影。支气管壁充血水肿致肺纹理增多、模糊。

3）间质性肺炎：是以肺间质炎症为主的肺炎，可由细菌、支原体或病毒感染所致。多见于小儿，常继发于麻疹、百日咳或流行性感冒等急性传染病。炎症主要累及支气管壁及其周围组织、肺泡间隔及肺泡壁，引起炎症细胞浸润，并沿肺间质淋巴管蔓延，引起局部淋巴管炎和淋巴结炎。X 线平片可见病变多发于两肺中下野的内中带。肺纹理增粗、模糊，呈网状或小结节状影，可伴有肺门阴影增大、密度增高、结构不清。

（2）肺结核 是人型或牛型结核杆菌引起的肺部慢性传染性疾病。其基本病理变化是渗出、增殖和变质。结核病分类如下。

1）原发型肺结核（Ⅰ型）：多见于儿童和青少年，成人少见。典型的表现为原发综合征，即由原发病灶、淋巴管炎与肺门肿大的淋巴结连接形成的哑铃状表现。原发病灶表现为肺野内圆形或类圆形阴影，边缘模糊。肺门和（或）纵隔淋巴结肿大表现为向同侧肺野突出的致密影。在原发病灶和肺门肿大淋巴结之间的淋巴管炎则表现为线样或条索状不规则模糊阴影。

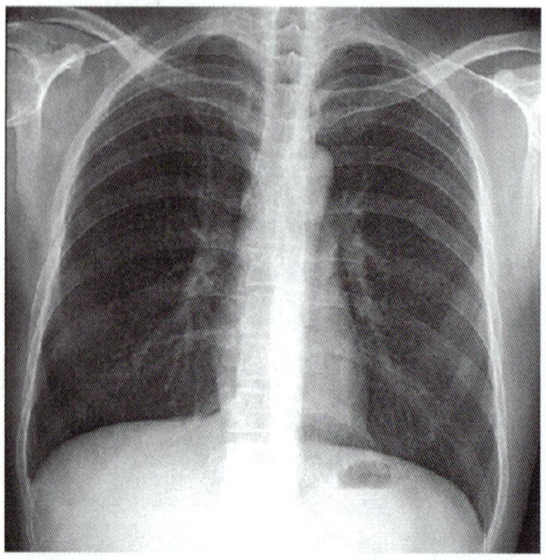

图 8-10 急性粟粒性肺结核

2）血行播散型肺结核（Ⅱ型）：为结核菌经血行播散所致。X 线表现如下所述。①急性血行播散型肺结核：两肺弥漫性粟粒状阴影，粟粒大小为 1 ～ 3mm，边缘清晰。影像特点主要为三均匀，即分布均匀、大小均匀和密度均匀（图 8-10）。②亚急性、慢性血行播散型肺结核：病灶多位于两肺上、中肺野，粟粒状阴影表现为三不均匀，即大小不均、密度不均、分布不均，病灶可融合，或增殖和钙化，也可纤维化，甚至部分病灶可形成空洞。其中慢性血行播散型肺结核病变增殖性改变更明显，钙化更多见，胸膜增厚和粘连更显著。

3）继发性肺结核（Ⅲ型）：是成年人肺结核中最常见的类型，可出现以增殖病变、浸润病变、干酪病变、以空洞病变为主等多种病理改变。多为已静止的原发病灶重新活动，或为外源性再感染。由于机体对结核杆菌已产生了特异性免疫力，结核杆菌不再向淋巴径路蔓延，病变趋向局限于肺尖、锁骨下区及下叶背段。X 线表现多种多样，可以一种征象为主，也可多种征象并存。①局限性斑片状影。好发于两肺上叶尖段、后段及下叶背段。②大叶性干酪性肺炎。为肺段或肺叶实变，呈大片致密影，边缘模糊，密度不均，其内可见不规则的边缘模糊的虫蚀样空洞。③结核球。为边缘清楚的圆形、椭圆形阴影，大小 0.5 ～ 4.0cm 不等，多为 2 ～ 3cm，密度较高，内部常有钙化，周围可见卫星灶（图 8-11）。④增殖性病变。呈斑点状高密度影，常排列成梅花瓣或树芽状，边缘较清晰，无融合趋势。⑤结核性空洞。多数空洞壁较薄，洞壁内、外缘较光滑，空洞内一般无液平面，空洞周围常有卫星灶。⑥支气管播散病变。结核空洞干酪样物质经引流支气管排出时，引起同侧或对侧的支气管播散。表现为沿支气管分布的斑点状、斑片状阴影，病变可相互融合。⑦结核病灶愈合。常表现钙化灶或纤维条索影。

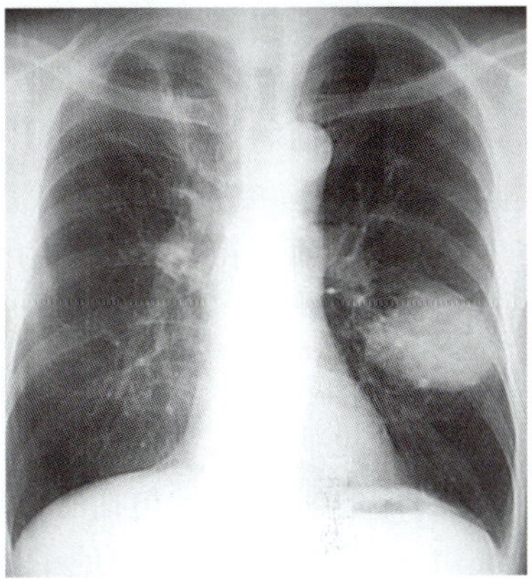

图 8-11　结核球

4）结核性胸膜炎（Ⅳ型）：可单独发生，或与肺部结核病变同时出现。X 线上见不同程度的胸膜腔积液表现，慢性者可见胸膜广泛或局限性增厚，可伴胸膜钙化。

（3）原发性支气管肺癌　是指起源于支气管上皮、腺体或细支气管及肺泡上皮的恶性肿瘤，常简称肺癌。

1）肺癌分型：根据发生部位可分为 3 型。①中央型：肿瘤发生在肺段和肺段以上支气管，以鳞癌多见。②周围型：肿瘤发生于肺段以下支气管，以腺癌为主。③弥漫型：肿瘤发生于细支气管或肺泡，弥漫分布于两肺，呈弥漫性生长。早期周围型肺癌多无临床表现，常在健康体检时偶然发现。中、晚期肺癌主要表现有咳嗽、咳痰、咯血、胸痛及发热。

2）X 线表现：①中央型肺癌，早期癌肿局限于黏膜内，无异常表现。偶尔可有局限性肺气肿或阻塞性肺炎。中晚期癌肿同时向腔外生长或伴有肺门淋巴结转移时，则可形成肺门肿块。肿块位于一侧肺门区附近，呈分叶状或边缘不规则形（图 8-12）。②周围型肺癌，早期表现为≤ 3cm 的结节阴影，可有空泡征、分叶征或胸膜凹陷征。中晚期表现为肺内类圆形或不规则形肿块（图 8-13），有分叶，短细毛刺及胸膜凹陷征，当肿瘤坏死经支气管引流后，可形成厚壁偏心空洞，肿块内钙化很少见。

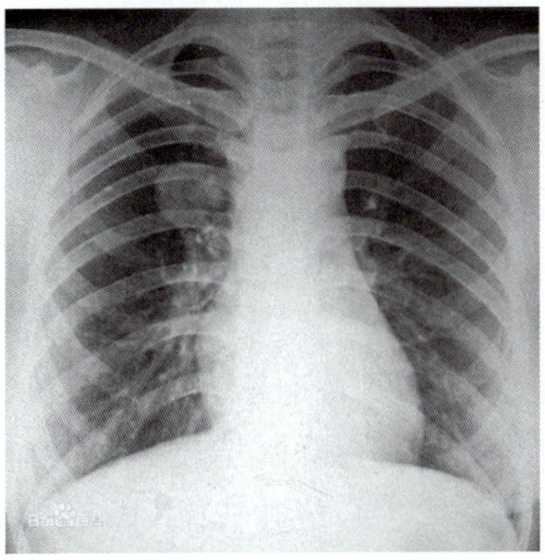

图 8-12　中央型肺癌

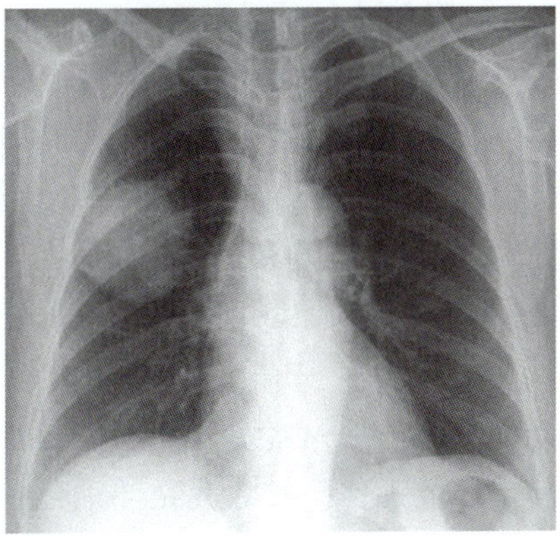

图 8-13　周围型肺癌

③弥漫型肺癌，两肺广泛分布的细小结节，或表现为大片肺炎样改变，以两肺中、下部多见。病变呈进行性发展，有融合趋势。融合病灶呈肿块状，甚至发展为整个肺叶的实变，在融合病灶内可见空气支气管征。

（二）循环系统

1. 正常 X 线表现　心脏、大血管居于两肺之间，大部分边缘与肺相邻，故而具有自然对比，但由于心脏各房室的投影在 X 线平片上重叠，因此要通过多种体位的观察来获得完整的心脏立体概念。

（1）后前位　心右缘分为两段，上段为上腔静脉和升主动脉的投影，下段为右心房的投影；心左缘可分为三段，上段为主动脉弓与降主动脉起始部，中段为肺动脉段和左心耳，下段为左心室。

（2）左前斜位　前缘为升主动脉、右心房、右心室；后缘上部为左心房，下部为左心室，其与脊椎前缘相近。

（3）右前斜位　前缘为升主动脉、肺动脉干前缘、右心室，后缘为气管、上腔静脉、左心房及右心房。

（4）左侧位　前缘为升主动脉、肺动脉段及右心室，后缘为左心房和左心室。

2. 常见病变 X 线表现

（1）心脏增大　包括心壁肥厚和（或）心腔扩大，是心脏疾病的重要征象。

1）左心房增大：常见于风湿性心脏病二尖瓣狭窄。X 线表现为：①心外形呈梨形心（图 8-14）。②左心房增大，右心缘出现双房影，左心缘出现四个弧，压迫支气管使左、右支气管分叉角度增大。③左心室缩小。④右心室增大，右心缘膨出。⑤肺动脉段膨出。⑥偶尔可见二尖瓣钙化影。

2）左心室增大：常见于高血压性心脏病。早期高血压患者并不引起明显的心增大和外形改变。长期血压持续增高，可发生左心室肌肉肥厚。X 线表现为：①心尖向左下移位。②相反搏动点上移。③心腰凹陷，心影呈靴形（图 8-15）。④在左前斜位上见左室缘膨隆，常同脊柱影重叠。

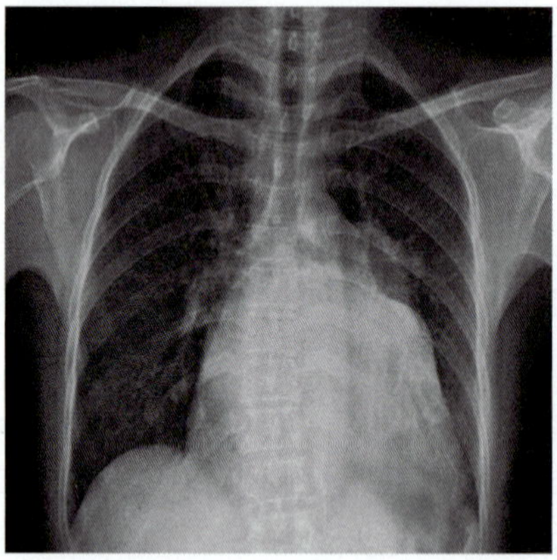

图 8-14　梨形心

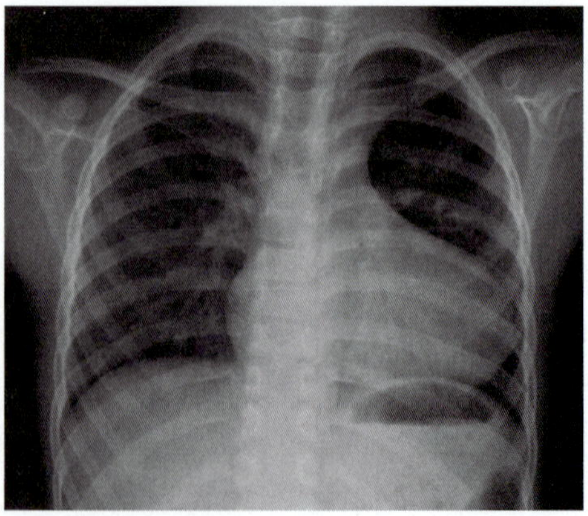

图 8-15　靴形心

3）右心房增大：常见于心力衰竭及先天性心脏病。X 线表现为：①后前位右心缘下段右凸。②左前斜位心前缘上段向上或向下凸出。③上下腔静脉扩张。

4）右心室增大：常因循环阻力增加所致。X 线表现为：①左前斜位心前缘前凸，心前间隙变小。②后前位心尖圆隆上翘。③右前斜位心前缘凸出，心前间隙变小。④肺动脉段凸出。其中，肺动脉段凸出为右心室增大的重要间接征象。

（2）心包病变　①心包积液：中等量以上的积液，心影向两侧普遍增大，如烧瓶状，严重者可呈球形，透视下心脏搏动减弱或消失。②心包增厚：可见心缘异常，上腔静脉增宽和肺淤血等征象，透视下心脏搏动减弱或消失。③心包钙化：可见蛋壳样钙化包绕心影。④心包肿块：X 线检查不易直接发现肿块，常表现为心包积液。

（3）肺循环异常　包括肺血增多及肺血减少。肺血增多指肺动脉血流量增多。常见于甲状腺功能亢进、贫血、左向右分流的先天性心脏病等，肺动脉高压常见于肺心病、先天性心脏病肺血流量增多及肺栓塞等，肺血减少多见于三尖瓣狭窄、肺动脉狭窄。肺静脉高压病因有二尖瓣狭窄、主动脉瓣狭窄和肺静脉狭窄等（表 8-2）。

表 8-2　肺循环异常的 X 线表现

肺循环异常		X 线表现
肺动脉异常		
	肺血增多	肺动脉分支成比例地增粗且向外周伸展，边缘清晰锐利，肺野透明度正常
	肺动脉高压	肺动脉段凸出，肺门区动脉大分支扩张而外周分支变细，两者之间有一突然分界，即肺门截断现象或残根样表现
	肺血减少	肺野透亮度增加，肺门动脉变细，肺动脉纹理稀疏、变细
肺静脉高压		
	肺淤血	肺野透明度减低；肺门增大、边缘模糊；上肺静脉扩张而小静脉、下肺静脉正常或变细；肺纹理增多、增粗且边缘模糊
	肺水肿	间质性肺水肿：出现间隔线，为肋膈区长 2 ～ 3cm、宽 1 ～ 3cm 的水平线 肺泡性肺水肿：表现为两肺广泛分布的边缘模糊的斑片影，重者聚集在肺门区形成蝶翼状阴影

（三）消化系统

1. 正常 X 线表现　腹壁及腹腔内器官缺乏自然对比，正常腹部 X 线平片显示的内容较少，主要包括腹壁、骨盆的骨性支架和腹壁软组织等。

（1）腹壁及盆壁　腹膜外间隙及器官周围的软组织，于 X 线平片上显示为黑灰影。在腹部前后位 X 线片上，两侧肋腹壁的内侧，腹膜外脂肪层清晰可见，上起第 10 肋骨下缘，向下延伸至达髂凹而逐渐消失，称肋腹线。由于肌鞘内脂肪组织的对比，脊柱两侧的腰大肌、盆壁内侧的闭孔内肌等显示良好。

（2）实质脏器　肝、脾、肾等呈中等密度，借助于器官周围或邻近存在脂肪组织和相邻充气胃肠的对比，在腹部 X 线平片上，可显示肝、脾、肾的轮廓、大小、形状和位置。肝脏上缘和右膈面相靠近，肝下缘与肝外缘相交形成肝角，多呈锐角。脾上极与左侧膈影相融合而显示不清，下极较圆钝。两肾沿腰大肌上部两侧排列，右肾略低于左肾。胰腺不易显示。子宫仅偶尔显影，位于膀胱上缘上方，呈扁圆形软组织密度影。

（3）空肠脏器　胃肠道、胆囊、膀胱等脏器为中等密度。胃、十二指肠球部及结肠内含有气体，腹部 X 线平片可显示部分内腔。小肠除婴幼儿可有积气以外，一般充满食糜及消化液，与肠壁同属于中等密度，缺乏自然对比而不易显示。膀胱和胆囊周围有较少量脂肪，偶可显示其部分边缘。

2. 常见病变 X 线表现

（1）狭窄或扩张　当消化道发生炎症、粘连、肿瘤、痉挛或发育不良等病变时，消化道管腔会产生局部的狭窄，而狭窄近侧的管腔则扩张。

（2）充盈缺损　由于病变向消化道管腔内突出，导致其不能被造影剂充盈形成的缺损称为充盈缺损。可根据其边缘的规则与否来判断病变的良恶性，边缘光滑者为良性病变，反之则为恶性病变（图 8-16）。

（3）龛影　由于病变侵袭胃肠道，导致溃烂部分被造影剂填充而形成向腔外突出的阴影称为龛影，龛影是消化性溃疡的 X 线征象（图 8-17）。

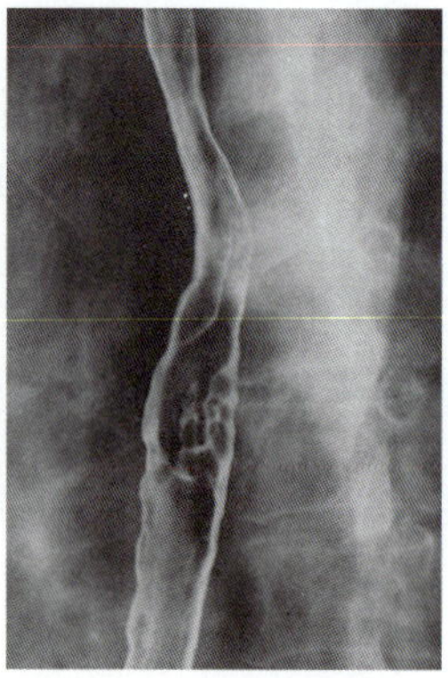

图 8-16　充盈缺损

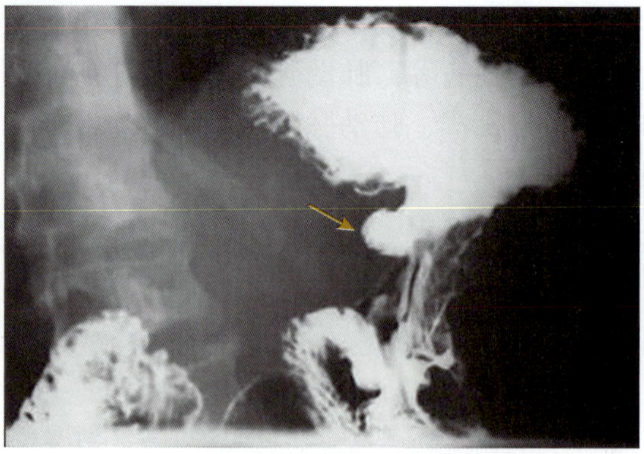

图 8-17　龛影

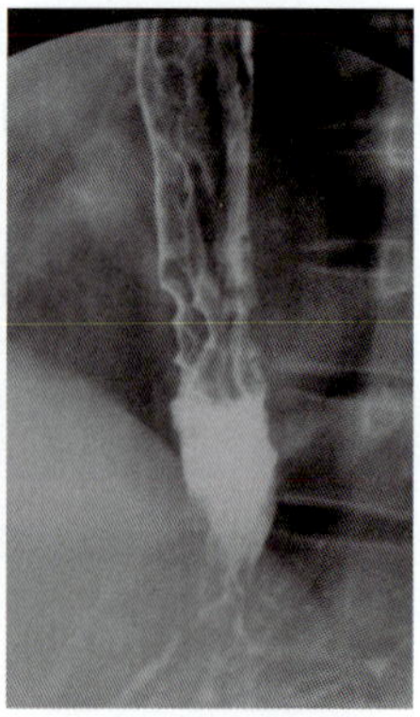

图 8-18　食管静脉曲张

（4）黏膜皱襞改变　病变侵袭黏膜及黏膜下如发生消化系统恶性肿瘤、慢性胃溃疡时，会导致以下改变。①黏膜皱襞破坏：黏膜皱襞消失或中断，多见于恶性肿瘤。②黏膜皱襞增宽或迂曲：黏膜的透明条纹影增宽，伴皱襞的迂曲和紊乱。③黏膜皱襞纠集：表现为黏膜皱襞从四周向病变区集中，呈放射状，多为慢性溃疡瘢痕收缩引起。

3. 常见疾病 X 线表现

（1）食管静脉曲张　常见于肝硬化。典型 X 线表现为食管黏膜增宽、迂曲，呈串珠状或蚯蚓状充盈缺损。管壁边缘呈锯齿状，食管壁柔软（图 8-18）。

（2）胃、十二指肠溃疡

1）胃溃疡：直接征象是龛影，多见于胃小弯，龛影在切线位呈乳头状或锥形，密度均匀，边缘整齐光滑（图 8-19A）。轴位像观察表现为圆形或类圆形钡斑，边缘光滑整齐，龛影口部常有一圈黏膜水肿所形成的透明带，形成 3 个征象即黏膜线、项圈征、狭颈征。慢性瘢痕收缩，造成黏膜纠集。胃溃疡的间接征象有痉挛性改变、胃蠕动增强或减弱、胃变形和狭窄。

2）十二指肠溃疡：多发生在十二指肠球部。直接征象是龛影，可有黏膜皱襞纠集、球部变形、球部激惹征等（图 8-19B）。

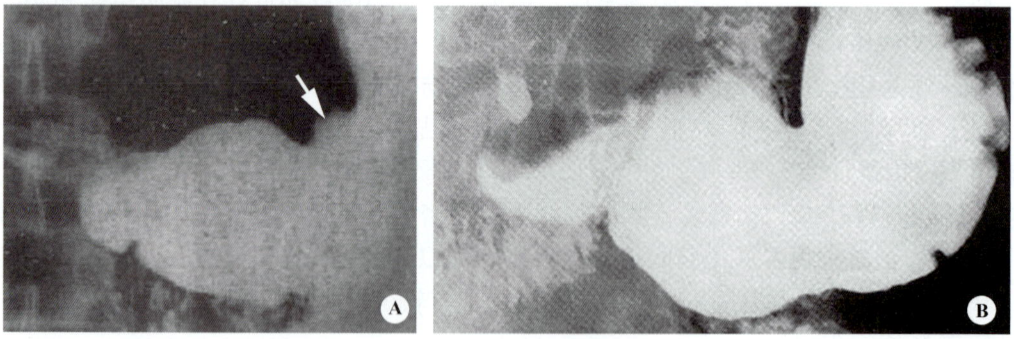

图 8-19　消化性溃疡

（3）胃癌　可发生在胃的任何部位。X 线表现为①充盈缺损：形态不规则，多见于蕈伞型胃癌。②胃腔狭小、胃壁僵硬、蠕动消失，多见于浸润型胃癌。③腔内龛影：多呈不规则的半月形，常见于溃疡性胃癌。④黏膜皱襞破坏。⑤肿瘤部位蠕动消失。

（4）肠结核　好发于回盲部。X 线表现为①溃疡型：病变肠管痉挛收缩，肠管轮廓不整齐，呈锯齿状，可见小龛影，局部钡剂不能正常停留（呈跳跃征），黏膜皱襞增粗、紊乱。②增殖型：病变肠管狭窄、缩短和僵直，黏膜皱襞增粗、紊乱，可见多个小息肉样充盈缺损。

（5）结肠癌　好发于结肠和乙状结肠。X 线检查主要采用钡剂灌肠检查，表现为肠腔内不规则充盈缺损，局部不规则性肠管狭窄，肠壁僵硬。也可见较大的不规则龛影，黏膜皱襞破坏消失。

（四）骨骼与关节系统

1. 正常 X 线表现

（1）骨骼

1）小儿长骨：一般有 3 个以上骨化中心，一个在骨干，另外的在骨的两端。小儿长骨的主要特点是有骺软骨，且未完全骨化，分为骨干、干骺端、骺及骺板等部分。

2）成人长骨：成人骨发育完全，骺与干骺端已愈合，骺线消失，故成人管状骨分为骨干和骨端。骨端为管状骨两端较粗大部分，有一薄层密质骨为骨性关节面，表面覆有一层软骨，称为关节软骨，X 线上不能显示关节软骨。

3）脊柱：由脊椎和其间的椎间盘所组成。除第 1 颈椎外，每个脊椎分为椎体和椎弓两部分。椎弓由椎弓根、椎弓板、棘突、横突和关节突构成。同侧上下两个关节突构成脊椎小关节，有关节软骨和关节囊。

在正位 X 线片上，椎体呈长方形，从上至下依次增大，主要由松质骨构成，纵行骨小梁比横行骨小梁明显，周围为一层致密的骨皮质，密度均匀、轮廓光滑。椎体两侧有横突影，在横突内侧可见椭圆形环状致密影，为椎弓根横断面投影，称为椎弓环。在椎弓根的上下方分别为上、下关节突的影像。椎弓板由椎弓根向后内延续，在中线联合成棘突，投影于椎体中央的偏下方，呈尖向上类三角形的线状致密影，大小与形态可有不同。

在侧位 X 线片上，椎体也呈长方形，在椎体后方，椎管显示为纵行的半透明区，椎弓板位于椎弓根与棘突之间。上、下关节突分别起于椎弓根与椎弓板连接处的上、下方，下关节突在下个脊椎上关节突的后方，椎间盘的纤维软骨板、髓核及周围的纤维环系软组织密度，呈宽度匀称的横行半透明影，称为椎间盘。椎间孔居相邻椎弓、椎体、关节突及椎间盘之间，呈半透明影。

（2）四肢关节　由骨端、关节软骨和关节囊构成。X 线平片上，关节软骨、关节囊均为中等密度软组织而不显示，相对骨端的骨性关节面之间呈半透明间隙，称为关节间隙。骨性关节面光滑，相互对称，宽度均匀。关节间隙在儿童期因骺软骨不显影而显示增宽，随着年龄的增加而逐渐变窄，直至成为成人的宽度。

2. 基本病变 X 线表现

（1）骨骼的基本病变

1）骨质疏松：是指一定单位体积内正常钙化的骨组织减少，即骨的有机成分和钙盐均减少，但比例不变。组织学变化是骨皮质变薄，哈氏管扩大和骨小梁减少。X 线上主要表现为骨密度减低，长骨可见骨小梁变细、变少、间隙增宽，骨皮质出现分层和变薄现象。脊椎的椎体内结构呈纵行条纹，周围骨皮质变薄，严重时椎体内结构消失，椎体变扁。常见于老年人、骨折后、感染、恶性肿瘤和营养不良等。

2）骨质软化：指一定单位体积内骨的有机成分正常，而矿物质含量减少。因骨的钙盐减少而易发生软化。X 线表现为骨密度减低，以腰椎和骨盆明显。因骨组织内含有大量未经钙化的骨样组织导致骨小梁和骨皮质边缘模糊。严重患者有假骨折线形成，表现为宽径 1 ～ 2mm 的光滑透明线，与骨皮质垂直，边缘稍致密。好发于耻骨支、肱骨和股骨上段等。常见于佝偻病和骨质软化症。

3）骨质破坏：是指局部骨质被病理组织取代而造成骨组织的消失。骨松质和骨皮质均可发生破坏。X 线上表现为由于骨质局限性密度减低，骨小梁稀疏消失而形成骨质损坏，其中全无骨质结构。常见于急性炎症、肉芽肿、恶性骨肿瘤等或瘤样病变。

4）骨质坏死：是骨组织局部代谢停止，坏死的骨质称为死骨。早期骨结构和骨含量无变化，X 线也无异常表现。死骨的 X 线表现为骨质局限性密度增高。多见于慢性化脓性骨髓炎、外伤骨折及骨缺血性坏死等。

（2）关节的基本病变

1）关节肿胀：因关节积液或关节囊及其周围软组织充血、水肿、出血和炎症所致。X 线表现为关节周围的软组织增厚，密度增高。大量关节积液时可致关节间隙增宽。

2）关节破坏：是关节软骨和其下方的骨性关节面骨质的破坏。当关节软骨破坏时，X线表现为关节间隙变窄，当骨性关节面破坏时，则出现相应区域的骨质缺损。关节间隙变窄和骨破坏的程度不同，严重者可致关节半脱位和变形。

3）关节退行性变：早期改变始于关节软骨，为缓慢发生的软骨变性、坏死和溶解，并逐渐被纤维组织或纤维软骨取代。X线表现为骨性关节面模糊、中断、消失。广泛软骨坏死表现为关节间隙狭窄，继而引起骨性关节面骨质增生硬化，并于骨缘形成骨赘，关节囊肥厚、韧带骨化。

4）关节强直：分为骨性强直和纤维性强直。骨性强直是关节明显破坏后，构成该关节的骨端由骨组织连接，关节失去活动功能。X线表现为关节间隙消失，有骨小梁连接两侧骨端。多见于急性化脓性关节炎愈合后。纤维性强直也是关节破坏的后果，关节活动消失，但X线上仍可见狭窄的关节间隙，而且无骨小梁贯穿。

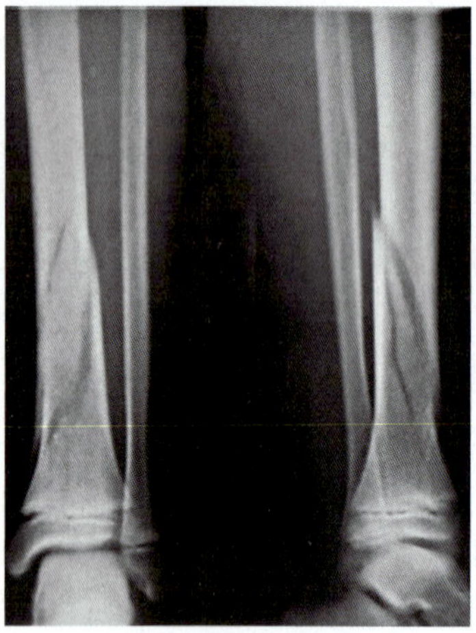

图 8-20 胫骨下段骨折

3. 常见疾病X线表现

（1）骨折

1）长骨骨折：骨折是骨或软骨结构发生断裂，骨的连续性中断。X线片上呈不规则的透明线，称为骨折线（图8-20），在骨皮质显示清楚整齐，在骨松质表现为骨小梁中断、扭曲、错位。严重骨折可见骨骼弯曲变形，嵌入性或压缩性骨折表现为骨小梁紊乱，局部骨密度增高而不显示骨折线。根据骨折的程度分为完全性和不完全性；根据骨折的形状和走向分为线形、星形、横行、斜行和螺旋形等；根据骨碎片的情况又可分为撕脱性、嵌入性和粉碎性骨折。依据骨折稳定程度分为稳定性骨折和不稳定性骨折。

2）脊椎骨折：X线表现为椎体压缩呈楔形，前缘骨皮质嵌压。因断端嵌入而看不见骨折线，可见横行不规则线状致密带。在椎体前上方有分离的骨碎片，相邻上下椎间隙一般保持正常，严重时可并发脊椎后突成角、侧移，甚至发生椎体错位。

（2）关节脱位 关节外伤性脱位大都发生于活动范围较大，关节囊和周围韧带不坚强、结构不稳定的关节。以肩关节和肘关节常见。关节脱位可伴有骨折。

1）肩关节脱位：肩关节活动范围最大，关节囊与韧带相对薄弱、松弛，肩胛盂浅，易因外伤而脱位。分为肱骨头前脱位和后脱位，以前者多见。肩关节脱位常并发肱骨大结节或肱骨颈骨折。

2）肘关节脱位：常为后脱位，多因肘关节过伸所致。尺骨与桡骨端同时向肱骨后方脱位，尺骨鹰嘴半月切迹脱离肱骨滑车。肘关节脱位常并发骨折，关节囊及韧带损伤严重。

四、X线检查前的准备

（一）普通检查

1. 检查前应向患者说明检查的目的、方法、注意事项，消除患者的恐惧心理。
2. 指导患者采取正确的检查姿势。
3. 充分暴露检查部位，脱去检查部位的厚层衣物或影响X线穿透的物品，如金属饰物、钢笔、敷料、发夹等，以免干扰检查结果。
4. 胸部X线摄片时需屏气；除急腹症外，腹部X线摄片前应清洁肠道，以免气体或粪便影响摄片质量。
5. 创伤患者摄片时应尽量减少搬动；危重患者X线摄片时必须有临床医护人员的监护。

（二）造影检查

1. 了解患者有无药物过敏史以及造影检查的禁忌证，如过敏体质、严重心肾疾病等。

2. 检查前向患者说明检查的目的、方法、注意事项等，以取得合作。

3. 检查前应做碘过敏试验，可用 35% 的碘造影剂滴入眼球结合膜，于 15 分钟后观察有无充血反应；也可用同剂型的碘造影剂 1ml 做缓慢的静脉注射，于 15 分钟内观察患者有无胸闷、心悸、恶心、呕吐、呼吸急促、头晕、头痛、荨麻疹等不良反应。过敏试验阳性者不宜做造影检查，甲状腺功能亢进者不宜做碘制剂造影检查。

4. 根据情况，术前应用镇静剂、抗痉挛药、抗组胺药等。

5. 应备齐各种急救药物与用品，掌握急救方法。

第 2 节　计算机体层成像

计算机体层成像（computed tomography，CT），是用 X 线束对人体各层面进行扫描，获得信息，经计算机处理而获得该层面的重建图像，是数字化成像。CT 检查的特点是检查方便、迅速而安全，易为患者所接受，且随访方便。辐射量一般不超过容许剂量，图像密度分辨率高。病变的检出率和诊断的准确率较高。

一、计算机体层成像的基本原理

1. 成像的基本原理　CT 是用 X 线束对人体某部一定厚度的层面进行扫描，由探测器接收透过该层面的 X 线，并将其转变为相应的电信号，再经模拟 / 数字转换器转换为数字信号，输入计算机处理。图像形成的处理有如将选定层面分成若干个体积相同的长方体，称为体素。扫描时，X 线从多个方向透过体素获得大量数据，再经计算而获得每一体素的 X 线衰减系数（又称吸收系数）。该系数反映各体素的物质密度，再排列成矩阵，即构成该层面组织衰减系数的数字矩阵。经数字 / 模拟转换器把数字矩阵中的每个数字转为由黑到白不等灰度的方形单元，称为像素，并按原有矩阵顺序排列，即构成 CT 图像。所以，CT 图像是重建图像。每个体素的 X 线吸收系数可以通过不同的数学方法算出。

2. CT 设备的组成　CT 设备主要由 3 部分组成。

（1）扫描部分　由 X 线管、探测器和扫描架组成。

（2）计算机系统　将扫描收集到的信息数据进行储存运算。

（3）图像显示和存储系统　将经计算机处理、重建的图像显示在电视屏上或用多幅照相机或激光照相机将图像摄下。计算机存储容量大、运算快，可立即重建图像。由于扫描时间短，可避免运动产生的伪影，如呼吸运动的干扰，可提高图像质量；层面是连续的，所以不至于漏掉病变，而且可进行三维重建，注射造影剂做血管造影可得 CT 血管造影。

超高速 CT 扫描所用扫描方式与前者完全不同。扫描时间可短至 40 毫秒以下，每秒可获得多帧图像。由于扫描时间很短，可摄得电影图像，能避免运动所造成的伪影，因此，适用于心血管造影检查及小儿和急性创伤等不能很好合作的患者检查。

二、计算机体层成像图像特点

CT 图像是由不同灰度像素按矩阵排列所构成的，反映的是相应体素的 X 线吸收系数，不同装置获得的图像像素各有不同，大小及数目也各不相同，像素越小，数目越多，则图像越精细，分辨率越高。CT 图像反映器官及组织对 X 线的吸收程度，故其黑影表示低密度区，白影表示高密度区。由于其具有较高的密度分辨率，所以人体软组织也能成像，故而 CT 可以良好地显示软组织器

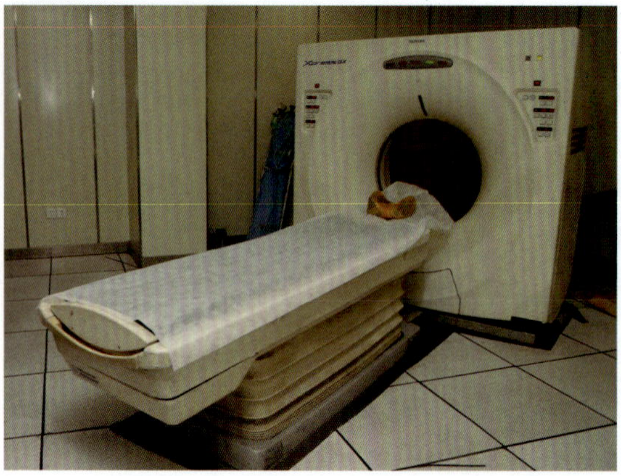

图 8-21 计算机体层成像扫描仪

官的病变影像（图 8-21）。

三、计算机体层成像检查方法

1. 平扫　最常用。又称为普通扫描或者非增强扫描，是指不用对比剂增强或造影的扫描。扫描方位多采用横断层面。

2. 增强扫描　经静脉注射对比剂，提高病变组织同正常组织的密度差后再扫描。根据病变有无强化及强化类型，对病变进行定性。

3. CT 造影　是指对某一器官或结构进行造影再行扫描的方法，能够更好地显示结构和发现病变。

四、计算机体层成像的临床应用

CT 检查由于它的特殊诊断价值，已广泛应用于临床。但 CT 设备比较昂贵，检查费用偏高，对某些部位的检查、诊断价值，尤其是定性诊断，还有一定限度，所以不宜将 CT 检查视为常规检查手段，应在了解其优势的基础上，合理地选择应用。

1. 中枢神经系统疾病　CT 检查诊断价值高，对脑的先天性疾病、颅内肿瘤、脑血管病、颅内感染性疾病、脑白质病及颅脑外伤等疾病检出效果好，临床应用广泛。

2. 头颈部疾病　CT 检查对眶内占位性病变、乳突及内耳病变、鼻窦及鼻腔的炎症、息肉及肿瘤，鼻咽部肿瘤尤其是鼻咽癌、甲状腺肿瘤及颈部肿块等均有较好的显示能力。

3. 胸部疾病　CT 检查采用造影增强扫描以明确纵隔和肺门有无肿块或淋巴结肿大、支气管有无狭窄或阻塞，对原发和转移性纵隔肿瘤、淋巴结结核、中央型肺癌等的诊断也很有价值。另外，对心包疾病、冠状动脉和心瓣膜的钙化和动脉瘤样改变等均能很好地显示。

4. 腹部及盆部疾病　CT 检查对肝、胆、胰、脾、腹膜腔及腹膜后间隙以及泌尿和生殖系统的疾病诊断很有帮助。胃肠病变腔外转移、邻近转移、远处转移时，CT 检查也具有一定的诊断价值。

5. 其他　由于 CT 检查时患者接受的射线量比 X 线摄片大，对人体的负面影响更多，因此乳腺检查中较少应用；而其对骨破坏与增生的细节成像优于 X 线摄片，故可用于骨骼系统的检查。

五、计算机体层成像检查前的准备

1. 检查前应向患者说明检查的目的、方法、注意事项，消除患者的恐惧心理。

2. 提供详细病史及各种检查结果报告给 CT 医师以供参考。

3. 除去检查部位高密度物品或金属物品。

4. 检查过程中，患者要制动，对儿童或者不合作的患者可应用镇静剂甚至麻醉药物。胸、腹部 CT 检查扫描前应训练患者练习屏气，避免因呼吸运动产生伪影。

5. 腹部检查前，须禁食禁水 4 小时以上，检查之前不能做其他造影检查尤其是钡餐，以免残留造影剂形成伪影。怀孕期间要慎重选择腹部 CT 检查，以免对胎儿造成影响。

6. 盆部检查前需清洁肠道，同时充盈膀胱。

7. 增强扫描前应先做碘过敏试验，观察 20 分钟无过敏反应者才可进行增强扫描。

第 3 节　磁共振成像

磁共振成像（magnetic resonance imaging，MRI），是利用人体组织中氢原子核即氢质子在磁场中受到射频脉冲的激发而发生核磁共振现象，产生磁共振信号，经过电子计算机处理，重建出人体某一层面的图像的成像技术（图 8-22）。

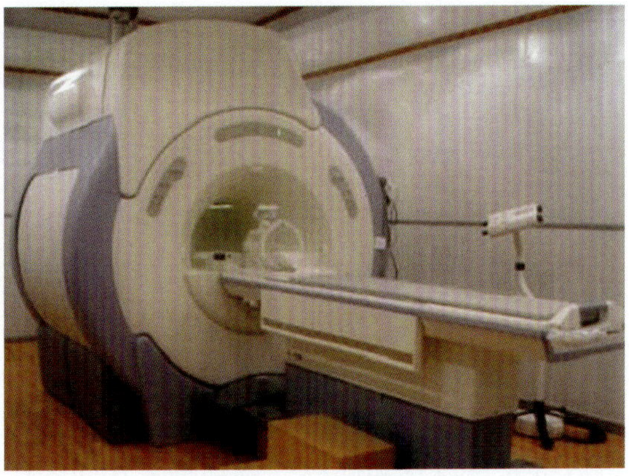

图 8-22　磁共振成像仪

一、磁共振成像的基本原理

人体内富含氢质子，氢质子通常呈无序排列，从而使自旋产生的磁矩相互抵消而消失，当进入强外磁场时，氢质子磁矩依据外磁场磁力线有序排列，从而产生纵向磁矢量。向外磁场内的人体发射特定频率的脉冲，氢质子吸收能量则导致纵向磁矢量消失并同时产生横向磁矢量。停止发射特定频率脉冲后，氢质子迅速恢复至平衡状态，这一过程所需时间称为弛豫时间。其中纵向磁矢量恢复的时间称 T_1，横向磁矢量衰减消失的时间称 T_2。发生共振的氢质子在弛豫过程中就会产生代表 T_1 值和 T_2 值的 MR 信号。对反映人体组织结构 T_1 值和 T_2 值的 MR 信号进行处理重建，即产生 MRI 灰阶图像。

MRI 图像上的黑白灰度对比，反映的是组织弛豫时间的差异。MRI 有两种基本成像：反映组织间 T_1 值的差异称为 T_1 加权成像（T_1WI），反映组织间 T_2 值的差异称为 T_2 加权成像（T_2WI）。MRI 检查即通过图像上反映 T_1 值和 T_2 值的黑白灰度及其改变来检出、诊断病变。

二、磁共振成像图像特点

MRI 图像上的黑白灰度被称为信号强度。其中，白影称为高信号，灰影称为中等信号，黑影称为低信号或无信号。T_1WI 图像上，高信号代表 T_1 弛豫时间短的组织，低信号代表 T_1 弛豫时间长的组织。T_2WI 图像上，高信号代表 T_2 弛豫时间长的组织，低信号代表 T_2 弛豫时间短的组织。

1. 普通平扫图像特点　常规为多序列、多幅断层图像，结构无重叠；T_1WI 和 T_2WI 图像上，骨皮质均为极低信号，脂肪组织为高信号；含水的液体在 T_1WI 上呈低信号、T_2WI 上呈高信号。

2. 特殊平扫图像特点　脂肪抑制 T_1WI 和 T_2WI 图像具有普通平扫的信号特点，只有脂肪组织呈低信号；同、反相位 T_1WI 图像中，同相位图像与普通 T_1WI 图像相似，反相位图像则表现为软组织、脂肪组织边界处低信号，脂质病变的信号减低。

3. MRA 图像特点　整体显示血管结构高信号表现，周围结构显示不清。

4. MR 水成像图像特点　整体显示富含游离水的器官形态，均呈高信号表现，周围结构显示不清。

三、磁共振成像检查方法

MRI 检查技术较为复杂，通过选择不同的脉冲序列和扫描参数（回波时间、重复时间、翻转时间等），可获得多方位成像，如横断面、矢状面、冠状面以及任意斜面的图像。

1. 平扫检查

（1）普通平扫检查　全身检查时通常先做此检查，常规为横断层 T_1WI 和 T_2WI。可明确诊断子宫肌瘤、胆结石等病变。

（2）特殊平扫检查　应用特定的脂肪抑制序列和技术，可用于脂肪瘤、畸胎瘤的诊断；磁敏感加权成像可用于脑外伤微出血等疾病的诊断；梯度回波同、反相位 T_1WI 用于脂肪肝等疾病的诊断。

2. 对比增强检查　是指经静脉注入顺磁性或超顺磁性对比剂之后，再进行 T_1WI 或 T_2WI 检查的方法。根据对比剂类型、注入后扫描延迟时间和扫描次数分为普通增强检查、多期增强检查、超顺磁性对比剂增强检查、肝细胞特异性对比剂增强检查。

3. MRA 检查　主要用于血管疾病的诊断。分为普通 MRA 检查和增强 MRA 检查。

4. MR 水成像检查　采用重 T_2 加权，使体内静态或缓慢流动的液体呈亮白高信号，清晰显影，用于胰胆管和尿路成像，即磁共振胰胆管成像（MRCP）和磁共振尿路成像（MRU）。MRCP 主要用于诊断胰胆管异常，MRU 用于尿路梗阻性疾病的诊断。

四、磁共振成像的临床应用

1. 头部　MRI 可清晰分辨脑灰质和脑白质，对多发性脑硬化等优于 CT。对脑外伤、脑出血等类似 CT，但可显示硬膜下血肿。对脑瘤、脑梗死、脑血管疾病、蛛网膜下隙疾病、颅后窝及颅颈交界区病变的诊断具有优势。首选用于脑干及小脑病变。

2. 脊柱　MRI 不需造影剂即能清晰区分脊髓、硬膜囊和硬膜外脂肪，对肿瘤、脊髓空洞症等均有较高的诊断价值。显示骨折或脱位不如 X 线或 CT，但能观察脊髓损伤情况。对椎间盘疾病显示良好，可以分辨纤维环和髓核，特别是矢状面图像可以同时显示多个椎间盘突出。

3. 四肢　MRI 对骨质本身病变显示不如普通 X 线或 CT。对软组织及肌肉病变包括肿瘤及炎症均能清晰显示，特别是对早期急性骨髓炎，是一种灵敏度很高的检查方法。也是检查膝关节半月板病变的首选方法。

4. 盆腔　MRI 对直肠及泌尿生殖系统检查优于 CT，无辐射损害，特别适用于孕妇及胎儿检查。也可用于诊断盆腔肿瘤、前列腺炎、盆腔内血管与淋巴结转移。

5. 胸部　MRI 对肺的显示不佳，对纵隔检查则优于 CT，不用造影剂即可分辨纵隔血管和肿物，具有重要的诊断价值。

6. 腹部　MRI 主要用于肝、胰、脾等实质脏器的检查，尤其 MRCP 对胆胰管病变的显示具有优势。对肾及肾上腺显示良好。

五、磁共振成像检查前的准备

1. 检查前应向患者说明检查的目的、方法、注意事项，消除患者的恐惧心理。

2. 禁止携带金属物品、手机等进入扫描间；更换所有带有金属挂钩、拉链的内、外衣物。

3. 女性患者如有体内节育器，须告知医生，腰椎、盆腔检查时要取出金属节育环。体内有心脏起搏器、铁磁性植入物、人工金属关节、动脉瘤术后金属夹留存者、孕早期患者等禁止做磁共振检查。体内有弹片、金属内固定物、假关节等检查时需严密观察，以防金属在高磁场中移动，从而损伤邻近大血管和重要组织。

4. 腹部器官如肝、胰、肾等的检查要求空腹，可饮用足量的水。盆腔检查前 2 小时需饮水 700 ～ 1000ml。

第 4 节　核医学成像

核医学成像又称放射性核素显像，是利用放射性核素示踪技术进行医学成像，以协助疾病诊断的一门科学。

一、核医学成像的基本原理

将放射性药物引入体内后，其放射性核素与标记化合物的生物学行为同天然元素或其化合物一样，能够参与机体的正常或异常代谢过程，可选择性地聚集在特定的脏器、组织或病变部位。借助核医学成像设备，可在体外探测到脏器与邻近组织或脏器内正常组织与病变组织间的放射性浓度差，并以一定的模式成像，获得可反映脏器和病变组织的形态、位置、大小、功能和代谢等状况的核医学影像。

二、常用放射性药物及核医学仪器

1. 常用放射性药物　放射性药物是指用于临床诊断或者治疗的放射性核素制剂或其标记药物，如

$Na^{131}I$、$^{201}TlCl$、$^{89}SrCl$ 等，主要发射出 γ 射线，也称为显像剂或示踪剂。

2. 核医学仪器　用于探测引入体内的放射性核素所发射的 γ 射线，通过能量转换、信号放大、计算机处理等一系列过程，从而获得图像的仪器。目前最常用的有 γ 相机、单光子发射计算机体层成像仪、正电子发射体层成像仪及正电子发射计算机断层显像仪（图 8-23）。

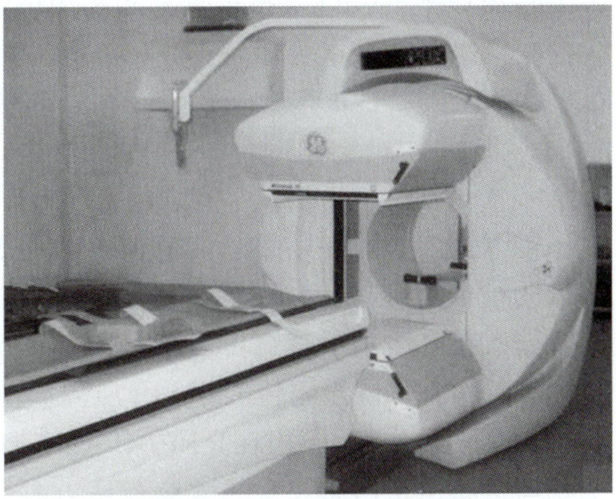

图 8-23　正电子发射计算机断层显像仪

三、核医学成像的临床应用

核医学成像方法简单、灵敏、无创伤、特异性强、易于重复、结果可靠。既可反映组织脏器形态，又能反映其功能和代谢状况，故在临床上广泛用于中枢神经系统、内分泌系统、呼吸系统、心血管系统、消化系统、泌尿系统和骨骼运动系统疾病诊断。

四、核医学检查前的准备

（一）放射免疫的标本

1. 向患者详细解释检查的目的、意义，让患者保持情绪稳定，避免产生不良心理反应而对测定产生干扰。

2. 仔细核对患者姓名、放射性药物名称等。

3. 采血要求清晨空腹，前日晚禁止饮酒、禁油腻食物，样品及时送检，或在 –20℃保存。

4. 甲状腺激素测定前半个月禁食含碘食物；胰岛素测定应在清晨注射胰岛素之前；洋地黄药物测定应在服药后 6 ～ 8 小时；$β_2$ 微球蛋白测定时应弃晨尿，饮水 300ml，间隔 30 ～ 60 分钟收集尿液并采静脉血同时送检。

（二）脏器显像及功能检查前的准备

1. 甲状腺显像　^{131}I 摄取试验前应停用含碘丰富的食物和药物以及其他影响甲状腺吸碘功能的物质 2 ～ 4 周，妊娠期和哺乳期妇女禁用。

2. 脑血流灌注显像　检查前禁食 6 小时以上，注射显像剂前安静休息至少 30 分钟。

3. 肾动态显像　检查前 30 分钟饮水约 300ml，排空尿液。

4. 骨显像　检查前应除去患者衣物上的金属物品如硬币、金属夹、钥匙、项链等；询问有无植入的金属假肢等物品；检查前嘱患者排空膀胱，以免膀胱内放射性药物过多，使骨盆骨显示不清；因疼痛不能平卧或出现强迫体位的患者可给予镇静剂；注射骨显像剂后应鼓励患者多饮水，以加速非骨组织内放射性药物的清除。

5. 肝、胆动态显像　检查前应禁食 4 小时以上；为确保显像时体位不动，儿童可在检查前 15 ～ 30 分钟使用镇静剂；检查前避免使用影响显像的药物如吗啡类和收缩胆囊类制剂等。

6. 胃肠管出血显像　检查前 1 小时口服过氯酸钾 400mg。

7. 心肌灌注显像　检查前 48 小时停服 β 受体阻滞剂和钙拮抗剂；记录心率、血压及 12 导联心电图。

第 5 节　超声成像

超声是指振动频率在每秒 20 000 赫兹（Hz）以上，超过人耳能感知的频率范围（20 ～ 20 000Hz）的声波。超声诊断学是在现代电子学发展的基础上，将雷达技术与声学原理相结合而应用于临床诊断的一门学科；是利用超声的物理特性和人体组织器官在声学性质上的差异以波形、曲线及图像的方式显示及记录，用以诊断疾病的一种检查方法。超声成像因操作简单、无痛苦、无创伤、可多次重复的特性而广泛应用，在医学影像诊断中占有重要的地位。

一、超声成像的基本原理

超声是波长短、频率高的机械波，用于医学上的超声频率为 2.2 ～ 10 兆赫兹（MHz）。与超声有关的物理特性包括以下 4 种。①指向性：超声需要在介质中传播，不同的介质，其声阻抗各有差异。超声在介质中呈直线传播，具有良好的指向性，这是超声检查的基础。②反射、折射与散射：当超声传过两种不同声阻抗的相邻介质界面时，会发生折射、反射和散射，从而显示不同组织的界面轮廓。③衰减与吸收：超声在介质中传播时声能逐渐减小，称为衰减。不同组织对超声的吸收程度不同，主要与组织中蛋白质和水的含量有关。④多普勒效应：即频移现象，是超声遇到运动的反射界面时，反射波的频率发生改变。因此，利用这一性质可探测心脏活动、血流方向和速度。

超声射入人体内，由表面到深部将经过具有不同声阻抗和衰减特性的组织和器官，产生不同的衰减和反射，这就是构成超声图像的基础。将接收到的回声根据其强弱，用明暗差异的光电依次显示于荧屏上，就可以显示出人体的断面超声图像称声像图（图 8-24，图 8-25）。

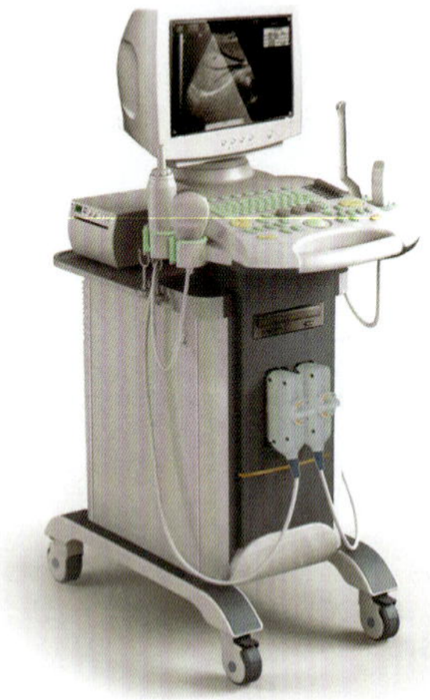

图 8-24 超声仪

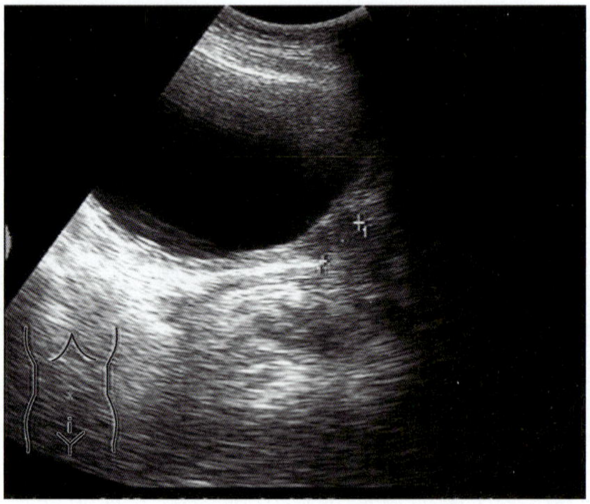

图 8-25 声像图

超声设备主要由换能器、信息处理系统和显示器组成。换能器采用压电晶体，压电晶体既可将电能转换为声能，又可将声能转换为电能。因此，换能器兼有超声发生器和回声接收器的功能。换能器有线扫描、凸弧扫描和扇扫描，线扫描和凸弧扫描用于腹部脏器扫查，扇扫描用于心脏显像。

二、超声检查的方法

1. 二维超声检查 二维超声检查（B 型超声检查）是目前应用最广泛的超声检查方法。能够实时动态显示脏器形态、解剖层次、毗邻关系、血管的分布等，主要用于检查腹腔盆腔脏器、心脏、大血管等。

2. M 型超声检查 主要用于检查心脏和大血管。

3. D 型超声检查 包括频谱型多普勒超声检查、彩色多普勒血流成像、彩色多普勒能量图、组织多普勒成像，能够对器官组织的血流状况进行分析。

三、超声成像的临床应用

超声检查无创伤、无痛苦、无电离辐射影响，无需使用对比剂即可获得人体各部位软组织器官和病变及管腔结构的高清晰断层图像。可提供解剖结构形态学信息，反映心血管运动器官的重要生理功能，能无创地检测有关血流动力学参数及观察组织器官血流灌注。超声检查已广泛应用于内科、外科、妇产科、儿科和眼科的疾病诊断，成为许多软组织器官病变首选的影像学检查方法。

（一）颅脑疾病超声诊断

超声诊断可利用婴幼儿的囟门为声窗获得颅脑内部结构图像，用于诊断婴儿缺血缺氧性脑病、脑积水等疾病。二维超声也可应用于成人脑动脉血管疾病、颅内占位性病变等。经颅多普勒颅脑超声检测仪可测定 10cm 以内颅内及颈部大、中动脉的血流动力学状态，常用于检测脑梗死、蛛网膜下隙出血、脑血管痉挛、脑动脉瘤及脑动静脉畸形等疾病。

（二）胸部超声诊断

超声诊断可应用于胸腔疾病包括胸腺囊肿、胸腺瘤、畸胎瘤、淋巴结结核和恶性淋巴瘤等肿块；肺气肿、肺不张、肺脓肿、肺实质性占位病变；胸膜腔积液、脓胸、胸膜肿瘤等病变的诊断。

（三）腹部超声诊断

1. 肝脏

（1）正常声像图　肝脏实质部呈均匀细小的点状中等强度回声。

（2）异常声像图

1）原发性肝癌：肝实质内可见圆形或类圆形团块，肿块内部可见低回声、强回声及混杂回声，肿块周围可见低回声包膜，其侧后方形成声影。

2）肝脓肿：可见低回声或无回声肿块，脓肿壁为强回声，厚薄不均，脓肿后方可见回声增强。

2. 胆系

（1）正常声像图　正常胆囊纵切面呈梨形、长茄形或长椭圆形，横切面呈圆形或椭圆形，胆囊壁为边缘光滑的高回声，腔内为均匀的无回声液性暗区，后方可见回声增强。

（2）异常声像图

1）胆石症：胆囊腔内出现强回声团或点状中强回声及光斑，后方伴有声影，且强回声团随着体位的改变而移动。

2）胆囊炎：急性胆囊炎则可见胆囊增大，胆囊壁增厚及水肿，胆囊腔内常见结石或絮状物沉积，周围伴低或无回声带；慢性胆囊炎则胆囊缩小变形，萎缩成高回声带，胆囊壁增厚，囊内呈云雾状。

3. 脾脏

（1）正常声像图　正常脾实质回声呈分布均匀的点状中低回声。

（2）异常声像图

1）脾大：轮廓饱满清晰，上下极圆钝，实质回声无明显改变。

2）脾破裂：①真性脾破裂，脾包膜连续性中断，脾周围出现低回声或无回声区。②中央型脾破裂，实质内出现片状或团块状增强回声，包膜不破。③包膜下脾破裂，可见包膜下方低回声。

4. 泌尿及男性生殖系统　超声检查应用于泌尿系统及男性生殖系统先天性发育异常、肾或输尿管结石、肾衰竭、肾萎缩、肾囊肿、肾肿瘤；膀胱结石、膀胱肿瘤、前列腺增生、前列腺癌、尿道狭窄；阴囊血肿、鞘膜积液、睾丸肿瘤及附睾结核等疾病。

（1）正常声像图　正常肾脏因扫查方向的不同可呈圆形或卵圆形，被膜为强回声线影，肾皮质为均匀弱回声，肾锥体为三角形或圆形低回声，肾窦为不规则强回声；正常的输尿管则不显影，正常充盈的膀胱内为均匀液性无回声区，膀胱壁为明亮回声带。

（2）异常声像图　①肾结石：肾窦区点状或团状强回声，后方伴声影。②输尿管结石：扩张输尿管下端的强回声，其后伴声影。③膀胱结石：膀胱内强回声光团，其后伴声影。

（四）妇产科超声诊断

超声检查是女性生殖系统最常用的检查方法。经腹部进行扫查时需充盈膀胱，以推开肠管，使子宫附件能清晰显示。可用于宫内节育器探查、子宫发育异常、子宫肌瘤、子宫内膜增生、子宫内膜癌、卵巢浆液性或黏液性囊腺瘤（癌）等。正常子宫纵切面呈倒置的梨形，横切面底部呈三角形，体部呈椭圆形，子宫肌呈均匀中等回声，宫腔呈线状强回声，内膜呈低回声或较强回声，宫颈呈较强回声，卵巢断面呈圆形或卵圆形，内部回声均匀，回声强于子宫，输卵管呈边缘强回声的管状结构。也可用于早、中、晚期正常妊娠中胎儿生长、发育情况及其羊水、脐带、胎盘的监测。

（五）心血管腔疾病超声诊断

超声心动图检查可将超声探头置于胸壁或食管内，对心脏进行多切面扫描，综合分析心脏各结构的位置、形态、活动与血流特点等，从而获得心血管疾病的解剖、生理、病理及血流动力学诊断资料。食管内超声、血管内超声、心血管三维超声成像技术的发展，极大地提高了其诊断的敏感性与特异性。

（六）超声诊断新型技术

1. 三维超声　是近年来超声医学领域中的一项新技术。它利用表面重建成像对不同灰阶进行分割，提取出感兴趣结构的表面轮廓，适用于膀胱、胆囊、子宫、胎儿等含液性的空腔和被液体环绕的结构，重建的三维 B 超图像清晰直观，立体感强。

2. 四维超声　是在三维超声图像基础上加上时间维度参数。该技术能够实时获取三维图像，超越了传统超声的限制。在医学上，它适用于心脏、肝胆、胰腺、外周血管、表浅器官软组织各种疾病的检查，尤其在产科方面，能为早期诊断胎儿先天性体表畸形和心脏疾病提供准确依据。

3. 介入超声　介入超声的特点是在实时超声监视和引导下，完成各种穿刺、活检、注药治疗等操作，从而达到与手术等同的效果。特别是自动活检装置超声引导下的自动活检技术，提高了穿刺效率及活检标本的质量，具有极高的准确性和安全性。

四、超声检查前的准备

检查前应向患者说明检查的目的、方法、注意事项，指导患者采取正确的检查姿势。胆道疾病患者需禁食 12 小时，检查前一天少食油腻食物，以保证胆囊、胆管内胆汁充盈，并减少胃肠道食物和气体的干扰；胃、胰腺疾病患者需禁食 8 ～ 12 小时，幽门梗阻患者检查前抽去胃液，腹胀或便秘的患者检查前可服用促消化药物，帮助排气排便；膀胱、前列腺、妇科疾病患者检查前 2 ～ 3 小时内不排尿，必要时在检查前 1 小时饮水 500 ～ 1000ml，使膀胱适度充盈，以利于检查。

目标检测

A_1/A_2 型题

1. X 线可致人体损害的特性是（　　）
   A. 穿透性　　B. 荧光效应
   C. 摄影效应　　D. 磁场效应
   E. 电离效应
2. 放射性核素检查主要利用的射线是（　　）
   A. 正电子　　B. α 射线
   C. γ 射线　　D. X 射线
   E. β 射线
3. 超声波是一种机械波，其频率超过（　　）
   A. 10 000Hz　　B. 20 000Hz
   C. 30 000Hz　　D. 40 000Hz
   E. 50 000Hz
4. X 线摄片的优点不包括（　　）
   A. 成像清晰　　B. 对比度较好
   C. 能留作永久记录　　D. 便于复查时对照
   E. 可观察器官的运动功能
5. 目前应用普遍且诊断价值较高的 CT 检查为（　　）

A. 头颈部疾病检查
B. 中枢神经系统疾病检查
C. 胸腔和肺脏检查
D. 心脏及大血管疾病检查
E. 骨与关节疾病检查

6. 磁共振成像诊断价值最高的是（　　）
A. 脑、脊髓疾病　B. 心血管疾病
C. 腹部脏器病变　D. 盆腔脏器病变
E. 乳腺疾病

7. 下列不属于超声波检查优点的是（　　）
A. 操作简单　B. 可多次重复
C. 无放射性损伤　D. 能及时获得结论
E. 分辨率低

8. 胃肠疾病的 X 线诊断方法，最主要的是（　　）
A. X 线摄片　B. 荧光透视
C. 硫酸钡造影　D. 碘油造影
E. 充气造影

9. 骨关节的 X 线检查方法，最常选用（　　）
A. X 线透视　B. X 线摄片　C. 造影
D. 体层摄影　E. 放大摄影

10. X 线表现为两肺野透亮度增加，膈下移，肺纹理稀疏，心影狭长垂直状，考虑（　　）
A. 肺气肿　B. 肺不张
C. 肺纤维化　D. 气胸
E. 肺炎

11. 渗出性病变的 X 线表现，错误的是（　　）
A. 密度稍高
B. 较均匀的云絮状影
C. 边缘模糊不清
D. 结节状或梅花瓣状影
E. 与正常肺之间无清楚界限

12. 肺结核的治愈阶段 X 线表现是（　　）
A. 渗出　B. 增殖
C. 纤维化及钙化　D. 干酪性病灶
E. 空洞

13. 骨质疏松的 X 线表现为（　　）
A. 骨骼变形　B. 骨质破坏
C. 骨小梁模糊　D. 骨密度减低
E. 骨质缺损

14. 关节的基本病变不包括（　　）
A. 关节肿胀　B. 关节破坏
C. 关节退行性病变　D. 关节强直
E. 骨折

15. 有关 X 线摄片前的准备，错误的是（　　）
A. 胸部摄片时须屏气
B. 充分暴露检查部位
C. 急腹症检查前应清洁肠道
D. 外伤患者摄片时减少搬动
E. 危重患者摄片时须有临床医护人员监护

16. 患者女，30 岁，因咳嗽、胸痛入院。胸片检查显示右侧胸腔下部均匀致密影，膈肌不清，致密影上缘呈外高内低的斜形弧线，该患者的诊断可能是（　　）
A. 肺结核　B. 肺炎
C. 气胸　D. 胸腔积液
E. 肺脓肿

17. 患者男，28 岁。2 天前淋雨后出现咳嗽、咳痰。肺部 X 线检查见左下肺呈大片均匀的致密影，该患者的初步诊断为（　　）
A. 肺结核　B. 胸膜炎
C. 间质性肺炎　D. 小叶性肺炎
E. 大叶性肺炎

18. 患者男，60 岁，慢性咳嗽、咳痰 30 余年。X 线胸片显示两肺野透亮度增高，肺纹理纤细，心影狭长，膈肌位置下降，肋间隙增宽，可诊断为（　　）
A. 气胸　B. 液气胸
C. 阻塞性肺不张　D. 阻塞性肺气肿
E. 胸腔积液

19. 患者女，28 岁，因左下腹疼痛就诊。怀疑为异位妊娠，行盆腔 B 超检查，护士应嘱咐患者检查前 2 ～ 3 个小时不能（　　）
A. 进水　B. 进食　C. 排便
D. 排尿　E. 剧烈运动

（刘　平）

第9章 护理诊断的思维方法

第1节 护理诊断

1950年，美国的McManus首先提出了护理诊断的概念。1973年，美国护理协会将护理诊断纳入护理程序中并提出了护理诊断的基本框架，成立了全美护理诊断分类小组，1982年更名为北美护理诊断协会（North American Nursing Diagnosis Association，NADNA）。以后NADNA每两年召开一次会议，对原有的护理诊断进行修订和增补。2002年NADNA更名为北美国际护理诊断协会。目前，护理诊断已由第1次全美护理诊断分类会议发表的34项发展到目前的267项。

一、护理诊断与医疗诊断的区别

护理诊断（nursing diagnosis）是关于个人、家庭、社区对现存或潜在的健康问题及生命过程反应的一种临床判断，是护士为达到预期的结果选择护理措施的基础，这些预期结果应能通过护理职能达到。医疗诊断是医疗工作的范畴，是针对疾病本质做出的判断，包括病因诊断、病理诊断、病理生理诊断。例如，患者起床时突然感到头痛，对此医生的工作重点在于寻找引起头痛的原因，并做出相应的医疗诊断；而护士更关心的是患者可能因头痛导致受伤，两者的区别，见表9-1。

表9-1 护理诊断与医疗诊断的区别

区别点	护理诊断	医疗诊断
侧重点	患者对健康问题或生命过程的反应	疾病的本质
研究对象	个体、家庭、社区	患者
诊断的数量	数量较多，随患者的变化而变化，有同病异护和异病同护现象	常为1个，相对稳定，在病程中保持不变
决策者	护士	医生
职责范围	在护理职责范围内，有相应的护理措施	在医疗职责范围内，有相应的治疗方法
举例	急性疼痛：与心肌缺血缺氧有关	冠心病

二、护理诊断的构成

护理诊断分为现存性护理诊断、危险性护理诊断、健康促进护理诊断和综合征4种类型。

（一）现存性护理诊断

现存性护理诊断是护士对个体、家庭或社区已出现的健康问题或生命过程的反应所作的临床判断。现存性护理诊断由名称、定义、诊断依据及相关因素四部分组成。

1. 名称　是对个人、家庭或社区目前已出现的健康状况或生命过程反应的概括性描述，如气体交换受损、睡眠型态紊乱等。

2. 定义　是对护理诊断清晰、正确的描述，并以此与其他护理诊断相区别。例如，“急迫性尿失禁”

是指个体处在突发的强烈排尿欲望下无意识排尿的一种状态；而“压力性尿失禁”的定义是指咳嗽、喷嚏、大笑等腹内压增高时，由于尿道括约肌松弛和（或）无力形成的尿液不自主地从尿道流出。

3. 诊断依据　是护理诊断的临床判断标准，来自患者健康状况的主观和客观资料。分为主要依据和次要依据。

（1）主要依据　是指形成某特定护理诊断所必须具备的依据。例如，在言语沟通障碍的诊断依据中，患者说话或发音有困难为必备的依据。

（2）次要依据　是指在形成护理诊断时有支持作用，但不是必须存在的。例如，相对护理诊断的营养失调：低于机体需要量而言，体重低于理想体重的 10% 以上是主要依据，肌肉软弱无力、毛发干枯是次要依据。

4. 相关因素　是指促成护理诊断成立和维持的原因与情景。影响个体健康状况，导致健康问题的直接因素、促发因素和危险因素。

（1）病理生理因素　如体液过多的相关因素可能是肾脏功能受损。

（2）治疗因素　如患者接受肾上腺皮质激素治疗后可出现库欣综合征的表现，致患者出现体象紊乱问题。

（3）情境因素　包括环境、生活经历、生活习惯和角色等方面的因素，如睡眠型态紊乱的相关因素可能是环境改变、工作压力过重等。

（4）成熟因素　指与年龄相关的各方面因素，包括认知、生理、心理、社会、情感的发展状况等，如淋浴自理缺陷的相关因素是老化所致的活动或运动功能减退。

（二）危险性护理诊断

危险性护理诊断是指对易感的个体、家庭或社区对健康状况或生命过程中出现反应所做出的临床判断。要求护士要有预见性，能预测可能会出现的问题。危险性护理诊断由名称、定义及危险因素三部分组成，用“有……的危险”进行描述。例如，长期卧床的患者，存在“有皮肤完整性受损的危险：与皮肤长期受压有关”；肿瘤患者化疗后，存在有感染的危险：与白细胞水平下降有关。

（三）健康促进护理诊断

健康促进护理诊断是护士对个体、家庭或社区具有达到更高健康水平潜能的临床判断。仅包含名称一个部分，如有自我健康管理改善的趋势、娱乐活动减少等。

（四）综合征

综合征是一组特定的、同时发生的、最好采用相似措施进行干预的、现存的或有危险的护理诊断。综合征与健康促进护理诊断一样，仅有名称，如创伤后综合征、急性物质戒断综合征。

在确认护理诊断的过程中，可采用可能的护理诊断这一过渡的护理诊断形式。可能的护理诊断是指已有的健康资料能支持护理诊断，但尚不充分，需要进一步采集资料予以确认或排除的现存性或危险性护理诊断。例如，有营养失调的可能：低于机体需要量，与疾病消耗增多有关；有体象紊乱的可能：与化学药物治疗后脱发有关。

三、护理诊断的陈述方式

护理诊断的陈述是对患者健康状态的反应及其相关因素 / 危险因素的描述。其陈述形式有 3 种。

1. 三部分陈述　即 PSE 公式，由诊断名称 + 症状体征 + 相关因素三部分组成。问题（problem）为护理诊断的名称，为陈述的第一部分；诊断依据中的症状和体征（symptoms and signs）为陈述的第二部分；原因（etiology）为陈述的第三部分。例如，清理呼吸道无效（P）：痰液不易咳出（S），与无力咳嗽有关（E）。

2. 二部分陈述　因有危险因素存在，尚未发生，故没有症状和体征。即用 PE 公式，常用于潜在的护理诊断的陈述。例如，有感染的危险（P）：与营养不良有关（E）。

3. 一部分陈述　只有 P，常用于健康促进护理诊断的陈述，仅由诊断名称构成。例如，有睡眠改善的趋势（P）。

四、合作性问题

合作性问题是需要与其他医务人员特别是医生合作方可解决的问题，是需要护士监测，以及时发现某些疾病过程中的并发症，并通过执行医嘱和采用护理措施以减少其发生的可能性。某些并发症是可以通过护理措施进行预防和处理的，属于护理诊断，如有皮肤完整性受损的危险。合作性问题陈述方式均以潜在并发症（PC）开始，其后为并发症的名称。书写时不能省略潜在并发症，如潜在并发症：低钾血症；潜在并发症：心律失常（表 9-2）。合作性问题一旦确立，就表明患者可能或正在发生某种并发症，此时护理的重点是监测病情变化，与医生合作、共同处理。

表 9-2　护理诊断与合作性问题的区别

内容	护理诊断	合作性问题
决定治疗者	护理人员	医生与护士共同处理
陈述方式（以冠心病为例）	急性疼痛：与心肌缺血缺氧有关	潜在并发症：心律失常
预期目标	需要为患者确定预期目标，作为评价护理效果的标准	不强调预期目标，不是护理职责范围内能单独解决的
护理措施	减轻、消除、预防病痛，促进健康	预防、监测并发症的发生和医护共同进行干预

第 2 节　护理诊断的步骤与思维方法

护理诊断的评估是对评估获取的健康资料进行分析、综合、推理、判断，最终得出符合逻辑的结论的过程。这一过程需要经过采集资料、整理分析资料和形成假设、验证和修订护理诊断及护理诊断的排序 4 个步骤。

一、采集资料

采集资料是做出护理诊断的基础。利用健康评估的方法，如问诊、体格检查、诊断性检查采集主观资料、客观资料，获得有关患者身体健康、功能状况、心理健康和社会适应的情况。采集资料是否全面、准确将直接影响到护理诊断的准确性。

二、整理分析资料和形成假设

护士将评估获得的资料按照一定的分类系统进行综合归纳，如人类反应型态分类、功能性健康型态分类、多轴系健康型态分类系统，将资料组合。

护士利用所学的基础医学知识、护理学知识、人文知识等与自己的临床经验相结合，对健康资料进行分析，发现异常，这些异常就是诊断依据。然后进一步寻找相关因素或危险因素，为形成护理诊断提供线索和可能性。

护士罗列出可能性较大的护理问题，形成一个或多个诊断性假设。假设的诊断要属于护理工作的范畴，所涉及的问题能通过护理干预得以解决。护士不能独立解决的问题则为合作性问题。将这些假设的诊断与诊断依据、相关因素进行比较，以确认异常资料与假设护理诊断的诊断依据之间的匹配关系。一旦建立了匹配关系，并符合该护理诊断的定义特征，即产生了一个初步的护理诊断。

三、验证和修订护理诊断

在实践中需进一步验证初步护理诊断是否正确。护士需要进一步采集资料或核实资料，以确认或否定诊断性假设。客观、细致地观察病情变化，随时提出问题，寻找证据，对新的发现、新的检查结果不断进行反思和解释，如此不断验证和修订，直至做出最终的护理诊断。此外，随着患者健康状况的改变，其对健康问题的反应也在改变。因此，需不断地重复评估以维持护理诊断的有效性。

四、护理诊断的排序

确定护理诊断后，若患者同时存在多个护理诊断和合作性问题，护士应按照重要性和紧迫性排出主次顺序。通常的顺序是首优诊断、次优诊断和其他诊断，但要注意排序的可变性。

1. 首优诊断　指直接威胁患者生命，需要护士立即解决的问题，如气体交换受损、清理呼吸道无效、心排血量减少等。急、危重症患者在紧急状态下，常可能同时存在多个首优诊断。

2. 次优诊断　指虽然不直接威胁患者的生命，但需要尽早采取措施，以避免病情进一步恶化的护理诊断，如慢性意识障碍、排尿障碍、有感染的危险等。

3. 其他诊断　指对护理措施的及时性要求并不严格，在安排护理工作时可稍后考虑的护理诊断或合作性问题，如知识缺乏等。

一般应首先解决威胁生命问题，再解决次优和其他诊断的问题。但是，护理诊断的顺序在护理过程中不是固定不变的，随着病情的变化和治疗护理的进展，首优问题需要获得一定程度的满足后，次优或其他问题可以上升为首优问题。

目标检测

A_1/A_2 型题

1. 下列有关护理诊断的描述错误的是（　　）
   A. 属于护理的职责范围
   B. 是护理程序的核心
   C. 是制定护理计划的基础
   D. 是对疾病生理病理变化的说明
   E. 是对患者生理、心理等方面健康问题的反应状态的临床判断
2. 关于护理诊断和医疗诊断的描述，错误的是（　　）
   A. 护理诊断随病情的变化而变化
   B. 护理诊断的决策者是护理人员
   C. 医疗诊断描述一种疾病
   D. 医疗诊断的名称在病程中保持不变
   E. 护理诊断是对个体病理生理变化的一种临床判断
3. 在护理诊断陈述的 PES 公式中，“E”表示的含义是（　　）
   A. 分类　　B. 诊断名称
   C. 相关因素　　D. 临床表现
   E. 实验室检查
4. 属于合作性问题的是（　　）
   A. 潜在并发症：心律不齐
   B. 低效性呼吸型态：发绀、呼吸急促：与胸部疼痛有关
   C. 有受伤的危险
   D. 腹胀、腹痛
   E. 焦虑
5. 患者女，26 岁。因腹泻 2 天入院，护士通过评估所收集的资料，提出护理诊断“体液不足：与急性腹泻致体液丢失有关”。该患者的护理诊断属于（　　）
   A. 现存的护理诊断　　B. 有危险的护理诊断
   C. 可能的护理诊断　　D. 健康的护理诊断
   E. 综合的护理诊断

（罗玉梅）

第10章 护理病历书写

第1节 概 述

护理病历是护士在护理活动过程中形成的文字、符号、图表等资料的总和。护士需要填写或书写的护理病历主要包括体温单、医嘱单、临床护理记录、手术清点记录单、护理日夜交接班报告等。本章着重介绍临床护理记录部分，主要包括护理病历首页、护理计划单、护理记录和健康教育计划等。

一、护理病历书写的意义

1. 指导临床护理实践　护理病历是护士制订护理计划、评估护理效果的重要依据。通过护理病历，护士可以了解患者的护理信息，保证护理工作的连续性、针对性和完整性。

2. 评价临床护理质量　护理病历反映了临床护理质量和护理管理水平，可用于评价医院护理管理控制标准、政策的可行性和实用性等。

3. 促进护理教学与研究　护理病历充分反映了护理理论在临床实践中的应用，可为护理教学提供最真实、最生动的素材。护理病历也可为护理科研提供重要的资料，对流行病学研究、传染病管理、探索护理措施等尤为重要。

4. 提供法律依据　护理病历是合法的护理文件，具有法律效力。它反映了患者在住院期间接受护理的具体情况，可作为医疗纠纷、医疗事故、人身伤害、保险理赔的法律依据。

二、护理病历书写的基本要求

1. 内容真实、全面　书写护理病历时，必须客观、真实地反映患者的健康状况及所采取的护理措施等。要求护士认真仔细、全面系统地收集患者的有关资料，不能主观臆断。

2. 记录规范、准确　护理病历书写应使用规范的医学词汇、术语和缩写，力求内容精练、准确、重点突出、条理清楚。

3. 按规定格式及时书写　目前全国各医疗单位尚无统一的护理病历记录格式，但每个医疗单位都有规定和要求，须按规定格式及时书写，以便随时反映护理对象健康状况的变化，并进行比较分析。因抢救急危重症患者未能及时书写护理病历的，应在抢救结束后6小时内及时据实补记。

4. 手写记录要工整　护理病历书写字迹要清晰、工整，不可潦草，便于他人阅读。书写过程中出现错字时，应当用原色以双横线划在错字上，保留原记录清楚、可辨。

附：电子病历简介

电子病历也叫计算机化的病案系统或称基于计算机的患者记录。它是用电子设备（计算机、健康卡等）保存、管理、传输和重现的数字化的患者的医疗记录，取代手写纸张病历。它的内容包括纸张病历的所有信息。

《电子病历基本架构与数据标准（试行）》给出的定义：电子病历是由医疗机构以电子化方式创建、保存和使用的，重点针对门诊、住院患者（或保健对象）临床诊疗和指导干预信息的数据集成系统。

是居民个人在医疗机构历次就诊过程中产生和被记录的完整、详细的临床信息资源。电子病历应当具备两方面功能。

1. 医务工作者、患者或其他获得授权的人，在需要了解一个个体的任何健康资料或相关信息时，在任何情况下都可完整、准确、及时获得它们，并可得到准确的释义，在需要时可以最大限度地得到详细、准确、全面的相关知识。

2. 电子病历可以根据自身掌握的信息和知识，主动进行判断，在个体健康状态需要调整时，做出及时、准确的提示，并给出最优方案和实施计划。

第 2 节　护理病历的格式与内容

护理病历书写格式基本采取表格式，主要包括护理病历首页、护理计划单、护理记录和健康教育计划。《医疗事故处理条例》出台以后，规定护理病历主要书写一般患者护理记录、危重患者护理记录和手术护理记录。

一、护理病历首页

护理病历首页又称入院评估表，是患者入院后首次进行的系统的健康评估记录，其内容包括患者一般资料、健康史、体格检查及其他检查结果、医疗诊断等，一般要求在患者入院后 24 小时内完成。

临床入院评估表多采用以人的生理 - 心理 - 社会模式，或戈登（Gordon）的 11 个功能性健康型态模式的护理理论为指导而设计的表格书写，可为选项形式，也可直接填写。

患者入院评估表将需要评估的内容提示出来，可以指导护士全面系统地采集和记录患者的健康资料，避免遗漏，特别适用于初学者。其记录方式以在备选项中打“√”为主，可有效地减少书写时间和书写负担。其形式固定，因此在一定程度上限制了护士的主动性和评判性思维能力的发挥。

患者入院评估表是参照生理 - 心理 - 社会模式设计的表格，以选项为主，填写为辅（表 10-1）。

表 10-1　入院评估表

科室________　床号________　姓名________　住院号________

一般状况	民族：　婚姻状况：　职业：　文化程度： 入院方式：　入院类型：　入院时间：　入院诊断： 联系人：　关系：　联系电话： 联系地址： 吸烟史：　饮酒史：
生理评估	意识状态：　身高：　体重：　体重指数： T___ ℃　P_______次 / 分　R_______次 / 分　BP___ mmHg 疼痛筛查：你今天痛吗?　（□是 □否）　你晚上痛吗?　（□是 □否） 你在活动时痛吗?　（□是 □否）　你是不是每天都痛?　（□是 □否） 疼痛评估方法：数字分级法（NRS）　疼痛评分： 视力：□正常　□远视　□近视　□失明（□左 □右 □双侧） 听力：□正常　□耳鸣　□重听　□耳聋（□左 □右 □双侧） 皮肤状况： 饮食：　睡眠：　排便：　排尿：
心理评估	心理状态：　对所患疾病的认识： 试图自杀或有自杀倾向：　□是　□否 其他相关的精神病史： 精神类药物的使用：　□是　□否 心理医师评估需求：　□是　□否

续表

社会评估	医疗费用支付方式：□医保 □商业保险 □社保 □自费 其他支付方式： 宗教信仰：□无 □有（□佛教 □道教 □基督教 □伊斯兰教 □天主教 □其他） 特殊人群： 对将要接受的医疗服务是否有经济的焦虑：□是 □否
接受健康教育能力评估	健康教育的对象： 沟通能力：□良好 □较好 □一般 □拒绝 学习准备：□接受 □漠视需要 □没有兴趣 □拒绝 影响学习障碍： 喜爱的教育方式： 特殊需求： 健康教育的措施：□针对性教育 □其他
安全评估	过敏史：□无 □有 过敏药物（食物）： 输血史：□无 □有 既往史：□无 □有 活动：□正常 □异常 自理能力评估（分）： 压疮高危评估（分）： 非计划性拔管评估（分）： 跌倒 / 坠床风险评估（分）： 静脉血栓风险评估（分）：
入院介绍和指导	□病室环境 □医护人员 □探视制度 □膳食安排 □安全教育 □陪伴椅使用 □防跌倒坠床 □防压疮 □留陪伴 特别指导：

医生签名： 护士签名：

年 月 日

二、护理计划单

护理计划是根据护理诊断 / 合作性问题而设计的使患者尽快、更好地恢复健康的计划，是临床进行护理活动的依据。护理计划单则是对上述护理活动全面且系统的书面记录。通过护理计划单可了解患者在整个住院期间存在的护理诊断 / 合作性问题、实施的措施及效果，提示已解决的护理诊断 / 合作性问题、出院时仍存在的护理诊断 / 合作性问题，以及需要在出院后进一步采取的措施。护理计划可根据患者的情况随时修订。临床上常采用表格式的护理计划单（表 10-2）。

表 10-2 护理计划单

科室______ 床号______ 姓名______ 医疗诊断______ 住院号______

日期时间	护理级别	饮食护理	卧位	活动	病情观察	基础护理	专科护理	管道护理	出入量	护士签名

三、护理记录

护理记录应当根据相应专科的护理特点设计并书写，遵循责任、安全、简化、实用的原则，能保证患者安全和履行护士职责。各医疗机构应当根据专科特点、病情和护理工作的实际需要，适当增加或减少记录项目，合理编制或选择护理记录单格式，确保护理记录客观、及时、完整，并与医疗记录互为补充，描述生命体征、出入量、体位、管道护理、病情变化及护理措施等内容。

（一）一般患者护理记录

一般患者护理记录是指护士根据医嘱和病情，对一般患者住院期间护理过程的客观记录。是患者在住院期间病情动态变化及护理过程的记录，包括患者的症状和体征、辅助检查结果、主要护理问题、护理计划、实施的治疗和护理措施及其效果评价等。记录内容要真实、全面、重点突出，前后连贯。病情稳定的一级护理患者每周至少记录 2～3 次，病情稳定的二、三级护理患者每周至少记录 1～2 次。有病情变化及特殊治疗和护理时随时记录。

目前临床上多采用患者住院评估表和 PIO 护理记录单的方式，对患者的健康状况和护理活动进行记录（表 10-3）。PIO 护理记录单中 P 为 Problem（问题），指护理诊断或合作性问题；I 为 Intervention（措施），指所执行的护理措施；O 为 Outcome（结果），指护理措施实施后患者的反应，即效果评价。

表 10-3　PIO 护理记录单

科室_________　床号_________　姓名_________　医疗诊断_________　住院号_________

日期	时间	PIO 记录	签名

（二）病重（危）患者护理记录

病重（危）患者护理记录是指护士根据医嘱和病情，对病重（危）患者住院期间护理过程的客观记录（表 10-4）。

病重（危）患者护理记录应当根据相应专科的护理特点书写。内容包括患者姓名、性别、科室、住院病历号（或病案号）、床号、记录日期和时间、体温、脉搏、呼吸、血压、出入液量、病情观察、护理措施和效果、护士签名、页码等。记录时间应当具体到分钟。详细记录出入量，准确记录生命体征，一般情况下至少每 4 小时记录 1 次，病情变化要随时记录。手术患者还应记录麻醉方式、手术名称、患者返回病房情况、伤口、引流情况等。

表 10-4　危重患者护理记录单

科室_______　床号_______　姓名_______　年龄_______　性别_______　住院号_______

日期时间	T	P	R	BP	SpO_2	意识	瞳孔				吸氧	入量（ml）	出量（ml）		皮肤情况	管路管理	病情观察及措施	护士签名
	℃	次/分	次/分	mmHg	%		大小		反射		L/min	名称	名称	颜色性质				
							左	右	左	右								

入院日期__________　医疗诊断__________

可用符号表示的项目：神志：△麻醉未醒　√清醒　+朦胧　++浅昏迷　+++深昏迷

瞳孔光反射：√灵敏　+迟钝　○消失　　皮肤、管路：√正常　× 异常

瞳孔比例图单位 mm：1～7mm　1•2•3●4●5●6●7●

（三）特殊护理记录

随着医学专科分工的细化和诊疗新业务、新技术的开展，在临床护理工作中经常需要观察某项症状、体征或特殊情况，因而选用一些专科和专项的护理记录单，如新生儿护理记录单、引流管（导管）观察记录、出入液量观察记录、疼痛观察记录、压疮观察记录等，统称为特殊护理记录单。

四、健康教育计划

健康教育是通过有计划、有组织、有系统的社会和教育活动，促使人们自愿地改变不良的健康行为和影响健康行为的相关因素，消除或减轻影响健康的危险因素，预防疾病，促进健康和提高生活质量。健康教育计划是护理病历的组成部分之一。护士通过向患者提供相关的健康状况、治疗、护理及康复措施等知识，提高患者的自我护理和康复能力，增加治疗和护理的积极性，共同促进患者早日康复。

健康教育的内容主要包括：①疾病的诱发因素、发生与发展过程。②可采取的治疗、护理方案。③有关检查的目的及注意事项。④饮食与活动的注意事项。⑤疾病的预防及康复措施。⑥出院后的康复指导。健康教育的内容与方式应根据患者的文化层次、认知能力、对有关知识和技能的了解程度、现有条件等具体情况而定。可采用讲解、示范、模拟、提供书面或视听材料以及患者之间的经验交流等方式一次或多次教育。

健康教育单和出院评估单，见表10-5，表10-6。

表10-5 健康教育单

科室________ 床号________ 姓名________ 医疗诊断________ 住院号________

项目	日期	对象		护士签名	评价					
		患者	家属		复述		责任组长签名	复述		护士长签名
					能	否		能	否	
入院须知										
病区环境										
医护人员环境										
所患疾病的病因及诱发因素										
各种检查的目的与标本采集注意事项										
所用药物的作用、副作用及注意事项										
手术患者的术前准备、术中配合及术后注意事项										
饮食指导										

续表

项目	日期	对象		护士签名	评价					
		患者	家属		复述		责任组长签名	复述		护士长签名
					能	否		能	否	
自我调护方法										
出院指导										

表 10-6　出院评估单

科室：	床号：	姓名：	性别：	年龄：	住院号：
出院时间： 意识： 自理能力评分： 血栓风险评分：		出院诊断： 饮食情况： 自理能力等级： 血栓风险等级：			
离院方式： 出院去向： 饮食引导：		出院交通工具需求： 居家条件：			
出院 / 带药指导： 生活方式指导： 教育内容： 复诊指导： 复诊方式：				护士签名： 时间：　　　年　　　月　　　日	

目标检测

A_1/A_2 型题

1. 患者入院评估表的书写（　　）
   A. 应由责任护士或值班护士在患者入院后 24 小时内完成
   B. 病情发生变化的患者才需要填写
   C. 实习护士允许填写
   D. 各医院必须遵循一个模板书写
   E. 入院评估单内容可以涂改
2. 护士对住院患者的评估应在（　　）
   A. 患者要求时进行
   B. 患者入院和出院时进行
   C. 入院时进行
   D. 医生要求时进行
   E. 患者入院时开始直至出院为止
3. 按 PIO 公式记录，常用于（　　）
   A. 护理评估时
   B. 执行护理计划时
   C. 提出护理诊断时
   D. 列出预期目标时
   E. 护理效果评价时
4. 因抢救急危重症患者，未能书写护理记录时应在抢救结束（　　）
   A. 6 小时内如实补记　　B. 7 小时内如实补记
   C. 5 小时内如实补记　　D. 4 小时后如实补记
   E. 2 小时内如实补记
5. 护理记录单不包括（　　）
   A. 入院护理评估表
   B. PIO 护理记录单
   C. 危重患者评估记录单

D. 新生儿护理记录单

E. 引流管（导管）观察记录

6. 首次护理记录要求完成的时间是患者入院后（　　）

A. 6 小时内　　B. 72 小时内

C. 12 小时内　　D. 48 小时内

E. 24 小时内

7. 书写危重患者护理记录单，下列不妥的是（　　）

A. 用钢笔填写

B. 定时记录生命体征和病情变化

C. 内容准确简要，用医学术语

D. 记录患者的心理变化

E. 夜班护士总结 24 小时出入液量

8. 对患者进行健康教育的内容不包括（　　）

A. 疾病的诱发因素、发生与发展过程

B. 可采取的治疗、护理方案

C. 有关检查的目的及注意事项

D. 药物及治疗费用清单

E. 出院后的康复指导

9. 门诊护士在患者候诊时为患者提供有关疾病和健康的信息，属于（　　）

A. 预检分诊　　B. 安排候诊和就诊

C. 治疗　　D. 消毒隔离

E. 健康教育

10. 特别护理记录单一般不用于（　　）

A. 一般瘫痪患者

B. 抢救患者

C. 行特殊治疗的患者

D. 大手术后的患者

E. 需严密观察病情的患者

（罗玉梅）

实　训

实训一　问　　诊

【实训目的】

1. 掌握问诊方法及注意事项。

2. 具有采集健康资料、分析资料、作出护理诊断并指导制订护理计划的临床思维模式。

3. 关爱患者，合理运用沟通技巧。

【实训学时】　2学时。

【实训准备】

1. 用物准备　笔、病史采集记录单、实训报告纸等。

2. 环境准备　环境安静、整洁，温湿度适宜，光线充足，以自然光线为宜。

3. 学生准备　仪表端庄，穿好工作服，戴好帽子，态度认真，修剪指甲。每2人一组，分别扮演护士和患者。

4. 课程资料准备　问诊视频、考核项目表、实训报告参考模板等。

【实训流程】

1. 课前准备　教师提供问诊病案及问诊视频，学生提前观看问诊视频并分析问诊病案，以小组为单位自行练习问诊方法，总结问诊难点并反馈给教师。

2. 课中教学

（1）随机抽取小组代表进行相互问诊，了解学生课前预习情况。

（2）教师进行问诊示范，强调问诊要点和注意事项。

（3）学生每2人一组进行问诊练习，其他学生进行观摩，教师进行点评和指导。

（4）教师发布问诊考核任务，每组同学完成一份病史采集的问诊实训报告。

3. 课后巩固　完成实训报告书写。

【实训内容】

病案：患者男，46岁，腹痛、腹泻6小时，伴呕吐3次急诊入院。患者自述在发病前的2小时进食了较多前晚剩下的红烧肉后出现腹痛、腹泻，疼痛以脐周更为明显，为绞痛并呈持续性发作，有时呈阵发性加剧，排便后疼痛稍减轻。腹泻约10次，先为稀糊状便，后呈水样便。呕吐了3次，为胃内容物。口服诺氟沙星，无好转，遂来院就诊。既往身体健康，无重大疾病史，无过敏史。

1. 准备阶段　合适的时间，良好的环境，查阅门诊资料，明确问诊的目的及内容，护士仪表良好。

2. 问诊开始　自我介绍，讲明职责及目的。

3. 问诊过程

（1）采用合适的提问方式：问诊过程中根据情况将开放式提问、封闭式提问两种方式灵活结合。开放式提问是以患者为中心，可了解客观完整的发病过程，当需要证实或确认患者叙述健康史的细节时才用封闭式提问。

（2）灵活应用肢体语言，如目光、微笑、点头、手势等。

（3）巧用过渡语言，掌控交谈速度，不可生硬打断。

（4）及时核实资料，可采取复述、澄清、反问、质疑、解析等方式。

4. 结束阶段　健康资料的整理。

（1）一般资料　包括患者姓名、性别、年龄、民族、职业、婚姻、籍贯、文化程度、工作单位、家庭住址及电话、入院日期、记录日期、入院方式、入院诊断、病史供述人、可靠程度等。

（2）目前资料　主诉、现病史。

（3）既往资料　既往健康状况、预防接种情况、外科手术或住院情况、曾发生的意外事件及其对健康的影响、过敏史、日常生活状况等。

（4）个人史　出生及成长情况、月经史、婚姻史、生育史。

（5）家族史。

【注意事项】

1. 问诊时应注意人文关怀，态度和蔼、有耐心。

2. 在沟通过程中全神贯注，正确引导患者抓住主题。

3. 注意患者所表达的非语言性信息。

4. 避免使用医学术语，注意文化差异。

（罗玉梅）

实训二　一般状态、皮肤黏膜、浅表淋巴结及头面颈部检查

【实训目的】

1. 能准确判断发育、体型、营养状态、意识状态、面容、体位、步态。

2. 能独立完成全身浅表淋巴结、瞳孔及瞳孔对光反射、咽和扁桃体、颈部血管、甲状腺、气管的检查。

3. 能说出常见异常头颅、局部淋巴结肿大、气管移位的临床意义。

【实训学时】　2 学时。

【实训准备】

1. 用物准备　体重计、软尺、手电筒、棉签、听诊器、血压计等。

2. 环境准备　环境安静、整洁，温湿度适宜，光线充足，以自然光线为宜。

3. 学生准备　仪表端庄，穿好工作服，戴好口罩帽子，态度认真，修剪指甲。每 2 人一组，互为检查者和被检查者。

4. 课程资料准备　教学视频、异常体征教学片、考核项目表、实训报告参考模板等。

【实训流程】

1. 课前准备　教师提供教学视频，学生观看视频，以小组为单位自行练习，总结操作难点并反馈给教师。

2. 课中教学

（1）随机抽取小组代表进行某一项操作，了解学生课前预习情况。

（2）教师进行操作示范，强调操作要点和注意事项。

（3）学生每 2 人一组互相进行操作练习，教师巡回指导，及时纠正学生操作中存在的问题。

（4）教师发布操作考核任务，每组抽取一位同学完成考核内容。

3. 课后巩固　完成实训报告书写。

【实训内容】

1. 小组同学互相操作

（1）一般状态　年龄、发育、营养、神志、面容、体位、步态等。

（2）皮肤、黏膜　色泽、弹性、温度、湿度、毛发分布；有无皮疹、出血、蜘蛛痣、水肿、瘢痕、

溃疡等。

（3）浅表淋巴结　耳前、耳后、乳突区、枕骨下区、颌下区、颏下区、颈部（颈前、后三角）、锁骨上窝、腋窝、滑车上、腹股沟等。

（4）头面颈部　头发、头皮、头颅、眼、耳、鼻、口、颈部外形与运动、颈部血管、甲状腺、气管等。

2. 观看异常体征教学视频

（1）发育异常　巨人症、侏儒症、呆小症。

（2）常见异常营养状态　消瘦、恶病质、肥胖。

（3）面容　急性病容、慢性病容、甲状腺功能亢进面容、贫血面容、病危面容、二尖瓣面容、黏液性水肿面容、满月面容、肝病面容、苦笑面容等。

（4）步态　蹒跚步态、醉酒步态、偏瘫步态、慌张步态、共济失调步态、跨阈步态、剪刀步态等。

（5）皮肤黏膜颜色　苍白、发红、发绀、黄染、色素沉着、色素脱失。

（6）蜘蛛痣和肝掌。

（7）浅表淋巴结　锁骨上窝肿大的淋巴结、腹股沟肿大的淋巴结。

（8）异常头颅　小颅、方颅、巨颅、尖颅。

（9）颈静脉　颈静脉怒张、肝颈静脉回流征阳性。

（10）甲状腺　Ⅰ度、Ⅱ度、Ⅲ度肿大。

【注意事项】

1. 注重人文关怀，操作轻柔、规范。

2. 注意保护被检查者隐私，尽量缩短被检查部位的暴露时间。

3. 触诊淋巴结时，要求被检查部位放松。

4. 触诊、听诊检查时，手及听诊器体件要温暖。

（刘亚莉）

实训三　胸壁、胸廓及肺和胸膜检查

【实训目的】

1. 能找到胸部的体表标志。

2. 能进行乳房的触诊检查。

3. 能对肺和胸膜进行视诊、触诊、叩诊、听诊检查。

【实训学时】　2学时。

【实训准备】

1. 用物准备　听诊器、智能化心肺模拟仿真系统、笔、记录单、直尺等。

2. 环境准备　环境安静、整洁，温湿度适宜，光线充足，以自然光线为宜。

3. 学生准备　态度认真严肃，仪表端庄，穿好工作服，戴好口罩帽子，修剪指甲，洗手。每2人一组，互为检查者和被检查者。

4. 课程资料准备　操作视频、考核项目表、实训报告参考模板等。

【实训流程】

1. 课前准备　教师提供教学视频，学生观看视频，以小组为单位自行练习，总结操作难点并反馈给教师。

2. 课中教学

（1）随机抽取小组代表进行某一项操作，了解学生课前预习情况。

（2）教师进行操作示范，强调操作要点和注意事项。

（3）学生每2人一组互相进行操作练习，教师巡回指导，及时纠正学生操作中存在的问题。

（4）学生通过智能化心肺模拟仿真系统的视听学习，巩固肺部正常体征，了解异常胸廓、异常呼吸音和干湿啰音等。

（5）教师发布操作考核任务，每组抽取一位同学完成考核内容。

3. 课后巩固　完成实训报告书写。

【实训内容】

1. 胸部的体表标志　找出胸骨柄、胸骨角、剑突、腹上角、肋骨、肋间隙、肩胛骨、肩胛下角、脊柱棘突、肋脊角。

2. 胸廓和乳房检查

（1）胸廓的形状　辨别正常胸廓、异常胸廓（扁平胸、桶状胸、佝偻病胸、胸廓一侧膨隆或下陷、胸廓局部隆起等）。

（2）乳房检查　视诊（对称性、外观情况、乳头）、触诊（硬度和弹性、压痛、包块）。

3. 肺和胸膜检查

（1）视诊　呼吸运动，正常呼吸频率、节律、深度，呼吸频率、节律、深度的改变。

（2）触诊　胸廓扩张度及其改变、语音震颤及其改变、胸膜摩擦感。

（3）叩诊　肺上界、肺下界、肺下界移动范围。

（4）听诊　正常呼吸音、语音共振、异常呼吸音、干湿啰音、胸膜摩擦音。

【注意事项】

1. 注重人文关怀，加强团队合作，操作轻柔、规范。

2. 注意保护被检查者隐私，尽量缩短被检查部位的暴露时间。

3. 进行触诊、听诊检查时，双手及听诊器体件要温暖。

4. 叩诊时，叩诊手法要规范，板指贴紧被检查部位，叩指力度均匀适度。

（陈云华）

实训四　心脏和血管检查

【实训目的】

1. 能准确规范地测量血压。

2. 能对心脏进行视诊、触诊、叩诊、听诊检查。

3. 能说出常见心脏异常体征的临床意义及心脏杂音听诊的要点。

【实训学时】　2学时。

【实训准备】

1. 用物准备　听诊器、智能化心肺模拟仿真系统、笔、记录单、直尺、血压计等。

2. 环境准备　环境安静、整洁，温湿度适宜，光线充足，以自然光线为宜。

3. 学生准备　态度认真严肃，仪表端庄，穿好工作服，戴好口罩帽子，修剪指甲、洗手。每2人一组，互为检查者和被检查者。

4. 课程资料准备　教学视频、考核项目表、实训报告参考模板等。

【实训流程】

1. 课前准备　教师提供教学视频，学生观看视频，以小组为单位自行练习，总结操作难点并反馈给教师。

2. 课中教学

（1）随机抽取小组代表进行某一项操作，了解学生课前预习情况。

（2）教师进行操作示范，强调操作要点和注意事项。

（3）学生每 2 人一组互相进行操作练习，教师巡回指导，及时纠正学生操作中存在的问题。

（4）学生通过智能化心肺模拟仿真系统的视听学习及分组练习，掌握心脏听诊的部位及顺序、血压测量方法，学会鉴别第一心音和第二心音等，了解异常体征，如视诊心尖搏动位置范围改变，触诊震颤，听诊奔马律、心房颤动、心脏杂音等。

（5）教师发布操作考核任务，每组抽取一位同学完成考核内容。

3. 课后巩固　完成实训报告书写。

【实训内容】

1. 视诊　心前区外形、心尖搏动、毛细血管搏动征。

2. 触诊　正常心尖搏动、抬举性心尖搏动、心脏震颤、心包摩擦感、正常脉搏及异常改变。

3. 叩诊　心脏相对浊音界、心浊音界的改变（梨形心、靴形心、烧瓶心等）。

4. 听诊　心脏瓣膜听诊区及听诊顺序、心率（正常心率及心动过速、心动过缓）、节律（正常心律、期前收缩、心房颤动）、心音（第一心音、第二心音、心音强弱改变、奔马律、二尖瓣开放拍击音）、杂音（收缩期杂音、舒张期杂音和连续性杂音）、心包摩擦音、周围血管征（枪击音、Duroziez 双重杂音等）。

5. 血压测量　血压测量方法、血压读数及记录方法。

【注意事项】

1. 注重人文关怀，操作轻柔、规范。双手、听诊器体件要温暖。

2. 充分暴露心前区，但应注意保护被检查者隐私，尽量缩短被检查部位的暴露时间。

3. 视诊时用侧面来的光线观察心尖搏动。

4. 测量血压前，患者应安静休息 5 分钟以上。必要时需同时测量双上肢血压。

5. 叩诊时，叩诊手法要规范，板指贴紧被检查部位，叩指力度均匀适度。

6. 听诊检查时，如发现心律不齐，要适当延长听诊时间，并应同时触摸脉搏。

（王　贞）

实训五　腹部检查

【实训目的】

1. 能指出腹部体表标志和腹部的分区。

2. 能对腹部进行视诊、触诊、叩诊和听诊检查。

3. 能说出常见腹部异常体征的临床意义。

【实训学时】　2 学时。

【实训准备】

1. 用物准备　腹部触诊模拟人系统、皮尺、听诊器、笔、记录纸等。

2. 环境准备　环境安静、整洁，温湿度适宜，光线充足，以自然光线为宜。

3. 学生准备　态度认真严肃，仪表端庄，穿好工作服，戴好口罩帽子，修剪指甲，洗手。每 2 人一组，互为检查者和被检查者。

4. 课程资料准备　操作视频、考核项目表、实训报告参考模板等。

【实训流程】

1. 课前准备　教师提供教学视频，学生观看视频，以小组为单位自行练习，总结操作难点并反馈给教师。

2. 课中教学

（1）随机抽取小组代表进行某一项操作，了解学生课前预习情况。

（2）教师进行操作示范，强调操作要点和注意事项。

（3）学生每2人一组互相进行操作练习，教师巡回指导，及时纠正学生操作中存在的问题。

（4）学生通过腹部触诊模拟人系统的视听学习及分组练习，掌握肠鸣音的听诊，腹部移动性浊音的叩诊和肝脾触诊、Murphy征等的检查方法，并能明确其临床意义。

（5）教师发布操作考核任务，每组抽取一位同学完成考核内容。

3. 课后巩固　完成实训报告书写。

【实训内容】

1. 腹部的体表标志和分区　剑突、肋弓下缘、髂前上棘、脐、腹中线、腹直肌外侧缘、髂嵴、腰椎棘突、第12肋、肋脊角；四区分法、九区分法。

2. 腹部的检查方法及内容

（1）腹部视诊　腹部外形（平坦、隆起、凹陷）、呼吸运动（腹式呼吸、胸式呼吸）、腹壁静脉。

（2）腹部听诊　肠鸣音（正常，肠鸣音活跃或亢进、减弱或消失）、血管杂音。

（3）腹部叩诊　正常腹部叩诊音（鼓音），肝界（肝上界、肝下界）、膀胱、肾区、移动性浊音的叩诊。

（4）腹部触诊　腹壁紧张度、压痛和反跳痛、腹腔内脏（肝、脾、胆囊等）、振水音及腹部包块的触诊。

【注意事项】

1. 检查时注意人文关怀，操作轻柔、规范。

2. 检查前，嘱被检查者排空膀胱。

3. 检查时，被检查者应充分暴露腹部并放松。注意保护被检查者隐私，尽量缩短被检查部位的暴露时间。

4. 进行触诊、听诊检查时，双手及听诊器体件要温暖。

5. 叩诊时，叩诊手法要正确，板指贴紧被检查部位，叩指力度均匀适度。

（王　贞）

实训六　神经系统检查

【实训目的】

1. 能进行感觉功能和运动功能的检查。

2. 能独立完成生理反射、病理反射和脑膜刺激征的检查。

3. 能正确判断肌力分级；能说出病理征、脑膜刺激征阳性的临床意义。

【实训学时】　2学时。

【实训准备】

1. 用物准备　叩诊锤、棉签、大头针、音叉、双规仪、试管等。

2. 环境准备　环境安静、整洁，温湿度适宜，光线充足，以自然光线为宜。

3. 学生准备　态度认真严肃，仪表端庄，穿好工作服，戴好口罩帽子，修剪指甲，洗手。每2人一组，互为检查者和被检查者。

4. 课程资料准备　操作视频、考核项目表、实训报告参考模板等。

【实训流程】

1. 课前准备　教师提供教学视频，学生观看视频，以小组为单位自行练习，总结操作难点并反馈给教师。

2. 课中教学

（1）随机抽取小组代表进行某一项操作，了解学生课前预习情况。

（2）教师进行操作示范，强调操作要点和注意事项。

（3）学生每 2 人一组互相进行操作练习，教师巡回指导，及时纠正学生操作中存在的问题。

（4）学生在练习过程中，巩固掌握角膜反射、腹壁反射、膝反射、病理反射、脑膜刺激征等的操作方法，并明确其临床意义。

（5）教师发布操作考核任务，每组抽取一位同学完成考核内容。

3. 课后巩固　完成实训报告书写。

【实训内容】

1. 感觉功能检查　浅感觉（痛觉、触觉和温度觉）、深感觉（运动觉、位置觉和振动觉）、复合觉检查（实体觉、皮肤定位觉、两点辨别觉和体表图形觉）。

2. 运动功能检查　肌力、肌张力、共济运动检查（指鼻试验、闭目难立征、快速轮替动作和跟膝胫试验）。

3. 神经反射检查

（1）生理反射　①浅反射：角膜反射、腹壁反射、跖反射。②深反射：肱二头肌反射、肱三头肌反射、桡骨膜反射、膝反射、跟腱反射。

（2）病理反射　Babinski 征、Oppenheim 征、Gordon 征、Chaddock 征、Hoffmann 征。

（3）脑膜刺激征　颈强直、Kernig 征、Brudzinski 征。

【注意事项】

1. 检查时注意人文关怀，操作轻柔、规范。

2. 检查感觉功能时，被检查者必须意识清楚，在闭眼状态下进行检查。

3. 检查神经反射时，检查者叩击力量要均等，左右两侧要对比。

（王　贞）

实训七　血液、尿液、粪便标本的采集方法

【实训目的】

1. 能独立完成尿液、粪便标本的采集。

2. 能进行静脉采血。

【实训学时】　2 学时。

【实训准备】

1. 用物准备

（1）尿、便标本采集用物　尿杯、试管、粪便盛放盒、竹签等。

（2）静脉采血用物　止血带、碘伏棉签、无菌干棉签、真空采血针、真空试管等。

2. 环境准备　环境安静、整洁，温湿度适宜，光线充足，以自然光线为宜。

3. 学生准备　态度认真严肃，仪表端庄，穿好工作服，戴好口罩帽子，修剪指甲，洗手。每 2 人一组，互为检查者和被检查者。

4. 课程资料准备　操作视频、考核项目表、实训报告参考模板等。

【实训流程】

1. 课前准备　教师提供教学视频，学生观看视频，以小组为单位自行预习，总结操作难点并反馈给教师。

2. 课中教学

（1）随机抽取小组代表进行某一项操作，了解学生课前预习情况。

（2）教师进行操作示范，强调操作要点和注意事项。

（3）学生每 2 人一组互相进行操作练习，教师巡回指导，及时纠正学生操作中存在的问题。

（4）教师发布操作任务，每组由一位同学完成任务并拍照及拍摄完整视频。

3. 课后巩固　完成实训报告书写。

【实训内容】

1. 尿液标本的采集　标本的收集步骤、标本的保存。

2. 粪便标本的采集　标本的收集步骤、标本的保存。

3. 静脉血标本的采集

（1）采血前准备　采血前核对患者姓名、性别、年龄、编号及检验申请单等，按检查项目要求，准备好相应的物品，患者应取坐位或卧位。

（2）采集部位　通常是前臂肘窝的正中静脉。

（3）采集方法　普通采血法。

（4）标本收集与保存。

【注意事项】

1. 检查时注意人文关怀，操作轻柔、规范。

2. 静脉穿刺完毕用无菌干棉签按压局部至不出血为止。

3. 静脉穿刺局部如出现血肿，应立即拔出针头，局部按压，选择其他静脉进行穿刺。

4. 采集标本过程中，树立无菌观念，正确处理废弃的采血针等物品。

（史志春）

实训八　心电图描记

【实训目的】

1. 熟悉心电图描记的流程。

2. 能独立完成描记心电图操作。

3. 关爱患者，合理运用沟通技巧。

【实训准备】

1. 用物准备　心电图机与心电图纸、多媒体教学设备、心电图检查视频或课件等。

2. 环境准备　环境安静、整洁，温湿度适宜，光线充足，以自然光线为宜。

3. 学生准备　仪表端庄，穿好工作服，戴好口罩帽子，态度认真，修剪指甲。

【实训学时】　2 学时。

【实训流程】

1. 课前准备　教师提供教学视频，学生观看视频，总结心电图描记的难点并反馈给教师。

2. 课中教学

（1）教师介绍本次实训的目的与要求；讲解心电图机的构造、操作方法及心电图的分析步骤和要点。

（2）教师进行操作示范，强调操作要点和注意事项。

（3）学生分 4 人一组，教师指导学生相互进行心电图描记。

（4）教师针对学生在操作过程中存在的问题进行总结。

3. 课后巩固　完成心电图分析报告。

【实训内容】

1. 心电图机参数的设置及功能。

2. 心电图描记的操作流程。

（1）描记前准备

1）环境准备：保持室内温暖，以免寒冷刺激引起肌电干扰；检查床不宜过窄，以保证患者躺卧舒适，以免肢体紧张产生肌电干扰；检查床旁不要摆放其他电器用具；心电图机的电源线应尽可能远离检查床和导联电线。

2）用物准备：心电图机及电源线、导联线、盐水棉球或导电胶、污物盘、心电图纸。

3）被检查者准备：被检查者仰卧于床，四肢平放、平静呼吸、肌肉放松，记录过程中不可移动四肢及躯体。除急症外一般应避免于饱餐或吸烟后检查。

4）护士准备：洗手。

（2）描记心电图

1）设定心电图机：连接心电图机电源线，打开电源并选择交流电源，设定走纸速度 25mm/s、定标电压 10mm/mV，必要时按下抗交流电干扰键或去肌颤滤波键。

2）安置电极：在电极安置部位涂抹导电胶或生理盐水，以消除皮肤阻力，减少伪差。若放置电极部位的皮肤污垢或毛发过多，必须预先清洁皮肤或剃毛，否则皮肤接触阻抗较大，易引起基线漂浮或其他伪差。具体电极安置方法如下所述。①肢体导联：肢体导联线较长，末端接电极板处分别有红、黄、绿、黑标志。在患者两手腕屈侧腕关节上方约 3cm 处及两内踝上方约 7cm 处涂抹导电胶，将红色电极接右上肢，黄色电极接左上肢，绿色电极接左下肢，黑色电极接右下肢。特别注意防止左、右上肢接反电极。②心前区导联：心前区导联线较短，末端接电极处也有颜色标志，红、黄、绿、棕、黑、紫分别代表 V_1 ～ V_6 导联。在心前区导联电极放置部位涂抹导电胶后依次放置 V_1、V_2、V_3、V_4、V_5 和 V_6 导联。

3）描记心电图：依次记录Ⅰ、Ⅱ、Ⅲ、aVR、aVL、aVF 及 V_1 ～ V_6 导联心电图。一般各导联记录 3 ～ 5 个心室波即可。

4）整理用物：关闭心电图机，拔下电源，移去大毛巾，去除、整理电极板与导联线。

5）标记心电图记录纸：在心电图记录纸前部注明被评估者姓名、年龄、性别、记录时间。

3. 各导联的连接及注意事项。

【注意事项】

1. 检查时注意人文关怀，操作轻柔、规范。

2. 注意保护被检查者隐私，尽量缩短被检查部位的暴露时间。

3. 正确连接胸导联，注意防止肢体导联左、右反接。

（庞珊珊）

实训九　正常心电图分析与心电监护

【实训目的】

1. 掌握正常心电图各波形的意义；能初步分析正常心电图。

2. 能辨认心电监护仪的结构；熟悉各种参数的设置。

3. 能正确使用心电监护仪。

4. 关爱患者，合理运用沟通技巧。

【实训准备】

1. 用物准备　正常心电图、心电图分析报告、分规、直尺、心电监护仪等。

2. 环境准备　环境安静、整洁，温湿度适宜，光线充足，以自然光线为宜。

3. 学生准备　仪表端庄，穿好工作服，戴好口罩帽子，态度认真，修剪指甲。

【实训学时】　2 学时。

【实训流程】

1. 课前准备　教师提供教学视频，学生观看视频，总结操作难点并反馈给教师。

2. 课中教学

（1）教师介绍本次实训的目的与要求。

（2）教师讲解正常心电图测量的内容、心电监护仪的结构及使用方法。

（3）教师进行心电监护仪连接示范，强调操作要点和注意事项。

（4）学生分 4 人一组，教师指导学生相互进行心电监护仪连接。

（5）教师指导学生对心电监护仪进行参数设置及分析。

（6）教师指导学生测量正常心电图。

（7）教师对学生提出的疑难问题进行解答并总结。

3. 课后巩固　学生每人完成 1 份正常心电图分析报告。

【实训内容】

1. 心电图测量　各波段时间的测量，各波段振幅的测量，各间期测量，心率计算，心电轴测量，心脏钟向转位判断。

2. 认识心电监护仪的结构，各操作按键及其功能。

3. 心电监护仪的操作流程。

4. 心电监护仪各种导联的特点及其注意事项。

5. 心电监护中的注意事项。

6. 心电监护仪临床应用中的常见故障原因及对策。

【注意事项】

1. 检查时注意人文关怀，操作轻柔、规范。

2. 注意保护被检查者隐私，尽量缩短被检查部位的暴露时间。

3. 监护中出现报警要考虑电源线发生故障、电极或探头脱落等。

4. 监护仪要离墙放置，与其他电器要有一定距离，地线必须完全接地，避免机器漏电。

（庞珊珊）

参考文献

罗卫群，崔燕，2016. 健康评估 . 4 版 . 北京：科学出版社
吕探云，2017. 健康评估 . 4 版 . 北京：人民卫生出版社
裴建奎，李文慧，2018. 健康评估 . 北京：人民卫生出版社
孙玉梅，张立力，2017. 健康评估 . 4 版 . 北京：人民卫生出版社
张淑爱，李学松，2016. 健康评估 . 2 版 . 北京：人民卫生出版社

目标检测参考答案

第 1 章

1. B 2. A 3. E

第 2 章

1. A 2. D 3. B 4. B 5. A 6. A 7. E 8. B 9. B

第 3 章

1. A 2. E 3. A 4. C 5. E 6. A 7. B 8. E 9. D 10. A 11. A 12. B 13. C 14. B 15. A 16. B 17. A 18. E 19. A 20. E 21. C 22. B 23. C 24. C 25. B 26. C 27. B 28. D 29. C

第 4 章

1. A 2. B 3. B 4. D 5. D 6. B 7. A 8. C 9. E 10. A 11. D 12. A 13. C 14. C 15. C 16. C 17. D 18. B 19. C 20. E 21. E 22. D 23. B 24. D 25. B 26. D 27. B 28. B 29. E 30. D 31. A 32. C 33. C 34. B 35. B 36. B 37. C 38. D 39. D 40. E 41. D 42. E 43. D 44. B 45. E 46. B 47. D 48. A 49. A 50. D 51. C 52. D 53. C 54. D 55. A 56. A

第 5 章

1. A 2. C 3. D 4. C 5. E 6. C 7. A 8. B 9. D 10. A

第 6 章

1. C 2. E 3. A 4. C 5. D 6. C 7. C 8. C 9. B 10. C 11. D 12. B 13. E 14. B 15. A 16. B 17. A 18. A 19. B 20. E 21. B 22. E 23. D 24. B 25. E 26. D 27. D 28. B 29. B 30. C 31. E 32. C 33. D 34. A 35. D 36. A 37. C 38. E 39. B 40. A

第 7 章

1. A 2. C 3. B 4. A 5. D 6. E 7. B 8. B 9. B 10. B 11. C 12. A 13. E 14. D 15. C 16. B 17. B 18. E 19. A 20. E

第 8 章

1. E 2. C 3. B 4. E 5. B 6. A 7. E 8. C 9. B 10. A 11. D 12. C 13. D 14. E 15. C 16. D 17. E 18. D 19. D

第 9 章

1. D 2. E 3. C 4. A 5. A

第 10 章

1. A 2. E 3. B 4. A 5. A 6. E 7. D 8. D 9. E 10. A